한일 화해를 위해 애쓴 일본인들

일러두기
• 이 책은 2019년도 동북아역사재단 기획연구 수행 결과물임(NAHF-2019-기획연구-34).

동북아역사재단
연구총서 125

한일 화해를 위해 애쓴 일본인들

최운도 편

책머리에

지난 9월 16일 일본의 아베 총리가 사임했다. 그는 재임기간 7년 8개월로 메이지 유신 이후 최장수 총리라는 기록을 남겼다. 그러나 그의 재임기 동안 한일관계는 1965년 이후 최악의 상황을 치달았고 퇴임할 때까지도 양국관계의 회복 기미는 보이지 않고 있다.

우리는 한일 갈등이 숙명일까라고 묻는 순간 양국관계 개선의 가능성을 가늠한다. 한일관계의 열쇠는 역사 화해에 있다. 국가 간에 지나간 시기에 있었던 가해에 대해 마음에서 우러나는 반성과 재발 방지를 약속하고 피해자들이 기꺼운 마음으로 그 반성을 받아들이는 것, 그것이 역사 화해다.

우리는 일본과 화해할 수 있기를 고대한다. 우리는 역사 속에서 일본으로부터 수차례 침략을 당해왔다. 그리고 대립한 적도 많다. 오늘날 우리는 대립과 갈등이 서로의 국익에 도움이 되지 않는다는 점을 너무나 잘 알고 있다. 그러나 일본이 가장 가까운 과거의 침략에 대해, 그리고 그로 인한 우리의 부당한 피해에 대해 마음에서 우러나는 반성을 하지 않는 이상, 일본과의 관계 개선 자체가 우리의 국익이 될 수는 없다. 표면적인 우호 관계는 오래가지 못한다는 것을 우리는 잘 알고 있기 때문이다. 오늘날 우리는 일본의 식민지 지배와 독도에 대한 일본의 도발, 일본군 '위안부' 피해, 그리고 강제징용 피해에 대해 일본에게 마음으로부터의 반성을 촉구하고 있다.

그런데 아베 내각은 오히려 거꾸로 가는 방향을 택했다. 반성과 사과는 커녕 이전 정부 책임자들이 보인 반성의 의지를 담은 입장들마저 부정하려 들고 있다. '고노 담화'에 대해서는 '작성 과정에 대해 검증하겠다'더니(실제로 검증 결과를 발표한 바 있다), '무라야마 담화'에 대해서는 '재검토하겠다'고 한 후 마지못해 '계승하겠다'고 발표했다. 이러한 과정을 거치면서 일본 정부는 일본 국민들 사이에 혐한 감정을 조장해왔다. 오랜 세월에 걸친 우리의 사과 요구에 대한 거부와 혐오감의 표출은 한일 간 역사 화해를 더욱 멀어지게 하고 있다.

그렇다면 양국이 화해할 가능성은 없는 것일까? 그것을 찾고자 하는 노력에서 시작된 것이 바로 "한일 화해를 위해 애쓴 일본인들"이라는 프로젝트이다.

가해자의 지난 과오에 대한 반성과 피해자의 수용이라는 역사 화해는 제도적인 차원에서 어떻게 나타나는 것을 말할까? 어디에서 시작해서 어디로 나아가는 것이 위에서 말한 반성과 수용의 과정인가? 제2차 세계대전 시기 나치의 유럽인들에 대한 공격과 유태인 학살에 대한 전후 독일의 반성을 우리는 역사 화해의 대표적인 사례로 든다. 독일의 아데나워(konrad adenauer) 수상은 전쟁 피해자들에 대한 막대한 배상 정책을 실시하였다. 국제사회로의 복귀를 목표로 실시한 반성 없는 배상이었다. 1960년대 진행된 독일 사회의 민주화 경향은 독일 국민들 사이에서 나치 학살에 대한 반성 운동을 추진하기도 하고 추동하기도 하였다.

그러나 독일 역사 화해의 전환점은 아무도 예상하지 못했던 순간에 일어났다. 1943년 강제거주지에 격리되어 있던 폴란드의 유태인들은 나치의 억압에 대항하여 봉기했고, 그로 인해 5만여 명이 체포되고 7천여 명이 가스실에서 죽임을 당하였다. 브란트(Willy Brandt) 수상은 1970년 바르샤바를 방문했을 때 그 유태인 봉기기념비 앞에서 비가 오고 있는 중에 무릎을 꿇고 고개를 숙였다. 브란트 수상의 진심 어린 반성의 모습은 전 세계 신문에 보도되었고 오늘날까지도 진정한 반성의 상징이자 역사 화해의 상징으로 남아 있다. 그 뒤 독일에서 역사 반성은 사회적 책무로 받아들여지게 되었고 급기야 1979년 독일 의회는 나치 범죄에 대한 공소시효를 철폐하는 결정을 내리기에 이르렀다. 그 이외에도 독일은 독일 통일 2년 후인 1992년 독-폴화해재단을 설립하여 폴란드와의 역사 화해를 시작하였고, 2016년에는 독-폴 공동교과서 발간이라는 성과를 낳았다. 또한 독일은 베를린 시내에 2001년 유태인 박물관을 개관하였으며, 2005년에는 학살당한 유럽의 유태인들을 추도하는 홀로코스트 기념비를 세웠다.

과오와 사죄 그리고 화해라는 역사 화해를 구성하는 구체적인 행위들을 제시하는 또 다른 사례가 있다. 1988년 미국 의회에서 통과된 시민자유법(Civil Liberties Act of 1988)이 그것이다. 이것은 제2차 세계대전 시기 미국 정부에 의해 격리 수용되었던 미국 내 일본인들에 대한 배상을 결정한 연방 법률로서 어떻게 사과하고 화해하는가의 전형을 보여준다.

역사 화해에는 다섯 가지 구성 요소가 있다. 사실의 인정(recognition)과 사과(Apology), 배상(보상, Compensation, Reparation), 교육(Education), 그리고 상징물의 건립(Memorial)이다. 사실 인정과 사과는 진심을 담고 있어야 하고, 그 진심은 물질적 배상(보상)을 동반해야 하며, 나아가 재발 방지에 대한 약속과 의지, 즉 교육과 상징물로 표현되어야 함을 의미한다.

그 법안은 제2차 세계대전 당시 미국 "정부의 행위는 국가보안이 아니라 인종적 편견과 전쟁 히스테리 그리고 정치적 지도력의 실패로 인한 것이었다"라고 명시함으로써 가해와 잘못을 인정하고 있다. 그리고 그 법안이 의회를 통과하던 날 레이건(Ronald Reagan) 대통령은 서명식 자리에서 "여기서 우리는 우리의 잘못을 인정한다. 여기서 우리는 법 앞에 만인이 평등하다는 우리의 약속을 다시 한 번 확인한다"라는 말로 희생자들에게 사과를 표현했다. 그 법에 따라 피해자로 확인된 8만 2,000여 명에게 2만 달러(2019년 가치로 3만 8,000달러에 해당)씩 배상금을 지급하였다.

뿐만 아니라 그 법안은 미국의 일본계 미국인을 위한 기념 재단(National Japanese-American Memorial Foundation)의 설립을 약속하였다. 이 재단은 그 사건에 대한 공공교육 기금을 설립하여 교육활동을 전개하였으며, 수도 워싱턴 D.C.의 국회의사당 옆에 기념공원과 기념물을 설치하여 미국민들에게 교육과 화해의 의지를 표명하였다.

역사 화해가 이러한 형태로 진행되는 것이라면 한일 간의 역사 화해는 어디쯤 와 있으며, 그 출발점은 어디에서 찾을 수 있는가? 미국과 독일의 사례와 비교하면 한일 역사 화해의 현주소를 가늠해볼 수 있다. 한일관계 정상화 이후 일본의 정치인들이 역사 과오에 대해 인정하고 화해하고자 하는 노력을 보이지 않았던 것은 아니다. 그러나 몇몇 정치인들의 사죄는 번번히 다른 정치인들과 정치계의 비난과 비아냥이라는 역풍을 맞아야 했다. 이 같은 반복은 우리를 좌절하게 만들어왔다. 일본의 브란트를 기대할 수 없다면 우리는 보다 더 근본적인 곳에서 해답을 찾을 수밖에 없다.

우리는 그 해답을 민간에서 찾고자 하였다. 민간에서 역사 화해의 실마리를 찾는다는 것은 무엇을 말하는가? 이는 우리에게 일본인들과의 화해라는 희망의 끈을 놓지 않도록 해주는 일본인들의 사례를 찾아가는 것을 뜻한다.

그리하여 이번 프로젝트는 한일 역사 화해의 실마리를 제공해줄 수 있는 일본인들을 찾는 것이었다. 먼저 국내에 있는 일본과 관련된 역사,

정치 분야 학회들에 그러한 기준에 가까운 일본인들을 추천해줄 것을 요청했다. 또한 앞서 진행된 2018년 프로젝트가 한일관계 발전에 기여한 학자들을 중심으로 한 만큼 이번에는 학자들은 포함시키지 않았다. 그 결과 여러 학회에서 제안 받은 후보자 수는 20여 건에 달했다. 그들의 행적을 살펴보고 일본의 역사 과오에 직접 참여한 경우가 있거나 그에 대해 기여한 바가 화해의 역할보다 크다고 판단된 경우는 또 대상에서 제외했다. 그렇게 해서 남은 후보자들이 이 책에서 소개하는 8명이다. 나름대로 선발의 과정을 거치기는 하였으나 그 평가가 계량적으로 정확하지 않을 수도 있으며, 이 과정에서 빠뜨린 인물들도 있을 수 있다. 이들에 대해서는 다음 기회가 있기를 기대한다.

이들 8명 중 7명은 1945년 이전에 출생하였고 1명만이 이후 출생자이다. 올해로 1945년 이후 75년밖에 지나지 않았다. 이는 전후 일본의 민간인들이 우리와 더 멀어졌음을 뜻하는 것이 아니라, 많은 후보자들이 아직 생존해 있음을 말해준다. 그리고 2018년 프로젝트의 대상이었던 연구자들과 대비해서 이번 연구에 포함된 8명의 공통점은 사회활동가라는 것이다. 그러나 그 공통점에도 불구하고 이들 8명은 직업이나 성향, 연령대에 있어서 매우 다양하다. 이들 전체가 아닌 이들 사이의 공통점이라고 한다면 기독교인이 3명, 공산주의 성향의 인물이 2인 정도라고 할 수 있다. 물론 기독교도와 공산주의 사상이 서로 중복되지 않는 만큼, 8명 중 5명이면 많은 수라 할 수 있다. 오늘날에도 기독교도와 공산주의자는 일본 사회에서 소수자로 분류된다. 그런 면에서 8명 중 5명이 이 두 부류에 속한다는 점은 틀림없이 당시 일본 사회와 개인적 사상, 그리고 조선에 대한 태도 사이에 상관관계가 있었음을 반영하는 것이다.

그 이외에 이들 8명 사이에는 공통점을 찾기 어려워 이 책에서는 8명을 출생 순서에 따라 소개하기로 한다. 물론 각 인물들이 본격적인 사회활동을 펼치는 연령대가 다를 수는 있으나 이 연구가 인물들의 일대기를 대상으로 한다는 점을 고려한다면 연령대보다는 인물들이 활동하던 시대적 배경을 순서에 따라 나열하는 것이 오히려 8명의 인물들의 활동을 이해하는 데 의미 있는 방식이 될 것이다.

다음에서는 독자들이 만나게 될 8명의 인물들에 대해 간략히 소개한다.

그 첫 번째 인물은 우치무라 간조(內村鑑三, 1861~1930)다. 우치무라 간조는 메이지 시대 다른 선각자들과는 달리 서양문명을 과학과 물질문명으로만 본 것이 아니고 그 근간에 기독교가 있음을 간파하였다. 또한 그는 서양 기독교의 수용에 그치지 않고, 유교적이자 무사도적이며, 독자적인 기독교를 모색하였다. 이렇듯 우치무라는 일본을 초월해서 인류를 구원해야 할 기독교의 새 형태를 추구하였고 또 그것을 천직으로 깨달음으로써 일본이 세계를 위해 가야 할 길을 찾았다.

그가 기독교사상을 확립한 후 그것을 표출한 사건이 소위 '불경사건'이었다. 이 사건은 천황이 직접 서명한 교육칙어 진서에 대해 우치무라가 봉배를 거부한 데에서 비롯되었다. 이 행위는 이후 본격적으로 천황을 신격화하는 근대일본 국가체제(고쿠타이, 國體) 확립을 거부하는 양심선언의 의미를 지닌 것이었고, 빗나가고 있는 일본 근대화 노선에 대한 애국적 행동이기도 했다.

우치무라의 한국 및 한국인과의 화합 행보는 1907년을 전기로 한 그의 근본적인 한국인에 대한 인식의 대전환에서 시작하였다. 한국인의 깊은 신앙심과 교화 가능성이 일본보다 훨씬 높은 것을 알게 되어 한국을 문명화의 대상국이 아닌 신의 기독교 섭리사 속 동양교화의 중심국으로 보게 되는 큰 인식 변화였다. 이것은 '일본국 천직론' 이상으로 한국의 섭리사적 사명을 높이 평가한 것이었다. 이 변화된 한국 인식은 일제강점기 이후 오랜 세월 그와 가까이 지낸 한국 기독교인 친구와 제자들과의 관계 속에서 더욱 강화되었다.

우치무라 사상의 특색 중 하나는 기독교를 서구적 전통과 교단으로부터 분리시킬 수 있다는 사고를 함으로써 각각의 민족이라는 역사 문화공동체가 기독교 수용의 주체가 될 수 있다는 발상을 가능하게 한 점이었다. 김교신과 함석헌은 무엇보다도 우치무라 기독교사상의 이러한 측면을 주체적으로 계승했다. 김교신이 조선적 기독교의 존재 양식을 모색했다면, 함석헌은 한국사의 구원사적 의미를 규명하고자 했다. 이 두 사람의 이러한 사상적 작업은 개별적이라기보다는 『성서조선』의 발간과 집중적인 성서 연구를 통한 철저한 협조 속에서 이루어진 것이었다. 우치무라에게 전통적 문화 양식이 유교와 무사도였다면 김교신은 유교와 기독교의 관계를 축으로 자신의 역사문화 전통과 기독교를 접목시키고자 했다. 한편 함석헌은 고난의 역사관을 전개하면서 한국 역사의 세계사적 의의와 사명을 탐구했다.

천황제 국가로 확립된 일본 국가주의와 평생 몸부림치며 싸웠던 우치무라의 기독교사상과 평화사상이 오늘날 다시 부활하는 일본의 우경화 국가주의의 극복 방안으로도 제시될 수 있다. 그리고 그에게 많은 영향을 받으며 일제하에 주체성을 확립하며 독립운동을 전개한 김교신과 함석헌의 기독교사상과 그 행동 속에서 우치무라와 한국의 화합 행보를 확인할 수 있다. 오늘날 한일 간 화해와 평화를 모색할 때 우치무라의 화합 행보를 역사적 자료 삼아 계승해야 할 것이다.

두 번째는 조선을 위해 살다 한국에 묻힌 일본인, 아사카와 다쿠미(淺

川巧, 1891~1931)다. 그는 자신의 소원대로 한국에 잠들어 있다. 서울 망우리 공원에 있는 그의 묘비에는 "한국의 산과 민예를 사랑하고, 한국인의 마음속에 살다 간 일본인. 여기 한국의 흙이 되다"라고 새겨져 있다. 한국임업시험장의 직장 동료들이 다쿠미를 기리며 새긴 것이다.

그는 1914년 형 노리타카(伯教)가 있는 조선으로 건너와 조선총독부 산림과 직원으로 취직하여 1931년 과로와 급성폐렴으로 40세에 사망하기까지 산림녹화에 전력을 기울였다. 다쿠미는 잣나무의 양묘(養苗)를 2년에서 1년으로 단축시키는 노천매장법을 개발하여 한국 산림녹화에 지대한 공로를 세웠다.

다쿠미는 서울 북촌의 청량리 일대에서 조선인들과 같이 생활하면서 일상적으로 친밀한 관계를 지켜나갔고 조선어도 유창하여 조선인들에게 큰 사랑을 받았다.

그는 조선의 도자기와 공예의 보존에 힘써 1924년에는 야나기 무네요시(柳宗悅)와 함께 조선민족미술관을 건립하기도 하였다. 그리고 『조선의 소반(朝鮮の膳)』(1929)과 『조선도자명고(朝鮮陶磁名考)』(1931)를 펴냈다. 『조선의 소반』은 조선인이 일상생활에서 가장 친밀하게 대하는 다양한 소반들을 사진과 그림으로 소개하고 있다. 한편 다쿠미의 유고집인 『조선도자명고』는 그가 오랫동안 수집하고 조사했던 조선 시대 도자기에 대한 연구로, 조선의 지명이나 도자기의 고유명칭을 조선어 그대로 적고 괄호 속에 일본어로 첨부하고 있는 점이 특징이다.

그의 형 노리타카는 조선 시대 도자기 연구의 대가로 1945년 해방 뒤에도 미군정(美軍政)의 허락하에 조선에 체류하며 가마터 조사를 통해 도자기 연구를 계속 수행하였다. 그리고 조선민족미술관이 국립민속박물관으로 통합되자 이곳에 자신이 소중하게 수집해온 공예품 3,000여

점과 도편(陶片) 30상자를 기증하고 한국을 떠났다.

이들 아사카와 형제와 야나기의 연구와 노력으로 조선의 공예는 '민중의 공예' 즉 '민예(民藝)'로 불리게 되었고, 이들은 파괴되고 가치를 잃어가는 조선의 공예를 지키기 위해 민예운동을 전개해나갔다.

1960년대 한국에서 다쿠미에 대한 재조명 작업이 시작되었다. 그를 추모하는 이들은 다쿠미의 망우리 묘역을 정비하고 매년 4월 2일 그의 기일(忌日)을 기리고 있다. 일본에서도 1990년대부터 현창 작업이 시작되어 아사카와 형제 추모회가 구성되고 그의 고향 호쿠토(北杜)시에는 아사카와 형제 자료관이 설립되어 있다.

세 번째 인물은 야나기하라 기치베(柳原吉兵衛, 1858~1945)라는 실업인이다. 일제강점기 많은 조선인들은 근대적인 선진 지식과 일자리를 찾아서 일본으로 건너갔다. 식민지 조선에서 왔다는 이유만으로도 민족적 차별을 받아야만 했던 조선인들에게 야나기하라는 기독교인으로서 인류애 사명을 가지고 신 앞에서 조선인과 일본인의 차별 없는 평등을 추구한 인물이다. 야나기하리 기치베는 육군 군복 염색과 면사 공장을 경영하며 실업가로서 성공을 거둔 인물이다. 그의 출생연도에서도 알 수 있듯이 메이지유신으로 근대화에 성공한 일본이 청일전쟁과 러일전쟁, 그리고 만주사변과 중일전쟁을 거쳐 제국으로 팽창되어가는 시기, 그는 실업가이면서 한편으로 사회사업가로서 빈민과 노동자, 특히 조선인 노동자 구제를 위해 헌신하였다. 그가 생전에 행한 조선인 여자유학생에 대한 지원은 근대적 지식의 교육이라는 측면에서도 주목할 만하다.

현재 국내에서는 야나기하라에 관한 연구는 거의 전무하다. 그러나 조선 최초의 여류화가 나혜석과 최초의 여자 피아니스트 이애내 또한 야나기하라의 지원을 받은 대표적인 근대 지식인이었음을 생각한다면 조선인 여자유학생에 대한 일본인 보증인으로서 그가 생전에 남긴 족적에 대해 깊이 있는 통찰의 필요성을 지적하지 않을 수 없다. 그와 조선인과의 관계는 나라와 민족의 경계를 넘어선 것이었다.

무단통치 이후 진행된 문화통치 속에서 야나기하라가 수행한 교육사업은 그의 보편적 인류애의 실현이라는 종교적 신념과는 달리 일제의 식민지 정책에 공헌하였다. 비록 야나기하라가 일본제국이라는 틀 안에서 일본과 조선의 공존공영을 위해 힘썼다 할지라도, 그의 적극적인 지원 아래 낯선 일본에서 노동자로서, 유학생으로서 삶을 살아내는 것이 가능했던 조선인들이 있었다는 사실을 잊어서는 안 될 것이다. 조선인 유학생들이 야나기하라에게 보낸 1,202통에 달하는 서간은 그들에게 야나기하라와의 관계가 일본에서의 민족적 차별과 설움 속에서도 견뎌낼 수 있는 힘이 되었음을 말해주고 있다. 그는 자신이 태어난 일제의 천황제 이데올로기를 벗어나지 못했지만, 그의 기독교적 인류애라는 종교적 신념은 사회사업과 봉사, 그리고 유학생 지원을 통해 나타났다.

따라서 이 연구는 근대화와 제국적 팽창기를 살다 간 야나기하라가 조우한 조선을 여자유학생이라는 관점에서 접근한다. 왕세자 이은과 세자비 이방자의 결혼을 기념한 이왕가어경사기념회 활동을 시작으로 1945년 사망하기 직전까지 약 25년간 그는 조선인 여자유학생의 일본인 보증인으로서 활동하였다. 관동대지진, 근우회 활동을 하는 조선인 여자유학생 지원 등 그가 남긴 발자취를 따라가며 제국과 식민지를 넘어선 개인과 개인의 만남에 주목하여 역사 속의 실제 인물로서 조명한다.

네 번째 인물은 '일본인 쉰들러'라고 부르는 일본인 변호사 후세 다츠지(布施辰治, 1880~1953)다. 이 연구는 조선인들을 위해 몸을 던지는 변호와 그들과의 신뢰 관계를 지속해나간 후세 다츠지에 대한 이해를 목표로 한다. 그를 이해하기 위한 작업은 네 부분으로 나뉘어져 있다. 첫째는 후세가 일본에서 한 인권변호사 활동을 조선인 변호 활동과 대비시켜 봄으로써 사회적 인물로서의 활동을 살펴보았다. 그의 조선인 변호는 일본에서의 인권변호사 활동의 연장선에 있었음을 알 수 있다. 둘째는 후세가 보여준 그러한 변호 활동의 시대적 배경에 대한 것이다. 제1차 세계대전을 전후하여 시작된 대정민주주의 시기 일본의 사회변동과 사회운동들은 후세의 활동과 일체화되어 있음을 알 수 있다. 그의 운동이 급진적이고 좌익적 성향을 보인 것은 사실이나 당시 국제사회의 혁명 조류와 일본 사회에서 진행된 시민운동과 상호작용한 것도 사실임을 알 수 있다. 셋째는 개인사를 통해 본 그의 사회적 활동의 배경을 분석한 것이다. 그의 변호 활동은 그의 사상만큼이나 인간의 양심에 대한 굳은 믿음과 민중을 위해 살겠다는 신념을 그대로 반영하고 있다. 넷째로, 그는 강렬한 성격의 소유자였으며, 그러한 성격은 후세의 가족사에서도 그대로 나타나고 있다.

이 연구는 우리에게 두 가지 답을 준다. 첫째는 후세의 조선에 대한 애정은 식민지 민중들의 어려운 삶에 대한 일체화에서 출발하였으며, 그 과정에서 조선인들과의 연대감이 더욱 깊어졌을 것이라는 점이다. 후세의 민중성과 농민성이 조선에 대한 그의 연대로 나타난 것이다. 둘째는 후세가 공산주의자라기보다는 '급진적 민주주의자'에 가깝다는 점이다. 특정 행위가 공산주의인가 아닌가의 여부는 시대와 사회에 따라 달라질 수 있다는 점을 고려하면 오늘날 우리가 보는 후세는 더욱더 공산주의보다는 급진적 민주주의에 가까운 곳에 위치하게 될 것이다.

후세의 사상적 위치와 상관없이 일본과 조선에서 조선인들의 편에 서서 강력한 변호를 해줄 일본인이 있었던 것만으로도 조선인들에게는 더

없는 구원이 되었을 것이다. 오늘날 한일관계는 부침을 계속하고 있지만 한국과 일본의 지정학적 위치는 한일 간 역사 화해가 선택이 아닌, 마땅히 이루어야 할 과제임을 우리에게 말해준다. 한일관계가 엄중한 상황에 처할수록 후세를 떠올리는 것은 그가 우리에게 양국 화해의 가능성을 보여주었기 때문일 것이다.

다섯 번째 인물은 '한국 고아의 아버지'로 알려진 소다 가이치(曾田嘉伊智, 1867~1962)다. 암울했던 일제강점기에 한국 땅에 와서 우리에게 친구가 되어준 사람들 중에 소다 가이치는 특별한 사람이다.

한국 고아의 아버지로서 양화진 외국인 선교사 묘역에 안장된 유일한 일본인인 소다 가이치에 대해서는 일제강점기 핍박받는 조선의 고아들을 희생과 봉사로 돌보았다는 사실과 한국의 편에서 독립운동을 도왔다는 점이 널리 알려져 있다. 이러한 알려진 사실들이 역사적 진실과 맞는 것인지 살펴볼 필요가 있다.

첫째, 그 자신의 인터뷰 내용을 통해 살펴보았다. 한국에 오기 직전 소다는 일본 해군의 어용상인이었고 러일전쟁 후 실직하자 조선으로 건너가 평양의 육군 어용상인으로 일하였다. 그러나 그가 생전에 생명을 구해준 한국인에 대한 고마움을 언급한 것은 여러 증언에서 나타나기 때문에 한국으로 오게 되기까지 한국에 대해 좋은 이미지를 간직하고 있었음은 분명하다.

둘째, 그가 월남 이상재를 통해 기독교의 영향을 받았다는 것은 여러 증언을 통해 알려진 사실이지만, 정작 소다 자신은 생전의 인터뷰에서 월남 이상재에 대한 특별한 언급을 하지 않았다. 한일관계가 좋지 못했던 시기에 일본에서 시행한 인터뷰였기 때문일 수도 있을 것이라 추측해 볼 수도 있고 실제로 이상재의 영향이 별로 없었을 수도 있을 것이라는 추측도 가능하다.

셋째, 소다가 운영하였던 경성지부 보육원의 성격이다. 사다케 오토지로의 가마쿠라보육원의 지부 설립의 계기가 해리스의 친일적 사고와 조선 재건이라는 식민사상, 일시동인과 동화정책에 따른 것이었다는 점 등에서 다시 한 번 생각할 부분이 많다.

하지만 소다라는 개인의 인물 평가는 다각적 시각에서 이루어져야 한다. 소다 가이치와 그의 부인 우에노 타키(上野夕キ) 개인의 조선에 대한 사랑과 정성은 시대를 떠나 인류애적인 것이었다는 것은 진실일 것이다. 또한 이러한 정신이 이후 영락보린원의 정신으로 이어지고 있다는 점에서 중요하다.

다음은 일본인과 조선인이 공존할 방안으로 한일연대론을 제시한 죠코 요네타로(上甲米太郎, 1902~1987)에 대한 것으로 그의 한일연대론을 재평가한다. 논쟁의 초점은 보통의 재조일본인과 다른 길을 걸어온 그의 교육노동운동과 반제국주의 투쟁이 한일관계에 어떠한 교훈을 주고 있는지를 검토하는 것이다. 재조일본인들은 식민권력과 영합하여 식민지 조선인을 억압하면서 식민지체제를 유지하도록 하는 등 일본 제국주의를 지탱하는 인적 자산이었다. 하지만 죠코는 일제강점기 식민지체제를 유지하는 하층 관료였던 일본인 교사의 신분에도 불구하고 권력을 행사하기보다 조선인과의 공존을 위한 길을 택하는 삶을 살았다. 그러나 죠코의 조선 인식을 지나치게 '과대평가'해서는 안 된다. 그는 식민지 조선을 독립시켜야 한다는 관념과 조선인에 대한 평등한 대우를 해야 한다는 생각은 가지고 있었지만, 구체적인 행동으로 옮기지 못했기 때문이다.

우리가 죠코 요네타로의 행적에 주목해야 할 이유는 다음과 같다. 첫째, 식민지 조선에서 권력을 행사하기보다는 조선인과의 공존을 지향했던 그의 행적을 추적하는 것은 연대론을 재평가하는 데 도움이 된다. 둘째, 식민지 조선의 교육현장과 조선 사회의 실상을 규명하는 동시에 재조일본인 사회를 다각적으로 설명할 수 있는 방법을 제시할 수 있다. 셋째, 식민지와 피식민지의 구조가 굳어진 시기에 어떠한 계기가 죠코의 조선 인식에 변화를 가져왔는지 그 표상을 찾아볼 수 있다. 죠코가 주창한 반제국주의 한일연대론과 관련한 이러한 논의들은 한일관계에서 과거사 문제로 인한 양국의 정치적 갈등이 외교·안보·경제·문화 등의 영역에까지 확산하고 있는 현시점에서 우리에게 분명한 메시지를 던지고 있다.

식민지 시대의 재조일본인은 대체로 '식민지배자', '일제 세력', '침략자'라는 인식의 벽에 막혀 한일관계 연구에서 관심의 대상이 되지 못했다. 왜냐하면 대부분의 재조일본인들은 특유의 의식과 정신 구조를 공유하면서 재조일본인 사회를 형성한 식민지 권력자로서 일제에 협력하였기 때문이다. 이들이 식민지 '현장인'으로서 식민지 정책에 관여하는 한편, 식민지에서의 삶을 통해 식민지 조선과 조선인의 정체성 형성에 영향을 미쳤다는 사실은 부인할 수 없다. 하지만 일제강점기의 제국주의를 전체적으로 이해하기 위해서는 재조일본인을 일국사적 시각에서 탈피하여 구체적인 연구 대상으로 삼아 보다 다각적 시각에서 살펴볼 필요가 있다. 이러한 의미에서 재조일본인의 연구는 '지배-피지배', '억압-피억압'이라는 이분적 사고를 상대화할 수 있는 계기가 될 수 있으며, 반제국주의 투쟁에서 한일연대론으로 저항한 재조일본인의 존재와 그 의미를 밝히는 작업은 한일관계 연구의 전체상을 파악하는 데 도움이 될 것이다.

일곱 번째 인물은 사할린한인 귀국운동의 주춧돌로 알려진 박노학(朴

魯學, 1912~1988)이다. 일제강점기 강제동원 문제에서 박노학만큼 한일 역사 화해의 좋은 사례도 흔치 않다. 박노학은 일제강점기 사할린에 강제동원되었다가 해방 직후 일본인 부인 때문에 일본으로 귀환한 피해자로서, 1988년 타계하기까지 부부가 평생 동안 사할린한인 귀환운동에 헌신한 핵심적인 활동가이다. 그의 활동은 일본을 비난하고 배격하는 것이 아니라 일본과 한국의 시민과 정치인이 힘을 모아 인권을 회복하는 데 맞추어져 있다. 지금까지 국내에 알려진 박노학의 공로는 주로 '화태억류귀환재일한국인회'의 결성과 활동, 사할린한인과 국내 가족 간의 편지를 중계한 소위 '박노학 편지'와 영주귀국을 희망하는 수천 명의 사할린한인 명부, 즉 '박노학 명부'의 작성에 맞추어졌다.

이 연구는 처음으로 박노학의 생애와 그의 사할린한인 귀환운동 전반의 과정을 추적·조사함으로써 그동안 주목받지 못했던 그의 활동 배경과 인적 네트워크, 일본 정치계와 시민사회와의 연대 및 협력관계를 새롭게 확인하고, 그의 노력과 기여를 재평가해야 할 점에 주목하였다.

박노학은 그의 일본인 아내인 호리에 가즈코(堀江和子)와 함께 사할린에서부터 억류된 한국인과 일본인의 귀환 문제에 관심을 기울였으며, 1958년 일본으로 귀환한 이래 평생 동안 사할린한인의 귀환운동에 헌신했다. 특히 그의 운동 방식은 일본 관계 당국의 담당자와 정치인들과 긴밀한 관계를 맺고 수시로 연락을 주고받으며 역할 분담을 통해 상호 협력하는 수준으로 발전했다. 또한 박노학은 일본 내 여야를 막론하고 유력 정치인들과 소통하며 이들이 의회에서 사할린한인 귀환 문제를 정부에 추궁하고 움직이도록 하는 한편, 일본 수상과 외상이 직접 소련 당국자에게 사할린한인 문제를 촉구하도록 하는 데까지 영향을 미쳤다. 박노학이 다나카 가쿠에이(田中角栄) 수상 등 유력 정치인과 연결될 수 있었던 배경에 일본인 유력 정치인들이 있었으며, 그의 사할린한인 귀환 운동에 일본의 여야 정치인들과 변호사, 시민단체가 적극 참여하고 동조하였다.

그리하여 일본의 시민운동가와 변호사 등이 박노학과 교류하면서 사할린한인 귀환운동을 지원하고 소위 '사할린재판'을 추진하는 데 기여했다. 일본의 정치인과 시민단체가 박노학과 함께 협력하여 가장 큰 성과를 거둔 것은 1990년대의 한소 수교 이후에나 본격화되는 사할린한인의 영주귀국 사업이 시작되기 전에 사할린한인의 일본 일시방문과 가족상봉, 일시 모국방문과 일본으로의 영주귀환을 최초로 성사시켰다는 데 있다. 이 역시 박노학이 쌓아올린 신뢰와 노력의 바탕 위에 가능했다.

박노학은 사할린한인의 '일본 일시방문 및 가족상봉'의 물꼬를 트고, '일본 경유 모국방문'이 성사되기 직전인 1988년 3월 간암으로 사망하였다. 일본인 처자식과 함께 일본으로 귀환한 박노학은 30년 동안 사할린한인의 귀환운동에 온 생애를 바쳤다. 박노학의 사할린한인 귀환운동은 한국과 일본 정부는 물론, 양국의 정치인과 시민사회를 견인하고 추동하는 놀라운 선구이자 과정이었다.

마지막 여덟 번째 인물인 와카미야 요시부미(若宮啓文, 1948~2016)는 한국과 일본의 역사 화해와 우호 협력을 위해 활동한 일본의 대표적인 진보 언론인이었다. 1948년 1월 16일 도쿄에서 단카이세대(団塊世代)의 일원으로 태어난 와카미야는 도쿄대학 졸업 후 진보 언론인 아사히신문사에 기자로 입사한다. 1979년 박정희 시대의 한국, 다음 해인 1980년 김일성 시대의 북한에 대한 취재 방문을 계기로 와카미야는 한반도 문제를 자신의 운명이라 생각하고, 2016년 사망할 때까지 약 40년간 한국과 일본의 관계 증진을 위해 활동했다.

그의 주요 활동은 다음과 같다. 첫째, 『아사히신문』의 기사와 논설 등을 통하여 끊임없이 일본 국민들에게 과거 침략전쟁에 대한 반성과 사죄의 필요성을 제기했다. 둘째, 한국 정부와 일본 정부에 대해 한일 역사 화해와 우호 촉진을 위한 방안으로 한반도 식민지 지배에 대한 일본의 사죄 그리고 한일 간의 주요 대립 현안에 대한 관리의 필요성을 제안했다. 즉 일본에 대해서는 역사 반성을 요구하고, 한국에 대해서는 다양성의 인정을 요구했다. 또 북한에 대해 과거사 청산을 조속히 행해야 하며, 이를 통해 일본은 한반도 평화통일에 기여해야 한다고 주장했다. 셋째, 2000년대 들어와 고이즈미 정권과 아베 정권이 추진하는 보수우경화를 일본의 민주주의는 물론, 일본과 아시아와의 공생을 저해한다고 강도 높게 비판했다.

그렇다고 해서 와카미야의 모든 주장이 한국 진보세력의 주장과 동일했던 것은 아니다. 그는 일본의 한반도 식민 지배가 원천적으로 무효라고는 생각하지 않았다. 또 1965년 한일기본조약을 통해 식민지 지배에 대한 청산이 이루어졌다고 생각했다. 따라서 와카미야는 도덕적 차원에서 일본의 사과가 부족하다고 판단하고, 반성과 사과를 일본 정부에게 지속적으로 요구한 것이다. 또 와카미야는 독도를 일본의 고유영토로 생각하고 있었다. 그의 생각은 한국이 독도를 점유하고 있는 현실을 일본이 인정하고, 한국도 일정 정도의 양보를 하는 형태로 독도를 현상 관리하는 것이 한일관계를 위한 최선의 방법이라는 것이었다.

이상과 같은 입장으로 인해 와카미야는 일본의 우익으로부터는 물론 때로는 한국으로부터도 비판을 받았다. 그럼에도 불구하고 그는 한일 양국이 경직화된 한 방향에 입각한 주장이나 협애한 국수주의를 추구해서는 안 된다는 주장을 굽히지 않았다. 한마디로 말해 와카미야는 한일 양국 모두가 인류 보편성인 평화, 우호, 협력에 입각할 때, 한일 역사 화해와 우호 협력이 이루어진다는 신념하에, 그를 실현하기 위해 싸운 '자유주의자'였던 것이다.

이상 여덟 인물들의 행적으로부터 우리는 역사 화해의 출발점이 대단한 형식의 사죄나 사과에 있는 것이 아니라 한국인들과 일본인들 사이의 애정과 우애에 있음을 알 수 있다. 제국과 식민지, 전쟁과 동원의 관계라는 절박한 상황에서도 한일 화해의 불씨는 민간에서 꺼지지 않고 남아 있을 수 있음을 보여준다. 이는 일본 정부가 역사 반성은 커녕 오히려 퇴행적인 역사 인식을 보여주고 있는 오늘날에도 우리는 역사 화해에 대한 희망의 끈을 놓아서는 안 된다는 메시지를 던지고 있다. 부디 독자 여러분들도 이 책을 통해 일본에 대한 좌절과 절망보다는 기대와 희망의 기틀을 찾을 수 있기를 기대한다. 언젠가 한일 양국이 진심으로 화해하고 친구가 되는 날, 이들은 양국에서 새롭게 평가받을 수 있게 될 것이다.

이 책의 출판을 위해 참여해주신 공동 연구자들에게 깊이 감사드린다. 인물 연구 대상의 선정에서부터 원고 작성의 방식, 여러 번의 제출일 등 수많은 일정들을 거쳐오는 동안 서로 간의 배려와 협조가 출판에 이르는 긴 여정을 즐거운 기억으로 남도록 해주었다. 함께 작업할 수 있는 기회가 다시 찾아오기를 기대해본다. 마지막으로 이 책이 현재의 모습을 갖출 수 있도록 정성을 다하여 다듬어주신 동북아역사재단의 출판 관계자 여러분의 노고에 대해서도 감사의 인사를 드린다.

2020년 12월
필자들을 대신하여
최운도 씀

차 례

책머리에 · 4

1장 우치무라 간조의 평화사상:
　　한일 화합과 한국인 제자에 대한 영향을 중심으로 _ 이기용 · 25

　I. 머리말 · 26

　II. 우치무라의 사상 형성 · 30

　III. 우치무라의 사상적 특색 · 37

　IV. 우치무라의 평화사상 · 44

　V. 우치무라의 한일 화합과 한국인 제자에 대한 영향 · 56

　VI. 맺음말 · 72

2장 조선을 위해 살다 한국에 묻힌 아사카와 다쿠미 _ 민덕기 · 77

　I. 머리말 · 78

　II. 다쿠미의 형 아사카와 노리타카 · 83

　III. 조선인 속에서 살다 산 다쿠미의 삶 · 87

　IV. 한국 산림녹화에 대한 다쿠미의 공적 · 94

　V. 한국 민예에 대한 다쿠미의 업적 · 102

　VI. 다쿠미에 대한 현창 활동 · 111

　VII. 다쿠미와 야나기 무네요시의 조선미론 비교 · 118

　VIII. 맺음말 · 124

3장 제국의 일본인 보증인, 야나기하라 기치베 _ 김경옥 · 133

  I. 머리말 · 134

  II. 야나기하라와 조선의 만남 · 137

  III. 실업가이자 사회사업가로서의 야나기하라 · 150

  IV. 야나기하라와 조선인 여자유학생 · 157

  V. 맺음말 · 180

4장 일본인 쉰들러, 후세 다츠지에 대한 이해 _ 최운도 · 185

  I. 머리말 · 186

  II. 후세 다츠지와 조선, 조선인 · 187

  III. 일본인 변호사 후세 다츠지의 일생 · 196

  IV. 후세의 변호 활동 당시 시대적 배경 · 205

  V. 후세에 대한 이해 · 209

  VI. 맺음말: 한일관계와 후세 다츠지 · 219

5장 한국 고아의 아버지, 소다 가이치의 삶과
     그 역사적 평가 분석 _ 김보림 · 227

  I. 머리말 · 228

  II. 해방 이전 소다 가이치의 삶 · 231

  III. 해방 이후 소다 가이치의 삶 · 250

  IV. 소다 가이치에 대한 역사적 평가 · 257

  V. 맺음말 · 275

6장 재조일본인 죠코 요네타로의 반제국주의 한일연대론 _ 박창건 · 281

　I. 머리말 · 282

　II. 재조일본인 죠코 요네타로 · 284

　III. 교육노동운동과 반제국주의 투쟁 · 291

　IV. 죠코 요네타로의 반제국주의 한일연대론 · 304

　V. 맺음말 · 309

7장 박노학의 생애와 사할린한인 귀환운동에 관한 연구 _ 오일환 · 315

　I. 머리말 · 316

　II. 일제강점기 박노학의 생애와 사할린 강제동원 · 320

　III. 일본으로의 귀환과 사할린한인 귀환운동의 시작 · 326

　IV. 사할린한인 귀환운동의 인적 네트워크와 협력 · 335

　V. 현실적 대안 제시, '일시 모국방문'의 길을 열다 · 355

　VI. 맺음말 · 362

8장 양심적 지한파 언론인, 와카미야 요시부미 _ 신정화 · 367

　I. 머리말 · 368

　II. 주요 경력 및 활동 · 372

　III. 일본 사회의 민주화와 보수우경화 경계 · 378

　IV. 한일 역사 화해와 우호 증진 · 404

　V. 맺음말 · 420

찾아보기 · 426

1장

우치무라 간조의 평화사상:
한일 화합과 한국인 제자에 대한 영향을 중심으로

이기용
선문대학교 외국어자율전공학부 명예교수

I. 머리말

　오늘날 아베 및 일본의 우경화 속에 최악을 치닫고 있는 한일관계에서 일본 우경화의 근본적 전환과 올바른 한일관계 정립의 방향 모색이 시급하다. 이런 상황에서 우치무라 간조(內村鑑三, 1861~1930)는 침략과 전쟁이 아닌 화합과 평화의 사상과 실천력을 갖춘 근대 일본의 양심으로서 오늘날 한일 간 화합과 평화를 모색할 때 과거 역사 속의 한·일 화해와 화합의 인물로서 다시 발굴 검토해야 할 인물로 사료된다.

　우치무라는 일본의 메이지 시대 근대화 과정에서 단순한 기독교 사상가를 떠나서 일본 근대 사상사에서 중요한 방향 제시를 한 예언자적 인물이었다. 그는 젊어서 삿포로(札幌) 농학교에서 과학과 종교 수업을 통하여 서양문명의 진수를 접하였고, 더 나아가 4년간의 미국 유학을 통하여 동서문화가 일본에서 접촉한 의의를 깊이 통찰하였다. 그의 서양문명 수용의 특성은 메이지 시대 일반 선각자들과 달리 서양의 과학과 물질 문명에만 관심을 두지 않고, 서양 종교도 동시에 수용하면서 전 생애에 걸쳐 깊이 탐구한 점이다. 이와 같이 우치무라가 처음부터 과학과 종교를 스스로의 내면 문제로서 함께 취급한 점이 그의 서양문명 수용의 깊이와 독자성을 더하였고 이 점이 당시 종교만을 문제시했던 다른 기독교 선각자들과도 차이 나는 점이었다.

　우치무라에 대한 한국 측의 연구로는 일제강점기 그의 한국 제자인 김교신과 함석헌이 공저로 펴낸 단행본[1]과 김교신의 글[2]이 있다. 여기서

1　金敎臣·咸錫憲 共著, 1940. 5,『內村鑑三先生과 朝鮮』, 聖書朝鮮社.
2　金敎臣, 1940. 5. 1,「내가 본 內村鑑三先生」,『聖書朝鮮』제94호; 1936. 11. 1,「內

는 우치무라의 무교회주의와 순수 애국심에 대하여 높이 평가하며 이에 자신들이 많이 감화되었음을 고백하였다. 반면에 이 시기 김인서(金麟瑞, 1894~1964)는 「무교회주의자 우치무라 간조에 대하여」라는 글에서 "일본 제국교회의 무사적 맥락을 가진 우치무라와의 교섭이 민족적 양식에 거친다"[3]라는 비판적인 견해를 피력하였다. 그러나 이 우치무라론에 대하여 김교신은 "우치무라에게 유일한 선생을 발견하고 심했던 아갈이 치유되었다"[4]고 고백하였다. 또한 우치무라의 한국관 해석에 대해 언급한 서정민은 우치무라의 한국관은 그 전제로서 '친일본·비민중적' 성향이 있다고 지적하고, 특히 한국병합 직전 우치무라가 한국에서의 성령강림을 인지 후 찬사로서 서술한 '행복한 조선국론'에 대하여 부정적 견해를 펼쳤다.[5] 우치무라의 사상과 행동에 대한 일본에서의 연구 성과 및 논평은 많다. 그것은 우치무라가 일본 근대사에서 차지하는 비중이 그만큼 크기 때문이다. 이 같은 근대 일본에서의 우치무라의 역할에 대해 쓴 마츠자와 히로키(松澤弘樹)의 글[6]과 주로 우치무라의 제자들이 쓴 단행본들이 있다.[7] 이들 저서에서는 그의 신앙심과 애국심 또 기독교사상과 행동을 높이 평가하고 있다. 한편 우치무라의 기독교 사상이 비민중

村鑑三先生」, 『聖書朝鮮』, 제136호, 聖書朝鮮社.
3 金麟瑞, 1930, 7월호, 「無敎會主義者 內村鑑三氏에 對하여」, 『神學指南』.
4 金敎臣, 1930, 8월호, 「內村鑑三論에 答하여」, 『聖書朝鮮』.
5 우치무라의 '행복한 조선국론' 속에서 강조된 대로 그것이 단순한 은혜의 역사만은 아니었고 곧 민족의 수난을 값으로 주고 바꿀 만큼의 행복으로서 한국 민중과 한국의 전체 크리스찬에게 적용할 수 없었다고 비판하였다. 徐正敏, 1992, 「內村鑑三의 韓國觀과 그 解釋問題」, 『水邨朴永錫敎授華甲紀念 韓國史學論叢』 下.
6 松澤弘樹, 1971, 『近代日本と內村鑑三』, 日本の名著 38, 中央公論社.
7 森有正, 1953, 『內村鑑三』, 弘文堂; 政池仁, 1953, 『內村鑑三』, 三一書店; 關根正雄 編著, 1973, 『內村鑑三』, 淸水書院.

적 성향의 한계성을 지녔다는 비판적인 글[8]도 있다. 그리고 우치무라의 사상과 행동에 대해 1907년 전후 그가 『성서지연구(聖書之硏究)』에 몰두하기 이전과 이후의 평가에 시기적 차이를 둔 견해도 있다. 우선 1907년경까지의 주된 긍정적인 평가는 다음과 같다.

그의 수제자인 야나이바라 다다오(矢內原忠雄)는 우치무라의 역사적 역할에 대하여 구일본과 신일본, 동양일본과 서양제국, 신과 인간의 연결이라는 면에서 평가하였고,[9] 근대사 연구자인 도오야마 시게키(遠山茂樹)는 우치무라가 주장한 "무사도적 기독교"는 기독교신앙과 구미적 교양과 무사적 기질의 삼자의 완결적인 조화로서 거기서 오는 인식과 행동의 흔들림 없는 통일은 확실히 메이지 정신의 가장 건강한 모습이라고 평가하였다.[10]

또 이에나가 사브로(家永三郞)는 일본사상사에서 우치무라의 위치에 대하여 같은 시기의 문명론자인 후쿠자와 유키치와 비교할 때 근대정신의 체득과 표현에서 우치무라는 후쿠자와보다 한참 앞섰다고 평가하였다. 즉 이에나가는 우치무라가 후쿠자와의 문명개화에서 이루지 못한 별개의 신천지를 개척했다는 점에서 후쿠자와 이상의 역사적 의의를 지녔다고 하였고, 후쿠자와가 일찍이 관민조화사상을 내세워 이토 히로부미(伊藤博文) 등 번벌 거두와 손을 잡아 타협을 했던 데 비해 우치무라는 철두철미하게 메이지 정부를 규탄하여 추호도 타협하지 않았다는 점

---

8 土肥昭夫, 1962, 『內村鑑三』, 日本基督敎團出版局.
9 矢內原忠雄, 1962, 「日本の思想史上における內村鑑三の地位」, 鈴木俊郞 編, 『內村鑑三と現代』, 岩波書店, 3~6쪽.
10 遠山茂樹, 1961, 「內村鑑三に心うたれる理由」, 鈴木俊郞 編, 『回想の內村鑑三』, 岩波書店, 112~113쪽.

등을 지적하였다. 그래서 쇼와(昭和) 일본의 대파탄이 대국적으로 보아 메이지 이후 후쿠자와 노선의 발전 속에 누적된 모순의 폭발이었다면 거기에 대해 항상 비판적 태도를 취하며 일본의 다른 근대화 노선을 시사한 우치무라의 예언자로서의 의의가 대단히 크다고 평가하였다.[11]

한편 이같이 시기별로 평가의 차이를 두는 데 대해 이시다 유우(石田雄)는 우치무라의 사상을 일본의 특수한 상황 속에서 전개한 역사적 발전을 그 연속성 속에서 파악하지 못했다고 지적하였다.[12] 또 일본에서 우치무라의 한국과의 관련 연구로서는 그의 한국 문제에 대한 태도를 다룬 논문[13]과 그의 한국관의 변화 과정과 한국 기독교인과의 관계를 다룬 것,[14] 또 그의 한국인 제자에 대한 영향에 초점을 둔 논문[15] 등이 있다. 이들 한국 관련 논문에서는 한국에서 우치무라가 차지한 긍정적 위치를 평가하였다.

이상과 같은 종래의 우치무라에 대한 연구 성과를 토대로 하여 먼저 그의 기독교사상의 특색을 살피고 또 일본국 천직론에 입각한 일본사명론과 반전평화운동, 또 한국 인식의 근본 변화와 한국인 제자에 대한 사상적 영향을 검토하고자 한다.

특히 일제강점기 우치무라의 기독교사상과 평화사상이 왜 한국인에

---

11 家永三郞,「日本思想上の內村鑑三」, 鈴木俊郎 編, 1962, 118~119쪽.
12 그는 '독립'이라는 개념을 중심으로 우치무라의 사상의 발전을 정통과 이단이라는 시점에서 파악하였고, 그렇게 함으로써 우치무라의 신격화와 영웅시를 막을 수 있고 또 과소평가의 오류도 시정할 수 있다고 보았다. 石田雄, 1977. 9,「內村鑑三における"獨立"の意味」,『思想』639호.
13 佐藤全弘, 1975. 12,「朝鮮問題と內村鑑三」,『內村鑑三硏究』5호.
14 高崎宗司, 1977. 9,「內村鑑三と朝鮮」,『思想』639호.
15 澤纓, 1977. 1,「內村鑑三の愛國思想と韓國基督敎」,『內村鑑三硏究』18호.

게까지 큰 영향을 줄 수 있었는가 하는 점과 아울러 그의 한국 및 한국인에 대한 화합의 행보를 살펴보고자 한다.

II. 우치무라의 사상 형성

1. '삿포로 농학교'와 '삿포로 독립교회'

1861년 우치무라는 무사인 조슈(上州) 다카사키번사(高崎藩士) 우치무라 요시유키(內村宜之)의 장남으로 에도(江戶) 고이시카와(小石川)의 번저 내에서 태어났다. 아버지는 시대의 변화에 대한 통찰력이 뛰어난 지도력 있는 인물로서 번정(藩政)의 근대화 등에 중요한 역할을 했다.[16] 이와 같은 가정에서 우치무라는 일찍이 유교적 교육을 받았다. 5세 때 『대학(大學)』을 읽기 시작했고, 그 후 중국 여러 성현의 교훈도 배웠다. 8세 때 메이지유신을 맞이했지만 유교사상의 정신적 지배는 새 시대에 들어와도 쉽게 무너지지 않았다.

그는 시대의 급변에도 불구하고 여전히 아버지가 준 엄격한 유교교육에 따라 유교적, 무사도적 윤리를 철저히 체득했다.[17] 여기서 "무사도에 접목한 기독교"를 표방하는 기초가 마련되었다. 그리고 우치무라가 받

---

16 關根正雄 編著, 1973, 13쪽.
17 "내 집은 원래 유교의 집으로서 아버지는 儒者였고 나 또한 어린 시절부터 孔孟의 서적에서 배우고, 지금도 아직 암송할 수 있는 구절이 있다.", 「敎會와 聖書」, 1915. 7, 『聖書之硏究』(鈴木範久 編, 1990, 『內村鑑三選集』(이하 『選集』) 4, 岩波書店, 165쪽).

은 유교적 감화 중 하나는 주군에 대한 충성이다. 그것이 그에게는 이후 나라에 대한 충성 즉 철저한 애국심으로 나타났다. 또 그의 어머니는 일본 고유 신도(神道)에 대한 신앙을 가진 여인으로서 우치무라에게 많은 종교적 감화를 주었다.[18]

1877년 6월 그가 17세의 나이로 최상급 학교에 재학 중이던 해에 개척사 실무를 맡았던 인물이 내교하여 삿포로 농학교(札幌農學校) 제2기 관비 모집을 위한 연설을 하였는데 그때 강조된 개척자정신에 감명을 받고 또 관비라는 조건으로 아버지를 설득하여 입학을 결심하였다.

삿포로 농학교는 홋카이도(北海道) 개척을 위해 관립으로 신설된 학교로서 다른 학교와는 달리 주로 미국인 교사를 통한 개척자정신과 이를 뒷받침하는 실용과학을 교육했다. 그는 이 농학교에서 실용과학적으로 훈련된 학문을 배웠고, 정신적 변혁에서 가장 중요한 기독교와 접하였다. 당시 삿포로 농학교 교사였던 클라크는 청교도적 윤리에 기초를 둔 교풍을 만들었다. 그는 전도의 집념이 강한 사람으로서 윤리교육은 기독교 외에는 있을 수 없다는 생각을 가지고 개척장관이던 구로다 기요타카(黑田淸隆, 1840~1900)의 반대를 무릅쓰고 기독교 교육을 실시했다.[19] 그는 지참한 성서를 학생 전원에게 나누어 주고 매일 수업에 앞서서 성서 강의를 하는 등 그는 전 생활을 통해 기독교 정신에 바탕한 학생 교화와 선도에 전력하였다. 그는 1기생들에게 그가 만든 '금주금연의 서약서'와 '예수를 믿는 자의 서약'에 서명하도록 하였다. 우치무라 등 2기생이 삿포로 농학교에 도착했을 때는 클라크의 귀국 후였지만 신앙

18　關根正雄 編著, 1973, 14쪽.
19　關根正雄 編著, 1973, 22쪽.

이 고양된 1기생 기독교인들은 금방 신입생에게 입신을 권유하여 클라크가 남긴 서약서에 대한 서명을 요구하였다. 처음에는 완강히 저항하다가 친구들이 하나둘씩 항복하는 상황에서 우치무라도 마지막 고립상태에 못 이겨 서명을 하고 입교하였다.[20]

'예수를 믿는 자의 서약'에 서명한 2기생 중 1년 후 세례를 받은 자는 15명 중 우치무라를 포함해 7명이었다. 이 7명은 상급생의 집회를 모범으로 한 '작은 교회'라고 불리는 소집회를 가졌다. 이들은 이 작은 교회에 대하여 동일의 권리와 의무를 갖도록 하여 예배 사회와 목사 임무를 돌아가면서 하였다. 우치무라는 이 시기 이 작은 교회의 여러 모임을 통하여 자력으로 신앙심을 키웠다.[21] 이와 같이 클라크가 세운 형식에 좌우되지 않는 정신주의적 기독교 파악은 메이지 초기 미개지였던 삿포로라고 하는 지리적, 역사적 조건 속에서 형성되었다. 또한 훗날 무교회기독교 주장의 맹아도 이 작은 교회에서 생겼다고 볼 수 있다.

1881년 7월, 우치무라가 21세 때 삿포로 농학교를 졸업함과 동시에 작은 교회는 해산하고 새로운 교회에 합쳐졌다. 그것은 당시 삿포로에서도 미국 선교사 간의 전도 경쟁이 도를 지나쳤기 때문이다. 이에 환멸을 느낀 우치무라 등 이상주의적 급진파는 자기들이 각 교회를 탈퇴하여 합동의 장인 신교회를 만들려고 노력하였고 이에 대해 훗날 그는 다음과 같이 회고하였다.

---

20 關根正雄 編著, 1973, 23쪽.
21 關根正雄 編著, 1973, 24~25쪽.

기독교를 믿었을 때 우선 첫째 결단한 것은 기독교를 믿지만 외국인 한테는 돈은 한 푼도 받지 말자, 기독교를 믿어도 외국에 있는 무슨 파 무슨 교회라는 것과는 일체 관계를 끊고 우리들 일본인은 일본인 으로서 기독교를 믿자, 일본국의 옷을 입힌 기독교를 이 나라에 보급 하자라는 생각을 가졌습니다.[22]

1882년 1월 합동으로 성립된 이 신교회는 '삿포로 독립교회'라는 이름으로 탄생하였고 이 교회는 교파에서 독립된 일본 최초의 일본적 교회였다. 이 독립교회의 특징은 첫째 교파주의에 의한 동창 신도의 분열과 경쟁이 불가하고, 둘째 번잡한 예배의식을 배제하고, 셋째 국내 복음전도는 외국에 의존하지 말고 내국인의 의무임을 주장하였다. 따라서 신교회의 조직은 아주 간단하여 농학교 1기, 2기생의 졸업생 5명이 위원이 되어 관리를 맡아서 목사를 고용하지 않았고 이들 5명이 교대로 단에 섰다. 이에 대해 그는 다음과 같이 피력하였다.

메이지 초년에 농학교의 청서생(靑書生)이 피와 눈물을 가리고 구축한 삿포로 교회는 일본에서 최초의 독립교회였다. 따라서 기독교와 독립을 존중하는 인사로서 여기에 대해 깊은 동정을 가질 수밖에 없다. 삿포로 독립교회는 작았지만 일본인이 그 자력과 교의에서 외국전도회사에 의존하지 않는 기독교회 건설의 가능성을 세계를 향해 증거해야 할 대문제였다. 그것은 이 교회가 바로 설 수 있느냐가 일본의

---

[22] 内村鑑三, 1902. 12, 『聖書之研究』(山本泰次郎 編, 1964, 『内村鑑三信仰著作全集』19(이하 『全集』), 教文館, 84쪽).

모든 독립교회의 운명에 큰 영향을 미치기 때문이었다.[23]

우치무라가 교회 독립에 열성적이었던 것은 교회에 대한 반항보다는 본질적으로 독립이 신앙의 자유를 위해 가장 중요한 요소라는 신념에서였다.

2. 미국 유학과 두 개의 J(Jesus, Japan)

삿포로 농학교 졸업 후 우치무라는 규정에 따라 홋카이도 개척자 관할 관리가 되었으나 적성에 맞지 않음을 깨닫고, 또 신앙과 인생의 고민도 겹쳐서 1884년 11월 미국행을 결심하였다. 그는 도미 후 처음 경제적 이유 때문에 백치원(白痴院) 간호인으로서 자선사업부터 시작하였다. 그는 거기서 자선사업의 실체를 몸소 체험하면서 그 시기 그가 가졌던 감상적 기독교에서 벗어나 의지적, 윤리적 정신에 의해 문제를 해결하려고 노력하였다. 그러나 그곳에서 일이 여의치 않자 학문 탐구를 위해 앰허스트대학에 입학하였다.[24]

우치무라가 배운 앰허스트대학은 당시 미국이 남북전쟁 후 자본주의의 급성장으로 물질과 기계문명 또 금력만능의 퇴폐풍조에 빠져 있을 때 그런 세속 풍조와 격리된 뉴잉글랜드 고유의 퓨리턴적 학풍을 가지고 있었다. 따라서 그 학풍은 보수적이고 지육(智育)보다 덕육(德育)을, 사업보다 주의를, 지식량보다 단련을 중요시하고 권위에 의존하지 않는

---

23 內村鑑三, 1900. 11, 「札幌獨立敎會」, 『聖書之硏究』(『全集』 18, 46~47쪽).
24 關根正雄 編著, 1973, 38~44쪽.

독창적 인물의 육성을 목적으로 한 소수 정예주의를 표방하였다.

그는 특히 이 대학의 실리 총장한테서 감화를 받아 신앙을 재발견하였고, 전도를 자기의 천직으로 자각하고 일본을 위해 자신이 해야 할 일에 대한 사명감을 가졌다. 1887년 7월 앰허스트대학을 졸업한 후 그는 신학교에 가서 신학 연구에 몰두하였다. 그러나 그는 당시 미국에서의 전도가 돈과 연결되어 직업화된 모습을 보고 크게 실망하며 1888년 5월 신학교를 그만두고 귀국하였다.[25] 그는 미국에서 체류한 3년 동안에 신앙생활의 진전도 있었지만 반면 비기독교적인 미국문명의 현실에 큰 충격을 받았다. 그것은 전도의 직업성 외에도 성명(聖名) 남용, 도박, 편중 정치, 계급 차별, 종교계의 교파 대립 등 미국사회의 부정적 측면을 목격했기 때문이다.

그러나 약 3년에 걸친 미국 유학 생활은 우치무라에게 말할 수 없이 커다란 사상적 영향을 주었다. 그것은 그에게 "'예수(Jesus)'와 '일본(Japan)'이라는 두 개의 새로운 '실재'를 발견하게 했던 것"[26]이다.

우치무라는 미국 생활을 통해 4가지를 정립했다고 볼 수 있다. 첫째, 도덕적 행위가 아닌 십자가 대속의 믿음을 통한 구원의 확신을 갖게 되어 회심을 하였다. 둘째, 비기독교적인 미국의 상황에 대한 실망과 동시에 미국의 퓨리턴 정신을 통한 희망도 갖게 되었다. 셋째, 비기독교적인 미국을 바라보면서, 기독교가 전파되지 않는 국가에 대해 신의 섭리가 개입할 여지가 남아 있다고 보았으며, 일본 역시 신의 섭리 가운데 세워진 민족으로 '높은 이상과 고귀한 야망을 가지고 세계와 인류를 위해 존

---

25 關根正雄 編著, 1973, 38~44쪽.
26 양현혜, 2015, 「우치무라 간조와 두 개의 J」, 『장신논단』 vol 47. No.1, 101~106쪽.

재하는 실체'임을 발견하였다. 넷째, 역사관의 정립이다. 역사적 사건을 진보라는 법칙 안에서 이해하는 진보적 역사관과 성서의 예언서 연구를 통해 신의 섭리는 예언자를 통해 이루어진다는 것을 깨달았다.[27] 우치무라는 미국 생활을 통해 자신의 신앙을 재발견하면서 기독교에 대한 보다 깊은 이해와 이를 통한 신앙적 소명의식이 깊이 뿌리 내리게 되었다.

그리고 역설적이게도 기독교인으로서 비성서적인 미국에 대한 절망을 통해 기독교가 전파되지 않은 국가에 대한 신의 섭리의 희망을 발견하였으며, 일본에 대한 희망 역시 여기서 출발할 수 있는 토대를 마련하였다. 그리고 미국 퓨리턴 정신의 발견과 진보적 역사관을 통해 일본 민족에 대한 희망과 세계사적 역할, 그리고 자신의 역사적 소명을 깨달았다.[28] 우치무라는 서양의 기독교사상을 모방하는 것이 아닌, 신의 섭리 안에 있는 일본의 전통을 기독교를 통해 재창조하여 완성시키는 것이 기독교의 역할이라고 이해했다.[29] 두 개의 J 즉 Jesus를 중심으로 한 섭리 안에서 세계사적 역할을 담당해야 할 기독교적 이상국가로서의 Japan에 관한 사상을 구축하게 되었다. 그러나 우치무라가 염원한 기독교적 이상과 섭리 안에서 세계사적 역할을 담당하는 국가가 되어야 한다고 믿었던 Japan은 쉽사리 이루어지지 않았다.

---

[27] 양현혜, 2017, 『우치무라 간조, 신 뒤에 숨지 않은 기독교인』, 이화여자대학교출판문화원, 110쪽.
[28] 內村鑑三, 1892. 4, 「日本国の天職」, 『六合雑誌』(『全集』 1, 岩波書店, 1981, 284쪽).
[29] 양현혜, 2015, 107쪽.

III. 우치무라의 사상적 특색

1. '불경'사건과 반'천황제국가'

1868년 메이지유신 이후 서양문화 일변도의 근대화가 진행되다가 1887년 전후부터는 서서히 국가주의 색채가 짙어지기 시작하였다. 이런 가운데 우치무라를 둘러싼 소위 '불경(不敬)사건'이 발생한 것이다. 이 무렵 이토히로부미(伊藤博文, 1841~1909)는 1886년부터 이노우에 고와시(井上毅, 1843~1895) 등 헌법 입안자와 외국인 법률 고문 독일인 뢰슬러(H. Rosler, 1834~1894) 등과 함께 메이지 헌법의 기초 작업에 들어가 1888년 4월 헌법 초안을 완성하고, 6월 그 초안을 추밀원에서 심의하였다. 회의에 앞서 메이지 천황 임석하의 개원식에서 추밀원 의장이던 이토는 자기 소신 표명을 하였다. 그는 "헌법 제정의 가장 중요한 요체(要諦)는 일본의 '기축(基軸)'을 정하는 것이고 '기축'이 없이 정치를 '인민의 망의(妄意)'에 맡겨 국가를 폐망시켜서는 안 된다. 헌법 정치가 자리 잡은 서양에서는 기독교가 국민정신의 중심에 있고 국가의 '기축'을 이루고 있는데, 일본의 종교는 약체라 그 역할을 제대로 못하고 있다. 따라서 일본에서는 황실(皇室)이 국가의 '기축'이 되어야 한다"[30]고 주장했다. 이 헌법 초안이 추밀원에서 통과되었고 '천황제'를 국가 통합 이데올로기로 도입하였다. 이는 이토가 스승 요시다 쇼인(吉田松陰)의 '존황국체론(尊皇國體論)'을 계승하여 헌법 제정에 반영케 함으로써 근대 천황제

---

30 國立公文書館 編, 1984, 『樞密院會議議事錄』(明治編 1), 東京大學出版會, 156~157쪽.

국가를 실현하는 데 결정적 역할을 하였다.

1889년 2월 11일, 일본 신화상의 '기원절(紀元節)'에 맞추어 흠정헌법(欽定憲法)으로 제정 공포된 황실전범(皇室典範)과 대일본제국헌법(大日本帝國憲法)은 제1조에서 "대일본제국은 만세 일계의 천황이 통치한다"라는 국체(國體)와 천황주권(天皇主權)을 규정하고, 제3조에 '천황은 신성(神聖)하여 범할 수 없다'라는 천황의 신격(神格)을 법제화하여 국민들의 천황에 대한 숭배 의식을 고착시켰다. 이듬해 1890년 10월 30일에는 국민교육의 기강 확립을 명목으로 천황 중심의 교육칙어까지 선포하였다.

이와 같이 메이지 정부는 천황제를 정치적 질서의 중심이자 궁극 목적인 동시에 국민의 정신적, 윤리적 규범의 원천으로 세웠다. 문명화를 이룬 서양 국가의 정신적 중심에는 기독교가 있다고 정확하게 파악한 이토는 일본의 정신적 중심에 기독교 대신 천황제를 세웠는데, 이에 대해 기독교의 유일신을 믿는 우치무라는 메이지 정부가 추진한 인간 신격화를 도저히 용인할 수 없었으며 그의 이런 자세가 결국 '불경사건'을 일으키게 되었다.

'불경사건'은 교육칙어가 선포된 이후 메이지 정부가 이것을 일본 교육의 기초이며 학교의 대본이라고 강조하며 메이지천황이 직접 서명한 교육칙어 '진서(辰署)'를 각 학교에 배포하면서부터 시작하였다. 우치무라가 봉직한 일고(一高)에서도 1891년 1월 9일, 시업식에 앞서서 교육칙어의 봉독식이 있었다. 봉독에 앞서서 '진서'에 대한 봉배의식이 있었는데 우치무라는 이때 봉배를 거부하였다. 그 이유는 봉배는 종교적 행위로서 유일신을 믿는 그는 '진서'에 대한 경의는 표하면서도 봉배는 거절하였다. 결국 그는 당시 메이지 정부가 추진한 국민에 대한 천황 신격화의 강요를 기독교인의 양심으로 거부한 것이며, 비틀어지는 천황제 근대

화 노선에 대한 진실한 애국자로서의 전인격적 항거였다.[31]

우치무라의 봉배 거절은 큰 문제가 되었으며 일고(一高)의 과격한 학생을 비롯하여 일부 국수주의 사상을 가진 교사들까지 기독교인 우치무라를 '고쿠타이(國體, 국체)'에 맞지 않는 인물이라고 배척하였다. 전국의 신문이 이 내용을 다루었고, 그에 대한 비난은 전국적으로 고조되었다. 이 사건은 객관적으로 유일신교인 기독교가 천황 신격화에 대해 고의적으로 부정한 것처럼 비춰졌다. 이처럼 우치무라 개인에 대한 비난이 차차 기독교 전반에 대한 비난으로 확산되었다. 즉 국수주의자, 불교도, 신도의 신봉자들은 기독교가 일본의 국체에 맞지 않는 불충불효의 가르침으로서 일본의 안녕질서를 문란시키고 나라를 망친다고 주장하였다.[32]

'불경사건'은 이후 종교와 교육 문제로까지 논쟁이 확대되었다. 당시 도쿄대학 교수 이노우에 테츠지로(井上哲次郎, 1855~1944)는 1892년 10월, 『교육시론(敎育時論)』에서 기독교를 비판하였다.

> 첫째 일본의 교육원리는 교육칙어를 기초로 해야 한다. 둘째 교육칙어는 국가주의를 기본원리로 하며 충효주의를 중핵으로 한다. 셋째 그러나 기독교는 세계주의이며 사랑에는 차별이 없다고 하기 때문에 일본을 특별히 사랑할 일도 없다. 그리고 또 천황 위에 신이 존재하고 그리스도가 존재한다고 하여 부모의 생명보다 신의 계율을 중요시하기 때문에 충효주의에 위배된다. 넷째 따라서 기독교는 교육칙어의 정신에 반하며 우리 일본의 교육원리와 충돌한다.[33]

---

31 國立公文書館 編, 1984, 60~63쪽.
32 國立公文書館 編, 1984, 66쪽.
33 井上哲次郎, 1892. 10, 「宗敎と敎育との關係に對する井上哲次郎氏の說話」, 『敎育

이 담화가 소위 "교육과 종교의 충돌" 사건의 발단이 되었다. 문제는 이러한 논쟁이 진행되는 사이 기독교인은 천황에 대하여 항상 불경(不敬)을 행하는 난신적자이며 기독교는 일본의 국체와 대치한다는 견해가 점차 국민 속에 침투한 점이다.

이러한 논쟁 속에서 우치무라는 1893년 3월, 『교육시론』 285호에서 「문학박사 이노우에 테츠지로군에 보내는 공개장」을 제시하여 이노우에가 공평하고 완전한 자료를 가지고 자기 소론을 펴야 하는데 태만하여 사실과 다른 내용을 기술하였다고 반박하였다.[34]

우치무라는 15년 후인 1930년 8월에 이 '불경사건'에 대하여 『요로즈초호(萬朝報)』에 게재한 글에서 다음과 같이 회고하였다.

불경사건을 통해 이노우에 테츠지로를 대표로 하는 일본인 대부분이 나를 불경한(不敬漢)이라 하여 사회적으로 매장하였다. (중략) 당시 문부성(文部省)은 나의 봉배 거부를 '교과서 사건'이라는 이름으로 대사건화하여 문명세계를 향해 일본국의 체면을 크게 손상시킨 데 대해 큰 슬픔을 금할 수 없다. 일본국 문부성은 약한 나 하나를 불경한으로 배제하면서 그 슬하에 백수십 명이나 되는 나 이상의 대불경한을 양성하여 국치를 세계에 노출시킨 책임을 면할 수 없을 것이다. (중략) 그들의 도덕관념은 의례적이지 실천적이지 않다. 그것은 공격당한 나의 불행이며 이런 천박한 도덕관념은 이 나라와 국민의 최대 불행이다.[35]

時論』.
34 內村鑑三, 1893. 3, 「文學博士 井上哲次郎君に送る公開狀」, 『教育時論』 285호.
35 內村鑑三, 1903. 8, 「不敬事件と教科書事件」, 『萬朝報』(『全集』 24, 164쪽).

그는 천황에 대한 존경심은 가졌으나 기독교인으로서 인간을 신으로 만드는 천황제와는 결코 타협할 수가 없었다.

2. 유교적, 무사도적 기독교사상

우치무라는 무사 집안에서 태어나 부친의 유교적 교육을 받아서 일찍부터 유교적, 무사도적 윤리를 체득하였다. 그는 기독교인이 된 후에도 자신이 지닌 이런 소양에 긍지를 가졌으며 또 행동의 좌우명으로 삼았다. 그리고 서양 선교사보다는 오히려 선인 유학자에게 배우는 자세를 잃지 않았다.

유자(儒者)는 유교를 가지고 뜻을 세웠다. 그 경전은 소위 사서오경이다. 그들은 이 경전을 가지고 수신하고 나라를 다스리려 하였고, 그들 나름대로 그 사업에서 성공하였다.
기독교 복음의 뜻을 세워서 성서 연구에 몸을 바쳐, 그 전파를 업으로 하는 우리 또한 경전에 익숙한 사람으로서 유자와 동일한 자다. 그렇다면 어찌 유자를 모방해서 우리의 목적을 이룰 수 없다고 할 수 있겠는가. 유자는 동양인의 교사다. 그러면 동양인에게 그리스도의 복음을 전하고자 하는 우리는 복음적 유자로서 뜻을 세워서 교회에 의존하지 않는 자립의 성서학교를 일으키고 교회, 전도회사의 봉급을 받지 않는 순전한 독립 촌락전도자가 되어야 한다. 참으로 유자에게 배우는 일은 선교사에게 배우는 것보다 훨씬 고귀하다. 우리들은 기독교 신자가 되었다고 해서 서양인이 될 필요는 없다. 전도자가 되었다 해서 선교사를 모방할 필요도 없다. 우리들은 유자가 경서에 의해 뜻을 펼쳤듯이 성서에 의해 뜻을 펼쳐야 한다. 유자가 사원과 신사에 의존하지 않는 것처럼 우리 또한 교회에 의존하지 말아야 한다.36

이렇듯 우치무라는 서양으로부터 정신적으로나 경제적으로 완전 독립된 고유의 기독교를 모색하였고, 그 모습을 복음적 유자라고 표현하였다. 즉 과거 유교의 선각자들이 사원 등의 울타리 없이 경전만 가지고 충분히 뜻을 펼쳤듯이, 좋은 전통을 이어받은 동양의 기독교인들이 서양인과 같을 필요는 없다는 것이다. 차라리 유자의 모습을 배워서 교회에 의존하지 않고 오로지 성서에만 의존하는 무교회적이고 성서 복음적인 기독교인이 되어야 한다고 강조하였다. 같은 주제를 가지고 1915년 5월, 도쿄(東京)조선기독교청년회에서 그는 한국 기독교인에게 다음과 같이 강연하였다.

무릇 기독교는 두 부분이 있다. 하나는 교회고 하나는 성서다. 기독교는 이 둘을 떠나서 설명할 수기 없다. 교회가 없으면 성서가 없고 성서가 없으면 교회가 없다. 그러나 성서를 잘 배우면 교회는 스스로 발전하지만 성서를 소홀이 하면 교회는 해골같이 된다. 일본에서 유교는 위대한 감화력이 있었으며 만약 그것이 없었다면 나라가 멸망했을 것이다. 일본뿐 아니라 중국과 조선은 원래 유교국이었다. 찬송가 없이 회당도 없이 오직 경서를 배움으로써 위대한 감화력을 얻은 것이다.
이미 경서를 통해 유자가 될 수 있었던 우리들이 생명의 책자인 성서를 통해 기독교인이 안 될 수가 없다. 만약 조선인이 이전에 공맹(孔

36　內村鑑三, 1915. 7,「寧ろ儒者に做ふべし」,『聖書之研究』(『選集』 4, 202~203쪽).

孟)의 책자에 접하듯이 성서에 접한다면 조선은 무서운 나라가 될 것이다. 일본 또한 이와 같이 된다면 참으로 위대한 나라가 될 것이다.[37]

즉 교회와 성서의 상관관계를 논한 뒤 중국, 한국, 일본에서의 유교의 역사적 가치를 평가하고 나아가 유교의 경서를 통한 감화력을 오늘날의 기독교에 잘 적용하여 성서적 기독교인이 될 것을 역설하였다. 과거 한국이 유교의 경서를 강독하는 자세가 좋아서 오늘날도 그와 같은 자세로 성서를 잘 소화하면 무서운 나라가 된다고 예언하였다. 또한 무사도와의 관계에 대해서는 다음과 같이 언급하였다.

무사도는 일본국 최선의 산물이다. 그러나 무사도 그 자체에 일본국을 구하는 능력이 없다. 무사도의 대목(台木)에 기독교를 접목하면 세계 최선의 산물이 되어서 여기에 일본국뿐만이 아닌 전 세계를 구원하는 능력이 생긴다. 지금 기독교는 서양에서 망해가고 있다. 그러나 물질주의에 사로잡힌 미국이 이를 부활시킬 능력이 없어서 신은 일본국이 최선을 다해서 그 성업을 이루기를 바라고 있다.[38]

그가 설명한 '무사도의 대목'은 무사도를 지탱한 봉건적 사회체제를 뜻한 것이 아니며 무사도의 정신을 말한 것이다. 즉 그가 무사도 정신에서 높이 평가한 덕목은 독립심과 충성심, 의리와 정직 그리고 금전멸시 등이다. 따라서 그는 그가 존경한 사도 바울에 대해서도 "유태인으로서

---

37 內村鑑三, 1915. 7. 10, 「敎會と聖書」, 『聖書之研究』(『選集』 4, 194~197쪽).
38 內村鑑三, 1916. 1, 「武士道と基督敎」, 『聖書之研究』(『全集』 22, 191쪽).

예수 그리스도의 제자가 된 바울은 진정한 무사로서 무사도의 정신을 체험한 사람이었다. 그는 독립심이 강하고 금전을 천시하고 주군에 대한 충성심이 강했기 때문이다"[39]라고 훌륭한 무사됨의 그 이유를 설명하였다. 이와 같이 그가 높이 평가한 무사도 정신에 접목된 기독교라면 물질물명에 사로잡힌 미국 및 세계를 구할 수 있다고 확신하였다.

IV. 우치무라의 평화사상

1. '일본국 천직론'과 청일전쟁 의전(義戰)론

우치무라는 '불경사건'으로 우치무라의 고뇌와 혼란이 이어졌던 다음 해인 1892년 4월 15일에 당시 진보적 잡지인 『리쿠고잡지(六合雜誌)』에 「일본국의 천직」이라는 글을 실었다. 그가 기독교에 입교한 후 줄곧 모색하며 하늘의 뜻으로 생각한 일본국 천직론이다.

일본국 본토는 오른손으로 구미의 문명을 취하고 왼손으로 중국 및 조선에게 이를 전수하는 위치에 있다. 일본국은 참으로 공화적인 서양과 군주적인 중국과의 중간에 서서 기독교적 미국과 불교적 아시아의 중매인의 위치에 있다. 동양 국민 중 일본인만 서양문명을 이해할 수 있고 또 문명 국민 중 일본인만 동양사상을 가지고 있다. 이상세계

---

[39] 內村鑑三, 1920. 10, 「武士の模範として使徒パウロ」, 『太陽』 26권 11호(『選集』 4, 219쪽).

에서도 상법계에서와 같이 일본국은 동서양양(東西兩洋)의 중간에 서는 징검돌로서 귀납적인 서양과 연역적인 동양 사이에 있는 중매인이다.

즉 동양과 서양의 중매인으로서의 지리적 위치나 두 문화에 대한 이해도 오직 일본만이 할 수 있는 역할임을 강조하였다. 즉 "우리가 서양의 법률, 종교, 정치 등을 채용해서 동양 재래의 공기로 양성한 후 바로 서양제국이 이것(동양화된 서양문화)을 편리하게 이용할 수 있도록 해야 한다. 또 구미에 대하여도 우리는 단순한 수납자의 위치에만 설 것이 아니라 한번 그들 문명을 흡수하여 이것을 변경 개량하면 또한 그들에게도 이로운 길을 걷게 하는 일이다."[40]라고 하며 일본이 서양문명화에만 급급하던 시기에 그의 동서양양 중매론은 서양문명의 동양 전파만이 아니고 동양화된 서양문명을 다시 서양으로 전파하는 의미도 포함시켰다.

그는 동양문명에 대한 자부심을 가지고 서양문명을 대했으며 동서양양 문명의 장점을 혼합한 이상적인 문명 형태를 이루려 하였다. 그것이 동양정신과 결합된 그만의 독자적 기독교사상이라고 할 수 있는 소위 유교적, 무사도적 기독교다. 우치무라의 「일본국의 천직」은 이후 그의 일본관의 기저가 되는 내용이다. 청일전쟁이 발발하자 '일본국의 천직'을 주창한 그는 이 전쟁을 의전(義戰)으로 평가하였다. 그는 잡지 『고쿠민노토모(國民之友)』에 「청일전쟁의 의(義)」(1894년 9월)라는 글을 발표하였다.

---

[40] 內村鑑三, 1892. 4, 「日本國の天職」, 『六合雜誌』(『全集』 24, 20~22쪽).

동양에서 승성(昇星)으로 소망된 조선은 지금 아직도 음성(陰星)의 하나에 불과한 존재다. 그녀(조선)를 구출하기 위해서는 백백 해를 보는 것보다 명확한 폐허에서 그녀를 탈출시키기 위해 우리가 강하게 그녀(조선)를 간섭하는 일이 우리가 갖는 신선한 인국의 권리다. 동양의 진보주의의 전사인 일본의 조선 유도는 미합중국이 시초에 우리를 문명의 광명으로 인도한 것과 마찬가지다.[41]

즉 우치무라는 일본국 천직론에 입각하여 일본이 동서양의 중매인으로서 개국 초에 미국이 일본에 실행하였듯이 강력한 대한국 간섭을 주장하였다.

또 이어서 『고쿠민노토모(國民之友)』에 발표한 글[42]에서도 "반도정부에서 암우, 폭악, 야만의 무리를 구축함과 같이 (중략) 민씨의 횡행을 증오하며 한국을 보호하기 위해 청국에 대처해야 한다"고 하면서 이 전쟁이 의전임을 강조하였다. 이때 그는 한국을 아직 음성에 불과한 존재로 인식하였고 한국의 독립과 문명화를 위한 사명감과 의리로서 옹호했다. 그것은 '일본국 천직론'에 따라 한국을 문명화의 대상으로만 보았기 때문이다.

2. '의전론' 후회와 '비교화 일본'의 멸망 예언

그러나 전쟁이 끝나고 일본이 한국에 대한 노골적인 제국주의노선을 드러내자 그는 크게 실망하여 의전론을 펼쳤던 것을 후회하였다. 전쟁

41　內村鑑三, 1894. 9, 「日淸戰爭の義」, 『國民之友』(『全集』 21, 121~128쪽).
42　內村鑑三, 1894. 10, 「日淸戰爭の目的如何」, 『國民之友』(『全集』 21, 137~139쪽).

후 그가 친구 벨(D.C Bel)에게 "의전은 약탈전에 가까운 것으로 변하고 그 정의를 외쳤던 예언자는 지금 지옥 속에 있습니다"[43]라는 내용의 편지를 보낸 데서도 알 수 있다. 그런 와중에 1895년 10월, 명성황후(1851~1895) 시해사건이 발발하자 그는 크게 분노하며 『시세의 관찰』이라는 글을 올렸다. 그 집필동기에 대하여 그는 "삽시간에 조선 경성에서 일본인 대실태의 비보에 접한 나는 비분을 억제할 길 없어서 결연 집필하여 일주일에 걸쳐서 쓴 내용을 「시세의 관찰」이라는 표제로 정리한다"[44]라고 하며 그의 의분에 찬 마음을 다음과 같이 피력하였다.

> 인국의 독립을 부식한다고 하여 간벌을 움직여 성공한 후에는 자국의 강대화만 일삼고 약소국을 못 일어나게 하는 국민은 위선자다. 또 근대일본외교의 실리주의에 찬 실태를 볼 수 있다. 즉 그들은 청일전쟁은 의전이라고 주창했었다. 그러나 나 같은 바보가 그들의 선언을 말 그대로 받아들여서 나의 서툰 영문으로 「조선전쟁의 의(義)」라는 글까지 써서 세계에 호소하니 일본의 정치가와 신문기자는 마음속에서 웃고 말하기를 "좋아 그는 아주 정직한 자다"고 하면서 의전이라는 것이 명분뿐인 것을 그들 식자도 공언했던 바다. 전쟁이 끝나고 전승국이 되자 그 주안점이었던 이웃국의 독립은 뒷전으로 가고 신영토의 확보, 신시장의 확장에만 전 국민의 관심을 집중시켜서 오로지 전승이익 챙기기에 급급하다.[45]

---

43 山本泰次郎 譯補, 1949, 『內村鑑三, D.C Belに送った自敍傳的書翰』, 第27信(1895. 5. 22.), 新敎出版社, 151~152쪽.
44 內村鑑三, 1900. 5, 「改版『警世雜著』付にする自序」, 『警世雜著』(『全集』 24, 90쪽).
45 內村鑑三, 1896. 8, 「時勢の觀察」, 『國民之友』(『全集』 24, 63~66쪽).

이와 같이 그는 한국의 독립은 명분뿐이고 일본의 국익 확대가 실제 목적이었던 청일전쟁의 본질을 파악하지 못한 스스로를 한탄하였다. 그리고 정치인, 언론인은 물론 일본인 전체가 의롭지 못한 국익 위주의 태도를 보이는 모습에 분노하였다. 즉 전전에는 천직을 받은 일본이 한국의 독립과 문명화를 이루어주기를 진심으로 바랐고 그 방법으로 전쟁까지도 옹호했었다. 그러나 전후에 천직을 받은 나라의 모습은 없고 국익 우선의 방향으로만 가는 일본에 대해 강하게 비판하였다. 그러나 우치무라는 다시 "일본은 세계에 대하여 큰 책임을 지고 있고 세계 또한 일본에 의존한 바가 크다. 동양과 서양의 중간에서 서자(西者)를 초청하고 동자(東者)를 변론하여 전자의 난폭함을 무마하고 후자의 혼미함을 풀어서 양자를 통합할 수 있는 자는 일본 국민 외에는 없다"[46]고 일본의 천직론에 대해서는 변함없는 입장을 견지했다.

우리는 구미제국에서 이미 부패의 징조를 보인 기독교를 채택하여 그것을 일본에서 다시 부활시켜서 신생명을 만들고 세계에 재전파하는 천직을 가지고 있다. 그러니 무엇 때문에 고생해서 그들의 조강(糟糠)을 팔고 또 이 땅에 그들의 교회와 청년회와 공려회(公勵會)를 모방해서 영국 혹은 미국 종교를 그대로 이식하고자 하는가. 기독교는 인류의 종교로서 영국인 혹은 미국인의 종교가 아니다. 우리는 기독교를 취하여 우리의 종교로 만들어야 한다. 외국적 종교는 우리에게는 필요 없다.[47]

---

[46] 內村鑑三, 1896. 9, 「世界の日本」, 『世界之日本』(『全集』 24, 29~30쪽).
[47] 內村鑑三, 1899. 5, 「日本を救うの基督教」, 『東京獨立新聞』(『全集』 24, 183쪽).

즉 그는 일본이 독자적인 비서양적 기독교국이 되어서 그것을 세계에 전파하는 것이 천직이라고 생각하였다. 그러나 일본이 좀처럼 천직을 수행할 수 있는 내외적 모습을 갖추지 못한 데 대해 크게 실망하였다. 특히 외교 문제와 관련해서 "일본인은 강적에 대하여는 일치단결을 못하는 백성이다. 그들은 조선 및 중국에 대하여는 거국 일치하여 강하게 대처하면서 영국인, 미국인, 혹은 러시아인에 대하여는 용기 있게 행동하지 못하고 무책임한 언사만 펴서 당국자만 비난한다"[48]라고 외교에 임하는 비굴한 국민 자세를 비판하였다. 또 일본 내부 사회의 실상에 대하여는 '지옥'이라고까지 극언하였다. 즉 "오늘날 일본사회는 지옥이라고 해야 마땅하다. 선이란 선은 어디에도 볼 수 없고 악이란 악은 무슨 일이든지 할 수 있는 나라가 일본이다"[49]라고 주장하였다. 그는 일본의 이 같은 모습의 책임이 메이지 집권층에 있다고 보고 '이종(二種)의 일본론'을 펼쳤다.

> 귀족, 정치가, 군대를 대표하는 일본은 반드시 망한다. 내가 항상 예언하는 일본국의 멸망이란 이 일본을 가리켜서 하는 말이다. 그와 동시에 망하지 않는 일본이 있다. 그것은 근면정직한 평민의 일본이다. 내가 충실하고자 함은 이 불구불멸의 일본에 대해서다. 귀족, 정치가, 투기꾼의 일본에 대해서는 분노와 증오만 있을 뿐이다.[50]

우치무라에 대하여 비민중적 성향을 가졌다는 견해[51]가 있는데 좀 더

---

48 內村鑑三, 1900. 1, 「日本における外交の困難」, 『東京獨立新聞』(『全集』 24, 131쪽).
49 內村鑑三, 1900. 10, 「現世の地獄=日本」, 『萬朝報』(『全集』 24, 138쪽).
50 內村鑑三, 1901. 11, 「二種の日本」, 『萬朝報』(『全集』 24, 156~157쪽).
51 徐正敏, 1992, 「內村鑑三의 韓國觀과 그 解釋問題」, 『水邨朴永錫敎授華甲紀念 韓

자세히 검토할 필요가 있다. 사실 그는 막말기 평민이 아닌 지배층인 무사 출신으로서 유교 및 무사도 정신에 긍지를 가졌던 것이 사실이다. 그러나 긍지는 가졌지만 결코 무사 신분 자체를 자랑하지는 않았다. 오히려 메이지 번벌정부 집권층에 대하여는 '불경사건' 이래 일관해서 비판적이었고 절대로 타협하지 않았다. 그래서 집권층의 일본은 머지않아 망할 것이고 근면 정직한 평민의 일본은 망하지 않는다고 주장하였다. 그는 '천직'을 수행하는 일본의 주체를 집권층이 아닌 평민으로 생각하고 그들에게 희망을 가졌다. 따라서 교화의 희망도 평민에게 걸었다. 그리고 이와 같이 일본이 '천직'을 수행하지 못하는 근본 원인이 기독교를 제외한 채 근대화를 추진한 메이지유신 이후의 집권층에 있다고 보았다.

> 일본국에 하나의 큰 어려움이 있다. 그것은 일본인이 기독교를 수용하지 않고 기독교적 문명을 수용한 점이다. 기독교적 문명이란 말 그대로 기독교에 의해서 생긴 문명이다. 따라서 기독교를 배우지 않으면 이해할 수 없는 문명이다. 그런데도 일본인은 기독교적 문명을 채용하면서 그 근본이며 원인이며 정신이며 생명인 기독교 그 자체를 수용하지 않았다. 기독교를 제외한 대의정체, 자유제도는 마치 영혼이 없는 육신과 같다. 기독교 없는 기독교적 문명은 결국은 일본국을 멸망시킨다. 따라서 바로 지금부터 서양문명의 진수인 기독교 그 자체를 채용해야만 한다. 이것이 일본국이 취해야 할 가장 명백한 방침이다.[52]

國史學論叢』下; 土肥昭夫, 1962.
52 內村鑑三, 1903. 3, 「日本國の大困難」, 『聖書之研究』(『全集』 24, 184~192쪽).

그는 서양문명의 근본이며 생명인 기독교를 제외한 반쪽 서양화 및 근대화가 오늘날 일본에 큰 어려움을 초래했으며 결국 이대로 가면 인본이 망한다는 예언을 하였다. 그래서 이 그릇된 근대화의 방향을 바로 세우기 위해서 지금부터라도 문명의 진수인 기독교를 수용해야 한다고 역설하였다. 우치무라는 당초 청일전쟁 전에서 발표한 「일본국의 천직」에서 동양과 서양의 중매론을 펼쳤고, 청일전쟁을 이 사명을 다하기 위한 '의전'으로 찬동하였다. 그러나 전쟁 후의 일본이 침략적인 방향으로 가는 것에 대해서는 과감하게 비판하였다. 그러면서도 그는 기독교 수용과 그 기독교를 동양화해서 다시 서양에 전파해야 한다는 '일본국 천직론'은 지속적으로 펼쳤다.

3. 러일전쟁과 반전평화운동

1902년 2월 우치무라는 『요로즈초호(萬朝報)』에 「영일동맹에 관한 소감」[53]을 발표했다. 서양문명의 선진국인 영국은 남아전쟁에서 자유, 독립전사를 억압하여 불의의 나라가 되었으며 따라서 일본이 영국과 동맹을 맺는 것은 불의한 나라와의 동맹을 의미한다고 주장하였다. 그리고 청일전쟁 때와는 달리 러일전쟁 때는 개전 전부터 다음과 같은 '전쟁폐지론'을 펼쳤다.

> 나는 러일 개전 반대론자뿐만 아니고 전쟁 절대 폐지론자다. 전쟁은 사람을 죽이는 것이다. 사람을 죽이는 것은 큰 죄악이다. 큰 죄악을

---

[53] 內村鑑三, 1902. 2, 「日英同盟に關する所感」(『全集』 21, 235~240쪽).

범하면 개인도 국가도 영원히 이익을 거둘 수 없게 된다. 세상에는 전쟁 이익을 설득하는 자가 있다. 그렇다. 한때 나도 이러한 우를 범한 사실을 시인한다. (중략) 일본국은 이 전쟁에서 무슨 이익을 얻었을까? 청일전쟁 승리 후 그 목적이었던 조선의 독립은 약화되고 오히려 중국 분할의 단서가 되고 일본 국민의 분담은 크게 증가되고 그 도덕은 크게 타락하여 동양 전체를 위태로운 지경에 빠지게 하였다.54

우치무라의 이 전쟁폐지론은 그가 청일전쟁 때에 전쟁의 본질을 파악한 체험에서 나온 말이다. 즉 전쟁은 해(害)는 있어도 이(利)가 없음을 통감했다. 청일전쟁의 목적인 한국의 독립은 오히려 위태롭게 되었고 전승국 일본의 도덕은 부패하여 교전 상대국은 굴복시켰으나 국내의 황란자(荒亂者)를 잡지 못했기 때문이다. 그는 미국-스페인전쟁(1894년 4~8월)에서 이긴 미국도 대외적으로 강대국이 되었으나 국내에서는 그 사회의 부패와 타락이 현저하다고 보았다. 그래서 그는 전쟁은 반드시 폐지되어야 한다는 일념으로 반전평화를 주장하였다.

전쟁은 원래 파괴성을 갖는다. 타(他)를 파괴하면서 동시에 자기도 파괴당한다. 전쟁에 의해서 국비는 소모되고 국민은 비참한 빈궁이 극에 달하고 우수한 인재를 많이 잃게 되고 덕성을 양성하는 교육은 미자격자에 맡겨진다. 이러한 상태에서는 국가의 참된 부흥을 이룰 수 없다. 인류 역사는 전쟁의 이익을 가르치지 않는다. 뿐만 아니라 전쟁은 전쟁을 낳으며 전쟁으로 평화에 도달하고자 하는 일본 및 세계의 정

54　內村鑑三, 1903. 6,「戰爭發止論」,『萬朝報』(『全集』 21, 27쪽).

치가의 견해는 미신일 뿐이다.⁵⁵

우치무라는 『헤이민(平民)신문』 발간과 더불어 유세를 통해 반전평화운동을 전개하였다. 러일 개전 후에도 되풀이되는 신문 발매 금지, 투옥 등의 탄압 속에서도 반전 주장을 멈추지 않았고 전쟁이 국민의 이익과는 무관함을 강조하였다.

우치무라의 반전평화운동은 권력에 대해 생활 이익을 지키려는 의식과 권력에 대한 저항의식을 결여한 국민 속에 쉽게 침투하지는 못했다. 국민들은 국가의 영광을 자기 일로 생각해서 생활의 불만을 해소하고 또 전승으로 인한 국가 팽창에서 생기는 어떤 이익을 기대하면서 전쟁 방향으로 타협하며 이끌려 갔다. 그는 러일전쟁 후 일본의 영토가 확장되는 반면 세계의 비판 여론이 집중되는 일본에 대하여 다음과 같은 마음을 토로하였다.

> 러일전쟁이 끝나고 3년 사이 세계의 여론에서 하늘 높이 올랐던 일본국은 지금 저승 밑장까지 끌어 내려졌고 간신이 만주와 가라후토(樺太)까지 팽창한 야마토(大和) 민족은 지금 세계 각국 어느 곳에 가도 그 입국을 거절당하고 있다. 예언에 유하는 내 말이 거의 적중하는 것을 보고 내 고국을 위해 슬프다.⁵⁶

러일전쟁 후 천직을 갖는 일본이 가야 할 길을 이탈한 채 국제 여론의

55　內村鑑三, 1903. 6, 「戰爭廢止論」, 『萬朝報』(『全集』 21, 27쪽).
56　內村鑑三, 1908. 7, 「『よろず短言』 自序 第二」(『全集』 24, 170쪽).

비판 속에서도 침략적 야욕을 펼친 데 대해 그는 예언자적 입장에서 탄식하였다. 근대화의 출발이었던 메이지 시대가 끝나고 다이쇼(大正) 시대가 열리자 그는 다음과 같이 새 시대에 희망을 거는 글을 올렸다.

> 메이지, 이것을 해석하면 문명의 치세다. 물질적으로 일본을 서양화시킨 것이 메이지의 사업이었다. 일본은 그 사업에는 현저하게 성공하였다. 그러나 물질문명만으로 나라가 서지 않는다. 식산, 공업, 군비, 법률 밑에 강한 도의가 있어야 한다. 다이쇼(大正) 이것을 해석하면 큰 정의다. 그래서 메이지 후에 온 다이쇼시대에 일본인은 정의의 건설에 종사해야 한다. 일본국이 이 새 시대에 요구되는 인물은 이토 히로부미(伊藤博文) 공과 같은 큰 정치가가 아니다. 루터와 같은 대신앙인, 칸트와 같은 대윤리학자다. 일본인은 다이쇼 연간에 종교적으로 또 도덕적으로 위대해져야 한다.[57]

그는 일본이 보다 종교적이고 도딕적으로 변화하여 천직을 수행하는 나라가 되기를 기대하였다. 하지만 자본주의화가 더욱 촉진되고 물질문명의 폐단으로 부패가 심해진 다이쇼 시대의 일본 사회에 더욱 실망하였다. 그래서 그 시기 일본을 강타한 관동(關東)대지진을 그는 엄숙한 신의 심판, 무서운 천벌로 보았다. 즉 "지진 이전의 도쿄 시민은 너무 타락했기 때문에 그들은 당연히 받아야 할 천벌로 느꼈을 것이다."[58]라고 한탄하였으며 "일본국의 화려한 도시의 상징이었던 도쿄는 멸망했다.

57　內村鑑三, 1912. 10, 「明治と大正」, 『聖書之硏究』(『全集』 24, 171쪽).
58　內村鑑三, 1923. 10, 「天災と天罰および天惠」, 『主婦之友』(『全集』 22, 301쪽).

신문이나 잡지에 보도된 지진 이전의 도쿄의 (부패한) 모습을 볼 때 이 재해가 정말 우연히 발생한 것이 아님을 알 수 있다"[59]고 하였다.

이같이 그는 일본의 사회적 부패 현실에 실망하면서도 아직 일본인 교화에 대한 기대와 희망을 잃지 않았다. 그래서 관동대지진 직후 오래 전에 쓴 적 있는 「일본의 천직」[60]이라는 예전과 같은 제하의 글을 실었다. 여기서 그는 "일본의 천직은 무(武)에도 없고 경제에도 없다. 오직 종교에 있다"고 하면서 "불교가 인도에서 멸망하고 유교가 중국에서 쇠퇴한 후 일본이 잘 계승해서 발전시켰듯이 이제는 서양에서 버려진 기독교를 일본이 잘 수용, 부흥시켜서 새 형태로 만들어 세계에 전파해야 한다"고 일본의 천직을 다시 강조하였다.

그러나 그는 만년이 되어도 더욱 심해지는 사회 부패와 방향성을 잃은 일본에 대하여 「회고삼십년」이라는 글에서 드디어 앞날의 멸망을 예언하였다.

> 일본의 정신계, 사상계, 외교계, 경제계 모두가 서리를 맞아 시드는 거울과 같다. 우리는 지금까지 일본에 도덕적인 기초를 세우기 위해 노력을 해왔다. 아주 어려웠고, 그 성공을 단언할 수 없었다. 그러나 어려움을 두려워하여 일본을 그냥 방치했다면 오늘날과 같은 타락상이 더 일찍 나타나서 멸망해버렸을 것이다.[61]

그의 이와 같은 예언은 그가 사망한 후 발발한 중일전쟁 및 제2차 세

---

59 內村鑑三, 1923. 10, 「末日の模型」, 『聖書之研究』(『全集』 24, 43쪽).
60 內村鑑三, 1924. 11, 「日本の天職」, 『聖書之研究』(『全集』 24, 52쪽).
61 內村鑑三, 1929. 3, 「回顧三十年」, 『聖書之研究』(『全集』 19, 135·137쪽).

계대전의 패전으로 일본제국이 멸망함으로써 적중되었다. 일본의 멸망까지 예언한 그의 사상과 행동이 그 시대 일본의 양심이었음을 알 수 있다.

V. 우치무라의 한일 화합과 한국인 제자에 대한 영향

1. '문명교화적' 한국관에서 '섭리사적' 한국관으로의 대전환

1900년에 출판된 『흥국사담(興國史談)』에서 우치무라는 "역사는 인류진보의 기록이다. 그래서 진보에 관계없는 인종은 역사적이라고 볼 수 없다. 지나인과 조선인도 멀지 않아 역사적 인종이 될지 모르지만 지금은 아직 그 명예의 자리에 서 있지는 않다"[62]라고 이 시기 한국을 아직 비역사적인 민족으로 인식하였고, 기독교 교화도 부진하다고 보았다. 또한 「정치와 종교」라는 글에서 "물질주의 일변도의 중국, 조선, 일본에서 정치는 입신이고 종교는 은퇴. 중국인과 조선인의 눈에는 이와 같이 보이기 때문에 우리들은 단연 종교를 선택하고 정치를 배척해야 한다. 우리들은 종교의 명예와 위엄과 실력을 이들 육욕적인 동양인에게 몸소 가르쳐주어야 한다"[63]고 하였다. 또 「평화의 실익」이라는 글에서 다음과 같이 주장하였다.

---

62 內村鑑三, 1900, 『興國史談』, 162~166쪽.
63 內村鑑三, 1902. 7, 「政治と宗教」, 『聖書の研究』(『全集』 21, 205쪽).

만약에 전쟁에서 잃은 대신 여기에 4억 엔의 돈을 평화사업에 소비한다고 가정해보자. 그 효과란 참으로 클 것이다. 우선 그중 5천만 엔을 가지고 조선을 경영하고 한편으로 경성(京城)에서 평양을 거쳐 의주까지 또 다른 한편으로 경성에서 원산을 거쳐 두만강 하구까지 철도를 건설할 수 있다.[64]

그는 아직 이 시기 한국을 일본국 천직론에 입각하여 문명화 대상국이고 비역사적인 민족이며 경영 대상국으로만 인식하였다. 그러나 러일전쟁 후 일본은 한국과 '을사늑약'을 체결하여 실질적으로 정치, 외교, 경제적인 독립을 박탈하고 보호국으로 전락시켰다. 이런 상황에서 1907년 우치무라는 한국에서 기독교 선교가 확산되고 한국인의 깊은 신앙심에 대한 보고를 받고 그의 한국 인식은 크게 전환되었고 이때 「행복한 조선국」이라는 글을 게재하였다.

조선국에 엄청난 성령 강림이 있었다고 들었다. 행복한 조선국은 지금 정치적 자유와 독립을 상실하였지만 대신 성령의 자유와 독립을 획득하였다. 오래전 동양문화의 중심으로서 그 문화를 해동 섬나라까지 전파시킨 그녀가 지금 다시 동양 복음의 중심이 되어서 그 빛을 사방에 방출하기를 바란다. 신은 조선국을 경멸하지 않으시고 신은 조선인을 사랑하신다. 그들에게 군대와 군함을 주시지 않았지만 그보다 더 강한 능력인 성령을 하사하셨다. 조선국은 실망할 필요가 없다. 예전에 유태인이 정치적 자유를 상실하면서도 그 신종교가 서양 제방을

---

64 內村鑑三, 1903. 9. 1, 「平和の實益」, 『萬朝報』(『內村鑑三全集』 11卷, 岩波書店, 1981, 381쪽).

교화하였듯이 조선국도 정치적 독립을 상실한 지금 새로운 신의 복음에 접하였고 복음화된 조선은 동양 제국을 교화할 수 있을 것이다. 나는 조선국에 새 성령이 강림했음을 전해 듣고 동양 장래에 큰 희망을 가졌다. 참으로 사람의 사념을 초월한 신의 섭리의 위대함에 놀라지 않을 수가 없다.[65]

우치무라는 한국이 과거 동양문명의 중심이었으며 그 문명을 일본에 전파했듯이 한국이 오늘날 주권은 상실하였지만 당시 새 종교인 기독교를 서양에 전파한 유태 민족과 같이 동양교화의 중심이 될 수 있다고 확신하였다. 이 글에 대해서는 진정한 한국인의 고통을 외면한 위로의 말에 불과하다는 비판적인 견해도 있다.[66] 그러나 대부분의 일본 지식인들이 한국병합에 찬성하고 침략적인 멸시론을 전개한 이 시기에 근본적으로 달라진 한국관을 가진 우치무라에게 주목할 필요가 있다. 일본이든 한국이든 그 나라의 교화를 평생의 궁극 목적으로 삼은 그는 이때에 '사람의 사념(思念)을 초월한' 한국에 대한 '신의 섭리(攝理)'를 인식하였다. 따라서 단순한 위로의 말이 아니고 그는 놀라움 속에서 한국에 대한 새 발견을 한 것이며 오히려 높이 평가해야 할 부분이다.

특히 고대시대 동양문화의 중심이었던 한국이 예수를 통해 서양에 기독교를 전파한 유태 민족과 같이 동양교화의 중심이 되어 그 빛을 사방에 방출할 수 있다는 확신은 그 후 우치무라가 재림운동(1918~1920)[67]을

65　內村鑑三, 1907. 10, 「幸福の朝鮮國」, 『聖書之硏究』(『全集』 15, 209쪽).
66　徐正敏, 1992.
67　"성서는 몇 번이고 반복해서 그리스도의 재림을 예언함과 동시에 분명히 재림의 징조를 보여주고 있다. 그리고 인류 역사는 성서가 명시한 대로 진행해나오고 있다. 작년

본격적으로 전개하는 데 그 재림 국가로서 한국을 암시한 예언적 내용이라고도 볼 수 있다. 일부 우치무라 연구자나 일반적 시각에서도 우치무라의 평화사상에 대해 '일본국 천직론'과 문명교화적 계몽사고를 기저에 깔고 일본 민족 우월주의를 지닌 일본식 기독교의 이중적 형태라고 비판하는 견해가 있다. 그러나 우치무라의 한국 인식은 1907년 이전과 이후로 구분해야 하며 그 변화는 가히 코페르니쿠스적 변화라고도 할 수 있다.

즉 문명 교화의 대상국으로만 본 한국을 이제 우치무라의 핵심 가치인 기독교의 동양교화 중심 국가로까지 보게 되는 비약적인 인식의 대전환이었다. 즉 우치무라의 달라진 한국 인식은 그가 견지한 '일본국 천직론'과는 차원이 다른 신의 세계 기독교 섭리사 속의 더 큰 사명을 가진 한국을 깨닫게 된 것이다. 1909년 「조선국과 일본국」이라는 글에서는 미래 동양 교화의 중심국으로서의 한국에 대한 인식은 더욱 깊어진다.

> 최근 조선국의 경성 재류 중인 내 친구인 미국 선교사한테서 온 편지에 "우리들 재류 외국 선교사 전체의 세론에 따르면 조선국은 아마 일본국보다 먼저 기독교국이 될 것이다"라는 내용이 있었다. 나는 이 소식을 접하고 처음은 아주 기뻤고 또 나중에는 아주 슬프기도 했지만 간신이 마음을 평정시켜서 내 신에게 감사하였다. 나는 이 소식에 조선국을 위해 아주 기뻐하였다. 그 나라는 지금 실체적으로 국토를 상

(1919)부터 금년(1920)에 걸쳐서 재림의 징조는 가장 선명하게 세계 역사에 나타났다. 많은 것은 말하지 않고 가장 현저한 3가지만 말하겠다. 즉 민주주의의 발달이다. 교회의 부패 타락이다. 유대나라의 재건이다." 內村鑑三, 1920. 9,「基督再臨の兆」,『聖書之研究』(『全集』25, 546쪽).

실하고 정부를 잃고 독립을 잃고 가장 불쌍한 상태에 놓여 있다. 그래서 은혜 많은 신이 그들 조선인의 지상 손실에 대하여 영적인 재산으로 보답하였다. 일본인의 신은 또한 조선인의 신이기도 하다. 그는 우리에게 후하고 그에게 박할 리가 없다. (중략) 일본국은 과거 수십 년간 지상에서는 많은 것을 얻었다. (중략) 그러나 물질을 얻은 일본국은 영적으로 많은 것을 잃었다. 그 사기는 날로 쇠퇴했고 그 도덕은 날로 타락하였다. 또한 그 사회는 날로 붕괴하고 있다. (중략) 나는 신이 오히려 조선국은 구하고 일본국은 버리지 않았나 생각하였다. (중략) 이렇게 생각하니 정신적으로 암흑한 일본을 떠나서 전도가 희망찬 조선에 가서 스스로 외국 선교사의 한 사람이 되어 그 교화를 도울까도 생각했다. (중략) 나는 그나마 내가 사랑하는 이 일본국에 머물기로 결심하였다. 나는 보다 전도지로서는 어려운 이 일본국을 내 평생의 전장으로서 선택하기로 결정하였다. (중략)

그리하여 조선국도 구원되고 일본국도 구원되어서 양국이 구원의 신에 의해 서로 화합하여 평화는 후지산(富士山) 꼭대기에서 장백산(長白山) 꼭대기까지 이르러 그도 기뻐하고 우리도 기뻐하면 서로의 소리를 합친 찬미의 노래를 부를 수 있을 것이다.[68]

이 글은 기독교인 우치무라의 신의 구원 섭리관에 입각한 한국과 일본에 대한 진정한 화합과 평화의 주장이다. 이미 그의 한국에 대한 일본의 문명화 책임론은 완전히 사라졌다. 그 대신 한국에서의 "성령 강림"을 인지한 후 스스로가 "신의 섭리"를 자각하면서 나온 내용이다. 그는 "일

68　內村鑑三, 1909. 12, 「朝鮮國と日本國」, 『聖書之研究』(『全集』 24, 194~197쪽).

본국보다 조선국이 먼저 기독교 국가가 될 것이다"라는 선교사 보고에 순간 일본을 버리고 한국 선교를 생각할 정도로 한국을 부러워하였다. 또한 1910년 일제가 한국을 강점하자 그는 「영토와 영혼」이라는 다음과 같은 글을 게재하였다.

> 나라를 얻었다고 기뻐하는 백성이 있고 나라를 잃었다고 슬퍼하는 백성이 있다. 그러나 기뻐하는 사람도 한순간이고 슬퍼하는 사람도 한순간이다. 오래 못 가서 둘 다 공히 주 앞에 서서 그 행위에 따라 심판 받는다. 사람이 만약 전 세계를 얻어도 그 영혼을 상실하면 무슨 소용이 있고 또 만약 우리 영토를 팽창하고 전 세계를 차지해도 내 영혼을 잃으면 무슨 소용이 있느냐.[69]

이같이 일본의 한국 침략으로 인한 영토 팽창 자체를 근본적으로 부정하였다. 그러나 한국 교회는 진전되고 일본 교회는 멈추어 있기 때문에 그로서는 일본 교화가 보다 선결 과제였다. 따라서 일본이 침략주의를 포기하지 않는 한 일본 교화는 불가능하다고 보았다.

한국병합 후 일본조합기독교회 측은 "한국병합은 신의에 의한 것이고 조선 인민을 위한 유일한 행복의 길이다. 따라서 동화를 촉진하는 것은 기독교인의 당연한 사명이다"[70]라고 한국인을 무시한 채 우월의식 속에서 한국 전도가 마치 일본의 사명인 것처럼 역설하였다. 우치무라는 조

69　內村鑑三, 1910. 9, 「領土と靈魂」, 『聖書之硏究』(『全集』 24, 1쪽).
70　1910년 8월 23일 한국병합조약이 조인되고 이어서 29일 조선총독부가 설치되어서 조선의 완전식민지화가 실현되자 일본조합교회는 공연이 조선동화정책협력을 표명하여 「韓國倂合と韓人傳導」라는 제하의 9월 1일자 사설을 발표하였다. 여기에 관해서는 松尾尊兌, 1968. 7, 「日本組合基督敎會の朝鮮傳導」, 『思想』 529호 참조.

선총독부의 비호 아래 한국 전도를 추진한 일본조합기독교회의 한국병합 찬성론에 대해서도 강력하게 비판하였다.

2. 우치무라의 한국인 친구와 제자

우치무라는 도쿄 조선기독교청년회의 강연에서 "조선과 일본의 문제도 일선인 서로가 좋은 기독교인이 되는 길밖에 없다"고 하면서 지근한 예로 그의 아주 가까운 마음의 벗인 김정식(金貞植, 1862~1937)에 대해 언급하였다. 즉 "말이 잘 통하지 않는 우리도 같은 그리스도 안에 있기 때문에 마음 깊은 곳을 서로가 잘 이해할 수 있다. 일본인도 조선인도 모두가 우리와 같이 되면 참된 합동을 이룰 수 있다"고 하였다.[71] 우치무라와 김정식의 관계는 1906년 11월 김정식이 조선기독교청년회 총무에 취임했을 때부터 시작하였다. 구한국 경무관을 지냈던 김정식은 우치무라를 "기독교적 인류애를 실현한 인물"로 평가하였다. 특히 1912년 '105인 사건' 때는 우치무라는 7,000여 원을 들여 고베(神戶)의 영자신문 등에 고발기사를 싣게 하여 구미 여론에 호소하였다. 김정식은 이 사실을 환기시키면서 "우치무라 씨는 일조(日朝) 간의 민족적, 정치적 차별 없는 기독교주의에 의한 절대적인 정의와 인도를 주창하였다"[72]고 평가하였다.

이와 같이 그는 당시의 조합기독교회의 한국에 대한 태도와는 달리 일본인도 한국인도 같은 동등한 형제라는 입장에서 "참된 합동 융화"를 강조함으로써 일제가 현실적으로 진행시킨 "일선동화" 정책을 비판하였

---

71 内村鑑三, 1990, 「敎會と聖書」(『選集』 4, 194쪽).
72 金貞植, 1940, 「内村鑑三氏を追憶す」(金敎臣・咸錫憲 共著, 『内村鑑三先生と朝鮮』, 1940. 5, 54쪽).

다. 그리고 그는 오랜 미국인 친구 벨에게 보낸 서한에서도 일제강점에 대해 다음과 같이 언급하였다.

> 나는 일본의 조선병합은 필경 폴란드 하나를 합병한 것이며 결국 이를 완전히 소화하기는 어렵다고 걱정이 됩니다. 그들 중에는 훌륭한 기독교인이 있고 정신적으로는 원칙적으로 일본 기독교인보다 훨씬 뛰어납니다. 그들 중에는 내 좋은 친구가 여러 명 있습니다. 우리들은 서로 진심으로 사랑하며 '인종 문제'는 개재하지 않습니다.[73]

그는 먼저 일제의 한국강점을 폴란드와 비교하며 실패할 것을 예언하였다. 그리고 한국 친구의 신앙심이 일본 기독교인보다 훨씬 뛰어남을 알리고 또 그들과 신앙적 형제로서 또 마음의 벗으로서 평등하게 잘 교제하고 소통하는 모습을 전하였다. 그의 이와 같은 한국인 인식은 가까운 신앙 친구, 또 그를 따르는 한국인 제자들과 좋은 교제를 하면서 만년이 될수록 더욱 깊어졌다. 즉 그가 67세 때 서술한 「회고 삼십년」이란 글에서 "참으로 일본인의 애국심 감퇴는 심각하다. 이 점에서 조선인이 훨씬 내지인(일본인)보다 낫다. 내가 성서연구회에서 애국을 논할 때 손에 땀을 쥐며 열심히 듣는 자는 조선 학생이며 일본 내지 학생은 아니다."[74]라고 그에 호응하는 한국인 학생의 애국심을 높이 평가하였다.

이러한 그의 한국인에 대한 호의적 자세와 독자적 기독교사상, 그리고 강력한 애국심에 감화되어 제자가 된 청년들은 1919년 3·1독립운

---

73 山本泰次郎 譯補, 1949, 第94信(1917. 4. 19.), 342쪽.
74 内村鑑三, 1929. 3, 「回顧三十年」, 『聖書之研究』(『全集』 19, 136쪽).

동 직후 일본에 유학하고 서로 전후해서 그의 성서연구회에 출석한 김교신(金教臣),[75] 함석헌(咸錫憲), 송두용(宋斗用), 유석동(柳錫東), 정상훈(鄭相勳), 양인성(楊仁性) 등 6명이다. 이들은 우치무라 문하에 있으면서 1925년부터 조선성서연구회(朝鮮聖書研究會)를 만들었고 한국에 귀국하여 1927년 7월에 한국어로 된 유일한 무교회주의 기독교 잡지인『성서조선(聖書朝鮮)』을 창간하였다. 창간사에서 그들은 창간 동기를 다음과 같이 밝혔다.

우리는 감히 조선을 사랑한다고 큰소리 못하나 조선과 자신과의 관계에 대하여 겨우 '무엇'인가를 깨달았음을 믿고 있다. 그러나 자신을 위하여 무엇을 하고 조선을 위하여 무엇을 할 수 있을까. 오직 비분개세(非憤慨世)만이 능사일까. (중략) 조국 조선의 독립을 위하여 공헌하고자 하는 조선 기독교인으로서 애국심에 의한 것이여 조선에 기독교의 능력적인 교훈을 전달하고 진리의 기반 위에 연구 불멸의 조선을 건립하는 민족 구제운동의 수행이다.[76]

---

[75] 이 중 대표적 인물인 김교신(金教臣)은 1901년 4월 18일 함경남도 함흥에서 태어나 1918년 함흥농업학교를 졸업하고 이듬해인 1919년에 일본 도쿄(東京)에 유학하였다. 1920년 20세 나이에 그곳에 있는 한 교회에서 입신하고 그해 도쿄위생회관에서 열린 우치무라의 로마서강해 성서연구회에 참석하여 그 문하에 들어갔다. 그 후 7년간 그가 귀국할 때까지 우치무라의 집에 사숙하며 인격 형성과 신앙 생활의 결정적인 영향을 받는다. 金丁煥, 1994,『金教臣 그 삶과 믿음과 사랑』, 한국신학연구소, 17쪽.

[76] "걱정을 같이 하고 소망을 한곳에 붙이는 우자 5, 6명이 동경시외 스기나미무라(杉並村)에 처음으로 朝鮮聖書研究會를 시작하고 매주 때를 기하여 조선을 생각하고 성서를 강의하면서 지내온 지 반 세여에 누가 동의하여 그동안의 소원인 연구의 일단을 세상에 공개하려 하니 그 이름을『聖書朝鮮』이라 하게 되도다." 金教臣, 1927. 7. 1,「金教臣 主筆『聖書朝鮮』창간사」, 聖書朝鮮社.

이 창간사에서 우치무라의 한국인 제자인 김교신, 함석헌 등이 우치무라의 기독교적 애국심의 영향을 받은 점을 알 수 있다. 또한 『성서조선』에 김교신이 우치무라를 회고하면서 쓴 「내가 본 우치무라 간조」에서 "우치무라 선생은 진정 용감한 애국자였다"[77]라고 서술한 데서도 확인할 수 있다.

일본 식민지하 일본인과 한국인의 갈등 구조 속에서 우치무라와 김교신, 함석헌 등 한국인 제자 사이에는 소통과 화합과 존경심만이 존재하였다. 망국의 백성으로서 한국 독립을 위해 뜻을 품은 한국 청년들이 당시 일본인들과는 본질적으로 다른 우치무라의 한국에 대한 자세와 평화사상에 공감하였으며, 또한 그의 일본을 향한 참된 애국심에도 감명받았다. 우치무라의 애국심이 편협한 것이 아니라 넓은 세계관에 입각한 인류애적인 것이었기 때문이라고 볼 수 있다.

3. 김교신의 '전통 접목 기독교'와 우치무라

우치무라가 일본 전통사상인 유교, 무사도와 기독교의 접목을 시도하여 유교적 기독교, 무사도적 기독교를 강조하며 서양과 다른 독자적 기독교를 모색한 것과 같이 김교신도 그 영향을 받아 기독교의 한국적인 존재 양식을 모색하였다.

김교신은 이스라엘에서 율법이라는 인간적인 교훈이 그리스도에 의해 완성된 것같이 그리스도의 복음이 전래되기 이전의 모든 문화에도 그리스도에 의해 최후의 완성을 기다리는 현자 철인의 교훈이 있다고 보았

---

[77] 金教臣, 1936. 11. 1, 「내가 본 우치무라 간조」, 『聖書朝鮮』 第94号, 聖書朝鮮社.

다. 즉 기독교의 복음이 천도(天道)라면 기독교 이전의 현자 철인의 교훈을 인도(人道)로 보았다. 따라서 그리스의 소크라테스, 아라비아의 마호멧, 인도의 부처, 중국의 공자 등의 교훈도 이스라엘에서 율법의 역할과 같이 복음 전사적인 의의를 갖는다고 생각했다.[78]

김교신은 이교(異敎)의 성현 군자들이 그리스도를 모르고 비기독교인으로서 죽었다는 이유만으로 영원의 멸망에 떨어진다는 것은 믿을 수 없다고 말한다. 그리고 그리스도의 제자란 것은 교회의 세례를 받았는가에 관계없이 그리스도의 가르침을 실천하려고 하는 사람이므로 비기독교적인 기독교인보다 오히려 한국 유교의 선비들이 그 행동과 품격 면에서 그리스도의 제자가 될 자격이 있다고 생각했다. 즉 김교신은 유교의 형식을 빌려서 표현된 한국 재래의 정신이라는 인도(人道)를 그리스도에 의해 최종적으로 완성시키는 곳에 기독교의 한국적인 존재 양식이 있다고 생각했다.[79]

이 점은 우치무라가 사서오경을 가지고 수신하고 나라를 다스렸던 유자(儒者)에게 배우는 것이 서양 선교사에게 배우는 것보다 훨씬 고귀하다고 강조한 것과 상통한다.[80] 즉 우리 동양인은 서양에서 독립된 독자적 기독교의 복음적 유자가 되어야 한다는 우치무라의 전통 중시 자세를 한국 사정에 맞게 주체적으로 수용했다고 볼 수 있다.

그러면서 김교신은 한국의 유교적 정신과 기독교가 직접적으로 연결된다고 생각하지는 않았다. 즉 인간이 자기의 의를 추구하는 수단으로

---

78 김교신전집간행위원회 편, 1981, 『김교신전집』 제4권, 일심사, 80~81쪽.
79 양현혜, 1994, 『윤치호와 김교신』, 한울, 155~172쪽.
80 內村鑑三, 1915. 7, 「寧ろ儒者に倣ふべし」, 『聖書之研究』(『選集』 4, 202~203쪽).

서 악용했던 구약의 율법이 그리스도에 의해 부정됨으로써 역설적으로 완성되는 것같이 그리스도의 빛에 의한 비판과 부정을 통해서 걸러진 유교 안에 있는 복음적 요소에 기독교를 접목할 필요가 있다고 생각하였다. 여기에서 김교신은 한국 유교 안에 있는 복음적인 요소라는 접대(接臺)를 얻기 위해 유교와 기독교의 차이점을 명백히 하려고 했다.

김교신은 신의 명령에 따르는 것과 신의 피조물인 현세의 질서에 따르려는 유교와는 양립 불가능한 대극 관계에 있다고 생각했다. 즉 기독교의 신의 명령에 따른다는 것은 현세의 질서에 따르는 것을 금욕적으로 지양해서 현세의 소유물을 버리고 세속적인 인간관계에도 속박되지 않고, 나아가 자기 자신조차도 희생한다는 각오를 갖지 않으면 안 된다고 그는 인식했다. 따라서 김교신의 눈에는 기독교인의 태도와 유교의 현세 순응주의적인 태도는 상반되고 현세에서 구하는 이상에도 차이가 있다고 보았다.

다시 말해서 유교에서는 천(天)에 의해 수호되는 현세의 질서 속에서 천의 이법에 따른 덕행을 쌓음으로써 현세 내적인 행복을 얻으려고 하여 건강, 장수, 명예 등을 추구해 원만, 평안 등의 현세 내적인 이익에 그 관심이 있다고 생각하였다.[81]

한편으로 김교신은 유교를 통해서 나타난 한국 정신의 존재 형태에는 기독교와 그리 멀지 않은 유사점이 있다고도 생각했다. 그는 그리스도인의 최고의 자질은 이스라엘 백성의 역사와 바울이 증거하듯이 신에 대한 신앙과 다른 가치와의 혼재가 허락되지 않는 즉 전일적인 헌신을

---

81 池田昭, 1975, 『ウェーバー宗敎社會學の世界』, 勁草書房, 74쪽.

드린다고 하는 신앙의 성실함으로 집약될 수 있다고 생각했다.[82] 그리고 최고라고 생각되는 가치에 전일적으로 헌신하기 위해 다른 일체의 것을 버리는 조선시대 유교도의 정신주의에는 기독교 신앙과 같은 성실함이 깃들어 있다고 보았다.

김교신은 한국 역사상 의에 대한 절의와 정신적인 정절을 고수했던 사람들과 또 윤리 규범을 실천하기 위해 박해를 받고 순교한 사람들을 존경했다. 예를 들면 조선왕조의 역성(易姓)혁명에 반대해 살해된 고려의 충신 정몽주의 '불사이군(不事二君)'의 절조(節操)와 단종의 폐위에 반대해 참살되었던 조선의 사육 충신의 절조를 칭송하고, 정절을 지키기 위해 박해를 받았던 춘향과 효도를 다하기 위해 죽음을 선택한 심청, 또한 최후의 일인까지 평화적으로 저항하며 한국의 독립을 얻어낼 것을 호소했던 3·1 독립선언서의 정신 등을 칭송했다.[83]

김교신은 이러한 강한 윤리적 지향성을 가진 정신적 이상주의라는 한국의 재래 정신의 존재 형태를 기독교가 전래되기 이전의 한국 문화에 길들어 있는 복음적인 요소로서 보고 거기에 기독교를 접목시키려고 했다.

김교신의 이런 우치무라에게 영향받은 전통 계승의 양식에서 특히 주목할 만한 것은 외래의 종교인 기독교를 전통으로부터의 탈출과 배제를 위한 매개로서가 아니라 전통을 내재적으로 극복하는 매개로서 파악한 점이다. 여기에서 기독교는 김교신에게 민족적 정체성의 주체적인 형성력이 될 수 있었던 것이다.[84]

---

82 김교신전집간행위원회 편, 1981, 『김교신전집』 제4권, 59쪽.
83 김교신전집간행위원회 편, 1981, 『김교신전집』 제5권, 6쪽.
84 박경미 외, 2006, 『서구기독교의 주체적 수용』, 이화여자대학교 출판부, 13~17쪽.

김교신은 우치무라가 일본의 진정한 애국자라는 점을 인식했었다. 과학적 정신에 근거한 성서 연구와 온 국민으로부터 국적(國敵)이라고 불리는 비방 속에서도 결코 조국 일본을 버릴 수 없었던 그에게 애국자의 모습을 발견하였고 '예언자적 실존'이라는 애국 방법에 매료되었음을 고백했다. 우치무라에게 영향받은 김교신은 민족적 정체성을 찾은 기독교정신으로 일제가 막을 내릴 때까지 독립운동에 매진하였고, 김교신에게 사상적 감화를 준 우치무라는 한국인 제자를 통하여 독립운동에도 기여했다고 볼 수 있다.

4. 함석헌의 '고난 사관'과 우치무라

우치무라의 일본 사명론에 영향받은 함석헌은 역사 속 한국의 사명을 규명해 어린 학생들의 젊은 가슴에 영광스러운 조국 역사를 안겨줄 의도로 한국사 연구에 착수했다.[85] 그러나 그가 막상 발견한 한국의 역사상은 굴욕과 좌절 그리고 실패의 연속인 고난의 역사였다. 여기에서 그는 역사적 사실을 어떻게 해석할 것인가 하는 사관의 문제를 둘러싸고 치열한 사색을 전개하지 않을 수 없었다. 그것은 맹목적 운명과 예측할 수 없는 유전과 무자비한 자연 정복과 단순한 물질 혹은 기계력에 의한 역사로 보는 관점으로는, 한국 역사의 고난은 열등의 증거이며 또한 한국의 미래 역시 암흑으로밖에 설명되지 않기 때문이었다.[86] 따라서 함석헌은 고난이라는 사실이 갖는 의미를 반전시킬 수 있는 해석을 제공할 사관을 정리해야만 했다.

---

85 함석헌, 1983, 『함석헌전집』 제6권, 한길사, 3쪽.
86 함석헌, 1929. 12, 「역사에서 나타난 신의 섭리」, 『聖書朝鮮』, 13~17쪽.

한편 함석헌은 인류 역사에서 도덕적 성장을 담지할 역사 단위는 하나의 영웅이나 계급과 같은 것이 아니라 민족이라고 생각했다. 그에게 민족이란 그 자체가 자기 완결적일 수는 없고 세계와 우주라는 질서 속에 통일되어 있는 한 부분에 불과한 것이었다. 즉 민족이란 신의 아가페를 배워가는 세계사의 도상에서 각 민족의 도덕적 완성의 의무를 구국적으로 책임지는 단위로서만 그 의미를 갖는 것이었다. 그러므로 민족의 자기 주장은 동시에 세계의 일원으로 무엇을 통해 세계에 공헌할 것인가라는 의식에 의해 한정되어야 하고, 세계 역사의 진행 과정에서 가장 경계해야 할 것은 배타적인 민족심이며 가장 큰 죄악은 집단적 배타주의와 이기주의라고 지적함으로써 모든 국가주의를 종식시킬 것을 역설했다. 이 점은 우치무라가 편협한 민족주의, 국가주의를 넘어서서 세계에 기여하는 일본을 만들려 한 그 국가관과 애국심에서 영향받은 바 크다고 할 수 있다.

함석헌은 인류사의 큰 틀 속에서 한국사를 논했다. 그는 한국의 역사에 대해 인(仁)이라는 좋은 바탕을 가지고 출발했으나 점진적으로 자기를 잃어버리는 되락의 역사라고 보았다. 그 과정에서 사육신이나 임경업 등 의인도 있었으나 이상과 자기 자신을 잃어버리고 자유와 독립을 잃어버려 이제 독립을 잃은 자로서의 고난뿐만 아니라 다른 민족이 져야 할 고난까지 연약한 어깨에 짊어지고 있다고 인식했다. 그런데 민족의 고난이 최절정기에 이르는 식민지 상태의 지금이야말로 우치무라와 같은 한국 민족의 예언자가 되려고 했던 함석헌에게 민족의 고난이 무용한 방황이 아니라 필요한 과정이었다고 말할 수 있어야 했다. 여기에서 그의 독특한 역사 철학인 '고난 사관'이 전개된 것이다.[87]

---

[87] 박경미 외, 2006, 148쪽.

이런 의미에서 함석헌에게 고난은 힘없는 자에게 쏟아지는 저주스러운 피해나 죄에 대한 응징이 아니라 사랑을 완성해 자유에 이르게 하는 창조적 수고(受苦)였다. 여기에서 함석헌은 영이요 의요 진리의 나라인 장차 올 신의 나라는 이러한 창조적 수고자(受苦者)들에 의해서만 도래하는 것이라고 보았다. 이 때문에, 한국 민족은 현재의 민족 고난을 기꺼이 감당해 세계를 고난 속으로 몰아가는 제국주의의 악을 정화시킴으로써 장차 도래할 도덕적으로 완성되는 새로운 세계의 선구자가 되어야 한다고 주장했다. 즉 고난은 거룩한 자기희생을 통해 역사를 창조해가는 역사의 진정한 동인이고 따라서 창조적 수고자만이 역사의 진정한 주체라는 역사관에 도달한 것이었다. 이것이 그가 고난 속에 있는 민족과 함께 나누려고 한 역사 철학이었다.

함석헌은 일제 시기 원수의 나라 일본의 우치무라에게 기독교신앙을 배워서 자신의 기독교사상을 형성하여 민족의 독립과 평화운동을 전개하였다. 이것은 일제강점기 민족적 갈등을 넘어선 교류와 교감의 모습이었다. 우치무라가 그토록 일본을 사랑하고 신의 섭리사 속에 세계에 대한 일본의 사명을 모색하여 '일본국의 천직'을 찾아냈듯이 함석헌도 한국의 고난 역사 속에서 '한국의 사명'을 찾아낸 것이다.

함석헌이 해방 후 다시 일본을 찾았을 때 우치무라에 대해서 "우리가 일본에게 36년간 종살이를 했더라도 적어도 내게는 우치무라 하나만을 가지고도 남음이 있다고 생각한다"[88]라고 고백한 점에서 우치무라의 기독교사상과 평화사상이 한국인에게도 큰 감화와 영향을 주었고 그로써 한국과의 큰 화합 역할을 했다고 볼 수 있다.

---

88 함석헌, 1987, 「하나님의 발길을 찾아서 1」, 『함석헌전집』 제4권, 한길사, 217쪽.

VI. 맺음말

우치무라가 기독교에 입문한 삿포로 농학교 시절부터 평생을 걸쳐 모색한 것은, 우선 '어떠한 기독교가 인류를 구원할 수 있는가'라는 것이었고, 다음에 일본의 천직이 무엇이냐는 문제였다. 즉 그는 일본을 초월해서 인류를 구원해야 할 기독교의 새 형태를 계속 추구하였고 또 천직을 깨달음으로써 일본이 세계를 위해 가야 할 길을 찾았다. 이것이 그의 진정한 애국이었고 또 그가 넓은 세계관에 바탕을 두고 모색했다는 점에 그의 큰 특색이 있었다.

우치무라는 당시 다른 메이지 시대 선각자들과는 달리 서양문명을 과학과 물질문명으로만 본 것이 아니고 그 근간에 기독교가 있음을 파악하고 기독교와 더불어 받아들였다는 점이다. 그 배경은 그가 청년기 도쿄에서 멀리 떨어진 개척지 홋카이도 삿포로 농학교에서 미국인에게 직접 개척정신을 배웠고 또 종교와 과학의 조화 속에서 서양 교육을 받았던 점을 들 수 있다. 그러나 우치무라는 그냥 서양 기독교의 수용에만 만족하지 않고 보다 독자적인 기독교를 모색하였다. 그가 성장기에 받은 무사 집안에서의 유교교육과 무사도의 영향을 긍정적으로 계승하여 이것과 접목된 유교적, 무사도적 기독교를 모색하였다. 그는 미국 체류 기간에 신앙적으로 새로운 것을 얻었지만 미국 사회와 미국 교회의 현실문제도 파악하였다. 그는 유교와 무사도 정신이 서양에는 없는 동양적인 장점으로 생각하고 이 정신과 접목된 기독교가 종파주의와 물질주의에 빠진 서양 기독교를 구원할 수 있다고 보았다. 따라서 독립심과 애국심에 불타던 그는 동양 정신과 결합된 기독교의 서양 및 세계를 향한 재전파가 신의 섭리사 속의 일본에게 주어진 천직이라고 확신하였다.

그가 기독교사상을 확립한 후 표출한 사건이 소위 '불경사건'이었다. 이 사건은 천황이 직접 서명한 교육칙어 진서에 대한 우치무라의 봉배 거부에서 비롯되었다. 이 행위는 이후 본격적으로 천황을 신격화하는 국가체제(고쿠타이, 國體)의 확립을 거부하는 양심선언의 의미를 가졌고 비틀어지는 일본근대화 노선에 대한 애국적 행동이기도 했다.

그는 러일전쟁 시기, 또 을사늑약 후에도 일관해서 일본의 천직 수행을 강조하였고, 변화되지 않는 일본에 실망하면서도 각성의 소리를 외치며 그 변화를 기대하였다. 그러나 그가 만년이 되어도 지속되는 일본의 비교화와 사회적 부패 심화에 진노하면서 마침내 일본 앞날의 멸망을 예언하였다.

우치무라의 한국 및 한국인과의 화합 행보는 그의 한국 인식의 대전환 때부터 시작하였다. 청일전쟁 전에는 한국 문명화가 일본의 책임이자 천직이라고 생각하였다. 청일전쟁 후 침략적인 일본에 실망하여 그가 주장했던 '의전론'을 회개하고 부정했지만 일본의 대한국 문명화 의식은 아직 변하지 않았다. 그러나 1907년 그가 한국에서의 '성령 강림'을 인지한 후에는 그의 한국 인식은 근본적 대전환을 하게 되었다. 즉 한국인의 깊은 신앙심과 교화 가능성이 일본보다 훨씬 높은 것을 알게 되어 한국을 문명화의 대상국이 아닌 동양 교화의 중심국으로 인식하며 신의 기독교 섭리사적 큰 인식 변화를 한 것이다. 이것은 '일본국의 천직'보다 더 큰 사명국으로서의 높은 한국 인식이었다. 이 한국 인식은 일제강점 후 만년까지 그와 가까이 지낸 한국 기독교인 친구와 제자와의 관계 속에서 더욱 강화되었다.

우치무라의 평화사상에는 그의 독자적 기독교사상과 국가관, 세계관이 내포되어 있어서 한국인 제자인 김교신, 함석헌 등에게도 큰 영향을 주었다. 우치무라의 사상적 특색의 하나는 기독교를 서구적 전통과 교단으로부터 분리시킬 수 있다는 발상을 가능하게 함으로써, 각각의 민족이라는 역사·문화공동체가 기독교 수용의 주체가 될 수 있다는 발상을 가능하게 한 점이었다.

김교신과 함석헌은 무엇보다도 우치무라의 기독교사상의 이 두 가지 측면을 주체적으로 계승했다. 김교신이 한국적 기독교의 존재 양식을 모색했다면, 함석헌은 한국사의 구원사적 의미를 규명하고자 했다. 이 두 사람의 이러한 사상적 작업은 개별적이라기보다는 『성서조선』의 발간과 집중적인 성서 연구를 통한 철저한 협조 속에서 이루어진 것이었다. 우치무라에게 전통적 문화 양식이 유교와 무사도였다면 김교신은 유교와 기독교의 관계를 축으로 자신의 역사문화 전통과 기독교를 접목시키고자 했다. 한편 함석헌은 고난의 역사관을 전개하면서 한국 역사의 세계사적 의의와 사명을 탐구했다.

천황제국가로 확립된 일본 국가주의와 평생 몸부림치며 싸웠던 우치무라의 기독교사상과 평화사상은 오늘날 다시 부활하는 일본의 우경화 국가주의의 극복 방안의 측면에서 재조명할 필요가 있다고 생각한다. 그리고 그에게 많은 영향을 받으며 일제하의 체험 속에 주체성을 확립하며 독립운동까지 전개한 김교신과 함석헌의 기독교사상과 그 행동 속에 우치무라의 한국과의 화합 행보를 확인할 수 있다. 오늘날 한일 간의 화해와 평화를 모색할 때 우치무라의 한국과의 화합 행보를 역사적 자료 삼아 더욱 계승해야 할 것으로 사료된다.

참고문헌

국내 논저

金敎臣, 咸錫憲 共著, 1940, 『內村鑑三先生と朝鮮』, 聖書朝鮮社.
김교신전집간행위원회 편, 1981, 『김교신전집』 전6권, 일심사.
金麟端, 1930. 7월호, 「無敎會主義者 內村鑑三氏에 對하여」, 『神學指南』.
金貞植, 1940, 「內村鑑三氏を追憶す」, 金敎臣, 咸錫憲 共著, 『內村鑑三先生と朝鮮』, 聖書朝鮮社.
김정환, 1980, 『김교신』, 한국신학연구소.
노평구 편, 1982, 『성서조선』 전8권, 일심사.
박경미 외, 2006, 『서구 기독교의 주체적 수용: 유영모, 김교신, 함석헌을 중심으로』, 이화여자대학교 출판부.
徐正敏, 1992, 「內村鑑三의 韓國觀과 그 解釋問題」, 『水邨朴永錫敎授華甲紀念 韓國史學論叢』 下.
『聖書朝鮮』 1927~1940, 第1號~第136號, 聖書朝鮮社.
이기용, 2015, 『정한론』, 살림출판사.
양현혜, 1994, 『윤치호와 김교신』, 한울.
_____, 2002. 여름호, 「함석헌의 민족적 정체성과 우치무라 간조」, 『창작과 비평』.
함석헌, 1983, 『함석헌전집』, 전19권, 한길사.
_____, 1983, 『歷史와 民族 咸錫憲全集』, 한길사.
_____, 1992, 『뜻으로 본 한국역사』, 한길사.

국외 논저

『敎育時論』 1892~1893, 普及舍.
高崎宗司, 1977. 9, 「內村鑑三と朝鮮」, 『思想』 639號.
遠山茂樹, 1961, 「內村鑑三に心うたれる理由」, 鈴木俊郞 編, 『回想の內村鑑三』, 岩波書店.
土肥昭夫, 1962, 『內村鑑三』, 日本基督敎團出版局.
政池仁, 1953, 『內村鑑三』, 三一書店.
松尾尊允, 1968, 7, 「日本組合基督敎會の朝鮮傳導」, 『思想』 529號.
森有正, 1953, 『內村鑑三』, 弘文堂.

關根正雄 編著, 1973, 『內村鑑三』, 淸水書院.

鈴木俊郎 編, 1961, 『回想の內村鑑三』, 岩波書店.

鈴木俊郎, 1962, 『內村鑑三と現代』, 岩波書店.

矢內原忠雄, 1962, 「日本の思想史上における內村鑑三の地位」, 鈴木俊郎 編, 『內村鑑三と現代』, 岩波書店.

山本泰次郎 譯補, 1917, 『內村鑑三, D·C Belに送った自敍傳的書簡』.

山本泰次郎 編, 1964, 『內村鑑三信仰著作全集』 1～24, 教文館.

『內村鑑三選集』, 1990, 全24卷, 岩波書店.

石田雄, 1977. 9, 「內村鑑三における "獨立"の意味」, 『思想』 639號.

池田昭, 1975, 『ウェーバー宗敎社會學の世界』, 勁草書房.

2장

조선을 위해 살다 한국에 묻힌 아사카와 다쿠미

민덕기
청주대학교 역사문화학과 명예교수

I. 머리말

아사카와 다쿠미(淺川巧, 1891~1931)라는 일본인이 있다. 그는 어떤 사람일까? 이어령은 2011년 9월 5일의 아사카와 학술회의 "시대의 국경을 넘은 사랑-아사카와 다쿠미의 임업과 한국민속공예에 관한 연구"에서 축사로 다음과 같이 그를 평하고 있다.

> 우리나라 목공예와 도자기에서는 물론 실생활 하나하나에서도 조선인으로 살고, 조선 공예품의 우수성을 인정하고 발굴하여 알리려 생을 마감한 날까지 손을 놓지 않은 실천가로서, 식민지의 민둥산에 나무를 심고 숲을 가꾸는 일이 본업이었지만, 그의 조선에서의 생활과 활동을 깊이 들여다보면 국경을 뛰어넘은 글로벌한 사상가라는 점을 알 수 있습니다.
>
> 다쿠미는 한복을 즐겨 입었으며 조선의 물품을 조선 사람보다 더 애용하였고 당시 조선에 있던 일본인들은 거의 조선말을 배우지 않았음에도 그는 우리말을 열심히 배웠습니다. 다쿠미의 집은 온돌방이었고 방안에는 조선 장롱을 두고 살았습니다. 야나기(야나기 무네요시) 선생의 아내 가네코가 "그분은 정말 조선 사람이었어요"라고 할 만큼 조선통이었습니다. 그래서 사람들은 그를 조선 사람으로 오해할 정도였습니다. 그는 시내에 나갔다가 돌아오는 길에 과자 같은 것을 사 가지고 와서는 근처에 사는 조선 아이들에게도 나눠 주곤 하였습니다. 조선의 걸인이나 영세 상인들에게도 늘 온정을 베풀었습니다.[1]

---

* 이 글에서는 '조선'과 '한국'을 구분하여 사용하고자 한다. 아사카와 다쿠미가 주어(主

이어령의 평가처럼, 서울 망우리 공원에 잠들어 있는 다쿠미의 묘 앞의 추모비에도 "한국의 산과 민예를 사랑하고, 한국인의 마음속에 살다 간 일본인. 여기 한국의 흙이 되다"라고 새겨져 있다. 한국임업시험장의 직장 동료들이 다쿠미를 기리며 새긴 것이다. 즉 그는 한국인의 마음속에서 살다 소망처럼 한국에 묻힌 사람으로, 한국의 산과 민예(民藝)를 누구보다 사랑한 사람이다.

이처럼 한국인이 다쿠미를 존경하는 것은 그가 단지 한국의 산림녹화에 크게 기여한 것이나 조선민족박물관의 건립운동을 편 것 때문만이 아니다. 그는 한국의 전통 민예에 대해 연구하고 그것을 두 권의 명저로 기록해 남겨놓았다. 『조선의 소반(朝鮮の膳)』(1929)과 『조선도자명고(朝鮮陶磁名考)』(1931)가 그것이다. 20세기 들어 근대화란 명분으로 전통적인 것들이 흔적도 없이 사라져갔음을 비춰볼 때, 그가 이 두 권의 저서로 한국 공예사에 남긴 업적은 지대하다 아니할 수 없을 것이다.

1910년 '한일합병' 이후, 일본은 '미개한 조선의 근대화와 문명화'를 명분으로 내걸고 조선의 의식주·건축·예술·교육·토지에서 변화를 강요했다. 이때 조선이 미개하며 개량해야 할 대상이라고 바라보는 일본의 시선은 일본의 조선 지배에 대한 정당화의 근거로 사용되었다.[2]

일제 초기, 조선인의 일상 생활용품인 전통공예품에 관심을 가지고 이를 연구의 대상으로 설정한 일본인은 아무도 없었다. 그러한 상황에

語)일 때, 또는 1948년 이전일 경우엔 '조선'으로 표기하고자 한다.
1 백조종 편저, 2002, 『한국을 사랑한 일본인』, 부코, 8~9쪽.
2 최은진, 2017, 「식민지시대 조선의 공예와 아사카와 다쿠미(淺川巧)-『조선의 소반(朝鮮の膳)』과 『조선도자명고(朝鮮陶磁名考)』를 중심으로」, 명지대학교 대학원 석사논문, 6쪽.

서 다쿠미와 그의 형 아사카와 노리타카(淺川伯敎, 1884~1964)는 조선의 일상적인 관습이나 생활양식을 몸에 익혀, 생활자로서의 현지 체험을 바탕으로 일상생활로부터 조선의 전통문화의 독자성을 인식하는 것이 가능한 일본인이었다. 바꿔 말하면, 아사카와 형제는 조선 민중의 일상생활에서 사용된 전통공예품을 조선=이(異) 문화 이해에 있어서 극히 중요한 문화 요소로서 인정한 것이다.[3]

이러한 아사카와 형제에게 자극받아 조선의 서민들이 일상생활 속에서 사용했던 생활용품, 즉 민예의 미적 가치를 높게 평가하고 발전시켜 민예운동으로 발전시킨 인물이 있다. 야나기 무네요시(柳宗悅, 1889~1961)이다. 그는 '민중공예(民衆工藝)'의 약자로 '민예(民藝)'라는 용어를 만들어냈다. 그가 주도한 민예운동이란 서양의 공예품이 산업화와 기계공업화에 따른 대량생산으로 인해 상실한 인간성을, 민중들의 생활 속에 친근하게 사용되고 있는 수공예품의 미를 통해 되찾으려 한 운동이었다. 특히 조선의 이름 없는 장인이 만든 공예품에서 미를 발견하고 높이 평가한 것이 야나기 민예운동의 출발점이었다.[4]

다쿠미와 관련한 선행 연구로는 우선, 아사카와 형제의 조선에서의 활동에 관하여 처음으로 주목한 다카사키 소지(高崎宗司)의 저서 『朝鮮の土となった日本人-淺川巧の生涯』(草風館, 1982)를 꼽을 수 있다. 이 책은 1996년 『조선의 흙이 된 일본인』(다카사키 소지 지음, 이대원 옮김, 나름)으로 번역되어 나왔다. 다카사키의 이 책으로 한일 양국에 다쿠미라

---

3 李尙珍, 2018, 「在朝鮮日本人淺川伯敎・巧兄弟と柳宗悅の朝鮮伝統文化理解の特質」, 『일본문화학보』 79. 6쪽.
4 이병진, 2003, 「"조선의 흙이 된 일본인"론 재고-아사카와 다쿠미(淺川巧)에 관하여-」, 『일본학보』 57호. 655쪽.

는 인물이 널리 알려지게 되었다. 다카사키는 이 책을 통해 자연을 바라보는 다쿠미의 시선과 조선 생활 및 조선 공예를 바라보는 모습을 드러내어 다쿠미의 생애를 재현해냈다.[5]

그러다가 1996년 다쿠미의 일기가 공개되면서 다쿠미 연구는 새로운 전기를 맞게 된다. 즉 조선인 김성진이 소중히 간직하고 있던 1922년의 1년분과 1923년의 7월·9월분의 자필 일기『北漢山一周』와『朝鮮少女』라는 제목이 붙어 있는 일기 형식의 수필과, 다쿠미가 사망했을 때의 데스마스크 등의 자료가 다카사키를 통해 그의 고향 야마나시(山梨)현 다카네쵸(高根町)에 기증된 것에 비롯된다.[6] 이 기증을 계기로 다카네쵸에 '아사카와 노리타카·다쿠미 형제 자료관'이 개관되었다. 이와 함께 다쿠미의 저서『조선도자명고』와『조선의 소반』을 수록한『淺川巧全集』이 같은 해 간행됨으로써 연구 활동의 길이 넓혀졌다.[7]

한국 측의 연구는 이병진에 의해 시작되었다. 그는 1996년「大正時代のある対話精神-淺川巧の日記公開をめぐって」에서 조선이라는 타자와의 대화 정신을 통한 다쿠미의 아이덴티티 형성과 조선 인식을 일기를 통해 밝혔다. 그리고 2003년「'조선의 흙이 된 일본인'論 再考」에서는 현재까지 다루어진 다쿠미의 긍정적인 인물 평가의 연구 태도를 지적하고 다쿠미의 조선 인식을 재조명하였으며, 2007년에는「淺川巧の対話精神-朝鮮に対する留保的な視線を求めて」에서 다쿠미의 사상적

---

5 李尙珍, 2007,「淺川伯教·巧兄弟の朝鮮理解の意義」,『人間文化創成科學論叢』10, 2쪽: 최은진, 2017, 3쪽.
6 이병진, 2008,「他者としての조선 발견-아사카와 다쿠미(淺川巧)가 조선에서 쓴 일기를 중심으로」,『일본학』27호, 68~69쪽.
7 최은진, 2017, 3쪽.

배경을 이야기하며 조선 민예품을 통해 바라본 다쿠미의 조선 인식을 언급하였다. 2008년「他者로서의 조선 발견-아사카와 다쿠미가 조선에서 쓴 일기를 중심으로-」에서는 일기를 통해 드러난 다쿠미의 기독교 세계관과 조선 인식을, 그리고 2012년「조선의 자연과 사람을 벗 삼아-아사카와 다쿠미의 '일기'를 중심으로-」에서는 조선의 자연을 바라보는 다쿠미의 시선과 기독교 세계관을 논하였다. 종합적으로 이병진은 조선이라는 타자를 유보적인 시선으로 바라본 다쿠미의 모습과 조선의 민예품을 통해 접한 조선관, 그리고 일기를 통해 드러난 기독교 세계관을 집중적으로 조명하였다.[8]

이병진에 이어 이상진은 2007년「淺川伯教・巧兄弟の朝鮮理解の意義」를 통해 아사카와 형제의 조선 인식을 살펴보았으며, 2010년「淺川巧の異文化理解モデルに関する一試論」에서 이문화(異文化) 이해 모델로서 다쿠미를 제시하며 한국과 일본의 다쿠미에 대한 인식을 객관적인 데이터 조사를 통해 드러냈다.[9]

이 글은 이러한 기존 연구를 통하여, 다쿠미의 형 아사카와 노리타카의 활약과 다쿠미가 조선인으로 살다간 생애, 그리고 그의 한국 산림녹화에 대한 공적과 한국 전통 민예에 대한 업적 및 그에 대한 현창 활동을 밝히고자 한다.[10] 마지막으로는 야나기와 다쿠미의 조선미론(朝鮮美論)을 비교해보고자 한다.

---

8   최은진, 2017, 3쪽.
9   최은진, 2017, 4쪽.
10 한국 측의 구체적인 현창 활동에 대해서는 자료 수집의 미비(未備)로 최근 동향만 약술하고자 한다.

II. 다쿠미의 형 아사카와 노리타카

여기서는 다쿠미에게 여러모로 큰 영향을 준 일곱 살 연상인 형 노리다카에 대해 알아보자.

노리다카는 야마나시현 무라야마니시(村山西)의 심상(尋常)소학교,[11] 나가사카(長坂)의 아키타(秋田) 심상고등소학교를 졸업한 후 그 학교의 임시 교사로 있다가, 검정고시에 합격해 아쓰나(熱那) 초등학교 교사로 부임한다. 1903년 야마나시 현립사범학교에 합격·졸업한 후 1907년 시오자키(塩崎) 심상소학교에서, 1908년엔 야마나시 현립사범학교 부속 심상소학교에서 교사로 근무한다.

노리다카가 돌연 조선으로 건너간 것은 1913년 5월이다. 경성부 남대문 공립심상소학교에 부임하였고 다음 해엔 서대문 공립심상소학교로 전근하고 있다. 그의 돌연한 조선행은 조선의 전통 공예품에 대한 관심에 따른 것이었다고 한다. 그는 조선으로 건너오자마자 창경궁에 있던 이왕직(李王職)박물관으로 달려가 고려청자를 마주한다. 그리고 고려청자의 고아하고 우아한 아름다움에 매료된다. 그러나 당시 고려청자는 서민으로서는 엄두도 못 낼 고가에 매매되고 있었다.[12]

그러므로 "당시 나는 우울했다. (조선의 골동품에) 좋은 물건이 많았지만 너무 비싸서 살 수 없었기 때문이다. 그러던 어느 날 밤, 경성의 고물상 앞을 지나가는데 여기저기 흩어져 있는 고물 사이 전등불 아래 하얀

---

11 심상소학교란 현재의 초등학교에 해당한다.
12 에미야 다카유키 지음, 박종균 옮김, 2011, 『백자의 사람(白磁の人)』, 부코, 10쪽; 최은진, 2017, 43쪽. 이왕직 박물관은 1909년 11월 대한제국 왕실에 의해 설립된 한국 최초의 박물관이다.

항아리가 있었다. 그 둥근 자태에 마음을 빼앗긴 나는 멈춰 서서 한참을 들여다보았다." 조선백자와의 첫 만남을 노리다카는 이렇게 말하고 있다. 우연히 골동품 가게를 지나다가 고물 사이에서 하얗게 빛나는 백자를 발견하고 그 속으로 빨려 들어갔던 것이다. 다행히도 백자는 고려청자와는 다르게 저렴한 가격으로 손쉽게 구입할 수 있었다.[13]

1910년대 야나기는 잡지 『시라카바(白樺)』의 발간에 참여하여,[14] 그 후 신학(神學) 연구나 서양 근대미술을 일본에 소개하는 활동에 전념하고 있었다. 『시라카바』의 애독자이며 조각가의 꿈을 가진 노리다카는 1914년 9월 로댕이 시라카바파(派)에게 선물로 보낸 조각품을 보기 위해 조선백자 몇 점을 선물로 가지고 치바(千葉)현의 야나기를 찾아간다. 그때 선물로 가지고 간 것이 조선의 백자추초문각호(白磁秋草文角壺, 현 일본민예관 소장)였다. 이 도자기야말로 야나기가 조선 공예의 아름다움에 눈을 뜨게 된 계기가 되었다.[15]

그리고 2년 후인 1916년 8월, 야나기는 처음으로 조선에 가서 아사카와 형제의 안내로 조선을 여행했다. 이 여행은 야나기에게 있어서 서양에서 동양으로 예술적 관심이 돌아서는 전환기가 되었다. 아사카와 형제는 예술을 통해 타자(他者)를 이해한다고 하는 야나기의 견해에 공

---

13 최은진, 2017, 42~43쪽.
14 『시라카바』는 1910년 4월부터 1923년 8월까지 발행된 일본의 동인잡지로, 제2차 세계대전 이전의 일본의 동인잡지 중에서 가장 오래 발행되었으며 최대의 영향력을 발휘했다.
15 에미야 다카유키 지음, 박종균 옮김, 2012, 『백자의 사람: 조선의 흙이 되다』, 만물상자, 68~69쪽. 노리다카가 같은 교회 교인이며 야마나시현 출신인 사에구사 다카요와 결혼하는 것도 1914년이다.

감하여, 타자=조선 이해의 방법론을 발견하는 계기가 되었다.[16]

노리다카는 1920년 10월 조선인상 〈나막신을 신은 사람〉을 제국미술전람회에 출품해 입선한다. 그는 이때 『경성일보』 기자와 인터뷰하면서 "조선인과 일본인의 친선은 정치와 정략으로는 불가능합니다. 그보다는 조선과 일본이 서로 예술을 교류하고 보완해야 한다고 생각합니다"라고 말하였다.[17]

1922년 조선으로 돌아온 그는 조선 도자기 연구를 본격화하여 그해 『시라카바』 9월호에 「조선 도자기의 가치 및 변천에 관하여」라는 논문을 발표하였다. 이즈음 그의 가계(家計)는 부인 다카요가 이화여자 전문학교 일본어 교사로, 후엔 숙명여학교 영어교사로 꾸려갔다.

1928년엔 계명회(啓明會)의 자금 원조를 받아 연구에 몰두할 수 있었다.[18] 즉 아사카와 노리타카와 다쿠미, 야나기, 구라하시 도지로(倉橋藤治郞) 등 네 명의 공동연구인 『조선 도자기 연구』는 계명회에서 3,000엔의 보조금을 받았다. 노리다카는 조선의 방방곡곡을 찾아다니며 옛 가마터를 조사했다. 1934년 7월 도쿄에서 '조선 고도예(古陶器) 사료전'을 열어 그간의 조선 도자기 연구의 결과물을 선보였다.

그후 노리다카는 1945년 조선이 해방되었음에도 조선을 떠나지 않았다. 미국 점령군에게서 그의 연구 실적을 높이 평가받아 조선 체류가 허락되었던 것이다. 그는 가마터 조사를 통한 답사 연구를 계속 수행하였

---

16 李尙珍, 2018, 6쪽.
17 다카사키 소지 지음, 김순희 옮김, 2005, 『조선의 흙이 되다-아사카와 다쿠미 평전』, 효형출판사, 47쪽.
18 계명회란 특수한 연구·조사·저작을 조성하고, 발명과 발견 활동의 장려를 목적으로 최남선 등이 주축이 되어 1918년 설립된 재단법인이다(다카사키 소지, 2005, 51쪽).

다. 그리고 이전에 다쿠미와 함께 만든 조선민족미술관이 송석하(宋錫夏)가 새로 설립한 국립민속박물관에 통합되자, 이 박물관에 그가 소중하게 수집해온 공예품 3,000여 점과 도편(陶片) 30상자를 기증하였다. 대부분의 일본인 수집가들이 조선 미술 공예품을 일본으로 빼돌리던 것과는 정반대의 자세였다.[19] 그는 1946년 11월 33년간에 걸친 조선 생활을 청산하고 일본으로 돌아갔다. 그 후에도 1956년엔 『조선의 도자기(李朝の陶磁)』를, 1960년엔 『조선시대의 도자기 - 백자·청화·철화(李朝白磁·染付·鉄砂)』를 출간하였다. 그는 1964년 80세로 타계하였다.

　1922년부터 1946년까지 25년간 한반도 전역에 걸쳐 700여 곳 이상의 가마터를 조사하여, 『조선 도자보(李朝陶磁譜)』를 지은 다나카 도요타로(田中豊太郎)는 노리다카를 조선 옛 도자기 분야의 귀신이라 불리우는 제1인자라고 평가하였다. 지금까지 알려진 노리다카의 활동 영역은 도자기 연구와 실제 제작, 가마터 조사 등 한반도의 도자기 관련 고적 방문, 회화 및 조각 등과 관련한 미술 방면이라 할 수 있을 것이다. 그러나 노리다카의 조선 도자기 연구의 업적은 알려진 것보다도 훨씬 방대하다. 그는 서적과 일본에서 간행된 전문 잡지 『공예(工芸)』나 『민예(民芸)』에 많이 기고를 했고, 조선 도자기에 일생을 바친 그의 노력에 감동한 가족과 지인들이 담화나 추도문을 발표하기도 하였다.[20]

　노리다카는 조선의 풍속화나 민화에도 관심을 갖고 이를 높이 평가했다. 예를 들면 신윤복(1758~미상)을 가리켜 "조선의 자연을 응시한 데서 생겨난 그림으로서, 중국의 모방이 아니라 전적으로 조선의 감각을

19　노리다카가 기증한 공예품들은 그 후 국립중앙박물관에 흡수되었다.
20　이동식, 2018. 01. 02, 「아사카와 노리타카, 조선에 빠지다(1)」, 『서울문화투데이』.

그려냈다는 점에서 전무후무한 조선의 독보적 풍속화가라고 생각한다"라고 평가했다. 조선의 예술이 중국 예술의 모방에 불과하다고 보는 사람이 많았던 당시에 노리다카의 이런 지적은 그의 눈이 편견에 물들지 않은 객관적인 것이었음을 말해주는 일화라 하겠다.[21]

아사카와 노리타카·다쿠미 형제 현창회의 부회장 이동식은 지적한다.[22] "노리다카는 다쿠미의 형으로서만이 아니라 여러 방면에서 더 다양한 활동을 하고 한국을 사랑하는 마음을 보여주었는데 이것이 충분히 조명되지 않고 있다. 노리다카에 대한 진정한 이해가 아직 부족한 것이 현실"이라고 아쉬워하고 있다.[23]

III. 조선인 속에서 살다 간 다쿠미의 삶

다쿠미는 1891년 1월 야마나시현 기타코마군(北巨摩郡. 현 호쿠토(北杜) 시) 가부토촌(甲村. 현 다카네쵸(高根町)) 고초다(五丁田) 294번지에서 아버지 아사카와 조사쿠와 어머니 게이의 둘째 아들로 태어났다.

아버지 조사쿠는 1860년생으로 1882년에 결혼하여 1884년에 아들 노리다카(伯敎)를, 1887년엔 딸 사카에를 낳았다. 그러나 다쿠미가 태어나기 6개월 전에 병으로 세상을 뜬다. 31세의 나이였다. 당시 어머니 게이는 26살이었다. 이후 다쿠미는 조부모의 슬하에서 성장했다.

---

21 이동식, 2018. 01. 02.
22 한국의 아사카와 노리타카·다쿠미 형제 현창회는 창립 23년의 역사를 맞이하고 있다.(후술)
23 이동식, 2018. 01. 02.

다쿠미는 1901년 아키타 심상고등소학교에 입학하여 4년 후 졸업하고 1년간의 보수과(補修科)를 거쳐 1906년 야마나시현 현립농업고등학교에 진학하였다. 이때 다쿠미는 형 노리다카와 고후(甲府) 시외의 이케다촌에 세를 얻어 자취를 하였다. 1907년 8월 야마나시현의 하천이 범람하여 232명이 사망하는 엄청난 재해가 발생하였다. 이는 산림의 마구잡이 벌채가 가져온 참담한 결과로 그 경험은 다쿠미가 조선에서 산림녹화에 남다른 열의를 가지게 하는 계기가 되었을 것이다.[24] 다쿠미는 1907년 고후시의 감리교회에서 세례를 받았는데 이후 그는 평생 독실한 기독교 신자로 살아갔다.

1909년 농업학교를 졸업한 그는 아키타(秋田)현 오다테(大館)의 영림서(營林署)에서 근무를 시작한다.[25] 그러나 1914년 4월 형 노리다카의 적극 권유로 형과 어머니가 있는 조선에 가기로 결심하고 5월에는 경성부 독립문동 3·6에 기주하게 된다.

그해 다쿠미는 조선총독부 농상공부 산림과(임업사무소)의 고원(雇員)으로 취직하여, 포천의 광릉과 북아현의 의녕원의 묘목 육종과 식재(植栽) 시험 조사에 종사하게 된다. 그해 이후 조선어를 열심히 배우고 한복을 즐겨 입었다. 1916년 2월엔 아사카와 마사토시의 누나 미쓰에와 결혼하고 임업시험소가 있는 아현북리로 이사하여 1917년 3월 딸 소노에를 낳는다. 그러나 1921년 9월 서른이 된 미쓰에가 병에 걸려 사망하자 딸 소노에의 양육을 외삼촌인 아사카와 마사토시에게 위탁하였다.

1922년 홍릉에 임업시험장이 설립되자 고원(雇員)에서 기수(技手)로

---

24 에미야 다카유키, 2012, 42쪽.
25 영림서란 국유림의 보호 관리를 하는 관청이다(백조종, 2002, 74쪽).

승진하였고, 1925년 10월 오키타 사키코와 재혼을 하였다. 다쿠미의 재혼은 거의 야나기가 주도하여 성사되었고, 결혼식도 야나기의 집에서 거행되었다. 이후 다쿠미는 사키코와 전처 소생의 딸 소노에와 셋이서 경성에서 살게 된다. 그러나 1931년 4월 2일 급성폐렴으로 겨우 마흔의 젊은 나이로 조선 땅에서 숨을 거둔다.

그의 장례식은 경성 감리교회의 다나카 목사가 주재하였고, 전도사 소다 가이치(曽田嘉伊智)가 성경을 낭송하였다고 한다. 그는 '조선 고아의 아버지'로 유명하다. 그 역시 죽어서는 한국의 서울 마포구 합정동 양화진 외국인 묘지에 잠들었다.

다쿠미의 조선에서의 삶은 단순히 직업상으로 보면 지극히 평범하였다. 조선총독부 산림과 용원, 조선임업시험소의 평직원으로 17년간 일했을 뿐이다. 그러나 그는 '조선도자의 신(神)'이란 평을 들은 형 노리다카를 통해 조선 민예에 빠져들었고, 자신의 급여를 쪼개어 조선 팔도의 도자기와 소반을 틈틈이 수집했다. 조선의 소반과 장롱을 닦고 어루만지던 그는 민예품에서 고아하고 견고하며 지극히 편리한 조선 민예의 아름다움을 발견하였던 것이다.

다쿠미는 조선과 조선인을 어떻게 바라보았을까? 야나기는 1920년에 다쿠미에게서 받은 편지를 소개하였다. 거기엔 "저는 처음 조선에 왔을 무렵, 이곳에서 산다는 것 자체가 마음에 걸리고 조선 사람들에게 미안한 마음이 들어 몇 번이나 고향에 돌아갈까 생각하였습니다. (중략) 저는 항상 제가 조선에 있는 것이 무엇인가에 도움이 되었으면 하고 기도했습니다"라고 쓰여 있었다. 식민지 조선의 상황과 일제의 압제 속에서 살아가는 조선인에 대한 안타까움과 죄스러움이 짙게 묻어나고 있다.

그런 마음으로 살아갔기 때문이었을까, 다쿠미가 죽은 다음 날 많은 사람들이 소식을 듣고 달려왔는데, 특히 다쿠미의 죽음을 슬퍼하는 조선 사람들이 떼를 지어 모여들었다고 한다. 누워 있는 그의 시신을 보고 통곡하는 조선인이 얼마나 많았는지 모른다고 한다. 그 때문에 장례식 날은 청량리 일대의 교통이 마비될 정도였다고 한다.

일제강점기 조선 거주 일본인은 1910년에 이미 17만여 명, 1912년에 24만 명, 다쿠미가 조선에 간 1914년에는 29만 명으로 폭증하고 있었다.[26] 그러나 당시 조선에 건너간 대부분의 일본인은 조선인과 생활공간이 구분되어 있었다. 경성은 일본인과 조선인의 거주지역이 나뉘어져 있었다. 대략 청계천을 기준으로 조선인의 북촌과 일본인의 남촌으로 나뉘어져 있었으며, 북촌을 대표하는 것이 종로, 남촌은 을지로·명동·충무로 일대였다. 그러한 시대상황 아래서 다쿠미는 조선인이 거주하고 있는 지역에서 조선인들과 같이 생활하면서 일상적으로 친밀한 관계를 지켜나갔던 것이다.[27]

다쿠미는 일상생활 속에서 만나는 조선인들을 성서에 나오는 인물로 바라보고 있다. 그는 일기에서 "저녁에 점소의 어머니와 3명의 자매가 와서 셔츠와 바지 손질을 해주었다. 따뜻한 온돌에 여자들이 등불에 다가앉아 조용히 바느질을 하고 있다. 내 가족 같은 느낌이 든다. 평화롭다. 따뜻한 가정 이외에는 아무 것도 모르는 조선의 딸들 마르타, 마리아여,

---

[26] 神田健次, 1998,「朝鮮の土となった日本人キリスト者 -淺川巧の足跡を求めて」,『関西學院大學 人権研究』1, 35쪽; 李尚珍, 2004,「日韓文化交流モデルとなる日本人 ·淺川巧」,『小林節太郎記念基金2004度研究助成論文』, 2쪽.

[27] 鄭星熙, 2014,「淺川巧の朝鮮認識における理想と現実 -'日記'の分析を中心にして」,『国際文化論集』49, 152쪽; 이병진, 2019,「조선인을 깨운 이방인, 한국의 혼이 되다 -아사카와 다쿠미와 경성-」,『일본연구』80, 45쪽.

조선을 구하는 힘은 당신들에게 있는 것 같은 느낌이 왠지 든다."[28]라고 하였다. '마르타'와 '마리아'는 성서에서 예수를 따르던 자매였다. 평화로운 조선 여인들 모습에서 다쿠미는 행복을 느끼며 잠시나마 일상의 피곤함을 잊고 있다.

다쿠미는 산 위에서 경성의 시가지를 내려다보며, 조선왕조의 상징인 경복궁을 훼손하며 조선총독부 신축 청사가 들어서가는 것을 다음과 같이 비판하고 있다.

> 산 위에서 바라본 경복궁 내의 신축 청사는 정말로 어이가 없어 화가 난다. 백악(白岳)이나 근정전이나 경회루나 광화문 사이에 고집스럽게 비집고 들어서 있는 것은 너무나 뻔뻔해 보인다. 그리고 신축 청사가 경복궁 내의 건물들과의 조화를 깨고 있는 것은 너무나 심술궂어 보인다. 백악산이 있는 한 영구히 일본인의 수치를 드러내고 있는 것처럼 보인다. 조선신사도 영구히 일본과 조선 민족의 융화를 도모하기는커녕 오히려 이것들이 문제가 될 것이다.[29]

조선총독부 신축 청사는 1916년 6월에 착공해 1925년 10월에 완공되었으며, 독일인 데라란데의 원안에 따라 일본인 건축가가 설계했다고 한다. 이러한 조선총독부의 건물을 보고 다쿠미는 "영구히 일본인의 수치를 드러내고 있는 것처럼 보인다"라고 비판하였다. 조선을 대표하는 궁성 정문을 가로막는 형태로 왕궁 건물들의 조화를 깨트리면서 그 사

---

28 다카사키 소지 편저, 김순희·이상진 번역, 2014, "1922년 2월 15일 일기", 『淺川巧(아사카와 다쿠미) 일기와 서간』, 야마나시현 호쿠토시; 이병진, 2008, 85쪽.
29 다카사키 소지 편저, 2014, "1922년 6월 4일 일기".

이를 비집고 들어선 야만적인 조선총독부 건물의 뻔뻔함은 다쿠미에게는 견딜 수 없는 고통이자 수치였을 것이다. 이것은 마치 일본의 황궁 정문에 외국 침략자가 총독부 건물을 세운다고 하는, 상식적으로는 생각할 수 없는 행동이었다. 하지만 당시 식민지하 조선에서 이와 같은 문화재 파괴에 항의할 수 있는 사람들은 많지 않았다.[30]

다쿠미는 1922년 1월 3일 일기에서 "창덕궁과 경복궁을 비교하면 고려시대 도자기와 조선시대 자기의 맛이 배어 있다. 조선시대 자기가 주목받지 못하는 것처럼 경복궁이 파괴되어가고 있다. 조선시대의 민족성의 아름다움은 당분간 이해되지 못할 수도 있다. 조선의 이러한 것들이 경의를 표하며 받아들여지는 날이 오지 않는 한, 조선반도에 평화는 오지 않을 것이다. 비원 건물이나 자연이 적절하게 보존되어지는 것을 갈망함과 동시에 경복궁의 파괴를 막고 싶다"고도 하였다.[31]

이밖에도 다쿠미는 조선총독부의 신사(神社) 건설에 대해서도 비판하였다. 총독부가 막대한 돈을 들여 조선에 신사를 건축하고 있는 것에 대해 다쿠미는, "자신의 조상이나 자신의 종족에서 태어난 큰 인물을 숭배하는 집을 세우기보다는, 세계 만민의 아버지, 만물의 근원인 하나님을 숭배하는 궁전을 세우는 것이 큰 사업이라는 것 정도는 알 만할 것이다"라고 노골적인 불만을 터트리고 있다.[32] 그것은 일본에서 태어난 큰 인물(천황)을 숭배하기보다는 세계 만민의 아버지인 하나님을 숭배해야 한다는 것이 다쿠미의 입장이다. 계속해서 다쿠미는 이같이 '큰 사업'은 위

---

30 이병진, 2003, 663쪽: 이병진, 2012, 「조선의 자연과 사람을 벗 삼아-아사카와 다쿠미(淺川巧)의 「일기」를 중심으로-」, 『일본언어문화』 22호, 599쪽.
31 다카사키 소지 편저, 2014.
32 다카사키 소지 편저, 2014, "1922년 8월13일 일기".

대한 사람이 없으면 불가능하다고 이야기하면서, 일본에는 '예루살렘 궁'이나 '시스틴 예배당'이나 '경복궁' 등과 같은 위대한 건축은 건설할 수 없다고 주장하고 있다. 그 위에 일본의 '메이지 신궁'에는 어디에도 위대함은 찾아볼 수 없고, 돈과 인력으로 만든 빈약한 과학 응용의 건물에 지나지 않는다고 혹평하였다. 단지 '메이지 신궁'의 시설이 인간에게 위대한 느낌을 주었다고 한다면, 그것은 건축이 아닌 전국에서 모아 심은 삼림이라고 덧붙여 말하였다. 이 같은 위대한 건축물을 갖지 못하는 일본이, 조선과는 아무런 관련 없는 신사를 건설하는 것에 대해 다쿠미는 반대하고 있었던 것이다.[33]

깊은 기독교 신앙을 지니고 있었던 다쿠미는, 일본 민족의 신앙인 신도(神道)를 섬기는 것에는 관심이 없었다. 조선과 아무 관련 없는 신도의 숭배를 강요하는 것은 죄악이다, 라고 하는 강한 비판정신이 다쿠미의 조선 인식의 저변에 흐르고 있었다.[34] 그리고 일본이 조선에서 일본식으로의 개량을 강요하는 것은 다름이 아니라 파괴라고 비판하고 있다. 다쿠미는 일본의 조선문화 파괴가 곧 일본 자신의 파괴로 이어진다는 것으로 인식하고 있었다.[35]

---

33 이병진, 2003, 663쪽. 서울의 朝鮮神社는 1920년 5월 남산 중턱에 착공해 1945년 일본이 패전하기까지 존재했던 조선신궁을 가리킨다.
34 이병진, 2003, 663쪽.
35 李秉鎭, 1996,「大正時代のある対話精神-淺川巧の日記公開を巡って-」,『比較文學文化論集』13, 東京大學比較文學文化研究會, 13쪽.

IV. 한국 산림녹화에 대한 다쿠미의 공적

다쿠미의 공적 중 하나는 한국의 산림을 푸르게 해주었다는 것이다. 『연합뉴스』 2016년 04월 02일 자 기사, "일제 때 조선 산림녹화에 힘쓴 日人… 아사카와 다쿠미를 아시나요"에는 다음처럼 쓰여 있다.

> 다쿠미는 조선총독부 임업연구소에서 근무하며 당시로는 획기적인 '오엽송 노천매장법'이라는 양묘법을 개발했다. 그는 이를 활용해 조선 산림녹화에 힘썼다. 이 덕분에 일본의 목재 수탈로 헐벗은 우리나라 산들은 푸름을 되찾았다. 경기도 광릉의 수목원도 그의 손을 거쳐 탄생했고, 국립산림과학원 정원의 유명한 1892년생 소나무(盤松)도 1922년 홍파초등학교에 있던 것을 그가 옮겨 심은 것이다.

즉 산림녹화에 크게 기여했는데, 특히 '오엽송 노천매장법'을 개발하고 포천의 광릉수목원을 만드는 데 큰 업적을 남겼다고 하였다.

장상인도 〈pub.chosun.com〉 2012년 11월 16일 자의 "두 조국에 살다 간 '아사카와 다쿠미'-2"에서 산림녹화에 대한 그의 업적을 밝히고 있다.

> 다쿠미는 공무원 생활을 하면서도 진급에 관심이 없었고, 단지 양묘(養苗) 그 자체를 좋아했다. 성실하고 능력 있는 임업기수였던 그의 꿈은 오로지 묘목을 기르고, 황폐된 조선의 산을 푸르게 하는 것이었다. 대표적인 사례를 든다면, 오랫동안 실패를 거듭해왔던 한국 잎갈나무의 양묘도 그의 노력에 의해서 이뤄졌다. 그는 임업에 관한 논문을 여러 편 발표하는 등 임업 시험조사에 커다란 족적을 남겼다. 그리

고, 한국 잣나무의 양묘를 2년에서 1년으로 단축시켰으며, 민둥산 조림에 싸리나무가 적합하다는 사실 중 '참싸리가 가장 적격이다'는 것도 처음으로 밝혀냈다. 연구를 거듭한 끝에 그가 얻어낸 결론은 단 한 가지-'산과 숲은 자연에 맡겨야 한다'는 것이었다. 그러기 위해서는 기후나 토질을 잘 파악해야 한다. '인간의 억지에 의해서는 조림에 성공할 수 없다'는 것이다.

일제는 조선통감부시대에 식민지 전 기간 동안의 "조선 산림에 대한 일본의 이권 확보"라는 임정(林政) 기조가 수립된 이래, 압록강과 두만강 유역의 울창한 국유림에서는 대규모 천연림 벌채를 실시하면서 그 외 지역에서는 모범림 조성, 보안림 조림 등 황폐 산야의 복구조림을 표방하였다. 이후 한반도는 황폐지와 헐벗은 산이 지역적으로 집중되어 "서양에서는 스페인, 동양에서는 조선"이라고 할 정도로 산림 상황이 매우 열악하였다.[36]

다음은 1922년 8월 29일의 다쿠미 일기이다.

그들이 장차 조선 국경의 삼림을 겨냥하고 있는 것은 명백하다. 홋카이도도 그러한 사업가들에 의해서 민둥산이 되어버렸다. 가라후토(사할린)의 산림도 민둥산이 되어버리는 것은 시간문제일 것이다. 그리고 앞으로는 압록강 상류에서 시베리아에 걸친 삼림을 탐낼 것이다. (중략) 앞으로 십 년 정도가 지나면 이 사업가들이 조선의 삼림을 송충이처럼 황폐하게 만들 것이다. 제지(製紙) 사업은 지금은 꼭 필요하므로

---

[36] 김석권, 2011, 「아사카와 다쿠미의 임업사적 재평가」, 『숲과 문화』 119, 46~47쪽.

이용하는 것은 전혀 상관없지만, 이러한 사용에 의해 벌채 후의 땅이 황폐해지지 않도록 벌목법과 삼림이 영속할 수 있도록 조림법의 실현이 절실하다."[37]

당시 명동의 조선호텔에서 각종 이권을 노린 일본 사업가들 중 하나였던 오지(王子)제지 사장 주최의 만찬회가 열리고 있었다. 다쿠미는 산림 관계자의 일원으로 참석하여 느낀 것을 위와 같이 말하고 있다.[38]

다쿠미는 1914년 조선총독부 직할 임업사무소[1906년에 조선통감부 농상공무부 농림과에 설치한 수묘양성소(樹苗養成所)가 1908년 승격한 기관]에서 용원으로 근무하기 시작한 이래, 1922년 8월 23일 신설되는 조선총독부 임업시험장에서 1931년 4월 2일 순직하기 전까지 기수(技手)로서 각종 임업시험 및 조사사업을 담당하여 임업계에 많은 업적을 남겼다.[39]

즉 1921년 청량리에 시험 묘포를 확대하면서 조선총독부 직속 임업시험장 설치를 준비하게 된다. 다쿠미는 당시 벌채 적지에 대한 인공조림 정책으로의 전환을 뒷받침하기 위한 주요 수종의 종자 발아, 종자 저장, 묘목 양성 시험, 산지 조림 시험, 파종 조림 시험 등을 수행하였으며, 조기 황폐지 녹화기술 개발을 위한 사방용 수종 발굴, 사방 식재법 등 황폐지 개량 시험을 수행하는 등 18년간 임업 전문가로서 활동하였다.[40]

연구 내용을 시대별로 요약하면, 우선 조선총독부 직할 임업사무소 시절인 1914년부터 북아현 의령원과 광릉의 시험묘포에서 조선 낙엽송

---

37 다카사키 소지 편저, 2014, 217쪽.
38 이병진, 2019, 36쪽.
39 김석권, 2011, 45쪽.
40 김석권, 2011, 48~49쪽.

을 비롯한 조선산 주요 수종의 육묘 및 식재 시험을 담당하였다. 특히, 1917년 속성 양묘를 위한 3년간의 성공적인 낙엽송 산지별 양묘시험 결과를 보고하였고, 외국에서 도입한 속성 수종인 꽃개오동나무의 산지 식재 가능성을 시험하여, 한반도에 필요한 임업용 수종은 향토 수종에서 발굴해야 한다는 것을 역설하였다.[41]

다쿠미는 조선의 산림이 많이 훼손된 것에 대해 구체적으로 지적한다. 한 예로 1922년 1월 야나기와 함께 관악산의 가마터를 순례했을 당시 들은 이야기를 전하기도 하였다.

> 늙은 중이 계곡의 포석(鋪石)을 가리키며, "옛날에는 저것이 제일막이었고, 제이막의 흔적은 뒤편 계곡에 있다. 삼막사는 그 시대의 제삼막이었다. 절 이름도 거기서 유래했다. 또한 이전에 이 근처 일대는 훌륭한 산림이었다. 절에서 보호했기 때문이다. 하지만 총독부가 들어선 후, 절 소유의 삼림이 주변의 좁은 부분으로 한정되면서 최근 절에서는 땔감이 부족할 정도가 되어버렸다. 지금 이 산은 일본인 부자가 독점 입수하여 경영하고 있는데 해마다 황폐해갈 뿐, 그 유명한 관악산의 송이버섯도 절 부근에서만 볼 수 있게 되었다."라는 이야기를 들려주었다.[42]

도자기 연구를 위해 야나기와 함께 관악산을 방문했을 당시 만난 노승의 이야기에 따르면, 과거 총독부가 들어오기 이전 관악산은 훌륭한

---

41 김석권, 2011, 49쪽.
42 다카사키 소지, 2005, 83쪽.

산림이었지만, 총독부가 들어선 이후 산림의 소유권이 총독부에 넘어가고 산에서의 생활이 어렵게 되어버렸다고 한다. 그리고 산림의 소유권이 일본 사업가에게 넘어가 무자비하게 수탈당하여 점차 황폐화되어가는 산의 상황을 관악산에 거주하는 현지인 입장에서 일본인인 다쿠미에게 전달하고 있다.[43]

1922년 1월 19일의 일기에도 "사무소에 나가 사방 식재에 관한 실험 조사 사항을 생각했다. 종기로 곪은 피부를 약으로 덮고, 부서진 온돌을 임시로 처치해두는 것 같은 지산사업의, 이를테면 사방공사를 주목적으로 한 사업에는 찬성할 수 없다. 산과 식물의 생명을 도와 산림을 발육시키는 것을 주안점으로 하지 않는다면, 조선의 산은 구제할 수가 없다고 생각한다"라고 쓰고 있다. 일기 속에서 다쿠미는 사무소에서 행해지고 있는 사방공사를 목적으로 한 사업에 부정적인 견해를 드러낸다. 사무실에서 실행하는 사업은 종기로 곪은 피부에 약을 뿌려 해결하려는 응급처치로 그와 같은 방식으로는 조선의 자연을 살릴 수 없으며, 조선의 산을 구제하기 위해서는 산과 식물의 생명을 도와 발육시켜야 한다고 하였다. 이는 조선의 자연을 성공의 수단이 아닌 생명을 지닌 존재로 바라본 것으로, 이러한 다쿠미의 시각은 당시 조선으로 건너와 산림자원을 통해 성공하고자 했던 다른 일본인들의 시각과 달랐다.[44]

---

[43] 최은진, 2017, 8쪽.

[44] 최은진, 2017, 10쪽; 다카사키 소지 편저, 2014, "1922년 3월 13일 일기"에서도, "모표에 가서 하루 종일 일했다. 월곡의 골짜기는 묘포와 조림지로 점점 아름답게 변해 간다. 토지 정비와 도로와 수로의 정비도 거의 완성해서 이전과 비교해서 몰라볼 정도로 아름다워졌다. 흙을 이용한 토목공사를 시행하는 것은 땅에 조각을 하는 것이고, 나무를 심고 재배하는 것은 땅에 채색을 하는 것이다"라고 하여 그의 산림에 대한 인식을 구체화하고 있다.

다쿠미가 최초로 발표한 임업 관련 논문은 『대일본산림회보(大日本山林會報)』(1917년 6월호)에 기수(技手) 이시토야 쓰토무(石戶谷勉)와 공동 집필한 「한국 잎갈나무 양묘(養苗) 성공에 대한 보고서」이다. 1919년 4월 조선총독부에서 출간한 『조선 거수·노수 명목지(朝鮮巨樹·老樹 名目誌)』는 이시토야와의 공저이다. 같은 해 8월에는 『수묘양성지침(樹苗養成指針)』을 간행하였는데, 이는 다양한 수종(樹種)의 양묘법을 상세하게 기술한 책이다.

여기서 특히 『조선 거수·노수 명목지』에서는 조선 나무에 대한 다쿠미의 접근 방식을 알 수 있다. 이것은 1916년부터 전국에 있는 크고 오래된 나무 5,330여 그루를 조사하여 기록한 책으로 모든 나무의 명칭을 한글로 표기하였다. 조사한 오래된 나무와 큰 나무는 마을의 신목(神木), 종교적 의미를 지닌 당산목(堂山木), 마을 주민들의 휴식과 화합에 큰 역할을 하던 정자목(亭子木)으로 조선인의 생활과 밀접한 관련이 있는 나무들이다. 이 책의 저술을 위해 다쿠미는 전국을 돌아다니며 조선어로 마을 사람들과 소통하여 조선인과 중요한 관계를 가진 나무를 조사하고 조선인과 나무의 관계를 직접 목격했을 것이다.[45]

다쿠미의 한국 산림에 대한 대표적인 공적은 1924년 잣나무(조선오엽송) 씨앗의 노천매장발아촉진법(노천매장법)을 개발한 것이라 할 수 있다. 즉 흙과 섞은 씨앗을 좁은 면적에 모아두고, 그 위에 흙과 낙엽을 덮어 바람과 비와 눈 등을 자연 그대로 씨앗에게 작용시키는 방법이다.

한국임업시험장 육림부장 오민영 씨에 의하면, 같이 일하는 조선인 일꾼에게서 인위적으로 발아시키는 것보다 자연스럽게 땅에 떨어진 씨앗

---

[45] 최은진, 2017, 27쪽; 백조종, 2002, 48쪽.

이 빨리 싹을 틔운다는 이야기를 듣고 다쿠미가 영감을 얻었다고 한다. 이후 씨앗을 자연 상태에서 묻어두었다가 다음 해 봄에 파종하자 1년 만에 발아되었다고 한다.[46] 1994년 당시 조재명 전 임업연구원장은, 한국 잣나무는 "그 당시에는 2년간 길러야 양묘에 성공할 수 있었다. 하지만 아사카와(다쿠미) 씨가 고안한 양묘법 덕분에 이 기간을 1년으로 단축할 수 있었다. 이 방법은 지금도 사용되고 있다"고 말하였다고 한다.[47]

자연 상태에서의 흙의 힘을 이용해 소나무 씨앗을 발아시키는 이른바 '노천매장법'은 세계 최초의 발견으로 당시 민둥산이 많았던 한국의 산하가 되살아나는 커다란 계기를 만들었다. 포천시 광릉수목원도 다쿠미의 손길이 닿은 곳이다. 그 같은 인연으로 포천시와 다쿠미의 고향인 일본 야마나시현 호쿠토시는 2003년 자매결연을 맺었다.

다쿠미는 1921년부터 시작한 주요 임목 종자의 발아 촉진에 관한 연구를 수행하면서 주요 수종에 대한 노천매장법(1924), 이어서 다양한 종자 저장법의 개발과 함께 사방용 수종 발굴 및 종자를 산지에 직접 뿌리는 직파조림법(1926) 등을 개발하였다. 특히 파종 당년에 발아가 잘 안 되는 잣나무 종자의 발아 촉진을 겸한 노천매장법의 개발은 양묘 역사상 가장 획기적인 성과가 아닌가 생각한다. 특히 이 결과는 수묘 양성 지침과 함께 해방 이후 황폐 산지 복구 및 치산 녹화 사업에 필요한 주요 조림수종 선정, 대면적 조림에 필요한 묘목수급 정책 수립에 지대한 공헌을 하였다.[48]

---

46 다카사키 소지, 2005, 88쪽; 에미야 다카유키, 2012, 95쪽.
47 다카사키 소지, 2005, 89쪽.
48 김석권, 2011, 49쪽.

다쿠미가 1915년에서 1931년 사이에 양묘 또는 시험 조림하여 아직까지 광릉시험림에 현존하는 주요 수종은 13수종 57만 9,021본이며 면적은 1만 9,308ha이다. 특히 다쿠미에 의해 도입된 조림시험 또는 노천매장법에 의한 양묘에 성공한 잣나무가 그 후 한국의 주요 인공 조림 수종이 되었으며 1962~1997년 전국 조림면적 400만ha 중 낙엽송이 30%, 잣나무가 12%를 차지하고 있다.[49]

또한 이상의 결과를 바탕으로 1926~1936년까지 산지 조림수종을 선발하기 위한 시식지 시험사업(1937)에서 169수종의 198개 종자산지(조선 87, 일본 56, 외국 55)에서 묘목을 생산하여 전국 360개 지역에 시험 식재하는 데 다쿠미의 선행 연구 결과가 중추적 역할을 하였다는 것을 알 수 있다.[50]

그는『조선 산림회보』(1925년 3월호)에「싸리나무의 종류」를 발표하였다. 조선 자생의 싸리나무 10여 종을 선정하여 그 특징을 서술하고 조선의 민둥산 조림에 싸리나무가 무엇보다도 적합하다는 것을 증명한 연구이다.

그는 이어서 1930년부터 시작한 조선산 주요 임목의 파종 조림 시험에서는, 1925년 소나무·잣나무, 1927년 잣나무 외 13종, 1928년 잣나무 외 3종, 1929년 잣나무 외 4종에 대하여 예비실험을 실시한 전문가로서 시험 계획 입안에 참가하였다. 그러나 1931년 2~3월까지 4월의 식목 행사 준비를 앞두고 조선 각지를 돌며 양묘에 관한 강연을 행하다가, 너무 과로한 나머지 연구 결과를 보기도 전인 다음 달 4월 2일에 급성

49　김병윤,「우리강산 푸르게 푸르게」(백조종, 2002, 68~69쪽).
50　김석권, 2011, 49쪽.

폐렴에 걸려 마흔의 나이로 요절하고 말았다. 조선 각지를 돌며 묘목 기르는 법을 가르치느라 건강을 돌보지 못한 것이다.[51]

이처럼 다쿠미는 조선의 민둥산을 푸르게 하는 것이 소명이라 믿고, 전국을 다니며 현지에 적합한 수종을 고르며 식목을 거듭하였고, 자연상태 흙의 힘을 이용하는 '노천매장법' 방식으로 조선의 산야를 푸르게 가꾸는 데 커다란 공적을 남겼다.

V. 한국 민예에 대한 다쿠미의 업적

조선 말기 많은 일본인들이 고려청자를 가치 있고 아름다운 예술품으로 바라보았지만, 조선백자에 관해서는 무지한 모습을 보이며 하품(下品)으로 취급해버렸다. 조선의 역사와 문화, 그리고 자연 속에서 탄생한 공예와 풍속 또한 중국의 모방으로 치부했다. 또한 이러한 조선 멸시관을 근거로 채호회(彩壺會)는 조선시대를 '미의 타락기'로 규정하며 조선시대 도자기 또한 미가 타락한 시대의 산물로 바라보았다.[52]

이러한 시대에 다쿠미는 노리다카와 함께 조선 도자기에 매료되었으며, 형제가 함께 도자기를 찾아 조선의 산야를 헤매다가 도자기는 물론 조선의 민예(民藝)에도 큰 관심을 가지고 깊이 연구하게 되었다.

다쿠미는 조선 거주 3년째인 1916년 8월 처음으로 조선에 건너온 야나기 무네요시를 그의 형인 노리다카한테서 소개를 받고 바로 친해져서

---

51 김석권, 2011, 49쪽.
52 최은진, 2017, 12쪽. 채호회(彩壺會)란 1914년 일본에서 결성된 古도자기 연구단체이다.

2주일 동안 함께 골동품 가게를 뒤지기도 하였다. 이때 야나기는 다쿠미가 모아놓은 조선의 민예품에 매혹되었다. 이로부터 조선의 서민적 공예품의 아름다움에 반해 공예에 대해 눈을 뜨기 시작하였다. 그러므로 야나기가 조선 공예와 인연을 맺도록 동기를 부여한 장본인은 다름 아닌 다쿠미였던 것이다.

이미 조선의 공예품을 수집하고 있던 야나기는 아사카와 형제와 좋은 파트너가 되었으며, 특히 다쿠미는 야나기의 조선예술품 수집 활동에서 최고의 안내자 역할을 하였다.

1920년 야나기가 '조선민족미술관' 설립을 결심하게 만든 사람도 다쿠미였으며, 그리고 실제 미술관을 만드는 데에도 크게 공헌하였다. 그 해 초겨울 다쿠미가 아비코에 있는 야나기의 자택으로 방문했을 때 두 사람 사이에 미술관 설립에 대한 의견이 일치하여 조선민족미술관의 건립 운동이 시작되었다. 두 사람은 미술관 건립을 위하여 기금 마련에 온 힘을 쏟았다.

야나기는 아내 가네코의 음악회 수익금 전부를, 다쿠미는 자신의 지갑을 다 털어부었다. 심지어 다쿠미는 어머니가 사키코 양과 결혼할 때 양복을 새로 사 입으라고 돈을 주었는데 나중에 어머니가 "양복은 샀니?" 하고 물으니, "모두 골동품이 되었어요"라고 대답하였을 정도로 미술관에 들어갈 민예품들을 사들이는 일에 열정을 다 쏟았다. 이때의 다쿠미의 열정에 대한 이야기를 야나기는 다쿠미의 저서 『조선의 소반』의 발문에서 이렇게 밝히고 있다.

> 자네(다쿠미)의 이해와 애정과 노력이 없었더라면 아무것도 이루어내지 못했을 걸세. 나는 일본에 있었기 때문에 귀찮은 일은 자네가 다

도맡아주었지. 장차 여기 수집된 그런 공예품들을 보고 누군가 기뻐하는 사람이 생긴다면 무엇보다도 자네의 노력에 감사할 것이네. 어떤 물건은 고물상의 컴컴한 구석에 있다가 자네의 눈에 띄기도 했지. 또 어떤 것은 산속 민가(民家)에서부터 자네 등에 업히어 멀리 운반되어 온 것이고, 어떤 것은 생활비까지 털어 사들이기도 했지. 말하자면 자네가 이 물건들을 새로 탄생시킨 셈이네.

그 결과 1924년 4월 9일 경북궁 안의 집경당(緝慶堂)과 함화당(咸和堂)에 '조선민족미술관'이 정식으로 개관하기에 이른다. 미술관을 개관한 후 1925년 4월에는 모쿠지키 불상 사진전을, 1927년 10월에는 조선의 미술공예품을, 1928년 7월에는 조선시대 도자전을 개최하는 등 매년 봄가을에 한 차례씩 전시회를 개최하였다. 이렇게 일본인들의 손으로 만들어진 '조선민족미술관'은 해방 이후 한국국립중앙박물관으로 합해져 소장 미술품들도 이관되었다.[53]

나쿠미가 도사기 파편을 얼마나 소중하게 채집했는지 다음의 일화가 말해준다.

관사에서 땅을 고르게 하기 위해 깎아내린 구 경희궁 뒷산 터에서 도자기 파편을 주웠다. 이 언덕은 사람의 손으로 만든 것으로, 작은 언덕과 언덕을 흙을 쌓아 이어 만들었기 때문에, 기와와 도자기 파편이 많이 남아 있다. 어떤 종류의 도자기가 만들어졌는지, 그 시대를 아는

---

53 이병진, 2012, 592쪽.

데 참고가 된다고 생각된다.[54]

장마로 길이 강이 되고 강둑이 무너져 있었다. 거기에 여기저기 도자기 파편이 굴러다니고 있었다. 그것은 조선조 중기 이후의 것으로서 희고 무늬가 없는 것뿐이었다. 경성의 수구문 부근의 강에도 이 시대의 것이 많은데, 거기에는 청화백자가 꽤 섞여 있다. 이곳에 청화백자류가 전혀 없는 것을 보면, 청화백자는 주로 귀족이나 부호들이 사용했던 것으로, 경성은 그러한 상류 계급인들의 밀도가 높았던 만큼 청화백자류의 파편도 많이 남겨져 있는 것이 아닐까.[55]

이 두 일기 속에서 다쿠미는 흙속에 파묻혀 있는 도자기 파편을 통해 그 당시 시대와 민족, 그리고 풍습 등을 읽어내고 이로부터 도자기의 역사와 쓰임 및 모양 등을 파악하고자 하였으며 그 속에서 과거의 도자기와 조선 민족의 모습을 재현시켰던 것이다.[56]

다쿠미는 야나기를 통해 『시라카바』의 사람들과 교류하게 되었다. 다쿠미가 처음으로 『시라카바』에 등장하는 것은 1922년 9월호로 「이조도자특집(李朝陶磁特集)」을 집필하고, 다쿠미가 야나기와 서울 관악산에서 가마터를 조사할 때의 기행문 「가마터를 둘러본 하루(窯跡めぐりの一日)」를 기고한 때이다. 거기에서 그는 "옛날의 조선인은 도자기의 아름다움을 이해하고 있었을 것임에 틀림없다. 그것은 우수한 많은 도자기가 만들어져 애용되었다는 것에서도 상상할 수 있다. 아름다운 도자기의 세

---

[54] 다카사키 소지 편저, 2014, "1922년 6월 28일 일기".
[55] 다카사키 소지 편저, 2014, "1922년 8월 5일 일기".
[56] 최은진, 2017, 45쪽.

계는 이 나라 사람들에게 어느 때이든지 되살아날 것이다. 예술은 억지로 생겨나는 것이 아니다. 예술의 성쇠도 민족의 흥망과 같이하는 것이다. 민족이 자각하여 일어서 가지가지의 불안과 불유쾌함으로부터 자유스런 세계에 도달한다면, 스스로 그곳에 민족예술의 꽃은 피어날 수 있을 것이다. 자신들이 이러한 꿈을 민족미술관의 일로 삼아 힘찬 축복을 기도하고 싶다"라고 말하였다.[57]

이후 다쿠미는「窯跡めぐりの旅を終へて」(『アトリエ』, 1923년 4·5월호),「分院窯跡考」(『大調和』, 1927년 12월호),「朝鮮の棚と簞筒類に就いて」(『帝國工藝』, 1930년 2월호) 등을 발표했는데, 이들 글에는 그의 미(美)에 대한 깊은 이해와 친근감이 나타나 있다. 1929년에 발표된『조선의 소반』은 조선의 민예·민구(民具) 연구의 집대성으로, 도자기 이외의 조선 민예품에 관한 최초의 연구서로서 높이 평가받고 있다.[58]

다쿠미가 조선에서 17년을 살면서 이룬 업적 가운데 또 하나는 조선 민예에 대한 연구이다. 『조선의 소반』(1929)과 『조선도자명고』(1931)이 두 서서는 생활 속에서 수집하여 사용한 것들을 설명한 것으로, 이들 저서가 나온 시기에 한국인에 의한 관련 연구는 아직 없었다.[59]

다쿠미가『조선의 소반』을 출판하게 된 계기는 평소부터 온돌방에서 조선의 밥상에 둘러앉아 조선의 식기(食器)로 식구들이 단란하게 식사를 하고 있었다고 이야기할 정도로 조선에서의 생활이 자연스러웠기 때

---

57 李秉鎭, 1996, 3쪽.
58 李尙珍, 2004, 2쪽.
59 아사카와 다쿠미 지음, 심우성 옮김, 1996, 『조선의 소반·조선도자명고』, 학고재, 5~6쪽.

문이다. 그에게 조선의 소반은 없어서는 안 될 친밀한 것이었다.[60] 그는 『조선의 소반』의 서문에서, 소반이 가장 일상생활과 매우 관계가 깊어 어느 가정에나 있고 종류도 다양하며, 따라서 쉽게 여러 종류를 수집할 수 있어 먼저 책으로 소개하게 되었다고 말하였다.

다쿠미는 조선 소반의 특징에 대해 말한다.

> 사용자를 기물의 완성에 관여시키기 위해서 오히려 선택의 여지를 많이 두거나 만드는 과정의 일부를 사용자를 위해 남겨두는 것도 재미있는 일이다. 시골 장터로 가면 백반이라 하여 칠을 하지 않고 거의 반(半)제품인 상태로 파는 소반도 있다. 이것은 집으로 가져가서 사용할 사람이 손수 붉은 칠이나 들기름 또는 생칠(生漆, 불에 달이지 않은 옻칠) 등을 칠한 후 사용하면서 윤을 내는 것이다. 이런 식으로 사서 길들인 물건을 그 집에서 한층 친숙하게 여기는 것은 당연한 일이 아니겠는가.

이렇듯 조선인들은 필요와 환경에 의해 사용자가 제작자로도 변모하며, 소반은 조선인들의 손에 의해 다양한 형태로 변화한다. 이러한 조선 공예와 인간의 관계는 조선 공예의 특질이며, 그 속에서 조선의 공예는 특유의 아름다움을 발산한다고 평가하고 있다.[61]

그러므로 노리다카의 조선 공예론은, 제작자의 마음과 기계보다 우선되는 인간의 손, 제품과 제작자의 관계에서 떨어질 수 없는 밀접한 생명

60　鄭星熙, 2014, 150쪽.
61　아사카와 다쿠미, 1996, 23쪽; 최은진, 2017, 35쪽.

이 발생하며, 사용하는 사람은 하나의 애착을 가지고 그 기물을 길들이고 사용한다면 대부분 그것을 사용하는 것으로부터 그 기물이 완성된다고 관찰하고 있다.[62]

다쿠미의 유작(遺作)이 된 『조선도자명고』는 1931년 9월, 다쿠미가 세상을 떠나고 5개월 뒤 도쿄의 조선공예간행회에서 출판되었다. 이것은 다쿠미가 조선에서 오랫동안 수집하고 조사했던 조선의 도자기에 관련한 방대한 저서이다. 조선에서 사용되는 제례기(祭禮器)·식기(食器)·문방구 등의 명칭과, 도자기 관련 명칭 등이 총망라되었을 뿐 아니라 도자기의 명칭이 친절하게 색인으로 정리되어 있어 자료학적으로도 귀중하다.

이 책의 특징은 조선의 지명이나 도자기 등의 고유명사를 그대로 조선어로 적고 괄호 속에 일본어로 설명하고 있다는 점이다. 이는 생활 속에서 사용되는 도구의 명칭이 그 사용 용도와 밀접한 관련이 있고, 특히 지명(地名)은 도자기 가마터를 조사하는 데 있어 중요한 단서가 된다고 하는 사실추의적 태도에서 비롯되었다.[63] 『조선도자명고』야말로 도자기의 종류나 명칭을 모으는 데 한발이라도 늦어서는 안 되는 아슬아슬한 시기에 이룩해냈음은 다행한 일이 아닐 수 없다.[64]

『조선도자명고』의 머리말에는 다쿠미의 조선 도자기에 대한 깊은 사랑이 다음처럼 표현되어 있다.

---

62 최은진, 2017, 47쪽.
63 이병진, 2003, 661쪽.
64 아사카와 다쿠미, 1996, 89쪽.

(도자기) 작품에 가까이 다가가 민족의 생활을 알고 그 시대의 분위기를 읽으려면 우선 그릇 본래의 올바른 이름과 쓰임새를 알아둘 필요가 있다. 조선민족미술관은 그릇 본래의 이름을 알고 그것을 전하는 당연한 작업을 수행해야 한다. (중략) 태어날 때 붙여진 이름으로 그릇들을 부른다면 기꺼이 지난 옛날을 이야기해줄 것이다. 그러면 더욱 친근함을 느낄 수 있지 않을까. 또 나아가서는 그 그릇들을 사용하던 조선 민족의 생활상이나 마음에 대해서도 저절로 알게 되리라.

이것이 바로 다쿠미가 이 책을 쓴 목적이다. '그릇 본래의 올바른 이름과 쓰임새'를 안다는 것, 그릇이 태어날 때 붙여진 이름으로 부르고자 했던 다쿠미의 정신이다. 다쿠미는 조선인과 '조선어'로 소통했을 뿐 아니라 그 그릇들도 조선어로 불렀다.[65]

야나기는 다쿠미의 『조선도자명고』의 '서문'에 다음과 같이 적고 있다.

어떤 지은이나 많건 적건 간에 앞선 사람이 지은 저서의 도움을 받는다. 그렇지만 이 저술만큼 지은이 스스로 기획해서 만들어내는 예는 드물 것이다. 아직 아무도 생각해내지 못했고 시도하지도 않았으며, 앞으로도 아마 해낼 수 없는 일이라고 생각한다. 이 도자기를 만든 나라 사람인 조선 사람들에게서도 기대하기 힘든 저술이다. 왜냐하면 젊은 사람은 옛 그릇을 모르고, 나이 든 사람은 그릇을 아끼는 습관을 갖고 있지 않기 때문이다. 또 어떤 일본인에게도 이와 같은 책을 기대하기란 어렵기 때문이다. 왜냐하면 이 책의 지은이를 제외하고는 그 어

---

65 다카사키 소지, 2005, 135~136쪽.

디에서도 조선의 도기에 대한 사랑과 이해, 지식과 경험 그리고 어학까지 골고루 겸비한 사람을 찾을 수가 없을 것이기 때문이다. 참으로 아사카와(다쿠미)에게 걸맞은 일이며 또 가장 아사카와다운 일이다.[66]

다름 아닌 다쿠미이기 때문에 이러한 명저(名著)를 남길 수 있었다고 야나기는 강조하고 있다.

한편 다쿠미는 『조선도자명고』의 맺음말 부분에서 조선인에게 호소하고 있다.

> 민족이 융성할 때는 자연히 우수한 물건을 만들고, 또 우수한 물건을 생산하는 것은 태평성세의 도래와도 관계가 있다고 생각한다. 옛날 조선에는 각 시대마다 전 세계에 독보적이라고 내세울 수 있을 만큼 훌륭한 도자기가 있었다. 그까짓 도자기쯤 가지고 세계에 자랑한댔자 시시하다고 말하는 사람이 있을지 모르지만, 사회 전체가 융성하지 않는데 도자기만 훌륭해질 수는 없을 것이다. 그러므로 훌륭한 도자기는 그것을 만든 시대가 훌륭했음을 증명하는 것임을 잊어서는 안 된다. (중략) 우리에게 주어진 임무는 있다. 그것은 이 국토에 있는 원료와 이 민족이 가진 기능을 시대의 요구에 따라 살려낼 수 있도록 기도하고 생각하고 일하는 것이다. 민중이 각성하여 스스로 생각해내고 스스로 키워나가는 데에 모든 행복이 있다고 믿는 바이다.[67]

---

66 아사카와 다쿠미, 1996, 88쪽.
67 아사카와 다쿠미, 1996, 205~206쪽.

아름다운 도자기를 구워낸 조선의 훌륭한 시대가 있었던 것처럼 조선의 '민중'들이 힘을 키워 그러한 훌륭한 시대를 만들라는 격려로 읽혀지는 대목이다.

다쿠미가 말하듯 '올바른 이름과 쓰임'에의 집착이 결국『조선의 소반』과『조선도자명고』라고 하는 대단한 연구서를 남기게 된 것이다. 이 두 책의 저서가 조선 민예를 연구할 때 중요한 의미를 가지는 이유는, 우선 민예품의 올바른 명칭·산지(産地)·형태·재료·시대·쓰임 등이 면밀하게 조사된 것이라고 하는 자료학적인 측면 때문이다. 더구나 다쿠미의 연구는 단순하게 개별적인 연구에 멈추지 않고, 당시 조선에서의 민예품이 어떠한 유통의 구조를 가지고 있었는가에 대해서까지 조사 영역을 넓혀갔다는 것이다. 즉 그 조사 영역에는 '물건(もの)'에 대한 감상만이 아니라 '물건'을 제작하는 기술자(工人), 물건을 유통시키는 시장, 물건을 생활 속에서 사용하는 사용자라고 하는 3자의 네트워크까지 포함된다.[68]

VI. 다쿠미에 대한 현창 활동

다쿠미의 묘소는 새로운 도로 건설로 이문리 공동묘지가 없어지면서 1942년 망우리 공동묘지로 이장됐다. 다쿠미가 죽은 뒤에도 계속 경성에서 살던 그의 아내와 딸은 해방 후 일본으로 돌아갔다. 그 후 오랫동안 국교가 단절된 상태에서 다쿠미의 묘소는 돌보는 이 없이 덤불 속에

68　李秉鎭, 1996, 6쪽.

가려지고 항아리 모양의 묘표도 넘어져 뒹굴고 있었다. 1964년에 방한한 화가 가토 쇼린진(加藤松林人, 1898~1983)과 임업시험장 직원들이 어렵사리 묘를 다시 찾아냈다.[69]

이때부터 한국임업시험장 직원들이 중심이 되어 묘역을 정비하기 시작하였다. 1966년 6월엔 직원 일동의 명의로 '아사카와 다쿠미 공덕지묘(功德之墓)'란 비석을, 1984년 8월엔 직원 일동의 이름으로 "한국이 좋아서 한국인을 사랑하고 한국의 산과 민예에 헌신한 일본인, 여기 한국의 흙이 되다"라는 말이 새겨진 기념비가 세워졌다. 그러다가 1994년 5월 현재의 기념비로 교체되었다. 그 비문의 내용은 "한국의 산과 민예를 사랑하고 한국인의 마음속에 살다 간 일본인, 여기 한국의 흙이 되다"이다.[70]

1994년 5월 23일, 당시까지 무적(無籍)이었던 다쿠미의 묘가 서울시로부터 정식 장묘(葬墓) 시설 사용허가를 받았다.[71] 뒤이어 1995년 임업연구원 퇴직자들의 친목회인 홍림회(洪林會)가 아사카와 다쿠미 기념사업위원회를 창설하여 다쿠미 묘역 정비 활동 등을 전개해나갔다.

그러던 중 다쿠미의 일기가 1996년 세상에 나왔다. 이를 계기로 다쿠미에 대한 연구도 활발해지고 그를 기리는 활동도 구체화되어갔다. 그런데 다쿠미의 일기가 남겨져 세상으로 나오는 과정은 한 편의 드라마와 같은 감동이 있다. 이에 대해 『아사카와 다쿠미 일기와 서간』의 서문을 살펴보자.

---

69 다카사키 소지, 2005, 18쪽.
70 다카사키 소지, 2005, 18쪽, 236~237쪽.
71 사용자 조재명 임업연구원장. 사용기간 : 1993. 2. 31.~2008. 1. 31. 면적: 43m². 묘적 NO.203363).

일제에서 해방된 1945년 9월 하순, 33세의 김성진은 골동품점을 돌아보던 중 급고당(汲古堂)이란 골동품점에서 백발의 신사인 노리다카를 만난다. 평소 다쿠미를 '선생'으로 흠모해오던 김성진은 노리다카가 그의 친형이란 사실을 알고 기뻐하며 밤이 되도록 긴 시간 이야기를 나누게 된다. 김성진이 옛 도자기 수집에 열중이란 말을 들은 노리다카는 내일 밤 자택으로 다시 오라고 귀띔한다.

김성진은 다음 날 밤 노리다카의 자택을 방문하였다. 당시 노리다카는 미근동(渼芹洞)이란 조선인 거주지역에서 조선식 가옥에 살고 있었다. 오후 7시에 방문하여 11시까지 대화가 이어졌다. 마지막으로 김성진이 소장품 중에 건네주실 수 있는 것이 없냐고 묻자 노리다카가 가지고 나온 것이 이조십각면 제기(李朝十角面 祭器)였다. 가격을 물었더니 2,000엔이라 하여 지불하였다. 당시 2,000엔은 방이 4개 달린 기와집 한 채 값이었다. 노리다카는 작은 조선 도자기 2점을 덤으로 주었다. 그리고 집을 나서는 김성진에게 원고지 묶음과 종이봉투를 건넸다. 아우 다쿠미의 일기와 그의 데스마스크이니 받아달라는 것이었다.

김성진은 6·25로 피난을 갈 때에도 가재도구는 버리면서도 다쿠미의 그것은 '다쿠미 선생의 영혼'이라는 마음으로 소중하게 짐 속에 꾸려 부산에서 피난살이를 하며 보관을 이어갔다. 다쿠미를 본 적도 없고 은혜를 입은 적도 없으나 그의 조선 사랑을 익히 들었기에 피난 상황에서도 소중히 간직한 것이다. 김성진이 그렇게 소중히 간직해온 일기와 데스마스크를 다카사키 소지를 통해 다쿠미의 고향 호쿠토시에 기증한 것은 1996년 2월 말이었다.

다쿠미의 일기 기증을 계기로 1996년 6월 9일 다카네쵸(高根町) 농촌 환경개선센터에서 아사카와 노리타카·다쿠미 형제를 기리는 모임

(淺川伯教·巧偲ぶ會)이 발족되었다. 당시 다카사키 소지의 "아사카와 노리타카·다쿠미 형제를 기리며"라는 강연이 있었다. 강연은 '사람들은 왜 다쿠미를 평가하는 것인가', 그리고 '아사카와 형제를 배출한 마을(다카네쵸)을 세계에 알리자'는 내용이었다. 그리고 나누어준 프린트에는 '아사카와 노리타카·다쿠미 형제를 기리는 모임 회칙'(1996년 4월 1일부터 시행)과 다카사키 소지의 발표문 「戰後 50년에 아사카와 다쿠미를 생각한다-조선 이해를 끝까지 관철한 생애·共生을 생각하는 출발점으로」(1995년 9월 29일 『山梨日日新聞』 게재)가 있었는데, 여기에 다쿠미의 일기 일부분이 발췌되어 있었다.[72]

그리고 '아사카와 노리타카·다쿠미 형제를 기리는 모임'의 발족을 계기로 회보가 발행되었다. 1996년 7월 1일 제1호를 시작으로 현재까지 계속해 발행되고 있다. 참고로 1호에는 다카네쵸 읍장(町長)인 오시바 쓰네오(大柴恒雄)를 회장으로 하는 모임의 목적이 '아사카와 형제의 유덕(遺德)을 기리는 것'이고 '그 목적 달성을 위한 제반사업을 시행하는 것'을 명기하고 있다. 그리고 흥미로운 것은 '한국어 입문강좌' 개최의 공고이다. 그 문구 가운데에는 "아사카와 다쿠미가 유창하게 말했다는 한국어, 어떠한 언어인지, 어떠한 발음인지, 관심이 있는 것입니다"라고 쓰여 있다.

회보 제3호(1996년 12월 1일)에는 '아사카와 다쿠미 기념사업 실행위원회'가 구성된 것을 알리고 있다. 이 위원회는 '아사카와 다쿠미의 묘역 정비사업', '아사카와 다쿠미 현창비 건립사업', '우호 자매마을 체결사

---

[72] 이병진, 2008, 71쪽. 이보다 앞서 1991년 3월 아사카와 형제가 태어난 다카네쵸 고쵸다(五町田)에는 '淺川伯敎·巧兄弟生誕の地'라는 기념비가 건립되었다(李尙珍, 2007, 6쪽).

업' 등의 한국에서의 사업 진행 방침을 협의하는 것으로 되어 있다.

1997년 11월 27일 한국 롯데호텔에서 한일합동 다쿠미 추모제를 거행하였는데, 이는 한국에서는 '홍림회' 측의 '아사카와 다쿠미 선생 기념사업 위원회'(1995년)와 일본 측에서는 다카네쵸의 '아사카와 다쿠미 기념사업 실행위원회'의 공동 주체로 이루어졌다.[73]

2001년 8월 25일 일본 호쿠토시 다카네쵸에서 아사카와 형제 자료관 개관 기념 추모회가 성대히 개최되었다. 여기에 한국 측에서는 아사카와 형제 기념사업위원회 부위원장 김병윤이 참석하여 축사를 하였다.[74]

2005년에는 일본에서 처음으로 중학교 사회 역사교과서(『未来をみつめて』, 教育出版)에 「외국에서 사랑받은 사람들-스기하라 치우네(杉原千畝)와 아사카와 다쿠미(淺川巧)」가 소개되었다. 특히 "조선에는 배울 것 같은 거 없다고 생각하고 있던 많은 일본인들과는 다르게, 아사카와는 조선의 백자에 홀려 있었다"라고 하여 당시 일본인과 다른 아사카와의 조선 인식을 강조했다.[75]

2006년 호쿠토시 다카네 도서관과의 협력으로 7~12월까지 "아사카와 형제 강좌-아사카와 형제는 어떤 사람?"이라는 주제로 강좌를 열었는데, 총 7회에 걸쳐 강사 14명이 참여하였다. 강좌에서는 형제의 조선관이나 기독교인으로서의 면모, 한국과 일본에서 형제를 그리워하는 모습 등을 소개함과 동시에, 개인이 제작한 다큐(〈白蓮の恋〉, 早稲田大學韓國人留學生 김도형 제작)의 상영회도 열리고, 다방면으로 형제에 대한 이

---

73 이병진, 2008, 71쪽.
74 『재일 한국인 종합정보지 뉴스다이제스트』 60호, 2001년 9월 10일.
75 李尚珍, 2007, 6쪽.

해를 깊이 했다. 2007년 6~8월까지 열린 특별전인 '獺祭です'(아사카와 형제 관련 자료전)에서는 한국과 일본에서 발표된 형제에 관한 323점의 자료(신문기사 158점과 저작물 165점)를 전시하고, 형제의 조선 이해를 한일 양국의 사람들이 시대와 국가를 넘어 공유하자고 강조하였다.[76]

2011년 4월 9일에서 7월 24일까지 오사카 시립 동양도자미술관에서 '(특별전) 아사카와 다쿠미 탄생 120년 기념 아사카와 노리타카·다쿠미 형제의 마음과 눈-조선시대의 美'가 개최되었다. 이 전시는 아사카와 형제가 사람들이 눈여겨보지 않았던 조선시대의 도자기와 공예의 미적 가치를 발견해 많은 도예가와 연구자들에게 영향을 주고 선구자적인 역할을 했다고 평가하였다. 그리고 일제강점기 초기에 조선으로 건너온 두 사람이 조선 가옥에서 생활하면서 현지 사람들과 융화하며 생활했고, 형 노리다카는 조선도자 연구 제1인자로, 동생 다쿠미는 산림 관련 저서 및 도자기와 조선의 목공품에 관한 명저를 남겼다고 평가하였다. 또한 형제는 야나기에게 커다란 영향을 끼쳐, 야나기가 조선 미술 공예로 나아가는 데 안내자 역할을 했다고 소개하였다.

한편 다쿠미의 고향 야마나시현 호쿠토시에 있는 아사카와 노리타카·다쿠미 자료관에서는 2011년 4월 29일부터 12월 25일까지 '아사카와 다쿠미 탄생 120년 기념-조선의 흙이 된 일본인 아사카와 다쿠미로부터의 메시지-자연법으로 돌아가라-'는 특별전이 열리기도 했다.[77]

또한 다쿠미의 탄생 120주년을 맞이한 2012년 6월과 7월에는 다쿠미의 생애를 그린 한일 공동제작 영화 〈길-백자의 사랑〉이 한일 양국에

76　李尙珍, 2007, 7쪽.
77　이병진, 2012, 593쪽.

서 개봉되었다.[78]

　이후로도 다쿠미의 생애를 기리고 추모하는 기념 활동이 한일 양국에서 추진되고 있다. 일본 측을 보면, 다쿠미의 고향인 호쿠토시를 중심으로 아사카와 노리타카·다쿠미 형제 추모회(偲ぶ會)가 1996년 발족되어 활동하고 있다. 현재 회장은 치노 쓰네오(千野恒郎), 사무국장은 히나타 요시히코(比奈田善彦)이다. 회원은 500여 명이다. 2019년 6월 16일 추모회 총회는 야쓰가타케(八が岳) 메아리 홀에서 열려 450명이 참석하였다고 한다.[79] 또한 호쿠토시에는 김성진 씨가 다쿠미의 일기를 일본 측 추모회에 기증한 것을 계기로 아사카와 형제를 기리는 자료관이 2001년 설립되어 운영되고 있다.[80]

　한국의 아사카와 노리타카·다쿠미 형제 현창회는 창립 23년의 역사를 맞이한다. 임원으로는 고문 김종규·김양동, 회장 조만제, 수석부회장 김병윤, 부회장 이동식, 사무총장 노치환, 사무간사 함재경, 이사 박종균·권오형, 감사 구본설 등이 있다.[81]

　2015년 광복 70년을 기념하여 『조선일보』가 다쿠미를 '한국을 빛낸 세계인 70인'의 한 사람으로 선정하자(『조선일보』 2015년 8월 14일자), 이를 기념하여 한국과 일본의 전술한 현창회는 합동으로 그 공덕비 건립을

---

[78] 이병진, 2012, 593쪽.

[79] 장상인, "'한국을 빛낸 일본인' 아사카와 다쿠미를 기리는 사람들"(pub.chosun.com; 2019. 6. 28.). 이 모임에 한국 측에서는 아사카와 노리타카·다쿠미 형제 현창회 사무총장 노치환이 참가하였다.

[80] 정식 명칭은 淺川伯敎·巧兄弟資料館(https://www.city.hokuto.yamanashi.jp/docs/1635.html)이다. 김성진 씨와 다쿠미의 일기에 대해서는 백조종, 2002, 185~187쪽.

[81] 장상인, "국제상인 장상인의 세계, 세계인-영혼(靈魂)으로 이은 한일 가교(架橋)"(〈pub.chosun.com〉 2019. 07. 08.).

적극 추진하고 있다.

VII. 다쿠미와 야나기 무네요시의 조선미론 비교

다쿠미는 예술을 감상하고 수집하는 차원이 아닌 사용하는 범위로 확대시키며 예술을 고급문화의 차원에서 대중문화로 넓혔다. 구체적으로 중국과 일본의 예술품이 바라보기만 하는 '감상의 미'라고 보았다면, 다쿠미의 경우 조선의 예술품은 사용자의 목적과 필요에 의해 변형되고 인간이 사용함으로써 그 가치와 아름다움이 발산하는 '사용의 미'로 바라본 것이다. 이를 뒷받침하는 다쿠미의 글을 보자.

> 조선시대 도자기의 특성이라 할 만한 점으로, 쓰이지 않는 기물은 없다는 점을 들 수 있다. 고려청자나 일본 도자기에는 사용하기 위한 것이 아니라, 미술품으로서 바라보기 위한 소위 장식품에 속하는 것들이 있다. 처음부터 장식을 목적으로 만들어진 것이다. 그런데 조선시대 도자기에서는 그런 것을 거의 찾아볼 수가 없다. 만약 있다면 그 장식물은 실내 용구의 중요한 위치를 차지해야만 하는데, 그에 해당하는 것은 거의 없다고 해도 좋을 정도이다.[82]

그러면 다쿠미와 야나기의 조선미론(朝鮮美論)은 어떤 차이가 있었을까? 이를 비교해보자.

---

82 아사카와 다쿠미, 1996, 134쪽.

야나기의 민예론은 이른바 감정이입된 민예론으로서 민예 그 자체의 이론적인 접근보다는 정서에 호소하는 경향을 가진다. 이에 반하여 다쿠미는 필드워커로서 땅의 잇점을 살린 이론적인 접근을 보인다. 즉 다쿠미나 야나기는 똑같이, 조선 민예의 아름다움에 이끌려 조선으로 눈을 돌리지만, 그 후 두 사람이 전개하는 조선 민예론은 크게 달라진다.

처음 단계에서 다쿠미는 야나기의 마음에 호소하는 조선론, 다시 말하면 일본의 조선 통치 정책에의 공분(公憤)과 조선 예술에 대한 사모하는 마음이 포함된 조선론으로부터 커다란 영향을 받았던 것은 사실일 것이다. 그러나 다쿠미의 경우, 그의 두 저서에서도 보이듯이 반드시 조선인과의 교류에 관한 마음을 피력하고 있다. "여기에서 일상생활에서 나를 가까이해주고, 견문할 수 있는 기회를 주고, 나의 물음에 친절하게 답해주었던 조선의 벗, 셀 수 없을 정도의 사람들에게 감사를 전하며 친근감을 한층 더하고 싶어질 따름이다."[83] 다쿠미는 조선인 속에서 해당 시대를 바라보고 있었다.

그런데 야나기는 다음과 같이 조선의 역사와 자연을 비관적으로 바라보고 인식하였다.

> 그곳에서는 자연마저도 쓸쓸하게 보인다. 산은 헐벗고 나무는 앙상하며 꽃은 퇴색해 있다. 땅은 메마르고 물건들은 윤기가 없으며 방은 어둡고 사람은 드물다. 예술에 마음을 맡길 때 그들은 무엇을 호소할 수가 있었을까. 소리에는 강한 가락이 없고 색에는 즐거운 빛이 없다. 다만 감정에 넘쳐 눈물이 충만한 마음이 있을 뿐이다. 표현된 미는 애

---

83 李秉鎭, 1996, 5쪽·7쪽.

상(哀傷)의 미이다. 슬픔만이 슬픔을 달래준다. 슬픔의 미가 그들의 친한 벗이었다. 예술에서만 그들은 마음을 털어놓을 수 있었다. 민족은 주어진 그 숙명을, 미로써 따뜻하게 하고 그것을 무한의 세계에 연결하려고 했다. 가슴을 압박하는 이러한 미가 다른 어디에 또 있을 것인가. 탄식의 울림이 도처에 울려퍼지고 있다. 중국의 예술은 의지의 예술이고 일본의 그것은 정취의 예술이었다. 그 사이에 서서 홀로 비애의 운명을 짊어져야 했던 것이 조선의 예술이다.[84]

야나기는, 이토록 비참한 자연환경 속에서 탄생한 조선의 기물은 슬픔의 기물이며, 애상의 아름다움이라고 바라보았다.[85] 이처럼 야나기는 조선의 미를 비애(悲哀), 곧 슬픔의 역사에 의한 비애의 미로 보았고, 노리다카는 이를 샤머니즘의 영향에 의한 것이라고 규정하는 등 독자적인 시각을 밝히기도 했다. 야나기의 '비애의 미'론이 틀렸다는 것은, 1976년 최하림이 야나기를 비판한 논문「야나기 무네요시의 한국미술관」이 소개된 이래 일본에서도 정설이 되어가고 있다. 그런데 당시에는 야나기의 '비애의 미'론이 권위를 가졌다. 그런 속에서 같은 일본 사람인 노리다카가 자신만의 독자적인 시각을 가질 수 있었던 것은, 노리다카가 조선 민중의 생활 속에서 관찰하고 있었기 때문에 가능한 것이다.[86]

"조선의 아름다움을 발견한 일본인"이라는 주제에 관하여 한국과 일본의 평가를 살펴보면 다쿠미보다 야나기에 대한 평가와 연구가 보다 많다는 것을 알 수 있다. 이는 야나기가 조선의 민예운동을 창시하였으

---

84 야나기 무네요시 지음, 이길진 옮김, 1994,『조선과 그 예술』, 신구문화사, 88쪽.
85 최은진, 2017, 37쪽.
86 이동식, 2018. 01. 02

며 조선의 사라져가는 건축물과 예술을 위해 일본 정부의 탄압을 무릅쓰고 비판의 목소리를 냈다는 점이 한일 양국에서 긍정적인 평가를 받으며 대중적으로 널리 알려졌기 때문이다. 아사카와 형제는 민예운동의 조력자로 주로 평가받으며 야나기에 비해 주목받지 못하였다. 그리고 다쿠미의 업적이 야나기에 비해 저평가되는 또 다른 이유는 다쿠미에 관한 자료가 상대적으로 적게 남아 있기 때문이다.[87]

그러나 다쿠미의 일기가 공개된 1996년 이후 그에 대한 평가는 많은 변화를 가져왔다. 일기 공개 이전까지는 다쿠미를 단순히 야나기의 조선 민예운동에서의 조력자로 평가하는 데 그치고 있었다. 예를 들면 사상가인 야나기가 지극히 근대적인 관념에서 새롭게 '민예'를 발견했고, 그것을 충실하게 조선 각지를 다니며 민예품을 수집하고 민예운동을 실천에 옮긴 사람이 다쿠미라는 관점이다. 그러나 일기가 공개된 이후 이병진을 포함한 다수의 연구자들에 의해 다쿠미에 대한 새로운 평가가 시작되었다. 그것은 야나기와 다쿠미의 관계가 종속적이었다는 기존의 평가에서 벗어나, 오히려 관념적으로 '민예'의 가치를 발견하고 발전시킨 야나기에게 생활 속의 구체적이고 실질적인 조선 민예품의 용도와 명칭 등의 학술적인 가치를 다쿠미가 가르쳐주었다는 사실이다. 이 같은 사실은 야나기를 일본 민예운동의 창시자이며 조선 예술의 미적 가치를 새로이 발견하고 알린 인물로 평가하던 이전까지의 획일적인 인식과는 다른 것이다. 그러나 유감스럽게 아직까지도 야나기는 민예운동의 사상가적 지도자로, 다쿠미는 조선 민예품 수집가 정도로 인식되고 있다.[88]

---

87 최은진, 2017, 2쪽.
88 이병진, 2012, 606쪽.

야나기는 조선의 민예품을 통해 관념적인 조선, 미의 세계로서의 조선을 발견한다. 민예품의 사용의 세계에 참가한 다쿠미의 조선 인식과, 과거 조선 도자기의 미를 높게 평가하는 야나기의 그것과는 다른 것이었다. 사회적으로 낮은 신분의 도공(陶工)이 제작한 도자기에서 미가 나타난다고 하는 사실을 중시했던 야나기의 민예론은 윤리미학적인 방향으로 나아간다. 이에 반해 다쿠미는 물건의 명칭·용도 등의 실증적인 조사를 하는 데 주력한다. 이러한 조사 과정에서 다쿠미는 많은 조선인들의 협력을 얻는다. 다쿠미는 조선인들과의 교섭을 통해 그들의 일상생활에 다가가, 실제 물건을 함께 사용하면서 조선이라고 하는 타자와 만나는 것이다. 이것은 야나기와 같이 시각을 통해 타자와 관계하는 주관적인 민예론과는 다른 것이었다. 이것은 타자의 세계인 도구와, 도구의 사용 네트워크에 참가해 얻어진 주체적인 관계였다.[89]

다쿠미의 민예론은 민예를 생산한 이름 없는 공인(工人, 민중)이 그 아름다움을 이해하고 있었다고 하는 점이 특징이다. 야나기의 경우, 민예를 생산한 것은 민중이지만 민중은 그 미를 이해하지 못한다. 즉 민예의 미를 만든 것은 민중이 아니라 '타방(他方)'이라고 주장한다. 이 '타방'이라고 하는 개념의 도입에 의해 야나기의 민예론에서는 생산자나 사용자의 미학보다는 감상자(鑑賞者)의 미학이 더욱 중요시되는 결과가 나타난다. 즉 '타방'이라고 하는 논리적인 비약을 통해 감정이입된 감상적 민예이론이 생겨난 것이라 할 수 있다. 이에 비하여 다쿠미는 적어도 감상적인 민예론에서 일찍이 탈피하여 독자의 민예론(민중이 주체가 되는 생활

---

[89] 이병진, 2003, 667쪽.

철학)을 구축하였다.[90]

야나기의 조선 인식이 동양의 미적 가치를 보존하고 있는 조선에 한정된 '여행자적인 성격'이었다고 한다면, 다쿠미는 '생활자적인 시선'에서 생활과 도구의 관계망에서 발견되는 조선 민예품의 아름다움을 발견하는 데 그치지 않고, 민예품을 제작하고 사용하는 조선(인)의 발견에 이르고 있다는 사실이다.[91]

다쿠미의 공적은 조선 민예품에 대해 해박한 지식을 가졌던 그가 남긴 저서가 현재까지도 소중히 읽혀지고 있다는 사실이다. 사상적인 깊이와 철학은 야나기에 비해 부족했지만 조선인들의 생활양식에 동참함으로써 얻은 다쿠미의 생활 지식은 물건의 용도를 중시하는 민예품에 있어서 더욱 빛을 발하고 있다. 그것은 관상용으로서의 민예가 아닌 실제 용도성이 중시되는 실생활 속에서의 민예가 다쿠미에 의해 실제 완성된 것이기도 하다. 더욱이 다쿠미의 민예 관련 저서는 학술적 강점도 지니고 있다. 예를 들면 "다쿠미의 책은 한국 미술사를 연구하는 사람은 누구나 소중하게 간직하고 늘 그 내용을 여러 모로 참고해야 하는 책이고 특히 우리 공예(木工藝)와 도자사(陶磁史)를 연구하는 사람이면 보물같은 책이다"라고 말한 정양모의 다쿠미에 대한 평가에서도 잘 드러나고 있다. 게다가 인간적으로 성숙한 다쿠미의 면모가 그의 일기를 통해서 드러나면서 많은 사람들에게 공감을 불러일으키고 감동을 주고 있는 것이다.[92]

간다 겐지(神田健次)는 다쿠미 민예론의 특징을 다음처럼 세 가지로 꼽

90　李秉鎭, 1996, 8쪽.
91　이병진, 2019, 48쪽.
92　이병진, 2012, 607쪽.

았다. 첫째 특징은, 그 대상이 철두철미 조선의 민예에 집중하고 있는 점이다. 더욱이 그 집중의 모습이 단순히 취미적 감상, 심미적인 수준을 넘어 그 자신의 생활이 모두에게 깊이 관여한다고 하는 방법으로 조선의 민예에 집중하고 있는 점이다. 두 번째 특징은, 그의 민예관이 철저하게 실증적 방법에 의해 관철되고 있다는 점이다. 세 번째 특징은, 민중 주체의 민예관을 보이고 있는 점이다.[93] 참으로 적절한 평가라 아니할 수 없다.

VIII. 맺음말

아사카와 형제와 야나기는 조선으로 건너와 조선 공예의 아름다움에 매료되었다. 그리고 그 속에서 근대화로 인해 파괴되고 사라져가는 인간의 가치와 아름다움을 발견했다. 그 결과 이들은 조선의 공예를 '민중의 공예'로, 즉 '민예'라 칭하며 파괴되어가는 조선의 공예를 지키기 위해 민예운동을 전개해나갔다. 이는 일상적으로 사용하는 실용품인 기물을 예술로서 승격시켰기 때문이다. 이와 같은 파격적인 시선은 그 당시 조선인뿐만 아니라 일본인에게서도 쉽게 찾아볼 수 없는 사고와 행동이었다.[94] 이러한 운동은 일본에도 영향을 주어 1926년 1월에 일본민예회관 설립 계획을 세우며 민예운동을 촉발시키는 계기가 되었다.[95]

그러나 다쿠미의 조선 공예론은 야나기의 '바라보기'의 태도와는 차별

---

93 神田健次, 1998, 42~43쪽.
94 최은진, 2017, 1쪽.
95 鄭星熙, 2014, 149쪽.

된다. 다쿠미는 소반을 통해 조선의 미래를 예측하고 조선인에게 희망과 각성의 메시지를 전달하고 있다. 또한 야나기의 조선 민예론이 '비애의 미'를 강조하였다면 다쿠미의 그것은 긍정적인 조선공예론이었다.[96]

아사카와 형제의 현장주의에 근거한 필드워크를 중심으로 한 조선 전통 공예 연구의 성과는 현재의 한국에서 연구 사료로 활용될 정도로 그 정확함이 뛰어나다. 그리고 전후(戰後)의 반일감정 등과는 관계없이 형제의 연구 활동이 한국에서 인정받았고, 그것은 한국 연구자들의 체험에 기인한 발견이었고 현재의 전통 공예 연구의 재출발점이 되고 있다.[97]

다쿠미는 조선의 자연과 사람들이 만들어낸 전통적인 목공예와 도자기의 미적 가치에 존경을 표하며 그것들을 보존하는 것이 인류의 사명이라고까지 말하였다. 그것은 조선 예술과 조선 민족에 대한 이해와 존경에서 시작되었다.[98]

다쿠미의 일기를 검토하면, 그가 온돌방에 아주 친숙해져 있음을 알 수 있다. 혹독한 겨울 날씨엔 온돌이 일본의 다다미보다 적합함을 조선인들과 어우러져 살면서 느끼게 된 것이다. 다쿠미는 설렁탕 등 조선의 요리는 물론 관습이나 문화에도 익숙해져갔다.[99] 이를 보여주는 한 예로 그가 일본어에는 없는 '식구(食口)'란 어휘를 알고 쓰고 있다는 사실이다. 그는 글에서 "(얼마나 가난한지) 밥그릇이 식구 숫자에도 못 미치는 집도 있습니다"라고 조선어의 '식구'를 사용하고 있다.[100]

96　최은진, 2017, 서론부 4쪽.
97　李尚珍, 2007, 3쪽.
98　이병진, 2012, 602쪽.
99　鄭星熙, 2014, 143쪽.
100　이병진, 2003, 661쪽; 아사카와 다쿠미, 1978, 「窯跡めぐりの一日」, 『淺川巧作集・小

다쿠미는 근대화로 인해 사라져가는 조선 공예에 대한 안타까움을 느끼고 『조선도자명고』를 통해 기물의 올바른 명칭과 쓰임새를 정리하여 조선 공예의 의미와 가치를 보존하기 위해 노력하였다. 그리고 그 속에서 다쿠미는 중국과 일본 공예의 '감상의 미'와 차별되는 조선 공예만의 '실용미'와 '사용미'를 발견한다. 그 결과 다쿠미는 조선의 공예를 통해 부조리한 시대와 일본에 날카로운 비판의 목소리와 저항정신을 드러내며, 조선인에게 조선 공예의 가치와 의미에 관하여 자각할 것을 호소하고 위로와 위안의 목소리를 전달하였다.[101]

다쿠미는 다음처럼 조선 민족에게 호소하였다.

> 또한 어떤 사람은 "우리 조선의 문화는 뒤처졌다. 뒤져 있으니까 지금도 종로 한복판에서 구식 반상(盤床)을 파는 가게가 있는 것이다"라고 말한다. 게다가 그렇게 말하는 사람들은 다른 나라의 물질문명과 기계공업을 찬양하여 그 흉내를 내고 있다. 그런 마음가짐에는 동정을 금지 못하겠다. 그렇지만 그런 사람들에게 말하고 싶다. "아무리 멍청한 바보라도 그 멍청한 행동을 고집하면 현명한 자가 된다"라고. 피곤에 지쳐 있는 조선이여. 남의 흉내를 내느니보다 자신이 지니고 있는 소중한 것을 잃지 않는다면 머지않아 자신에 찬 날이 오게 될 것이다. 이는 공예의 길에만 국한된 것이 아니다.[102]

여기서 '남'은 일본이나 서양이며, '자신이 가지고 있는 소중한 것'은

品集』, 八潮書店, 30쪽에는 "茶碗が食口の数にも足りない家もあります。"라고 있다.
101 최은진, 2017, 서론부 4쪽.
102 아사카와 다쿠미, 1978, 47쪽.

조선 민족 고유의 문화를 가리킨다. 다쿠미는 조선이 일본에 동화되지 않고, 조선의 그 소중한 것을 귀중하게 간직한다면 머지않아 자신에 찬 날이 오게 된다고 확신하고 있다. '자신에 찬 날'이란 조선의 독립을 의미할 것이다.[103]

그러면서 그는 식민지 조선에 대한 안타까움과 일본제국주의의 암울한 미래를 1922년 5월 6일의 일기에서 다음처럼 말하고 있다.

> 조선의 현황을 생각하고 일본의 앞날을 생각하면 눈물이 흐른다. 인류는 길을 잃고 헤매고 있다.[104]

---

[103] 鄭星熙, 2014, 151쪽.

[104] 다카사키 소지 편저, 2014, 100~101쪽; 高崎宗司 編, 2003, 『淺川巧 日記と書簡』, 草風館, 68쪽.

참고문헌

국내 논저

김석권, 2011, 「아사카와 다쿠미의 임업사적 재평가」, 『숲과문화』 20호.

나카무라 사토시 지음, 박창수 옮김, 2015, 「한일 가교 그리스토인: 아사카와 다쿠미」, 『활천』 742-9.

다카사키 소지 지음, 이대원 옮김, 1996, 『조선의 흙이 된 일본인』, 나름.

다카사키 소지 지음, 김순희 옮김, 2005, 『조선의 흙이 되다 아사카와 다쿠미 평전』, 효형출판사.

다카사키 소지 편저, 김순희·이상진 번역, 2014, 『淺川巧(아사카와 다쿠미) 일기와 서간』, 야마나시현 호쿠토시.

박정희, 2005, 「'조선민족미술관'과 아사카와 다쿠미」, 동덕여자대학교 일반대학원 석사논문.

엄인경, 2016, 「아사카와 노리타카(號川伯教)와 한반도의 단카(短歌) 문단」-잡지 『경성잡필(京城雜筆)』, 『진인(眞人)』과의 관련을 통해 - 」, 『日本學報』 107호.

이동식, 2017, 『친구가 된 일본인』, 나눔사.

이병진, 2003, 「"조선의 흙이 된 일본인"론 재고-아사카와 다쿠미(淺川巧)에 관하여-」, 『일본학보』 57호.

_____, 2008, 「他者로서의 조선 발견 - 아사카와 다쿠미(淺川巧)가 조선에서 쓴 일기를 중심으로」, 『일본학』 27호.

_____, 2012, 「조선의 자연과 사람을 벗 삼아-아사카와 다쿠미(淺川巧)의 「일기」를 중심으로-」, 『일본언어문화』 22호.

_____, 2019, 「조선인을 깨운 이방인, 한국의 혼이 되다-아사카와 다쿠미와 경성」, 『일본연구』 80.

국외 논저

李尙珍, 2001, 「淺川巧の'朝鮮観'-植民地時代におけるその業績を中心に」, 『Journal of the Graduate School of Humanities and Scienses』 4호.

_____, 2002, 「淺川巧--その異文化理解モデルの今日的意義」, 『Journal of the Graduate School of Humanities and Scienses』 5호.

_____, 2003, 「キリスト者淺川巧の苦悩--その宗教観を中心に」, 『Journal of the Graduate School of Humanities and Sciences』 6호.

_____, 2004, 「日韓文化交流モデルとなる日本人・淺川巧」, 『小林節太郎記念基金 2004度研究助成論文』.

李尙珍, 2007, 「號川伯教・巧兄弟の朝鮮理解の意義」, 『人間文化創成科學論叢』 10 .

최은진, 2017, 「식민지시대 조선의 공예와 아사카와 다쿠미(淺川巧) : 『조선의 소반(朝鮮の膳)』과 『조선도자명고(朝鮮陶磁名考)』를 중심으로」, 명지대학교 대학원 석사논문.

高崎宗司, 1979-10, 「朝鮮の土となった人--淺川巧評伝-1- (女たちの現在と未来〈主題〉)」, 『思想の科學』 第6次(110).

_____, 1987, 『朝鮮の土となった日本人 淺川巧の生涯』, 草風館.

_____ 編, 20003, 『淺川巧 日記と書簡』, 草風館.

高崎宗司, 李尙珍, 深沢美恵子 編, 2005, 『回想の號川兄弟』, 草風館.

椙村彩, 江宮 隆之, 尾久 彰三[他], 2005, 「シンポジウム 淺川巧の視点-日韓交流(特集 アジアの中の日本--韓流ブ—ムを手がかりに)」, 『人間と教育』 (48).

宗宮重行, 2007-12, 「近代日本のセラミックス産業と科學・技術の發展に尽力した偉人・怪人・異能・努力の人々(30) 近代日本の陶芸の発展に尽力した人々(6) 眞に芸術を愛し, 朝鮮語を話し, 朝鮮人に愛され, 朝鮮の山と民芸に身を捧げ, 朝鮮の陶磁器について文を発表し, 李朝工芸の美を発見した淺川伯教, 淺川巧兄弟, 特に墓が韓國にあり, 韓國人によって保存されている唯一の日本人淺川巧」, 『Materials integration』 20(12).

小林富士雄, 2009-10, 「淺川巧--朝鮮の土となった, 林業技術者にして朝鮮民芸研究者」, 『山林』(1505), 19~28.

小澤龍一, 2012, 『民族の壁を超え時代の壁を超えて生きた人 / 道・白磁の人 淺川巧の生涯』, 合同出版.

江宮 隆之, 2013, 『朝鮮を愛し, 朝鮮に愛された日本人』, 祥伝社.

鮎澤讓, 2018-06, 「淺川巧 植民地支配に反対し朝鮮人と友好を育んだ山梨の人物「淺川巧」の授業 (特集 探究心に火をつける! 人物で読み解くワクワク歴史授業)--(授業最前線 探究心に火をつける! 人物で読み解くワクワク歴史授業)」, 『社會科教育』 55(6).

〈사진 1〉 서울시 청량리 망우리 공원에 있는 아사카와 다쿠미 묘소

〈사진 2〉 아사카와 다쿠미 묘소에서 열린 88주기 추도식

[아사카와 노리타카·다쿠미 형제 현창회(조만제 회장) 주최, 『연합뉴스』 2019년 4월 2일 자]

〈사진 3〉 아사카와 형제 자료관 방문 기념사진

일본 야마나시현 호쿠토(北杜)시 소재 아사카와 형제 자료관을 방문하여 아에미야 마사키(雨宮正樹) 관장과 찍은 기념사진(2019년 8월 28일)

3장

제국의 일본인 보증인, 야나기하라 기치베

김경옥
한림대 일본학연구소 HK연구교수

I. 머리말

야나기하라 기치베(柳原吉兵衛, 1858~1945)에 대하여 언급하기 전에 먼저 그의 자료가 어디에 보관되어 있는지에 관해 말해둘 필요가 있을 것 같다. 2019년 여름 야나기하라 관련 자료를 수집하기 위해 모모야마학원대학(桃山學院大學) 사료실을 방문하였다. 수많은 편지와 엽서, 이왕가어경사기념회, 내선협화회, 사회사업, 성공회 등 그의 생전 활동과 관련된 자료가 항목별로 나뉘어 고스란히 잘 보존되어 있었다. 모모야마학원대학은 미션스쿨이다. 그곳에서 야나기하라의 자료를 소장하고 있는 것은 그의 아들 야나기하라 데지로(柳原貞次郞)와도 관계가 있다. 야나기하라 데지로는 모모야마학원대학의 이사를 역임하였고, 모모야마학원대학의 모체가 되는 일본 성공회 오사카교구의 주교였기 때문이다.[1]

일제강점기 많은 조선인이 근대적인 선진 지식과 일자리를 찾아서 일본으로 건너갔다. 식민지 조선에서 왔다는 이유만으로도 민족적 차별을 받아야만 했던 조선인에게 야나기하라는 크리스천 인류애 사명을 가지고 신 앞에서 조선인과 일본인의 차별 없는 평등을 추구한 인물이다. 그의 조선과 조선인을 향한 남다른 시선과 활동의 근저에는 크리스천으로서 실천적 삶을 지향한 자세가 엿보인다. 1858년에 출생하여 1945년 3월에 사망한 야나기하라 기치베는 육군 군복 염색과 면사 공장을 경영

---

* 본고는 김경옥, 2020, 「야나기하라와 조선인 여자유학생」, 『석당논총』 77호를 가필, 수정한 것이다.
1 야나기하라의 3남으로 태어난 야나기하라 데지로는 1892년에 오사카 사카이에 있는 성디모데교회에서 세례를 받았다. 야나기하라도 성공회 신도였고 성디모데교회에서 세례를 받았다. 玉置栄二, 2007, 「柳原吉兵衛・貞次郞関係資料の受入・整理・公開」, 『桃山學院年史紀要』, 32쪽.

하며 실업가로서 성공을 거둔 인물이다. 그의 출생 연도에서도 알 수 있듯이 메이지유신으로 근대화에 성공한 일본이 청일전쟁과 러일전쟁, 그리고 만주사변과 중일전쟁을 거쳐 제국으로 팽창되어가는 시기, 그는 실업가이면서 한편으로 사회사업가로서 빈민과 노동자, 특히 조선인 노동자 구제를 위해 헌신하였다. 그가 생전에 행한 조선인 여자유학생에 대한 지원은 근대적 지식의 이식이라는 측면에서도 주목된다.[2]

현재 일본에서 그에 관한 연구는 중국을 비롯한 아시아 유학생과 빈민에 대한 지원이라는 측면에서 진행되고 있다. 특히 박선미는 조선인 여자유학생의 일본 유학 과정을 '회유현상'으로 보고 사회문화적, 젠더사적 관점에서 조선 여성들이 왜 일본에 가서, 무엇을 배웠으며, 어떠한 경험을 하고 돌아왔는지 분석하였다. 박선미는 조선인 여자유학생의 일본 유학 과정 중에 야나기하라의 지원이 있었음을 밝히고 그가 갖고 있던 천황제 이데올로기적 한계 또한 지적하고 있다.[3] 그러나 조선 최초의 여류화가 나혜석과 최초의 여자 피아니스트 이애내 또한 야나기하라의 지원을 받은 대표적인 근대적 지식인이었음을 생각한다면 그의 천황제 이데올로기적 한계에 대한 지적과 함께 조선인 여자유학생에 대한 일본인 보증인으로서 그가 생전에 남긴 족적에 대해 깊이 있는 통찰의 필요성을 지적하지 않을 수 없다.

그와 조선인과의 관계는 나라와 민족의 경계를 넘어 개인적인 관계

---

2 박선미는 야나기하라를 '근대의 이식'이라는 면에서 "식민지 지배의 안정을 위해서는 폭력 장치보다도 오히려 문화적 장치가 더 중요하다고 생각해 근대 교육제도를 무기로 조선 사람들에게 접근해간 인물"로서 평가하였다. 박선미, 2007, 『근대여성, 제국을 거쳐 조선으로 회유하다』, 창비, 152쪽.
3 朴宣美, 2005, 『朝鮮女性の知の回遊』, 山川出版社.

속에서 이루어져 서로에게 적지 않은 영향을 미치고 있다. 현재 국내에서는 야나기하라에 관한 연구가 거의 전무하다. 그의 조선인 구제 활동과 유학생 지원 활동의 의의를 분석한 것도 많지 않다. 아마도 그가 전문적인 사상가나 교육가가 아닌 실업가이며 사회사업가라는 점도 그에 관한 연구가 적극적으로 진행되지 못한 이유 중 하나일 것이다. 야나기하라는 야마토가와염공소를 운영하며 1933년 12월 25일 『앵근의 화(櫻槿の華)』라는 비매품 잡지를 발간하였다. 야마토가와염공소 극기단 발행의 『향상(向上)』과 달리, 앵(櫻)은 내지 일본의 꽃인 사쿠라를, 근(槿)은 조선의 꽃인 무궁화를 나타낸 것으로 일본과 조선의 공존공영의 의미를 담아 인류애의 사명을 이루겠다는 생각에서 출발한 잡지이다.[4] 본고는 그가 발행한 『앵근의 화(櫻槿の華)』와 『향상(向上)』을 중심으로 그와 조선인 노동자와 여자유학생의 활동과 그 흔적을 살펴보고자 한다.

야나기하라는 왕세자 이은과 이방자의 결혼을 기념하는 이왕가어경사기념회 활동을 시작으로 1945년 3월 사망하기 직전까지 약 25년간 조선인 여자유학생의 보증인으로서 활동하였다. 본고는 제국의 일본인 보증인과 식민지 조선의 여자유학생이라는 개인과 개인의 이동과 만남에 주목하여 국가와 민족의 경계를 뛰어넘는 사회문화적 영향력과 그에 대한 조선인 여자유학생의 지식과 문화의 수용과 전유에 관하여 살펴보고자 한다. 야나기하라가 남긴 발자취를 따라가며 제국과 식민지의 중층적이고 복합적인 공간에서의 개인과 개인의 관계성에 주목하여 흑백의 논리로 환원될 수 없는 모순적이고 역동적인 역사 속의 실제 인물들의 움직임을 조명한다.

---

4 李王家御慶事記念會, 1933. 12. 25, 『櫻槿の華』 제1호, 1쪽.

II. 야나기하라와 조선의 만남

야나기하라는 이왕가어경사기념회(李王家御慶事記念會, 이하 '기념회'로 약칭)를 조직하여 회장으로서 약 25년간 활동하였다. 그는 기념회를 통해 조선인 여자 최우등학생을 표창하고 근대적 지식을 배우고자 일본 유학을 원하는 여학생을 위해 조선총독부와 일본 학교 쪽의 보증인이 되어 그들의 성공적인 유학 생활을 지원하였다. 1,202통에 달하는 야나기하라와 유학생의 서신 교환에서는 제국 일본의 일본인 보증인과 식민지 조선의 여자유학생이라는 관계를 뛰어넘어 개인적 유대감마저도 느낄 수 있다. 1923~1944년의 약 20년간의 서간에서 볼 수 있는 유학생 수는 57명에 달하고 그중 가장 많은 서간을 보낸 사람은 '김성철'로 105통에 달한다.[5]

1. 기독교의 보편적 인류애 실천과 사회사업

1858년 오사카의 상업을 경영하는 부호의 장남으로 태어난 야나기하라는 21세에 가독을 상속받아 젊은 실업가로서 후진 교육과 양성을 위한 일진회를 만들고 상업집회소의 의원으로서 활동하였다. 28세에 사업 실패로 시련을 겪던 중, 가두 선교를 하던 존 마킴 목사와 만나게 된다. 존 마킴 목사는 성공회 소속으로 후에 야나기하라의 멘토가 된다. 야나기하라는 그를 통해 기독교에 입신하고 그것을 계기로 1891년 일

---

5 玉置栄二, 2007, 「柳原吉兵衛·貞次郎関係資料の受入·整理·公開」, 『桃山學院年史紀要』, 39쪽.

본 성공회 사카이 성디모데교회에서 세례를 받고 그 후 가족 모두 기독교에 입신하였다. 야나기하라는 크리스천 미션 수행을 더욱 강고히 하기 위해 자신의 아들(야나기하라 데지로)을 기독교에 바칠 것을 약속하고 결국 그 아들은 성장하여 야나기하라의 뜻을 이어받아 일본 성공회의 주교가 되었다.[6] 그 후 1896년 사카이시(堺市)에 야마토가와염공소(大和川染工所)를 설립하고, 군복을 카키색으로 염색하여 사업에 성공하였다. 러일전쟁이 끝난 후, 방적업계 그룹의 일원으로 조선과 만주를 시찰한 견문을 살려 조선인이 즐겨 입는 목면을 표백 가공한 면포의 수출을 시작하였다. 공장에 다수의 조선인을 고용한 야나기하라는 오사카의 협화회 설립에 관여하며, '기독교 인도주의'하에 '조선인과의 우호'와 '내선융화'를 주창하였다.[7]

그는 사업이 성공하는 한편으로 고아원을 설립하기도 하고 사회사업에도 적극적으로 관여하였다. 그가 행한 공공사업과 사회사업에는 다음과 같은 것이 있다. 공공사업으로는 마쓰야신전(松屋新田) 쟁의조정, 야마토가와 두둑의 동서 통로 및 수로(운하)의 개통과 철포비 사업이 있다. 그가 관여한 사회사업으로는 사카이실업고아원을 설립하고, 극기단, 구제사업연구회('사회사업연구회')를 설립하고, 방면위원(오늘날의 민생위

---

6 일본성공회는 그를 성공한 실업가이자, 크리스천으로서 한평생 변함없는 신앙과 사랑으로 교회에 봉사할 뿐만 아니라, 사회 일반을 위해서도 공헌한 사람으로 평가하고 있다. 그는 사업에서도 기독교 정신으로 매일 아침 공원들과 함께 50년간 예배시간을 가지고, 일본 국내에서 주휴제가 실시되기 이전부터 일요일 휴일제를 실시하였다. 日本聖公會歷史編集委員會, 1974, 『あかしびとたち-日本聖公會人物史』, 日本聖公會歷史編集委員會, 333~334쪽.

7 奈良女子大學アジア・ジェンダー文化學研究センター 編, 2016, 『奈良女子高等師範學校とアジアの留學生』, 奈良女子大學叢書1, 敬文舍, 183~184쪽.

원)으로 활동하였으며, 보예원과 박애사에도 관계하였다.[8]

사회사업에 관해 조금 더 살펴보면 야나기하라는 1891년 세례를 받고 기독교로 개종한 후, 1892년 노비(濃尾) 대지진 때에 이미 6명의 자녀를 두어 경제적으로도 여유가 없음에도 불구하고, 그는 8명의 고아를 받아들여 사카이실업고아원을 설립하여 함께 생활하며 기독교의 인류애를 근저로 하는 사회봉사를 실천하였다.[9] 야마토가와염공소에 극기단을 설립한 것도 똑같은 사회사업의 동기에서 출발하였다. 1907년 직공 시마자키(島崎)의 일가 5명이 질병으로 고통스러워하는 것을 보고 상호부조 기능을 담당할 조직으로 극기단을 창설하였다. 그는 극기단을 통해 자신의 공장만이 아니라 공장 외의 사람 중에서도 재해나 수해, 풍해 등으로 구제가 필요한 사람들을 돕기 위해 기부와 구제에 동참하였다.[10]

초창기의 일본 사회사업은 독지가나 뜻이 있는 사람에 의한 자선사업에서 시작되었다. 그 후 어려운 이웃이 구제의 대상이 되는 구제사업으로 명칭이 바뀌게 되고, 나아가 사회연대라는 개념이 들어간 사회사업으로 바뀌게 된다. 야나기하라도 '구제사업연구'에서 '사회사업연구'로 이름을 바꾼 잡지를 통해서 사회사업에 대한 지식을 흡수하였다.[11]

이 연구회가 진전됨에 따라 오사카에서는 구제사업을 더 원활히 하기 위해 지역을 나누어 각 지구에 방면위원을 선임하여 지구의 상태를 조사하고, 구제가 필요한 사람들에게 적절한 지원을 할 수 있도록 조치하였다. 사카이시에서는 26명의 방면위원이 선임되었고 야나기하라도 그중

---

8 玉置栄二, 2007, 34쪽.
9 大和川染工所七十年小史編纂委員會, 1966, 『大和川染工所七十年小史』, 129쪽.
10 大和川染工所七十年小史編纂委員會, 1966, 129~130쪽.
11 大和川染工所七十年小史編纂委員會, 1966, 131쪽.

한 명이었다. 그는 관청으로부터 방면위원으로 임명되기 이전부터 이미 극기단을 통해 본인이 속한 지구의 상태를 알고 있었기 때문에 신속하고 원활하게 빈민을 구제할 수 있었다.[12] 야나기하라가 이사로 참여한 사회사업에 오늘날의 복지법인 박애사(博愛社)가 있다. 박애사는 1890년 효고현(兵庫縣)에 개설되어 1894년에 오사카로 이전하였다. 그 후 야나기하라는 본인이 만든 사카이실업고아원을 해산하고 원아들을 박애사로 위탁한 후, 박애사의 이사로 활동하며 평생 사회사업에 헌신하였다. 특히 박애사의 하야시 우타고(林歌子)와는 오랜 기간 친교를 가지면서 그의 헌신적인 봉사에 경의를 표하고 자신의 장녀를 독려하여 박애사 찬조원 지방위원으로서 협력하도록 하였다.[13]

야나기하라의 사회사업은 일본에서만 이루어진 것은 아니었다. 조선에 있는 대구 나(癩)병원과도 깊은 인연을 맺고 있었다. 그것은 그의 신앙과도 관계가 있는 것으로 대구 나병원에서 목회를 담당하고 있는 이영식 목사와의 친분으로 조선을 방문하면서 대구 나병원을 방문하였다.[14] 이들의 깊은 인연은 이영식 목사가 야나기하라에게 보낸 여러 통의 엽서와 편지를 통해서도 알 수 있다. 특히 나병원의 확장 공사와 관련하여 병원의 조감도와 시설 일람표 및 사진도 야나기하라에게 보내고 있다.[15]

---

12 大和川染工所七十年小史編纂委員會, 1966, 131쪽.
13 大和川染工所七十年小史編纂委員會, 1966, 135쪽.
14 李王家御慶事記念會, 1935. 4. 6, 『櫻槿の華』 제3호, 2쪽.
15 1913년 선교사 플레쳐가 대구 애락원이라는 이름으로 설립한 대구 나병원은 '영국 런던 나병자 구료회'의 지원으로 설립되어 1933년의 시점에는 구료회의 보조금과 조선총독부의 보조금, 궁내성 하사금으로 운영되고 있었다. 滝尾英二 篇·解說, 2003, 「大邱癩病院勢一覽表-昭和八年三月」, 『植民地下朝鮮におけるハンセン病資料集

〈사진 1〉 대구 나병원 전경(이영식이 야나기하라에게 보낸 사진)

* 출전: 모모야마학원대학 사료실 소장.

　야나기하라가 조선에 흥미를 갖게 된 것은 1900년대 초의 일이었다. 야나기하라는 당시 조선인이 일본인에게 멸시와 조롱을 받는 것을 몇 차례 목격하게 되고 민족을 떠나 조선인도 같은 인간이라는 것을 강조하며 기독교적 인류애를 실천하고자 노력하였다. 그는 1906년 만주와 조선 여행에서 일본인이 조선인에 대해서 인도(人道)를 무시하고 멸시와 학대를 일삼는 것을 보았을 때, 이를 장래 일본에 염려되는 일로 판단하고 조선인의 친구가 되어 가능한 한 봉사를 하겠다고 결심하였다.[16] 그 결심이 구체적 조직의 형태로 나타난 것이 이왕가어경사기념회였다.

成』第8卷, 不二出版, 145~171쪽.
16　玉置栄二, 2007, 38쪽.

2. 식민지 조선의 여성 교육

조선에서 전통적으로 여성 교육은 가정에서 행해졌고, 여성을 위한 교육기관은 거의 존재하지 않았다. 조선에서 최초의 여자교육기관은 1886년 외국인 선교사에 의해 설립된 사립학교 이화학당이 그 시작이라 할 수 있다. 1895년에는 교육개혁으로 신학제가 시작되었지만, 여자의 취학률은 거의 제자리 상태였다. 1911년 조선총독부는 제1차 조선교육령을 발포하였다. 그러나 그것은 조선인 교육체계와 일본인의 교육체계를 달리하는 차별적인 내용이었다. 당시 조선에서 일본의 소학교에 해당하는 것은 보통학교로 칭하였다. 다만, 일본인의 소학교는 6년제였지만, 조선인의 보통학교는 4년제와 6년제가 혼재하였다.[17]

중등교육기관으로는 한일병합 이전에 설립된 관립 한성여자고등보통학교와 사립 숙명여자고등보통학교, 진명여자고등보통학교, 그 외는 미션스쿨이었다. 제1차 조선교육령에서는 일본인 여자 중등교육기관이 수업연한 4년의 고등여학교였지만, 조선인 여자가 다니는 중등교육기관은 여자고등보통학교로 칭하였고 수업연한은 3년이었다. 무엇보다 그 이상의 여자 고등교육기관은 조선에 존재하지 않았다.[18] 여자고등보통학교의 수업연한은 1922년 제2차 조선교육령에서 4년으로 연장되었고,[19] 1938년 제3차 조선교육령에서 여자고등보통학교의 명칭이 고등여학교

---

17 곽진오, 2011. 8, 「일제와 조선 교육정책: 조선교육령을 중심으로」, 『일본문화학보』 50, 257~259쪽.
18 奈良女子大學アジア・ジェンダー文化學研究センター 編, 2016, 177쪽.
19 곽진오, 2011. 8, 260쪽.

로 불리었다.[20]

조선총독부는 유학에 대한 억제 방침을 취하며 관비유학생과 사비유학생의 수를 통제하고 1911년 6월 제정된 유학생 규정에 따라 도쿄에 있는 유학생을 엄격히 단속하였다. 그러나 1919년 3·1 독립운동 이후, 조선총독부의 사이토 마코토(齋藤實) 총독은 무단통치에서 문화통치로 전환하고, 정책 수행에 도움이 될 인재 양성을 위해 일본으로의 내지 유학을 권장하였다.[21]

3. 이왕가어경사기념회 설립과 활동

야나기하라가 기념회를 조직한 것은 왕세자 이은과 세자비 이방자의 결혼을 봉축하기 위한 것이었다. 그는 조선의 왕세자 이은 부부의 결혼식이 거행된 1920년 4월 28일을 역사적인 날로 기념하기 위해 매년 4월 28일 기념회를 개최하였다.[22] 기념회를 통해서 조선 각 지역의 고등여학교, 여자고등보통학교의 최우등 졸업생을 표창하고, 때때로 여교사로 구성된 내지 시찰단을 조직해서 일본 견학을 주도하였다. 최우등졸업생 표창은 1933년 당시 402명에 달하였고, 내지 시찰단은 단체와 개인 또는 소수 인원으로 빈번하게 이루어졌다.[23] 야나기하라는 조선과 일본의 친선의 근본이 되는 것은 인격을 통해서 이루어진다고 믿고 있었다. 그는 기념회를 통해서 조선인과 접할 수 있는 장을 만들고, 민족을

---

20 곽진오, 2011. 8, 265쪽.
21 奈良女子大學アジア·ジェンダー文化學研究センター 編, 2016, 177쪽.
22 大和川染工所克己団, 1920. 8. 1, 『向上』 제4호, 7쪽.
23 李王家御慶事記念會, 1933. 12. 25, 『櫻槿の華』 제1호, 1쪽.

뛰어넘어 친교를 나누고 행할 수 있기를 기대하였다.[24] 기념회 조직 후, 야나기하라는 그의 생각대로 조선 여학교의 최우등 졸업생을 표창하겠다는 의사를 조선총독부에 전하였으나 2년 뒤인 1922년 봄 왕세자 이은 부부가 조선으로 향할 때, 표창을 실행하자는 조선총독부 학무국으로부터의 연락을 받고 야나기하라도 함께 조선으로 가서 첫 번째 표창을 하게 된다.[25]

경성에는 사립학교이지만 2개의 유명한 여학교가 있었다. 하나는 숙명여자고등보통학교, 다른 하나는 진명여자고등보통학교였다. 둘 다 왕세자 이은의 어머니인 엄비의 기부금으로 설립된 것으로 조선에서는 재원이 풍부한 재단법인이었다.[26] 첫해에는 숙명과 진명이라는 단 2개의 여학교에서 배출된 2명의 표창자로 시작하였지만, 1923년에는 16개 학교에서 20명의 표창자가, 1924년에는 21개 학교에서 27명으로 증가하였다.[27] 그 후 조선 각지에 있는 여학교를 대상으로 그 수도 큰 폭으로 늘어나 1942년까지 표창자는 1,048명에 달하였다.[28]

당시 조선에서는 여학생이 고등여학교를 졸업하고 상급학교로 진학하고 싶어도 갈 곳이 없었다. 야나기하라를 통한 일본 내지로의 유학은 여학생에게 있어서 진학과 자신의 꿈을 실현하는 길이었다. 1923년 야나기하라가 조선에 갔을 때, 기념회에서 표창을 받은 박소제 외에도 김숙배, 이예행과 평양에서 온 김영주를 포함한 4명이 일본 나라여자고등

---

24 大和川染工所七十年小史編纂委員會, 1966, 『大和川染工所七十年小史』, 141쪽.
25 大和川染工所七十年小史編纂委員會, 1966, 141쪽.
26 大和川染工所七十年小史編纂委員會, 1966, 142쪽.
27 大和川染工所七十年小史編纂委員會, 1966, 143쪽.
28 大和川染工所七十年小史編纂委員會, 1966, 144쪽.

사범학교(현 나라여자사범대학)에 입학하기를 희망하였다.[29] 야나기하라와 4명의 조선인 여자유학생은 일본 도착 후, 야나기하라의 집에서 여장을 풀고, 야나기하라는 고향에 있는 그들의 부모 대신 보증인의 역할을 하며 입학 및 유학 생활을 후원하였다.[30] 그는 매월 1회 그의 처 세이와 마쓰모토 목사와 함께 나라여자고등사범학교에서 혹은 나라호텔에서 조선인 여자유학생들과 친목회를 열고, 마쓰모토 목사의 설교를 듣는 시간을 마련하기도 하며 방학 중에 조선에 돌아가지 못하는 학생들은 자신의 집에서 머무르도록 편의를 봐주고 때로는 다카라즈카(宝塚)소녀가극단의 관극도 함께 즐기며 친교의 시간을 가졌다.[31]

기념회 설립 후, 야나기하라는 1923년 봄(제1회 표창식을 위해), 1923년 가을(관동대지진 직후 위문을 위해), 1924년 봄(제2회 표창식을 위해), 1926년 봄(야나기하라 기치베 단독 방문 여행), 1932년 가을(야나기하라 기치베 부부), 1935년 봄(야나기하라와 그의 아들), 1940년 봄(야나기하라와 그의 손녀) 직접 조선을 방문하였다.[32] 이 외에도 마쓰모토 목사가 야나기하라를 대신하여 조선을 방문한 것이 2번이다.[33] 1858년생인 그의 나이를 생각하면, 이미 60~70이 넘은 나이였음이 짐작된다. 적지 않은 나이였음에도 그의 발길이 조선으로 향하였던 것은 조선에 귀국한 유학생들의 안부를 직접 확인하고 싶었던 것임을 짐작할 수 있다.

기념회의 근본정신 3개조는 "1. 진실한 이해는 각자의 수덕(修德)에서

---

29 大和川染工所七十年小史編纂委員會, 1966, 144쪽.
30 大和川染工所七十年小史編纂委員會, 1966, 144쪽.
31 大和川染工所七十年小史編纂委員會, 1966, 145쪽.
32 大和川染工所七十年小史編纂委員會, 1966, 146쪽.
33 大和川染工所七十年小史編纂委員會, 1966, 146쪽.

시작한다. 1. 내지의 형제여, 더 조선을 이해하라, 1. 조선의 형제여, 더 내지를 이해하라"로, 내지 일본과 식민지 조선의 공존공영을 근본정신으로 하고 있다. 서로의 인격 수양에서 그 근원을 찾아야만 한다고 강조한다.[34] 그는 인격의 힘이 권력과 지력을 초월한다고 믿고 있었다.[35] 야나기하라가 그의 아들이자 이왕가어경사기념회의 책임자인 야나기하라 데지로를 동반하여 조선에 갔을 때도 그의 책『기독교 요령』을 가지고 가서 지인들에게 배포하였다. 그는 조선과 일본의 식민지와 식민지 본국을 뛰어넘은 친선과 친애의 정신이 기독교에 있다는 것을 암시적으로 나타내고 있었다.[36] 기념회의 규칙은 다음과 같다.

1. 본회를 [이왕가어경사기념회]라 칭한다.
2. 본회는 어경사를 영구히 기념하는 것을 목적으로 한다.
3. 몇 명이라도 입회할 수 있다. 다만, 본회 임원 및 회원의 소개를 필요로 한다.
4. 본회는 매년 4월 28일 즉, 어경사가 있던 날에 기념집회를 열고 명사를 초빙하여 강연회를 개최한다.
5. 조선의 고등여학교 및 그 이상의 학교의 최우등졸업생에게 상장과 상패 및 기념품을 증정한다. 다만, 위의 학교 이외의 자라고 해도 필요하다고 인정할 경우 수여할 수 있다.
6. 그 외 필요에 따라서 기념사업을 할 수 있다.

---

[34] 李王家御慶事記念會, 1933. 12. 25,『櫻槿の華』제1호, 1쪽.
[35] 李王家御慶事記念會, 1933. 12. 25,『櫻槿の華』제1호, 1쪽.
[36] 大和川染工所七十年小史編纂委員會, 1966, 143쪽.

7. 본회의 비용은 뜻이 있는 사람의 기부에 의해 지변한다.
8. 본회에 다음의 임원을 둔다. 회장 1명, 부회장 1명, 간사 약간 명.
9. 임원은 총회에서 선거하고 그 임기는 2년으로 한다.
10. 매년 1회 총회를 연다.[37]

규칙 제7조에서 '본회의 비용은 뜻이 있는 사람의 기부에 의해 지변한다'고 되어 있으나, 실제로 기념회의 운영은 야나기하라 한 사람의 기부만으로 충당되고 있었다.[38] 그는 기념회의 취지에 찬성하는 사람들이 많아질 것을 기대하였다. 기념회 규칙 제6조는 1927년 6월, "내지 학교에서 면학하는 조선 학생을 후원할 것, 그 외 필요에 따라서 기념사업을 할 수 있다"로 수정된다. 이 규칙에 따라 그가 지원한 조선 유학생은 70~80명에 이른다.[39]

야나기하라의 후원하에 일본 유학을 마치고 조선으로 귀국한 여자유학생들이 조선에서 활동하는 모습을 보고 야나기하라는 "본회의 주지를 이해하고 또 농후한 편달을 해주시는 여러분, 특히 중등학교와 전문학교 등의 교육을 받고 이른바 '교육보국'의 큰 깃발 아래 용감하게 활동하시는 여러분과 가정에서 자녀의 양육과 남편이 아무 걱정 없이 일할 수 있도록 돕는 여러분과 직접 실업(實業)의 활사회(活社會)에서 약동하고 있는 여러분이 '국가와 그 번영을 위하여' 쑥쑥 성장해가는 늠름한 모습이야말로 본회가 오랜 기간 열망해온 바입니다"고 말한다.[40]

---

37 大和川染工所克己団, 1923. 11. 20, 『向上』 임시호, 2쪽.
38 大和川染工所克己団, 1923. 11. 20, 임시호, 2쪽.
39 大和川染工所克己団, 1927. 6. 23, 『向上』 제16호, 2쪽.
40 李王家御慶事記念會, 1933. 12. 25, 『櫻槿の華』 제1호, 8쪽.

야나기하라가 기념회를 통해 이루고자 한 신념은 교육제일주의였다. 그는 그것을 기독교적 신앙을 통해 실현하고 있었다. 그는 국가와 사회를 개선하기 위해서는 가정의 개선이 우선되어야 하고 가정의 개선은 개인의 계몽으로 이루어지고, 그것은 바로 교육을 통해 이루어진다고 믿고 있었다. 조선인 여자유학생에게 일본 유학의 길을 열어주고 그들이 일본에서 학업을 무사히 마칠 수 있도록 도와주는 것이 당장에는 큰 효

〈사진 2〉 이왕가어경사기념회 취의서

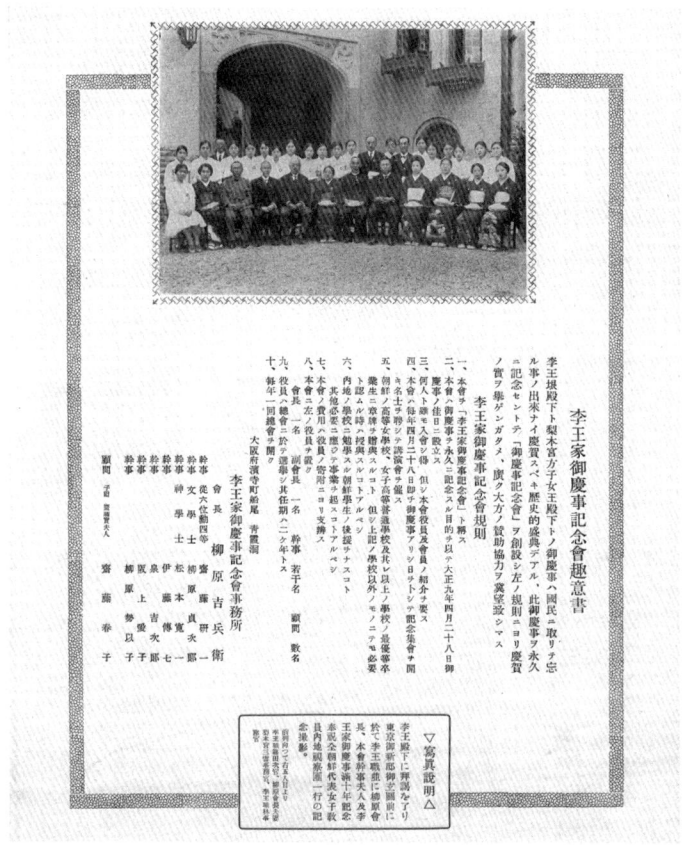

* 출전: 모모야마학원대학 사료실 소장.

과를 나타내는 것이 아닐지 몰라도 조선의 장래를 생각했을 때 교육이 우선되어야 한다는 것이 그의 생각이었다.[41]

조선인 여자유학생에 대한 지원과 마찬가지로 여교원 내지 시찰단도 같은 맥락에서 이루어졌다. 기념회의 사업으로서 조선의 공립고등학교와 여자고등보통학교의 교유로 구성된 여교원 내지 시찰단을 조직하고, 야나기하라는 그들의 시찰 비용도 부담하였다. 시찰은 1928년, 1930년, 1934년 모두 3번 실시되었지만, 마지막인 1934년에는 조선 각도의 대표 여교원이 5월 1일 나라여자고등사범학교 25주년 축하식에 참가할 수 있도록 일정을 수립하였다.[42]

그는 일본 내지에 재주하는 조선인의 초등교육을 위해서도 지원을 아끼지 않았다. 그는 '약자'인 내지의 조선인이 무교육으로 무지하고, 무모할 경우, 얼마나 안타까운 일이 발생하는지 알고 있었기에 내지 재주의 조선인 교육이 시급하다고 믿었다. 야나기하라는 1925년 4월 26일~28일의 3일간 사카이시에서 개최된 전국 각 도시의 소학교연합회에 출석하여 '내선문제와 교육'을 주제로 내지 재주의 수십만의 조선인과 그들의 자제에 대한 교육의 시급함을 소학교연합회에서 각 도시의 대표자에게 호소하였다.[43] 또한, 그는 조선 교육자와 내지 유학에 관해 언급하며 과거 수천 년의 역사를 달리하는 조선과 일본의 관계는 첫째로 상호 이해가 우선되어야 한다고 주장하였다. 그러한 의미에서 "조선에서 조선인 동포 교양의 중심에 있는 조선인 교육가에게 일본 내지의 사정

41　李王家御慶事記念會, 1934. 4. 20, 『櫻槿の華』 제2호, 1쪽.
42　奈良女子大學アジア・ジェンダー文化學研究センター 編, 2016, 186쪽.
43　柳原吉兵衞, 「朝鮮子弟教育に関する卑見」, 桃山學院大學資料室.

과 국민성에 대해서 깊은 이해를 바라는 것은 사상계의 현상을 뒤돌아 보고 특히 중대한 의의를 가지는 것"이라고 조선인 교육의 필요성을 강조하였다.

III. 실업가이자 사회사업가로서의 야나기하라

야나기하라는 육군 군복을 염색하는 야마토가와염공소를 운영한 성공한 실업가였다. 그는 오사카부(大阪府) 사카이시(堺市)에 염색 공장을 세우고 노동자들의 작업 환경과 생활의 개선을 위해 진력하였다. 또한, 야학당을 설치하여 노동자 교육에도 지원을 아끼지 않았다. 여기서는 야나기하라가 운영한 공장에서 일하는 조선인 노동자와의 관계에 주목하여 그의 실업가이자 사회사업가로서 특히 방면위원으로서 그의 활동을 살펴보기로 한다.

방면위원은 오늘날의 민생위원이다. 오사카부에 방면위원제도가 만들어진 것은 1918년 10월이고 이것은 일본 최초의 시도였다. 당시 오사카시 및 근교 마을에 16개의 방면을 설치하였지만, 그 후 더욱 증가하여 1924년 9월에는 39개의 방면이 설치되고, 그 보호하에 8,312세대, 인구로는 3만 2,412명이 도움을 받을 수 있었다.[44] 방면위원의 사명은, 빈민이나 빈민의 현재의 생활 상태를 정확하게 조사하는 것이고, 방면위원은 자칭 사회의 측량기사임과 동시에 사회의 진단기사라고 하였다.[45]

---

44 大和川染工所克己団, 1924. 9. 10, 『向上』 제12호, 6쪽.
45 大和川染工所克己団, 1924. 9. 10, 『向上』 제12호, 6쪽.

야나기하라는 오사카부 사카이시의 방면위원으로 활동하며 빈민을 위한 구제와 생활 개선 등 사회사업에 진력하였다. 특히 육군 군복을 염색하던 그의 공장에는 노동자 중 다수가 조선인이었다. 공장 내에서의 노동자를 위한 작업환경을 개선하고 조선인 노동자에게도 숙련된 일을 할 수 있도록 훈련의 기회를 제공하였다. 또한, 야나기하라가 발행한 잡지 『향상』과 『앵근의 화』에서는 사회사업가로서 노동자의 작업 환경과 생활 개선을 위한 그의 생각을 엿볼 수 있다.

잡지 『향상』은 야나기하라가 1919년 7월 23일에 처음 발행한 것이다. 극기단 창립 제13주년을 맞이하여 극기단의 미래를 짊어진다는 의미에서 『향상』을 발간하였다. 야나기하라는 1907년 5월 19일 야마토가와염공소에 극기단을 설치하고 스스로 단장이 되어 기독교의 박애주의 실천을 위해 단원인 직공과 함께 구제와 공제, 수양을 모토로 내걸고 자선사업을 실천하였다. 그는 "인생에 고귀한 사업이 많다고 해도 사회의 병자, 약자, 빈자의 구제와 같은 것 없고, 공제는 동료나 친구 간의 미풍"이라고 말하며, 나아가 각자의 수양도 단 하루도 게을리하지 말 것을 강조하였다. "극기단은 밖으로는 사회에 봉사하고 안으로는 동포를 서로 사랑하고 자신에 대해서는 수양 연마로 향상을 기하는 것이 극기단의 3정신"이라고 설명하였다.[46]

실제로 1919년 7월 1일부터 같은 해 9월 20일을 회계 기간으로 한 잡지 『향상』의 극기단 회계 보고에 의하면 수입 258엔 43전에서 지출은 공제금 111엔, 구제금 62엔 66전, 수양비 94엔 70전으로 지출 합계는 268엔 36전이었다. 부족분 9엔 93전은 전월 이월금으로 메우고 있다.

46　大和川染工所克己団, 1919. 7. 23, 『向上』 제1호, 1쪽.

극기단은 수입 이상의 금액을 이웃과 동료를 위한 구제와 공제에 사용하며 실천적 삶을 살고 있었다. 구제와 공제의 금액을 기부할 수 있었던 것은 극기단에서 한 달에 2번 극기시간을 설정하여 그날은 평소보다 1시간 앞당겨 일을 시작함으로써 그 1시간 분의 노임을 기부하였다. 즉, 구제, 공제, 수양을 중심으로 하며 그 근본에 봉사를 위한 극기의 실천이 극기단 설립의 정신이었고, 그것을 공장주와 공원이 함께 실천하고 있었다.[47]

제1차 세계대전과 러시아혁명으로 인해 노동운동이 고조되던 1920년이라는 시점에 잡지『향상』에서는 노동운동과 관련된 기사를 많이 볼 수 있다. 극기단원은 진지하게 노동문제를 고민하면서 표어인 직공의 개선은 스스로의 양 어깨에 달려 있다고 생각하고 늘 "직공의 모범"이 되도록 노력하고 있었다. 야나기하라는 직공의 수양기관으로서 극기단 집회를 매주 일요일에 열고 매주 강습회에서 설교와 강화(講話)를 들으며 직공들과 함께 금주와 금연을 실천하고 있었다. 이를 증명하듯이 야마토가와염공소는 1897년에 설립된 이래, 하루도 빠짐없이 매일 오전 6시 반부터 30분간 아침 예배시간을 가졌다. 공장주인 야나기하라도 직공들도 모두 한 장소에 모여 그 시간을 통해 신 앞에서 노동자와 자본가 간, 조선인과 일본인 간에 평등하고 차별이 없다는 것을 구현하고자 하였다.[48] 잡지『향상』1921년 1월 1일자에는 조선어 찬미가도 실려 있어 일본어를 모르는 조선인은 조선어로 부를 수 있도록 배려한 야나기

---

47 大和川染工所克己団, 1926. 4. 18,『向上』극기단 제20년 기념회 임시호, 1쪽.
48 예배시간의 사회자에는 조선인들도 포함되어 있었다. 大和川染工所克己団, 1925. 1. 1,『向上』제13호, 2쪽.

하라의 조선인에 대한 세심함이 엿보인다.[49]

야마토가와염공소 제2공장에 근무하고 있던 조선인 박돈월(朴敦月)은 '감은록'이라는 주제로 야나기하라와의 인연을 설명하고 있다.

> 나는 우리 공장에 있는 것이 진심으로 기쁩니다. 첫째는 이 공장에 와서 천지만물의 창조주인 자애로우신 천부를 알게 되어 어떠한 경우에도 신앙 안에서 평안할 수 있기 때문입니다. 또한, 우리 공장은 나라 안에서도 모범을 보이고 있을 뿐만 아니라, 이번에는 황공하옵게도 황후폐하의 행계(行啓)의 때에 시종장을 보내주셔서, 공장주가 평소 일본과 조선의 융화에 있어 진력을 다하였기에 귀한 과자를 주시고, 매일 아침의 집회의 모습 및 그 사회자의 인명표는 시종장이 가지고 돌아가신바 우리들은 광영일 따름입니다. 나는 아직도 언어도 부자유롭고 지식도 부족한 우리들을 일본인과 조선인이라는 차별도 없이 항상 평등하게 사랑하고 지도해주신 공장주와 공장장 등에게 감사할 뿐입니다.[50]

그의 박애주의적 구제활동과 관련하여 극기단원이던 조선인 이장기(李長基)는 다음과 같이 말하고 있다.

> 회고하면 12년 전, 김상철 군이 낯선 일본에 와서 사카이시에서 과자 행상을 하고 있었습니다만, 그 무렵은 내지에 와 있는 조선인이 아직

---

49 大和川染工所克己団, 1921. 1. 1, 『向上』 제5호, 6쪽.
50 大和川染工所克己団, 1925. 1. 1, 『向上』 제13호, 8쪽.

적었기 때문에 마음 없는 사람들로부터 매일 심한 학대와 멸시를 받고 있던 것을 기독교적 박애주의자인 야나기하라 단장은 그를 폭학(暴虐)의 손으로부터 구해내고, 자신의 집으로 데려가 돌보아주었습니다. 그는 단장의 집에 있는 4년 동안 따듯한 기독교적 감화를 받고 원만한 인격이 되어 주야 일하고 공부하여 7년 전 귀선(歸鮮)하여 지금은 동양척식주식회사 수원출장소 통역까지 되었습니다. (중략) 단장의 우리 조선인에 대한 사랑의 정신은 일관되어 조금도 변함이 없고 그동안 우리 조선인 직공들이 받은 은혜는 도저히 셀 수 없을 정도입니다만, 만약 다음 호에서도 지면의 여백이 허락된다면 그 소감을 전하고자 합니다.[51]

그 이듬해 1921년 김상철이 극기단을 내방하였을 때, 그는 야나기하라와의 인연에 대해 다음과 같이 소감을 밝히고 있다.

다년간 방랑생활에 익숙한 저에게 있어서 경건한 기독교도인 야나기하라 씨의 가정에서 사는 것은 상당히 고통스러웠기 때문에 4일째에 도망쳐서 다시 방랑생활을 하였습니다. 그런데 야나기하라 씨는 내가 도망친 것에 대해 화도 내지 않고 걱정스러워하며 다방면으로 저를 찾고 계시다는 얘기를 듣고서 내가 참으로 잘못하였구나 하고 크게 뉘우치고 야나기하라 씨의 집으로 돌아가서 이야기를 하니 크게 기뻐하며 다시 나를 가정의 한 사람으로 받아주었습니다. 만약 그때 내가 야나기하라 씨의 집에 돌아가 신세를 지지 않았다면 오늘 어떤 악한

---

51 大和川染工所克己団, 1920. 8. 1, 『向上』 제4호, 7쪽.

무뢰한 인간이 되어서 국가와 사회에 화를 끼쳤을지 모릅니다. 저는 당시를 되돌아보면 참으로 전율을 금할 수 없고 동시에 야나기하라 씨의 친절은 평생 잊을 수 없을 것입니다.[52]

김상철이 야나기하라에게 감사의 마음을 갖고 있다고 말하자 야나기하라는 다음과 같이 말한다.

김상철 군이 나의 집에 와서 4년간 사람이 완전히 변한 것도 모두 종교의 힘입니다. 그가 이번에 나를 찾아왔습니다만, 그가 오늘날 이렇게 성공한 것이 나는 너무나도 감사할 따름입니다.[53]

야나기하라는 김상철의 변화가 오직 종교의 힘에 의한 것임을 강조한다. 잡지 『향상』 1922년 7월 22일자에는 야나기하라가 조선의 한복 두루마기를 입고 김상철 부부와 함께 찍은 사진이 있다. 사진에서는 야나기하라가 조선인이고 김상철이 도리어 일본인 같은 느낌마저 들어 누가 조선인이고 일본인인지 알 수 없다고 편집자는 설명하고 있다.[54]
야나기하라는 인류 동포의 정신을 강조하고 있었다. 그가 이왕가어경사기념회 활동을 적극적으로 지원하고 조선인 직공에게도 구제의 손길을 내밀 수 있었던 것은 그의 남다른 인류애의 정신이 근간이 되고 있었다.

나는 동포 정신의 실제 문제로서 첫 번째로 일본 재주의 외국인, 서양

---

52 大和川染工所克己団, 1921. 7. 25, 『向上』 제6호, 7쪽.
53 大和川染工所克己団, 1921. 7. 25, 『向上』 제6호, 7쪽.
54 大和川染工所克己団, 1923. 1. 15, 『向上』 제9호, 8쪽.

인, 지나인을 불문하고 친절하게 대해야 하고, 나아가 조선과 만주의 형제로 동포 형제의 실제를 열심히 나타내고자 한다. 특히 동양의 제 국민에 대해서는 일본은 형의 위치에 있다. 그렇다면 더욱 사랑과 친절로 그들 제민족과 접해야만 한다.[55]

야나기하라에게 동양은 동포이자 형제의 나라였고, 식민지 본국인 일본은 형의 입장에서 동포 형제에 대한 사랑과 친절을 실천해야 한다고 믿고 있었다.

1905년 여름 상업시찰로 처음으로 야나기하라가 조선에 갔을 때의 일이다. 당시 조선에 있던 일본인들이 조선인에 대한 횡포가 극심한 것을 보고 "만약 내가 오늘날 조선인이라면 어떠한 마음이었을까 생각하고 바로 조선인에 대한 동정의 눈물을 금하지 못하고 일본과 조선이 상호에 융합하기 위해서는 일본인이 먼저 조선인의 마음으로 충심으로 그들을 애호(愛護)하는 정신으로 그들을 대할 필요가 있다"고 말한다.[56] 즉, 조선에 있는 일본인들이 조선인의 사회생활이나 행복에는 관심이 없고 오직 횡포를 가하는 모습은 양 국민의 장래에 도리어 상처만 주는 것이라고 인식하고 양 국민의 융화를 위한 길을 찾아야만 한다고 생각하였다. 그리고 그것이 바로 조선의 왕세자 이은과 이방자 부부의 결혼이었다. 그는 이 결혼을 양 국민 융화의 결정체로 받아들이고 있었다.[57]

---

55 大和川染工所克己団, 1922. 7. 20, 『向上』 제8호, 1쪽.
56 大和川染工所克己団, 1922. 7. 20, 『向上』 제8호, 7쪽.
57 大和川染工所克己団, 1923. 1. 15, 『向上』 제9호, 7쪽.

IV. 야나기하라와 조선인 여자유학생

야나기하라가 조선인 여자유학생의 교육을 헌신적으로 지원한 것은 그것을 사명으로 받아들였기 때문이다. 그는 기념회를 통해 조선의 고등여학교 및 그 이상의 학교의 최우등졸업생에게 상패 및 기념품을 증정하고 면학의 공을 표창하여 부덕(婦德)을 쌓을 수 있도록 여자교육을 장려하였다.[58] 여기서는 조선인의 피해가 극심했던 관동대지진과 관련된 야나기하라의 움직임과 조선인 여자유학생이 활동한 근우회 모임, 그리고 나라여자고등사범학교와 관련된 야나기하라의 움직임 및 조선 여류 피아니스트 이애내, 여류 화가 나혜석과 야나기하라에 관하여 살펴보자.

1. 야나기하라와 관동대지진

내지 일본의 조선인 유학생의 증감 추이를 살펴보면 1912년 말에는 300명도 채 되지 않았으나 1921년에 1,000명을 넘어 1922년 말, 거의 2,000명으로 증가하였다. 1923년 9월 1일 관동대지진이 발생하고 유학생 중 대부분은 조선으로 돌아갔다. 그러나 그들의 복귀는 의외로 신속하게 이루어졌다.[59] 이와 관련하여 야나기하라의 움직임 또한 언급하지 않을 수 없다. 관동대지진으로 조선인들이 자경단에 의해 목숨을 잃었

---

58 大和川染工所克己団, 1923. 8. 3, 『向上』 제10호, 7쪽.
59 조선인 유학생은 1912년-279명, 1918년-445명, 1920년-715명, 1922년-1,667명, 1926년-3,275명, 1927년-3,239명, 1928년-3,753명, 1929년-3,769명으로 증가한다. 「在內地朝鮮學生調」, 『獎學部報』, 朝鮮教育會獎學部 第十二號, 1930년 6월 15일, 3쪽.

을 때, 야나기하라는 다음과 같이 말하였다.

진재 당시 모 마을의 자경단이라고 하는 자들의 광포한 행위는 실로 인도상 용서받을 수 없는 행위입니다. 그러나 우리는 이 광포한 행위를 굳이 한 모 마을사람들만을 탓할 수 없습니다. 이것은 우리 국민 전체의 과실로서 함께 그 책임을 져야만 합니다. (중략) 사건 발생 당시야말로 내지에 유학하고 있는 조선인 학생의 부형 중에는 앞으로 그 사랑하는 자제를 내지에 계속해서 유학시키는 것에 대해 위구심을 품고 자제 유학의 뜻을 단념하려는 사람도 있었습니다만, 오늘에 이르러 서로를 의지하고 서로 소통하며 앞으로는 아무런 염려 없이 더욱 그 자제를 내지에 유학시키겠다고 명언하는 사람도 있을 정도입니다. 참으로 일본과 조선의 융화는 오직 교육의 힘에 의지할 수밖에 없습니다. 우리는 유학생 부형의 신용에 등 돌리지 않기 위해, 힘껏 조선인 유학생을 보호하고 또한 편의를 도모해야만 합니다.[60]

야나기하라는 조선인이 독극물을 우물에 탔다는 유언비어에 일본인이 휘둘려, 그것을 이유로 일본의 자경단이 수많은 조선인에게 흉포한 행동을 하는 것을 보고 충격을 받았다.[61] 그는 관동대지진으로 인해 도쿄에 살던 3녀와 그 손녀를 잃은 상태였지만, 그 슬픔 속에서 1923년 10월 5일 조선으로 향했다. 그는 조선에서 다음과 같이 말하였다.

60　大和川染工所克己団, 1923. 11. 20, 『向上』 임시호, 2쪽.
61　奈良女子大學アジア・ジェンダ-文化學研究センタ- 編, 2016, 187쪽.

나는 이번에 조선 분들에게 양해를 구하기 위해서 왔습니다. 이번 관동지방의 대진재의 때에 소위 유언비어 때문에 조선인들이 그 지방에서 의외의 피해를 입었습니다. 무엇보다도 그 지방을 시작으로 내지의 사람들도 한때는 유언비어 때문에 상당한 공포를 경험했고, 많은 생각을 한 사람도 있습니다. 어쨌든, 그것은 그렇다고 해도 내지에 있는 조선인 제군을 비롯하여 여기의 분들에게 많은 걱정을 끼쳐드린 것에 대해서 사과 말씀을 드리러 왔습니다.[62]

야나기하라는 나혜석의 조카가 되는 김숙배의 수원 집에도 찾아가서 그의 할아버지인 김영식과 만나 사과와 위로의 말을 전하였다. 김영식은 기뻐하며 "손녀에게 있어서 자신은 조선에 있는 조부이고, 나는 내지의 조부"라고 한 사실을 언급하며, 야나기하라 본인 또한 그렇게 생각하고 있었다고 말한다.[63]

1924년 9월, 관동대지진이 일어난 지 1년이 되던 해, 『죠모(上毛)신문』은 관동대지진으로 인해 3,000명의 조선인 학생이 귀국하였으므로 조선인 학생의 교육 보조를 위해 동분서주하는 야나기하라의 활동을 "조선 학생 보조 활동 개시"라는 제목으로 소개하고 있다. 3,000명의 조선인 학생이 귀국했기 때문에, 지난 20년간 조선인 문제에 관심을 가져온 야나기하라가 직접 거금을 들여서 조선 학생의 교육 보조를 생각하고 부지사의 손을 거쳐 전국 부현(府県)의 응원 및 보조자의 장려를 의뢰해왔다고 그의 활동을 설명한다.[64] 조선인 유학생은 1923년 가을과

---

[62] 大和川染工所克己団, 1923. 11. 20, 『向上』 임시호, 3쪽.
[63] 大和川染工所克己団, 1923. 11. 20, 『向上』 임시호, 3쪽.
[64] 大和川染工所克己団, 1924. 9. 10, 『向上』 제12호, 8쪽.

겨울부터 일본으로 다시 돌아오기 시작하여 1925년 봄에는 거의 관동대지진 발생 이전의 상태로 돌아왔다. 그 후 1929년 말, 일본의 조선인 유학생은 3,769명에 이른다.[65]

2. 근우회와 조선인 여자유학생

근우회(槿友會)는 1927년에 창립하여 1931년에 해산된 여성 항일구국운동 단체이다. 1927년 신간회(新幹會)가 조직된 직후, 자매단체로서 같은 해 5월 27일 김활란(金活蘭)·최은희(崔恩喜)·현신덕(玄信德) 등의 기독교계 민족주의 여성운동계와 박원민(朴元玟)·정종명(鄭鍾鳴)의 사회주의 여성운동계가 민족적 통일전선으로서 조선 여성의 대동단결을 도모하기 위하여 창립하였다. 이듬해 2월 12일 교토에서 근우회 교토지회 창립대회가 열렸다. 이 대회에는 나라여자고등사범학교의 조선인 여자유학생도 참석하고 있었다. 당시 일본 국내에서 조선인 유학생을 감독하고 있던 곳은 조선총독부의 조선교육회 장학회였다. 조선교육회 장학회는 매년 학교에 재적 조사 의뢰를 하였고, 조사 항목에는 학과, 학년, 이름, 출신 지역 등 그 외에도 학업 성적, 성격 등이 포함되어 있었다.

나라여자고등사범학교의 조선인 여자유학생이 1928년 2월 12일에 교토시에서 개최된 근우회 모임에 출석했다는 연락이 경찰에게 왔을 때 학교는 이들의 보증인인 야나기하라와 조선인 여자유학생 문제를 논의하였다.[66] 그들은 바로 표경조(가사과)와 김동옥(가사과), 박정숙(문과), 김

---

65 朝鮮教育會獎學部, 1930. 6. 15, 「在內地朝鮮學生調」, 『獎學部報』, 1쪽.
66 奈良女子大學アジア・ジェンダー文化學研究センター 編, 2016, 202쪽.

성철(문과)이었다. 이들은 식민지 본국에서 제국의 지식과 문화를 수용하며, 민족과 젠더의 일방적인 불평등 속에서 독립된 주체로서 자각하고, 여성해방과 노동운동을 위해 뛰어든 것이었다. 그들은 이 대회에서 노동부인에 관한 건, 인신매매에 관한 건, 신간회 지지에 관한 건, 관서부인동맹 지지의 건 등을 토의하였다.[67] 잡지 『향상』과 『앵근의 화』에서는 조선인 여자유학생과 관련된 노동문제나 독립운동 기사는 찾아볼 수 없으나 그들이 다니고 있었던 나라여자고등사범학교의 기록을 통하여 야나기하라가 조선인 여자유학생에 대한 일본인 보증인으로서 겪었을 고심 또한 엿볼 수 있다. 1931년 3월 나라여자고등사범학교 문과를 졸업하고 광주 수피아여학교에서 교편을 잡고 있던 김성철은 다음과 같이 말하고 있다.

> 할아버지가 (일본으로) 돌아가시고 나서 10월이 되어서는 정말 정신없이 (중략) 여러 가지를 생각해보았습니다만, 계속 기다리던 긴장이 할아버지를 배웅하고 나서 풀려버린 것에서 원인을 찾았습니다. 우리가 무사히 일하고 있는지 어떤지를 보고 싶으셔서 여기 구석진 곳까지 오신 할아버지의 마음을 생각하면 연약한 몸에서 강인함이 나와서 상당히 안심하게 됩니다. (중략) 특히 이번에 광주에 오셨을 때 많은 사람이 할아버지의 일을 이해해주어서 정말 기뻤습니다. 그리고 할아버지의 진심!이 하나님을 통해서 인간의 마음을 진심으로 관통하였다고 생각하니 마음이 든든하고 자랑스럽기까지 하였습니다. 무엇보다 할아버지의 마음을 가장 잘 이해하고, 가장 잘 전할 수 있는 야나기

---

67 李順愛, 1977. 12. 「槿友會」, 『在日朝鮮人史研究』 1卷, 在日朝鮮人運動史研究會, 40쪽.

하라 선생님(야나기하라의 아들)을 맞이한 것도 진심으로 기쁜 것 중에 하나였습니다. 다만 할아버지의 미소 어린 얼굴을 뵙고 전부 잊어버리고! 멍하니 맞이하고, 멍하니 배웅한 것 같습니다. 정말로 나중에 생각해보면 이상할 정도로, 너무나 기뻤습니다.[68]

근우회 교토지회 간사 활동으로 일본 경찰의 감독과 감시의 대상이 되었던 조선인 여자유학생 김성철은 유학생 중 105통에 이르는 가장 많은 서신을 야나기하라와 교환한 인물이다. 그는 제국과 식민지의 일방적인 불평등 속에서 여성해방과 노동해방을 위해 식민지 본국에 저항한 근대적 지식인이었다. 그는 조선으로 귀국한 후에도 야나기하라와 이어지는 서신과 만남을 통해 끈끈한 신뢰와 유대를 보여준다. 김성철과 함께 근우회 활동을 한 표경조(表景祚)도 1929년 3월 가사과를 졸업하고 귀국 후, 이화여자고등보통학교에서 교유로 활동하였다. 그는 야나기하라가 1933년 9월 25일 조선에 있을 때, 야나기하라와 만남을 가진 후, "야나기하라 할아버지 일가는 우리에게 개방된 즐거운 가정이었습니다. 하마테라(浜寺) 저택에서의 추억은 우리 학생시절의 즐거운 추억입니다"고 회상하고 있다.[69]

3. 조선인 여자유학생의 보증인, 야나기하라

야나기하라가 지원한 조선인 여자유학생의 대다수가 입학한 곳은 나

---

68 李王家御慶事記念會, 1933. 12. 25, 『櫻槿の華』 제1호, 5쪽.
69 李王家御慶事記念會, 1933. 12. 25, 『櫻槿の華』 제1호, 4쪽.

라여자고등사범학교이다. 나라여자고등사범학교의 최초의 조선유학생은 조선총독부 중추원 참의 김준명(金濬明)의 딸인 21세의 김영희와 16세의 김무희 자매였다. 둘 다 진명여자고등보통학교를 졸업하고 나라여자고등사범학교의 외국인 특별입학 규정세칙에 따라 청강생으로 들어간 것이다. 진명여자고등보통학교는 1906년 조선이 독립국으로서의 권리를 상실하고 있던 가운데, 교육구국(敎育救國) 운동에 자극을 받은 고종황제의 측실이던 엄비가 그의 동생인 엄준원을 교장으로 해서 개교한 학교로 이것은 조선에서 만든 최초의 여학교였다. 당시 엄준원은 미션스쿨과 달리 당시 조선의 실정에 맞는 부덕함양이라는 여자교육방침을 세웠으나 개교 당초는 딸을 학교에 보내는 것에 저항감을 느끼는 부모가 많아 정원이 충족된 것은 1922년부터였다고 한다.[70] 그 후, 1923년에는 4명, 1924년 1명, 1925년 4명, 1926년 4명이 입학을 하였고, 그들 모두 이왕가어경사기념회의 야나기하라의 지원에 의한 것이었다.[71]

나라여자고등사범학교의 조선인 유학생 55명 중 42명이 야나기하라에게 보낸 서간이 일본의 모모야마학원대학 사료실에 남아 있다. 서간은 재학 중에 보낸 것이 가장 많지만, 졸업 후 사진을 동봉하여 결혼이나 출산 등의 근황을 알리며 안부를 묻는 것도 있다. 야나기하라는 그들에게 축전을 보내기도 하고 축하나 위로의 답례품을 보내기도 하였다. 서간을 보는 한 조선인 여자유학생들의 마음에 위로를 준 것은 야

---

70 奈良女子大學アジア・ジェンダー文化學硏究センター 編, 2016, 181쪽.
71 奈良女子大學アジア・ジェンダー文化學硏究センター 編, 2016, 182쪽.

나기하라의 가정에서 받은 가정적인 분위기였다.[72] 전술한 표경조도 그 예라고 할 수 있을 것이다. 여기서는 고국을 떠나온 조선인 여자유학생의 일본인 보증인으로서의 야나기하라의 움직임에 주목해보자. 야나기하라가 유학생의 교육에서 가장 주안점을 둔 것은 조선왕실과 일본황실에 대한 경애와 공순의 태도를 함양시키는 것이었다.[73]

1925년 4월 11일, 이은 왕세자의 나라 방문에 유학생을 인솔하여 맞이함.

1925년 5월 10일, 조선유학생이 직접 만든 자수쿠션 하나를 천황의 은혼식에 선물함.

1926년 3월 2일, 조선 귀국길에 오른 이은 왕세자 부부와 덕혜옹주를 오사카역에서 유학생들과 배웅함.

1926년 6월 10일, 조선 순종의 국장(國葬) 때에 유학생들과 함께 사카이에서 요배식(遙拜式) 거행함.

1926년 12월, 유학생을 집합하여 다이쇼천황의 쾌차를 위해 기도함.

1927년 5월 26일, 이은 왕세자와 이방자의 유럽 방문을 고베항에서 전송, 배알함.

1928년 4월 9일, 이은 왕세자와 이방자의 조선 귀국을 고베항에서 전송함.

1928년, 이은 왕세자의 도쿄 저택에서 이방자에게서 과자를 받음.

1929년 10월 27일, 졸업 예정의 조선 유학생을 동반하여 이은 왕세

72　奈良女子大學アジア・ジェンダー文化學硏究センター 編, 2016, 194쪽.
73　奈良女子大學アジア・ジェンダー文化學硏究センター 編, 2016, 194쪽.

자의 도쿄 저택에서 이은 왕세자와 덕혜옹주를 배알, 문장이 들어간 과자를 받음.

1930년 7월 6일, 조선으로 귀국하는 이은 왕세자와 이방자를 오사카역에서 전송함.

1930년, 황태후에게 조선 유학생이 만든 인형을 헌상함.

1933년 4월 21일, 황태후에게 조선 유학생이 만든 조선 금강산 자수 액자를 헌상함.[74]

1925~1933년에 이르는 기간 동안 야나기하라는 조선 유학생이 만든 자수쿠션이나 액자, 인형을 황태후에게 헌상하기도 하였다. 이와 관련하여 조선인 여자유학생이나 여교원 내지 시찰단은 일본 황실에 대한 헌상에 관해 거부나 반발 등의 부정적인 평가보다는 영광으로 생각한다는 기술을 다수 남기고 있다.[75] 그러나 그보다도 야나기하라는 조선인 여자유학생들을 인솔하여 이은 왕세자 부부와 덕혜옹주를 배웅하고 전

---

74 奈良女子大學アジア·ジェンダー文化學硏究センター 編, 2016, 195~196쪽.
75 太田孝子는 조선인 여자유학생에 대한 야나기하라의 지원에도 불구하고 황실이나 일본 정신에 관한 여자교원시찰단의 감상문에서 학교에서 배운 어휘의 범위를 뛰어넘지 않는 거의 매일 똑같은 문장이 반복되어 나옴으로써 야나기하라가 바라는 만큼 여자유학생들이 받아들이지 않고 있음을 지적한다. https://kaken.nii.ac.jp/ja/report/KAKENHI-PROJECT-26381018/263810182016jisseki/ 이와 관련하여, 1933년 9월 25일 야나기하라가 조선에 갔을 때, 경성여자상업학교의 교유 이숙종(제1회 시찰단원)은, "우리 내지 시찰단에게 있어서 야나기하라 할아버지는 기치베 할아버지(딸의 할아버지)였습니다"라고 하였고, 경성전기주식회사의 이호영(고베상업학교 졸업)은 "우리들이 내지에서 유학할 때, 야나기하라 씨는 황후폐하로부터 받은 과자라고 말씀하시면서 가지고 오셨습니다. 이왕(李王) 전하가 외유하실 때에도 야나기하라 씨의 소개로 알현을 허락받았던 경험은 잊을 수가 없습니다"고 하면서 일본 유학 시절에 야나기하라에게 받은 친절에 대해서 소회를 밝히고 있다. 李王家御慶事記念會, 1933. 12. 25, 제1호, 4쪽.

송하는 일도 하고 있었다. 특히 1926년 순종의 국장 때의 사카이에서 진행된 요배식에는 유학생들과 함께 참석하고 있다. 이 행사 일정에 대해 1926년 6월 9일 나라여자고등사범학교의 '교관회의'에서 야나기하라의 의견을 전하고 있다. 그것은 6월 10일 사카이에서 열리는 순종의 국장 때에 요배식을 거행하므로 조선 유학생을 참석시키고자 하는 야나

〈표 1〉 여자유학생이 재적한 학교와 학생 수(1912~1944년)

학교명	인원수	학교명	인원수
죠시미술학교	107	히로시마여학원전문학교	5
데코쿠여자전문학교	84	람바스역학원보육전수부	4
도시샤여자전문학교	82	히로시마여자전문학교	3
니혼여자체육전문학교	80	도호쿠제국대학	3
니혼여자대학	69	우메하나여자전문학교	2
도쿄여자의학전문학교	61	아오야마여학원영문전공과	2
나라여자고등사범학교	59	니혼체육회체조부	1
도쿄여자고등사범학교	53	교릿쓰여자전문학교	1
데코쿠여자의학약학전문학교	47	교릿쓰여자약학전문학교	1
짓센여자전문학교	28	도쿄여자약학전문학교	1
무사시노음악학교	22	와요여자전문학교	1
교토여자고등전문학교	20	죠시경제전문학교	1
니혼여자고등상업학교	20	바이코여학교전문부	1
긴죠여자전문학교	15	히로시마여학교보모사범과	1
고베여자신학교	13	규슈제국대학	1
도쿄여자대학	12	교토부립여자전문학교	1
고베학원전문학교	12	도쿄여자체육음악학교	1
도쿄가정전문학교	9	요코하마여자신학교	1
캇수이여자전문학교	6	오사카여자전문학교	1
쓰다주크전문학교	6		
오사카음악학교	6	총계	843

출전: 朴宣美, 2005, 『朝鮮女性の知の回遊―植民地文化支配と日本留學』, 山川出版社, 35쪽.

기하라의 요청에 대해 교장은 특별조치를 취하도록 허락하고 있는 것을 전한다.[76]

〈표 1〉에서도 알 수 있는 것처럼 조선인 여자유학생이 가장 많이 재적한 학교는 죠시(女子)미술학교이고, 그 뒤를 데코쿠(帝國)여자전문학교와 도시샤(同志社)여자전문학교가 잇고 있다. 지역적으로는 도쿄(東京) 소재의 대학에 가장 많이 분포하고 있고, 나라(奈良)와 오사카, 교토(京都)의 지역 순으로 이어진다. 그 외에도 동북지역이나 규슈지역도 눈에 띈다. 조선인 여자유학생은 대부분이 사립여자전문학교에 재학하는 경우가 많았으며 사립일 경우에는 도시샤여자전문학교처럼 미션스쿨이 많았다.[77]

〈표 2〉는 나라여자고등사범학교 조선인 유학생의 재적자를 나타낸 것이다. 전공학과를 보면 가사과와 문과가 주를 이루고 있는 것을 알

〈표 2〉 나라여자고등사범학교 조선 유학생 재적자 일람

이름	출신지	출신 학교	생년월일	전공 학과	입학 연월일	퇴학 연월일	졸업 연월일
김영희	경성	사립진명여자고등보통학교	1901. 10. 6	가사과(청)	1922. 4. 17	1924. 2. 29	
김무희	경성	사립진명여자고등보통학교	1906. 8. 22	가사과(청)	1922. 4. 17		1926. 3. 24 (청강수료)
김숙배	경기도	경성숙명여자고등보통학교	1904. 9. 27	가사과	1923. 4. 10		1927. 3. 24
박소제	경기도	경성숙명여자고등보통학교	1906. 4. 2	이과	1923. 4. 10		1927. 3. 24
이예행	황해도	경성숙명여자고등보통학교	1906. 9. 21	문과	1923. 4. 10		1927. 3. 24

---

76 奈良女子大學アジア・ジェンダ-文化學研究センタ- 編, 2016, 196쪽.
77 朴宣美, 2005, 『朝鮮女性の知の回遊-植民地文化支配と日本留學』, 山川出版社, 34쪽.

이름	출신지	출신 학교	생년월일	전공 학과	입학 연월일	퇴학 연월일	졸업 연월일
김영수	평안남도	평양관립여자고등보통학교	미상	문과	1923. 4. 10	1923. 9. 26	
문남식	경상남도	경성숙명여자고등보통학교	1906. 6. 8	이과	1924. 4. 10		1928. 3. 24
표경조	경상남도	경성여자고등보통학교	1906. 12. 13	가사과	1925. 4. 10		1929. 3. 24
김복희	강원도	경성여자고등보통학교	1906. 12. 15	문과	1925. 4. 10	1928. 9. 29	
문남아	경기도	경성숙명여자고등보통학교	미상	문과	1925. 4. 10	1926. 9. 1	
윤덕희	경기도	경성숙명여자고등보통학교	1909. 2. 9	문과	1925. 4. 10	1928. 3. 14	
김동옥	경기도	관립경성여자고등보통학교	1908. 5. 27	가사과	1926. 4. 10		1930. 3. 24
손정순	함경남도	숙명여자고등보통학교	1907. 1. 10	문과 → 이과	1926. 4. 10		1930. 3. 24
박정숙	평안남도	관립평양여자고등보통학교	1905. 12. 8	문과	1926. 4. 10		1930. 3. 24
최경진	평안북도	평양공립여자고등보통학교	1908. 1. 24	문과	1926. 4. 10		1930. 3. 24
김인수	충청남도	숙명여자고등보통학교	1909. 11. 15	문과	1927. 4. 9		1931. 3. 24
김성칠	평안남도	평양공립여자보통학교	1906. 11. 23	가사과 → 문과	1927. 4. 9		1931. 3. 24
송옥선	경기도	경성숙명여자고등보통학교	1910. 4. 23	가사과	1927. 4. 9		1931. 3. 24
한순길	경기도	경성공립여자고등보통학교	1909. 2. 29	문과	1928. 4. 10		1932. 3. 24
허하백	함경북도	경성숙명여자고등보통학교	1908. 1. 28	이과	1928. 4. 10		1933. 3. 24
김낙신	평안북도	진명여자고등보통학교	1911. 3. 28	가사과(선)	1928. 4. 10		1932. 3. 24(선과수료)
정관숙	평안북도	진명여자고등보통학교	1909. 2. 23	가사과(선)	1928. 4. 10		1932. 3. 24(선과수료)

이름	출신지	출신 학교	생년월일	전공 학과	입학 연월일	퇴학 연월일	졸업 연월일
김선	평안남도	정의여자고등보통학교	1910. 9. 10	이과	1929. 4. 10		1933. 3. 24
오정아	황해도	숙명여자고등보통학교	1912. 3. 11	문과	1929. 4. 10		1933. 3. 24
박봉호	평안남도	평양사립숭의여학교고등과 → 사립히로시마여학교고등부	1907. 12. 7	문과	1929. 4. 10		1933. 3. 24
최귀난	경상북도	대구공립여자고등보통학교	1911. 2. 16	가사과	1929. 4. 10		1933. 3. 24
김염숙	평안도	평양공립여자고등보통학교	1913. 12. 25	가사과	1930. 4. 10		1934. 3. 24
주월경	경상북도	대구공립여자고등보통학교	1910. 12. 9	가사과	1930. 4. 10		1934. 3. 24
서경남	전라남도	숙명여자고등보통학교	1912. 11. 25	문과	1930. 4. 10		1934. 3. 24
변주	경상북도	도쿄호리에여학교 → 본교부속실과고등여학교	1909. 4. 8	가사과	1930. 4. 10		1934. 3. 24
김복분	경상남도	대구공립여자고등보통학교	1911. 8. 1	이과	1931. 4. 10		1936. 3. 24
박용경	강원도	진명여자고등보통학교	1911. 4. 26	가사과	1931. 4. 10		1935. 3. 24
류기주	전라북도	전주공립여자고등보통학교	1914. 9. 22	문과	1931. 4. 10		1935. 3. 24
임옥인	함경북도	영생여자고등보통학교	1911. 6. 1	문과	1931. 4. 10		1935. 3. 24
임영길	강원도	숙명여자고등보통학교	1916. 2. 5	문과	1932. 4. 10		1936. 3. 24
최문희	경기도	호수돈여자고등보통학교	1915. 12. 6	가사과	1932. 4. 10		1936. 3. 24
김혜영	경상남도	진주신여자고등보통학교 → 본학부속실과고등학교 보통과퇴학	1913. 6. 14	문과	1933. 4. 10		1937. 3. 24

이름	출신지	출신 학교	생년월일	전공 학과	입학 연월일	퇴학 연월일	졸업 연월일
마귀선	개성	개성호수돈여자고등보통학교	1917. 6. 25	가사과	1933. 4. 10		1937. 3. 24
최경주	경상북도	대구공립여자고등보통학교	1917. 3. 21	가사과	1933. 4. 10		1937. 3. 24
김영주	경상북도	대구공립여자고등보통학교	1915. 5. 6	이과	1934. 4. 10		1937. 3. 24
김복녀	평안남도	평양공립여자고등보통학교	1916. 3. 16	가사과	1934. 4. 10		1938. 3. 24
김주원	전라남도	경성숙명여자고등보통학교	1916. 7. 13	문과	1935. 4. 10		1939. 3. 24
최성률	평안남도	경성용산고등학교 → 본학부속실과고등학교보습과수료	1916. 8. 5	문과	1935. 4. 10		1939. 3. 24
김정순	충청남도	경성숙명여자고등보통학교	1919. 9. 10	가사과	1936. 4. 10		1940. 3. 20
홍임식	경기도	경성공립여자고등보통학교	1916. 8. 11	이과	1936. 4. 10		1940. 3. 20
최선경	경상북도	대구공립여자고등보통학교	1919. 7. 4	가사과	1936. 4. 10		1940. 3. 20
홍경희	경상북도	대구공립여자고등보통학교	1919. 5. 8	문과	1937. 4. 10		1941. 3. 20
정재인	경기도	경성공립여자고등보통학교	1921. 5. 18	문과	1938. 4. 10		1941. 12. 24
최신덕	평안북도	경성배화여자고등보통학교	1921. 12. 30	가사과	1939. 4. 10	1938. 10. 13	
박영자	평양	평양서문공립고등여학교(구 평양여고보)	1921. 5. 5	문과	1939. 4. 8		1942. 9. 30
강신주	경상북도	대구공립여자고등보통학교	1921. 6. 20	가사과	1939. 4. 8		1942. 9. 30
伊原惠子	경성	경기공립고등여학교(구 경성여고보)	1924. 3. 20	문과	1941. 4. 10		1944. 9. 30

이름	출신지	출신 학교	생년월일	전공 학과	입학 연월일	퇴학 연월일	졸업 연월일
津本節子	황해도	숙명고등여학교	1925. 7. 11	가사과	1942. 4. 10		1946. 3. 31
東소美	평양	숙명고등여학교	1922. 2. 1	문과	1942. 4. 10	1945. 3. 31	
김연옥	경기도	조선경성공립고등여학교	1925. 10. 4	문과	1943. 4. 10		1946. 3. 31

출전: 奈良女子大學アジア·ジェンダ-文化學硏究センタ- 編, 2016, 『奈良女子高等師範學校とアジアの留學生』, 敬文舍, 179~180쪽.

수 있다. 다수의 조선인 여자유학생이 조선으로 귀국한 후 그들은 여학교에서 가사와 가정을 가르치는 교사가 되었다.

4. 조선의 여류 피아니스트 이애내와 야나기하라

조선인 여자유학생으로 최초로 독일 베를린 뮤직호흐슐레를 졸업한 한국 여성 피아니스트 이애내(李愛內)는 우리나라 근대적 지식인의 한 사람으로 바이올니스트 안병소(安炳昭)의 부인이다. 2015년 쇼팽 국제 피아노콩쿨에서 우승을 차지한 최초의 한국인 조성진이 이애내의 제자 신수정의 제자라는 점을 생각해보면 그가 양성한 약 250명에 이르는 후학을 비롯한 그의 음악적 영향력은 21세기 현재에도 여전히 무시할 수 없다. 이애내는 1908년 미국 하와이에서 출생하여 목사인 부친을 따라 한국으로 건너와 피아노를 배웠다. 당시의 숙명여자고등보통학교를 졸업하고 일본의 고베(神戶)여학원 보통과 2년, 연구과에서 4년간 공부한 후, 고베여학원전문 음악과에서 피아노를 전공하고 독일 베를린에서 공부하였다. 이애내는 독일 유학을 떠나기 전 이미 일본에서 모스크바 출신의 외국인 음악가 후지에프에게서 피아노 레슨을 받기도 하였다.[78] 이러한 이애내의 피아니스트로서의 유학 과정과 활동에는 야나기하라와의 인연을 언급하지 않을 수 없다.

이애내와 야나기하라의 만남은 서신 교환으로 시작된다. 이애내는 고베여학원으로의 유학에 대해 야나기하라에게 직접 편지를 썼다. 이애내가 자신의 독일 유학 결심을 야나기하라에게 말한 것은 1931년 4월 23일자 편지에서 알 수 있다. 그녀는 유학 자금을 마련하기 위해 레슨을 해야겠다는 의지를 드러내고 있다.[79] 이애내는 1933년 12월 서신을 통해 야나기하라에게 독일 유학을 위해 여권이 필요하다고 말한다.[80] 야나기하라는 12월 13일 이애내의 여권 마련을 위해 효고현청에 출두한다.[81] 그 후 1934년 3월 2일 이애내는 여권신청을 배려해준 효고현 외사과장 앞으로 감사장을 보낸다.[82]

일제강점기의 조선에서 미혼여성이 일본으로, 게다가 독일로 혼자 유학 가는 것은 결코 일반적인 일이 아니었다. 그러나 근대화된 일본에서는 독일 유학이 그리 낯선 것만은 아니었다. 일본 고베에서 음악적 수학을 한 후의 이애내는 일본에서의 유학 경험을 살려 보다 전문적으로 피아노를 공부하고자 하였다. 더구나 식민지 조선의 여자유학생이었지만

---

[78] "이애내가 야나기하라에게 보낸 편지", 1931년 4월 23일자(모모야마학원대학사료실 소장).
[79] "이애내가 야나기하라에게 보낸 편지", 1931년 4월 23일자(모모야마학원대학사료실 소장).
[80] "이애내가 야나기하라에게 보낸 편지", 1933년 12월 4일자(모모야마학원대학사료실 소장).
[81] 李王家御慶事記念會, 1933. 12. 25, 『櫻槿の華』 제1호, 7쪽.
[82] 李王家御慶事記念會, 1934. 4. 20, 『櫻槿の華』 제2호, 4쪽.

독일 쪽에서는 일본 여권을 가진 이애내를 일본 여성의 유학으로 볼 수도 있었을 것이다.[83] 1934년 4월 20일자 『앵근의 화』에서는 "피아니스트 천재 고베여학원 음악과 출신 이애내 도선(渡鮮)하다"라는 제목의 기사를 볼 수 있다. 이애내의 4월 10일 경성에서의 송별연주회와 4월 16일 시베리아 경유 등의 독일행 일정과 함께 이애내를 향한 기대감을 전하고 있다.[84] 이애내는 1934년 4월 독일로 향하여 1938년 9월 23일 오전 8시 경성역에 도착, 만 4년 5개월 만에 조선으로 귀국하였다.[85] 그러나 이 시기는 나치 히틀러가 독일을 지배하던 시기로, 당시 조선은 일본의 중일전쟁으로 인한 국민정신총동원이 실시되어 군국주의로 달리던 시기였다. 그녀의 독일에서의 유학 경험은 아마도 1938년 귀국 후 일제하에서 적극적으로 음악 활동을 하기 힘들었던 이유일 수도 있을 것이다.[86]

이애내의 독일 유학은 식민지 조선의 서양음악의 수용이라는 측면에서도 의미가 있다.[87] 덧붙여 말하고 싶은 것은 서양음악과 기독교의 관계이다.[88] 목사 가정에서 나고 자란 이애내는 일본의 미션스쿨인 고베여학원에서 유학을 하였고 이것은 크리스천인 야나기하라와의 관계에서도 주목되는 점이다. 고베여학원전문 음악과에서 약 5년간의 학업과정을 마치고 조선으로 돌아온 이애내는 야나기하라의 도움으로 처음으로 고국에서 피아노 연주회를 열게 된다. 연주회를 마치고 독일 베를린 국

---

83 이경분, 2018, 「베를린의 한국음악유학생 연구 안병소와 이애내를 중심으로」, 『음악논단』 39, 한양대학교 음악연구소, 58쪽.
84 李王家御慶事記念會, 1934. 4. 20, 『櫻槿の華』 제2호, 3쪽.
85 "체독 5년간. 이애내양 귀향. 금조 역두에 친지 다수 환대.", 『조선일보』, 1938. 10. 14.
86 이경분, 2018, 49쪽.
87 이경분, 2018, 60쪽.
88 김미현, 2010, 「피아노와 근대: 초기 한국 피아노음악의 사회사」, 『음악학』 19, 161쪽.

〈표 3〉 이애내가 야나기하라에게 보낸 서간

번호	연월일	분류	종류	학교	학과	재학 기간
1	1925. 07. 11	재학, 조선, 경성	편지	고베여학원	보통과	1923.9~1928.3
2	1926. 01. 17	재학, 고베	편지	고베여학원		
3	1926. 02. 03	재학, 고베	편지	고베여학원		
4	1926. 03. 03	재학, 고베	편지	고베여학원		
5	1926. 04. 19	재학, 고베	편지	고베여학원		
6	1926. 09. 01	재학, 조선, 경성	편지	고베여학원		
7	1927. 02. 11	재학, 고베	편지	고베여학원		
8	1927. 04. 19	재학, 고베	엽서	고베여학원		
9	1930. 01. 08	재학, 고베	편지	고베여학원전문	음악과	
10	1931. 04. 23	재학, 고베	편지	고베여학원전문		
11	1931. 10. 18	재학, 고베	편지	고베여학원전문		
12	1931. 10. 30	재학, 고베	편지	고베여학원전문		
13	1932. 09. 11	재학, 고베	편지	고베여학원전문		
14	1932. 09. 14	재학, 고베	엽서	고베여학원전문		
15	1932. 12. 31	재학, 고베	엽서	고베여학원전문		
16	1933. 04. 30	재학, 고베	편지	고베여학원전문		
17	1933. 05. 24	재학, 고베	편지	고베여학원전문		
18	1933. 06. 20	재학, 고베	편지	고베여학원전문		
19	1933. 08. 20	재학, 고베	편지	고베여학원전문		
20	1933. 08. 22	재학, 조선, 경성	엽서	고베여학원전문		
21	1933. 12. 04	재학, 고베	편지	고베여학원전문		
22	1933. 12. 31	재학, 고베	엽서	고베여학원전문		
23	1934. 01. 10	재학, 고베	편지	고베여학원전문		
24	1934. 01. 22	재학, 고베	편지	고베여학원전문		
25	1934. 02. 14	재학, 고베	편지	고베여학원전문		
26	1934. 03. 03	귀국, 조선, 경성	편지			
27	1934. 03. 09	귀국, 조선, 경성	편지			
28	1934. 04. 06	귀국, 조선, 경성	편지			
29	1934. 04. 15	귀국, 조선, 경성	편지			
30		독일	엽서			
31	1936. 04. 02	독일	편지			

출전: 朴宣美, 2005, 『朝鮮女性の知の回遊―植民地文化支配と日本留學』, 山川出版社, 35쪽.

립대학으로 유학을 떠날 때도 야나기하라는 적극적 지원을 아끼지 않았다. 〈표 3〉은 이애내가 야나기하라에게 보낸 편지이다. 야나기하라와 이애내의 관계는 1925년 7월부터 시작되어, 1936년 4월 독일 유학 중에 보내는 편지로 끝나게 된다.

1938년 조선으로 귀국 후 이애내는 이화여전 음악과에서 강사로 활동하였다.[89] 이애내는 1941년 조선음악협회 발기인으로 참여하였다.[90] 대부분의 조선인 여자유학생이 가사과를 졸업하고 귀국 후 보육학교나 여학교에서 교사가 되었지만, 이애내는 독일 유학을 마친 피아니스트이자 음악가로서 이화여전 음악과 강사로 활동하게 된 것이다. 그런 면에서 이애내는 초기 서양음악 전공자로서 피아노라는 서양의 근대음악을 조선에 소개하고 후학 양성을 통한 근대적 지(知)의 이식을 시도하였다고 말할 수 있을 것이다.

5. 조선인 최초 여류 화가 나혜석과 야나기하라

우리나라 최초의 여류 화가이자 작가인 나혜석(羅蕙錫)의 인생은 1896년 수원에서 시작되어 1948년 마치게 된다. 그에 대한 설명에는 "100년을 먼저 태어난 근대적 선각자, 지식인"이라는 수식어가 붙을 정도로 아나키스트적 페미니스트로서 겪어야만 했던 그의 고뇌와 사유는 현대를 사는 우리에게 많은 시사와 의문을 던진다. 나혜석에 관한 연구는 다양한 관점과 시각에서 상당히 많은 진척이 이루어졌다. 여기서는

---

89 편집부, 1939. 2, 「여성계소식」, 『여성』, 92쪽.
90 노동은, 2002, 「일제하 음악인들의 친일논리와 단체」, 『굴욕의 노래 친일음악』, 민족문제연구소, 56쪽.

야나기하라와 나혜석이 어떠한 관계였는지 간단히 살펴보자.

야나기하라와 나혜석의 만남은 나혜석의 조카 김숙배의 유학으로 시작된다. 제5회 조선미술전람회 특선으로 당선된 나혜석의 그림을 모태로 한 엽서가 야나기하라의 유품에서 발견되었고, 실제로 나혜석은 야나기하라에게 자신의 작품활동을 위해 그림을 구매해달라고 요청하는 엽서를 보냈다. 1926년 10월 29일에는 "안동현 부영사 김우영 씨 부인 나혜석 씨는 나라여자고등사범학교 재학 중인 조카가 내년 봄 졸업하고 그 후의 방침 및 혼약 상담으로 야나기하라를 방문하고 31일 출발 귀국"이라고 적혀 있다.[91] 1927년 1월 1일자 잡지 『향상』의 3면에는 제5회 조선미술전람회에서 특선에 입상된 나혜석의 그림 〈천후궁(天后宮)〉이 게재되어 있다.[92] 〈표 4〉는 나혜석이 야나기하라에게 보낸 편지와 엽서를 나타낸 것이다. 나혜석과 야나기하라와의 관계를 알 수 있는 귀중한 사료라 할 수 있겠다.

〈표 4〉 나혜석이 야나기하라에게 보낸 서간

번호	연월일	분류	종류	학교
1	1919. 09. 15	귀국, 조선, 동래	편지	도쿄죠시미술학교
2	1927. 03. 29	귀국, 조선, 동래	편지	
3	1928. 07. 06		엽서	
4	1931. 11. 29	귀국, 동경	편지	
5	1933. 01. 01	귀국, 조선, 경성	엽서	
6	1934. 01. 01		엽서	

출전: 『戰前期朝鮮女子留學生の柳原吉兵衛宛の書簡』 중 나혜석 서간, 모모야마학원대학 사료실 소장(1999. 1. 16, 西口忠記).

91　大和川染工所克己団, 1927. 1. 1, 『向上』 제15호, 6쪽.
92　大和川染工所克己団, 1927. 1. 1, 『向上』 제15호, 3쪽.

〈사진 3〉 제5회 조선미술전람회 특선 〈천후궁〉 엽서

* 출전: 모모야마학원대학 사료실 소장.

〈사진 4〉 나혜석과 야나기하라 부부

* 출전: 모모야마학원대학 사료실 소장.

나혜석은 1919~1934년까지 편지와 엽서를 주고받으며 야나기하라와 연락하고 있었다. 그중 1927년 3월에 나혜석은 4년간의 유학을 마치고 조선으로 돌아온 조카 김숙배에 대한 근황과 5월에 열릴 조선전에 출품하기 위해 그림 준비로 바쁜 자신의 근황을 야나기하라에게 전하며 조선전이 열릴 때 그가 꼭 조선을 방문할 수 있기를 바란다고 전하고 있다. 나혜석의 그림에 대해 야나기하라가 관심이 있다는 것을 알 수 있는 대목이기도 하다.[93] 1927년 6월 나혜석은 남편 김우영과 구미시찰을 가기 전에 야나기하라에게 편지를 썼다. 1928년 1월 1일자 『향상』에서도 "부영사 김우영 씨 부인 나혜석 여사 부군과 함께 구미 만유 중"이라고 나혜석의

---

93 편집부, 2012. 12, 「모모야마학원사료실 야나기하라 기쓰베에 기증자료」, 『나혜석연구』1(1), 나혜석학회, 237쪽.

사진과 함께 그 근황을 적고 있다. 나혜석은 유럽에서도 야나기하라에게 사진과 함께 자신의 근황을 전하고 있었다.[94]

구미 시찰을 다녀온 후, 1931년 11월 나혜석은 야나기하라에게 다음과 같은 편지를 보낸다.

어르신께[95]

여러 가지 사정이 있어서 오랫동안 격조하였습니다. 언짢게 여기지 마시고 양해해주십시오. 예년과 같이 또 겨울이 왔습니다. 때가 때인 만큼 어르신네 두루 안녕하신지 궁금합니다. 저는 무사히 지내고 있습니다. 안심하여 주십시오. 이미 들으셨을지도 모르겠습니다만 그간 저는 가정에 파란이 있었습니다. 과도기에 태어나서 예술을 위해서 살려고 했으나 시어머니, 남편의 몰이해 때문에 당분간 별거하기로 했습니다. 이것은 다 저의 부덕의 소치라고 생각합니다. 아무쪼록 널리 헤아려주십시오. 신문에서 보셨을지도 모르겠습니다만 이번에 제전에 입선했습니다. 그것을 출품하기 위해서 지난달 도쿄에 왔으며 내년 4, 5월경까지 있고 싶습니다. 제전은 도쿄는 끝났고 지금은 교토에서 열리고 있다는 통지가 왔습니다. 부디 보시고 비평을 해주신다면 영광으로 생각하겠습니다. 더구나 염치없는 청이어서 죄송합니다만 댁에서 사주시면 감사하겠습니다. 가격은 삼백 원으로 되어 있지만 이백오십 원쯤에도 괜찮습니다. 그 〈정원〉은 파리 체재 중에 그린 것이어서 역사적 느낌이

---

94 편집부, 2012. 12,「모모야마학원사료실 야나기하라 기쓰베에 기증자료」,『나혜석연구』1(1), 나혜석학회, 229쪽.
95 편집부, 2012. 12,「모모야마학원사료실 야나기하라 기쓰베에 기증자료」,『나혜석연구』1(1), 나혜석학회, 245쪽.

있는, 자신 있는 회심작입니다. 참으로 뻔뻔스러운 부탁입니다만 만약 어르신 댁이 안 되면, 따로 사주실 분을 소개해주시지 않겠습니까? 잘 부탁드립니다. 그것을 팔 수 있다면 연구비로 쓰려고 합니다. 교토 시장님으로부터 보내온 초대권과 끽다권을 보내드리니 부디 유익하게 써주십시오. 머지않아 돌아갈 때는 꼭 찾아뵙고 싶습니다. 여러 드릴 말은 그 기회로 미루고 이만 실례합니다. 아베 미쓰이에 선생님에게도 여러 가지 신세를 져서 자주 만나 뵙고 있습니다. 선생님께서 안부 전해달라십니다. 그럼 이만 줄이겠습니다. 때가 때인 만큼 옥체 보전하시기를 빕니다. 댁내 모든 분께 안부 전해주십시오.

나혜석은 남편과의 별거 후 생활의 곤궁함을 느끼며 야나기하라에게 자신의 그림 매입을 부탁하였다. 야나기하라가 나혜석에게 어떠한 영향을 미쳤는지는 구체적인 자료가 없어 명확하게 알 수 없지만, 위의 서신으로 보아 그녀가 화가로서의 활동을 위해 '염치' 불구하고 경제적으로 의지할 수 있는 상대였던 것만은 틀림없다. 남편과의 별거를 선택하면서도 예술가의 길을 가고자 했던 그녀의 굳은 의지와 함께, 식민지 조선이라는 시대적 한계에 부딪혀야만 했던 나혜석이 겪었을 고통 속에서 야나기하라는 그녀의 의지를 실현하기 위한 유일한 '희망'이었을지도 모른다.

Ⅴ. 맺음말

이애내가 귀국 후, 후학을 양성한 것처럼 조선인 여자유학생이 유학을 마치고 조선으로 귀국했을 때 그들은 어디에서 어떤 활동을 하였을까. 『나라여자대학 80년사』에 의하면 조선인 여자유학생은 거의 전원이 졸업 후 조선으로 귀국하여 교직에 적을 두었다. 졸업생들은 1945년 이전에는 대부분 고등학교에서 교편을 잡았고, 1945년 이후에는 학교장 또는 대학 교수로서 활약하였다. 교장으로서는 이예행(숙명고여), 문남식[96](숙명고여), 손정순(동덕, 경기고여), 김낙신(영등포고여), 김선(온양고여), 주월경(경기고여), 박용경(진명고여)이 있고, 교수로는 김숙배(조선대 가정대학장), 송옥선(덕성여대), 최귀난(효성여대), 주월경(효성여대), 변주(동아대), 임옥인(건국대 문과대학장, 학예원 회원), 최경주(영남대 가정대학장), 홍경희(경북대 교육대학원장), 정재인(외국어대), 강신주(경북대), 유혜원(숙명여대), 김언옥(이화여대)이 있다. 또한, 최경진과 최귀난은 부산인제병원과 인제대학, 서울북부병원을 세웠다.[97] 나라여자고등사범학교의 조선인 여자유학생들은 음악가 이애내나 화가 나혜석처럼 내지 일본에서 배운 지식과 교양 등의 근대적 지(知)를 흡수하여 식민지 조선에 이식하고 전유하였다.

1910년 한일병합 후 조선은 일본의 식민지가 되었다. 식민지기에 활동한 그를 박선미는 "제국의 전도사"라고 명명하였다. 기독교 선교를 내

---

[96] 문남식은 1928년 3월 나라여자고등사범학교 이과를 졸업 후, 조선의 광주여자고등보통학교에서 교편을 잡았다. 大和川染工所克己団, 『向上』, 1928년 6월 13일, 제18호, 2쪽.

[97] 奈良女子大學アジア·ジェンダ-文化學硏究センタ- 編, 2016, 202~203쪽.

세워 문명의 전도사로 접근한 서양제국과는 다르지만, 일본제국의 가치를 민간인 차원에서 식민지에 전파한 "콜로니얼 미셔너리"인 것이다.[98] 무단통치 이후 진행된 문화통치 속에서 야나기하라가 수행한 조선과 일본의 친선과 융화를 위한 교육사업은 그가 추구한 보편적 인류애 실천이라는 종교적 신념과는 달리 일제의 식민지정책에 공헌하는 결과를 가져왔다.[99] 제국 일본과 식민지 조선에 대한 그의 생각은 형으로서 아우를 품는 인류애의 실천이었고 그에 대한 평가는 천황제 이데올로기로 수렴되어 제국의 일꾼으로 평가받고 있다. 그는 자신이 태어난 제국이라는 시간과 공간 그리고 천황제 이데올로기를 벗어나지 못하였다. 하지만 그의 기독교적 인류애 사명이라는 종교적 신념은 사회사업과 봉사, 그리고 유학생 후원을 통해 평생의 사업으로 나타났다.

그가 비록 제국 일본이라는 틀 안에서 일본과 조선의 융화와 공존공영을 위해 힘썼다 할지라도, 그의 적극적인 지원 아래 낯선 일본에서 노동자로서, 유학생으로서 삶을 살아내는 것이 가능했던 조선인들이 있었다는 사실을 잊어서는 안 될 것이다. 1,202통에 달하는 서간은 야나기하라와의 관계가 일본에서의 민족적 차별과 설움 속에서도 견디어낼 수 있는 힘이 되었음을 말해주고 있다. 야나기하라의 생전의 사회사업과 교육사업이 식민지 정책에 공헌하였다 할지라도 조선의 여자유학생은 지식과 문화를 단순히 수용만 하지는 않았다. 식민지 본국의 지식을 습득함으로써 식민지 조선과 여성이 처한 현실을 깨닫고 독립된 주체로서 여성해방과 노동운동으로 나아가 민족해방운동으로 저항하고 전유하였다.

---

98 奈良女子大學アジア・ジェンダー文化學硏究センター 編, 2016, 119쪽.
99 박선미, 2007, 『근대여성, 제국을 거쳐 조선으로 회유하다』, 창비, 119쪽.

1939년 6월 야나기하라의 처 세이가 세상을 떠났다. 1940년 12월 야마토가와염공소의 제2대 사장인 그의 장남이 생을 마쳤다. 야나기하라는 1945년 3월, 일본의 패전을 보지 못하고 88세에 임종하였다.[100] 그는 전시 중인 1942년에도 야나기하라 자신의 필적으로 이왕가어경사기념회 표창자 1048호까지 기록을 남기고 있다.

---

100 大和川染工所七十年小史編纂委員會, 1966, 154쪽.

참고문헌

국내 논저

곽진오, 2011. 8, 「일제와 조선 교육정책: 조선교육령을 중심으로」, 『일본문화학보』 50.
노동은, 2002, 「일제하 음악인들의 친일논리와 단체」, 『굴욕의 노래 친일음악』, 민족문제연구소.
박선미, 2007, 『근대여성, 제국을 거쳐 조선으로 회유하다』, 창비.
이경분, 2018. 8, 「베를린의 한국음악유학생 연구 안병소와 이애내를 중심으로」, 『음악논단』 39, 한양대학교 음악연구소.
편집부, 2012. 12, 「모모야마학원사료실 야나기하라 기쓰베에 기증자료」, 『나혜석연구』 1(1), 나혜석학회.
편집부, 1939. 2, 「여성계소식」, 『여성』.

국외 논저

나혜석이 야나기하라에게 보낸 편지, 모모야마학원대학 사료실 소장.
이애내가 야나기하라에게 보낸 편지, 모모야마학원대학 사료실 소장.
奈良女子大學アジア・ジェンダー文化學研究センター 編, 2016, 『奈良女子高等師範學校とアジアの留學生』, 奈良女子大學叢書1, 敬文舍.
日本聖公會歷歷史編集委員會, 1974, 『あかしびとたち-日本聖公會人物史』, 日本聖公會歷史編集委員會.
朴宣美, 2005, 『朝鮮女性の知の回遊』, 山川出版社.
柳原吉兵衛, 「朝鮮子弟教育に関する卑見」, 桃山學院大學資料室.
大和川染工所克己団, 『向上』.
大和川染工所七十年小史編纂委員會, 1966, 『大和川染工所七十年小史』.
李順愛, 1977. 12, 「「槿友會」」, 『在日朝鮮人史研究』 1卷, 在日朝鮮人運動史研究會.
李王家御慶事記念會, 『櫻槿の華』.
朝鮮教育會獎學部, 1930. 6. 15, 「在內地朝鮮學生調」, 『獎學部報』.
玉置栄二, 2007, 「柳原吉兵衛・貞次郎関係資料の受入・整理・公開」, 『桃山學院年史紀要』.
滝尾英二 篇・解說, 『植民地下朝鮮におけるハンセン病資料集成』 第8卷, 不二出版, 2003.

4장

일본인 쉰들러, 후세 다츠지에 대한 이해

최운도
동북아역사재단 독도연구소장

I. 머리말

　2004년 10월 대한민국 정부는 한 일본인에게 건국훈장을 수여하기로 결정했다. 건국훈장 애족장은 5가지 건국훈장 중에서는 다섯 번째에 해당된다. 당시 외국인으로서 건국훈장을 받은 이들은 44인에 달하였으나 그중에 일본인은 한 명도 없었다. 역사 속에 묻혀 있던 그를 찾아내고 건국훈장까지 받도록 한 데는 정준영이라는 한 개인의 공이 크다. 1991년 재일사학자 신기수가 편찬한 『영상이 말하는 일한합병사』라는 사진도록을 살피던 중 한 장의 사진이 그의 눈에 들어왔다. 「조선의 독립운동에 경의를 표함」이라는 논문 때문에 일본 검사국에서 조사를 받고 있는 일본인의 사진이었다. 정준영은 이런 일본인이 있었던가 하고 놀랐다. 그 후 1996년 그는 지인으로부터 선물받은 『어느 변호사의 일생』이라는 책을 읽으면서 그에게 빠져들기 시작했다. 2000년에는 MBC 방송국의 시사 프로그램 〈PD수첩〉에 그의 이야기가 소개되었다. 그는 모은 자료를 바탕으로 2001년부터는 정부에 건국헌장 서훈을 신청했다. 쉽게 될 것 같았던 서훈 신청은 3년간 계속되었고 시기상조라던 평가에도 불구하고 2004년 서훈이 결정되었다. 한국건국훈장을 받은 최초의 일본인 후세 다츠지(布施辰治, 1880~1953). 훈장은 그의 외손자인 오오이시 스스무(大石進)[1] 일본평론사 사장에게 전달되었다.

1　오오이시 스스무(大石進)는 1935년 도쿄에서 출생하였다. 후세의 외손자로서 부모가 이혼하여 어린 시절부터 후세 아래에서 성장하였고, 어머니(후세의 장녀), 아내와 함께 외조모인 후세 미츠코가 후세의 노후를 돌봐주었다. 후세의 저작권을 상속받았으며, 후세에게 수여된 대한민국 정부의 훈장을 수령하였다. 『법률시보』의 편집장을 거쳐 1980년부터 2008년까지 일본평론사 사장과 회장을 역임하였다.

이 글은 후세 다츠지를 소개하기보다는 이해하는 데에 목적이 있다. 그가 우리나라에서 건국훈장을 받게 된 이유는 이미 많이 소개되었으며, 그에 대한 연구는 그와 조선인들과의 관계에 대한 소개라 할 수 있다. 그러나 일본인이었던 그가 '조선인들의 친구'라고 불릴 수 있었던 것은 그와 조선인들 사이에 상호 신뢰와 기대가 있었기에 가능했을 것이다. 그런 그가 오늘날 우리들의 친구가 될 수 있기 위해서는 우리가 그를 이해할 수 있어야 한다. 그는 일본에서 어떤 인물이었을까? 어떤 사람이었기에 일제의 군국주의와 전쟁 속에서 조선을 위해 활동할 수 있었던 것인가? 그가 살았던 시대에 다른 일본인들은 어떠한 삶을 살고 있었던가? 가족들과 주변 인물들에게 그는 어떤 인물이었을까? 후세와 당시 조선인들 사이의 관계를 살펴볼수록 이러한 점들은 더욱더 궁금해진다. 그를 이해하게 되면 그는 더욱더 우리 가까이 다가올 것이다.

II. 후세 다츠지와 조선, 조선인

1. 후세의 조선인 변호 시작: 2·8 독립선언

1918년 여름에 일어난 쌀소동은 유명세를 타던 형사변호사 후세의 인생뿐 아니라 그와 조선인들과의 관계에서도 큰 전환점이 된 사건이다. 1917년 러시아에서는 10월 혁명이 성공하면서 소비에트 정부가 수립되었다. 러시아가 제1차 세계대전 참전을 중단하고 독일과 강화를 체결하자 일본의 데라우치 내각은 미·영·불 3국과 협약을 맺고 1918년 8월 2일 시베리아 출병을 선언하였다. 당시 일본에서는 제1차 세계대전의 진행과 함께 산업이 비약적으로 발전하면서 1917년 후반부터 쌀값이 폭등하기 시작하였다. 그 뒤에는 지주들과 매곡상들의 매점매석이 있었다. 민중들이 생활고를 이기지 못하고 힘들어할 때 시베리아 출병을 선언하자 민중들이 폭동을 일으킨 것이다. 출병 선언 다음 날 '쌀소동'에 참가한 인원은 1,000만 명으로 추정된다. 그럼에도 불구하고 일본 정부는 출병을 강행하였고 민중봉기는 정부반대 투쟁으로 확대되어갔다. 107개 시정촌에 군대가 출동하여 진압하였으며 소동의 참가자들은 노동자, 인부, 짐꾼 등 무산대중들이었다. 그 소동의 결과 데라우치 내각이 붕괴되었다. 이 소동은 일본에서 계급투쟁이 급진화되는 계기가 되었고, 다음 해에 조선독립 만세사건이라는 대사건이 발생하는 기폭제가 되었다(難波英夫의 증언. 森正, 2014:304). 또한 후세에게 이 사건은 자신의 활동의 중심을 인권변호에서 계급투쟁으로 전환하는 계기가 되었다. 후세는 9월 11일 간다(神田)기독교청년회관에서 시민 대상의 단독 강연회를 개최할 정도로 열성적으로 대처했다(布施柑治, 2003).

바로 그다음 해에 도쿄 시내에서는 조선인 유학생들이 주도한 2·8 독립선언이 있었다. 그들은 음력설이 2월 1일이었으므로 신년 축하 직후의 조용한 분위기에서 사회적 주목을 받기 좋은 날을 골라 오후 2시 간다의 조선기독교청년회관(현재 在日本韓國YMCA會館)에서 독립선언을 했다. 당시 600여 명의 유학생이 참가하였고 그중에서 60여 명이 체포되었다. 1920년 6월 통계에 따르면 전체 조선인 유학생 수가 682명이었으므로 대부분의 유학생들이 참가했음을 알 수 있다(後藤守彦, 2010). 이들 중 11명의 피고는 자신들도 모르는 사이 변호사가 선임되어 1심에서 유죄 판결을 선고받게 되자 후세를 방문하여 변호를 요청하게 되었다. 이들은 저작자, 인쇄자, 출판자라는 3가지 자격으로 검거되었는데,

1심을 맡은 다른 변호사들은 이들에 대해 식민지 피지배민임을 전제로 감형을 요구하였다. 이에 비해 후세는 조선 민족의 존엄을 주장하고 조선 독립의 정당성을 옹호하는 변호를 하였다. 이로써 후세는 조선 청년들의 신뢰를 얻게 되었다(大石進 외, 2010). 당시 출판법 위반 혐의로 법정에 선 최팔용과 백관수 등을 변호하는 과정에서 후세는 일본이 체코슬로바키아의 독립을 보호한다는 명분으로 시베리아 출병을 감행한 사실을 지적하였다. "일본은 체코슬로바키아의 독립을 원조한다고 하면서 어째서 조선의 독립운동을 원조하지 않는가"(布施辰治, 1947)라고 질문함으로써 검사를 난처하게 만들었다(이형낭, 2010:194). 후세로서는 최초의 조선인 변호였다. 후세는 이후 3·1운동과 관련하여 일본에서 체포된 조선인 유학생들도 변호하였다.

해방 후 후세는 공동 집필한 『운명의 승리자 박열』의 서문에서 "「조선의 독립운동에 경의를 표함」으로 최초의 필화사건으로 취조를 받았다"라고 술회하고 있다. 그 정도로 후세가 조선의 독립운동에 공감하고 지지를 보냈음을 알 수 있다. 그러나 「조선의 독립운동에 경의를 표함」이라는 글의 원문이 발견되고 있지 않아 정확한 사정은 알 수 없다. 그러나 후세에 대한 방대한 자료를 조사한 뒤 평전을 쓴 모리 타다시(森正, 2014)는 "조선합병 당시, 이동재라는 남자가 찾아와 조선의 독립에 대해 이야기했다. 그것이 그 글을 쓰게 된 이유다. (중략) 그리고 『신조선』에 게재"되었다는 후세의 진술에 대해 달리 해석하고 있다. 후세는 1911년에 도쿄지방재판소에서 조사를 받은 적이 있는데, 이를 필화사건과 혼동했을 가능성이 크다는 주장이다. 왜냐하면 이동재를 만난 후 자신의 글을 기고했다고 하는 『신조선』은 1919년 11월 발간이 시작되었다는 점과, 1911년은 강제병합 이듬해로 독립운동이 발생하기 전인 점을 고려하면 3·1운동 이후인 1919년 11월 이후일 것으로 추정한다는 것이다. 어쨌거나 일본인으로서 그러한 글을 쓰고 필화사건으로 조사를 받았다는 사실은 우리에게 놀라운 일이 아닐 수 없다.

후세는 1923년 잡지 『아카하타(赤旗)』(공산당 기관지 『赤旗』와는 상관없음)[2]의 창간호가 실시한 설문조사에서 한국합병에 관한 질문에 대해 답하면서 한국병합의 부당함을 분명하게 비판하였다. "일한의 병합은 겉으로 아무리 아름답게 장식을 해도 이면의 실체는 자본주의적 제국주의의 침략이었다고 생각한다. (중략) 그것이 특히 조선 민족에 대한 착취와 압박"이라 하면서 그 끝에 "조선 민중의 해방운동에 특단의 관심과 노력을 바친다"고 함으로써 조선인과의 연대에 대한 분명한 결의를 보여주었다(布施辰治 1923; 後藤守彦, 2010).

2. 관동대지진과 박열·가네코 후미코 대역사건

후세가 첫 번째 조선 방문에서 돌아온 직후인 1923년 9월 1일 관동대지진이 발생하였다. 지진이 발생한 날부터 군대가 학살을 시작했다는 소문이 돌기 시작하더니 결국 군대와 경찰, 자경단에 의한 학살이 자행되었고 그 결과 조선인 6,000명, 중국인 700명 이상이 학살당하는 지경에 이르렀다. 학살에 대한 은폐공작이 국가에 의해 일찍부터 시작되었으

---

2 잡지 『아카하타(赤旗)』는 1922년 창립된 제1차 일본공산당의 당원들에 의해 발행된 합법적인 이론기관지였다. 이에 비해, 오늘날 일본공산당의 기관지인 신문 『赤旗』는 치안유지법이 존재하던 1928년 지하기관지로 발행되기 시작한 신문으로 1935년 정간되었다. 당시에는 신문명을 '셋키'라고 발음하였다. 1945년 패전 후 GHQ에 의해 공산당이 합법화되면서 '아카하타'라는 발음으로 재발행되기 시작하였다.

며 특히 군·경의 학살은 철저히 은폐되었다. 9월 20일 자유법조단은 후세의 제창으로 제1회 지진재해 대책회의를 열고 의제 중 하나로 조선인 피해의 진상 및 책임에 관한 건을 포함시켜 내무성과 경찰에 진상조사를 촉구하였다(강덕상, 1999).

10월이 되자 조선인 유학생들은 일본 정부에 항의하기로 결정하였고, 후세는 조선인 박해사실조사단에 고문 격으로 참가하였다. 조선동포추도회에서 연설하면서 학살을 격하게 비판하는 가운데, 그 학살 소식을 후세 자신에게 전하고 싶었던 조선 동포 3인이 있었음을 밝혔다. 당시 조선인들과 유학생들이 얼마나 후세를 신뢰하고 있었는지 알 수 있다. 또한 후세는 그 학살이 일본 내 계급전(階級戰)의 일단이라고 인식하고 있었다. 그는 "지진대학살은 그것(계급전)에 놀아난 일본 민족이 가슴으로부터 그 잘못을 추도하고 청산하지 않으면 안 되는 배타적 국민성의 폭로였다고 생각한다"(後藤守彦, 2010:102)고 주장하였다. 그는 일본이 그 배타성을 극복하지 않으면 일본은 제대로 된 민주주의 국가로 나아갈 수 없다고 본 것이다.

관동대지진과 관련하여 조선인들에 대한 후세의 깊은 애정과 연민의 결정판은 부부로 살았던 박열과 가네코 후미코(金子文子)의 대역사건에 대한 변호에서 나타난다. 9월 3일 이들 둘은 함께 검거되었는데 일본 황태자의 결혼식장에 폭탄을 투여하려고 계획했다는 혐의였다. 이는 곧 천황 암살 미수 사건으로 알려졌다. 치안경찰법과 폭발물관리법 위반 혐의로 기소되었고, 황태자 암살 모의의 대역죄가 날조되어 1926년부터 대심원에서 공판이 진행되었다. 이는 일본에서는 1910년 코토쿠 슈우스이(幸德秋水) 등이 사형당한 대역사건에 이은 제2의 대역사건이었다. 1924년 2월 26일 1회 공판이 시작되자 후세는 조선의 예복을 입고 진술하겠다는 박열의 요구를 대심원에서 인정받아 당당하게 규탄하였다. 김일면은 후세와 박열의 법정투쟁은 "일본의 재판사상 예가 없는 경우"라고 평가한 바 있다(金一勉, 1974).

그러나 그 엄청난 죄목으로 구속된 박열에게 조선의 예복을 입고 진술할 기회를 주는 공판의 진행 상황에 대해 오오이시는 "사건의 진행은 일본의 권력과 박열과의 짜고 치는 고스톱처럼 보였다"(오오이시 외, 2010:51)라고 기술하고 있다. 일본은 조선인 학살을 얼버무리기 위해 조선인이 천황 암살을 계획하고 있었음을 보여줄 필요가 있었던 반면, 박열은 터무니 없는 죄목에도 불구하고 체포된 이상 법정에서 조선 민족의 정의를 진술하고 일제의 부정을 규탄할 기회를 얻으려 했던 것이다. 박열은 재판에서는 사형을 선고받았으나 며칠 후 무기형으로 감형되었고, 가네코는 감형에 불만을 품고 독방의 이불을 찢어 끈을 만든 다음 목매어 자살했다.[3]

박열은 아키타(秋田)형무소에서 23년 복역 후 1945년 10월 풀려났다.[4] 박열이 아키타 형무소에서 출소할 때는 후세가 마중을 나갔다. 뿐만 아니라 가네코의 사후 뒤처리를 마다하지 않았던 사실에서도 후세와 이들 사이의 연대감을 볼 수 있다. 형무소 뒤뜰에 묻혀 있던 가네코의 유해를 후세가 발굴하여 자기 집에 안치하였다가, 나중에 남편의 고향인 문경의 산기슭에 이장해주었다. 또한 박열의 '열렬한 옹호자'였던 후

---

3 자살한 카네코의 시신은 형무소 뒤뜰에 묻혀 있었다. 후세가 이를 발굴하여 자신의 집에 안치하였다가, 나중에 남편인 박열의 고향인 문경의 산기슭에 이장하였다.
4 박열은 출소 후 1946년 신조선건설동맹을 결성하고 위원장에 취임하였다. 다음 해에 동맹을 재일조선거류민단으로 개명하고 단장이 되었으나 1949년 민단 단장선거에 패배하였다. 그 후 한국으로 귀국하나 전쟁 때 북으로 연행되어 재북평화통일촉진협의회 회장을 역임하고 1974년 북한에서 사망하였다.

세는 광복 후 박열의 요청으로 1946년 『조선건국헌법초안사고(私稿)』를 조선인들과 공동 집필하였다. 이는 박열이 위원장으로 있던 건국촉진회의 대학 강좌에서 교재로 쓰기 위한 것이었다(이경주, 2019:81). 또한 후세는 『운명의 승리자 박열』이라는 제목의 박열 전기를 출판하였다.

3. 의혈단과 조선공산당 변호

후세는 관동대지진 발생 직전인 1923년에는 7월과 8월에 걸쳐 최초로 조선을 방문하였다.[5] 이 방문에는 3가지 목적이 있었다. 첫째는 총독부에 대한 2차 폭파작전 미수로 1922년 12월에 검거된 의열단원 김시현의 재판에 대한 변호를 위한 것이었으며,[6] 둘째는 형평사의 경남지부 창립기념 행사에 연사로 참석하기 위한 것이었고, 셋째는 재일조선인 유학생들의 사상단체인 북성회의 조선 내 하계 순회강연에 변사로 초대받아 연설하기 위한 것이었다(이형낭, 2008). 후세는 짧은 기간 동안 초인적인 일정을 소화하여 변호와 연설 등을 이어나갔다.

1926년에는 후세의 두 번째 조선 방문이 이루어졌다. 나주 궁삼면 사건을 조사하기 위한 것이었다. 이 사건은 농경지 1,700정보에 대한 소유권 확인 소송으로, 흉년으로 혼란한 시기에 궁삼면 농민들이 떠돌아다

---

5 후세는 1923년, 1926년, 1927년 10월과 12월 모두 4차례 조선을 방문한다.
6 의혈단원의 단장은 약산 김원봉이었으며, 김시현은 메이지대학 법학부를 졸업하고 국내로 잠입, 조선총독부에 대한 파괴와 암살 등을 계획하던 중 체포되었다. 의혈단은 1919년 길림성 파호문외에서 13명이 결의하고 창단하였다가 1920년 본부를 북경으로 이전하고 1925년까지 활동하였다. 1923년 1월에는 「조선혁명선언」(신채호 작)을 발표하였는데, 후세는 이에 감명을 받았다고 한다. 1924년 도쿄의 황거입구에서 불심검문에 걸려 폭탄 2발을 투척하였다가 불발에 그친 니쥬바시(二重橋) 폭탄사건의 주범인 의혈단원 김지섭도 후세가 변호하였다.

니자 탐관오리가 토지를 빼앗아 고종의 계비인 순헌황귀비에게 팔아버렸고, 이는 다시 동양척식주식회사에 팔렸다. 그러자 농민들이 동양척식회사를 상대로 반환 요구 투쟁을 시작하였고, 후세는 그 소유권 확인 소송의 조사를 위해 조선을 직접 방문한 것이다. 그러나 총독부 당국의 방해로 공소에 이르지 못하고 일본으로 돌아오게 되었다. 그 이후 우에노 자치회관에서 열린 조선사정강연회에서 후세는 동양척식회사가 조선 농민들로부터 토지를 수탈하기 위해 합법적인 사기를 치고 있다고 강력하게 비판하였다(이규수, 2010 · 2003).

1927년 9월 13일에는 경성지방법원에서 조선공산당사건의 공판이 시작되었다. 피고는 박헌영 외 101명이었다. 9월 20일 김형두는 후세에게 편지를 보내 조선의 변호사들은 연약하고 견해가 없어서 민중의 기대에 미치지 못하니 선생께서 왕림해달라고 부탁하였다. 그에 대한 응답으로 그해 10월 후세는 3번째로 조선을 방문하였다. 그리고 12월에 있었던 4번째 방문에서 피고들에 대한 변호를 전개하였다. 공산당사건은 단순 형사 사건이 아니라 총독정치의 폭압에 대한 반항전으로 조선 동포를 대표한 최일선의 투사들이 적의 포로가 된 것과 같다고 열변을 토하며 변호하였다(後藤守彦, 2010).

1929년에는 후세와 최승만이 발기인 대표로, 재일조선인 노동산업 희생자 구원회를 결성하여 조선인 노동자들을 위해 일하였고, 1930년에는 아이치현에서 철도공사에 종사하던 조선인 노동자들이 임금 미지급에 항의하여 파업에 돌입한 데 대해 관헌이 탄압함으로써 발생한 노동쟁의사건의 변호를 맡아주었다. 1931년 1월에 발생한 유종환, 유록종 형제의 사복형사 살해사건을 맡아 1932년의 배심재판에서 변호하였는데, 이들 둘에게 살의가 없었음을 인정시킴으로써 살인죄를 상해치사죄로 낮추는 성과를 올리기도 하였다.

이처럼 후세는 자신이 치안유지법 위반으로 변호사 자격증을 상실하거나 투옥되기 시작하는 1933년까지 열과 성을 다하여 조선인들을 변호하고 보호해주었다(水野直樹, 1983; 이규수, 2003).

4. 조선인과의 만남

후세는 농촌 문제로 대만을 방문한 적이 있기는 하지만 일회에 그친 것을 보면 다른 지역보다 조선에 대한 특별한 감정을 가지고 있었음을 알 수 있다. 후세와 조선의 관계에 대해 지금까지 세 가지의 설명이 존재한다. 첫째는 후세가 고향 에비타촌(蛇田村)에서[7] 보낸 소년기에 형성된 조선 인식이다(後藤守彦, 2010; 大石進, 2010). 어린 시절부터 한문 교육을 통해 조선과 중국에 대한 막연한 존경심을 갖게 되었는데 후세의 철학 중의 일부분으로 자주 거론되는 묵가의 사상도 이 시기에 습득된 것이다. 그만큼 한문 공부가 깊었음을 짐작할 수 있다. 그리고 15세 무렵, 청일전쟁과 동학농민운동 시기 조선에 파병되었다가 귀환한 병사가 농민군에 대한 추격과 학살의 경험을 자랑스럽게 떠들어 대는 것을 보고, 일본인에 대한 분노와 조선인에 대한 동정심을 느꼈다고 한다. 두 번째 계기는 메이지대학 시기 조선인 학생들과의 조우다. 그는 대학 시절 조선과 청국에서 온 학생들과 친분이 깊었다고 한다. 그러나 졸업 이후까지 이어진 친구관계는 없었던 것으로 알려져 있다(後藤守彦, 2010).

이상의 두 가지 설명으로는 후세가 죽을 때까지 지속한 조선인들과

---

7 지금은 미야기현의 이시노마키시(石巻市)의 일부분이 되었다.

의 연대를 설명하기에는 충분하지 않다. 후세 자신도 "나는 어릴 적 시골에 있었을 때부터 조선인에 대해 일본의 동정이라고 할까, 가엾게 여기는 친밀감을 가지고 있었다. 그것은 단지 추억일 뿐 운동과는 아무런 관계도 없지만……"이라고 진술한 적이 있다. 그렇다면 결국 이러한 조선인들에 대한 연대는 민중과 약자들 중에서도 가장 어려운 상황에 놓여 있던 조선인들에 대한 사명감, 혹은 이들을 위한 투쟁 과정에서 생겨난 연대의식으로 이해할 수밖에 없을 것이다.

세 번째 설명에서 그 실마리를 찾을 수 있다. 오오이시(大石進, 2010)는 후세가 조선 방문을 계기로 대만 농민과 일본 농민들보다 훨씬 더 학대받고 있는 것이 조선 식민지 사람들이라는 사실을 인식하게 되었다고 주장한다. 후세는 그 경험을 통해 일본인으로서의 원죄를 인정하고 약자를 위해 몸을 던질 각오를 다지게 되었을 것이다. 후세는 「자기혁명의 고백」 이전에도 차별받는 사람들과 자신을 일체화하고 몸을 던지는 데 주저하지 않았으나, 식민지 주민들의 차별과 어려운 생활을 실감하면서 그들과의 연대의 신념을 더욱 깊이 하게 되었던 것이다.

III. 일본인 변호사 후세 다츠지의 일생

1. 유년 시절

후세는 논밭이 7대 3의 비율로 펼쳐진 농촌마을 헤비타촌(蛇田村)에서 태어났다. 이곳에서의 생활은 생활하기에 부족하지는 않았으나 풍족하지도 않았다. 아버지 에지로(栄次郎)는 데릴사위로 들어가 후세가의 당주가 된 사람이었다. 그 지위에 묶여 자유로이 자신의 뜻을 펼칠 수 없음을 안타까워한 만큼 집에서 책을 읽고 시사 문제에 통달하여 전문가 수준에 이르렀다. 예정보다 일찍 태어나 몸집이 작았던 후세는 밖에서 노는 대신 아버지의 말상대를 하면서 노는 시간이 많았다.

아버지는 유명인사들이 마을을 방문하면 직접 초대하여 술대접을 하면서 사회문제를 이야기하고는 했는데 후세는 그러한 대화들을 들으면서 성장하였다. 아버지한테 들은 다나카 쇼오조오(田中正造)의 이야기(광산공해 사건을 천황에 직소해서 해결한 아시오광독사건)에 감동을 받기도 하였다. 아버지는 "돈만 밝히고 성공에 집착하는 입신출세는 악덕함의 산물이야. 이런 걸 좇는 것은 참으로 저속한 일이지"(布施柑治, 2003:34)라는 말을 자주하였고 후세는 이 말을 가슴깊이 새겼다.

소학교를 졸업하자 아버지는 후세를 이시노마키시에 있던 고등과에 진학시키는 대신 헤비타에 있던 양명학 한학숙에 입학시켰다. 고등과 진학에는 비용 문제나 그곳의 지인에게 아이를 맡겨야 한다는 문제도 있었지만 그 집 가족과 어울리는 사이에 세간의 영리주의나 입신출세에 물들까 염려하는 마음도 있었다(布施柑治, 2003:37). 후세의 외손자 오오이시는 헤비타촌은 후세의 농민성의 근원이며 그를 이해하는 열쇠라고 평했다. 한학숙에서 후세는 묵자를 만났다. 묵자의 사상은 기독교 사상과 매우 흡사하여 후세가 앞으로 접하게 될 기독교와도 잘 어울리는 것이었다(大石進, 2012:17). 후세는 성장하면서 헤비타의 개업의이자 젊은 양의사인 아베 다쓰고로를 만나고 기독교와 철학에 대해 생각하게 된다. 도쿄의 니콜라이당 성당에 대한 이야기를 듣고 공경하게 되었으며, 20세기의 대사업은 부와 지위를 추구하는 것이 아니라 기독교와 진화론을 아우르는 수준 높은 철학을 발견하는 것이라는 주장에 감명받았다.

2. 도쿄행과 변호사로의 길:「직업을 버리며」

후세는 18세 때인 1899년 4월, 입신출세가 아니라 철학 공부를 하기 위해 도쿄로 간다고 하면서 상경하여, 도쿄전문학교(현 와세다대학)에 입학하였다. 그러나 1달 만에 자퇴하고 간다의 니콜라이 신학교에 입학하지만 교장의 위선적 행위를 목격하고는 또다시 자퇴한 후 같은 해에 메이지법률학교에 입학하였다. 그리고 1902년 7월 메이지법률학교를 졸업하고 11월에는 어렵기로 소문난 판·검사 등용시험에 단번에 5위로 합격하였다. 그리고 12월에는 사법관 시보로 우츠노미야 지방재판소에 부임하였고 1903년 4월 검사대리로 발령을 받았다. 그러나 그가 연달아 사건을 불기소 처분하는 바람에 상사와의 관계가 불편해지고, 그러던 어느 날 한 여인이 남편의 외도로 생활고에 시달리다 자녀들과 동반자살을 시도했다가 미수에 그친 후 자수하는 사건이 발생하였다. 후세는 살인미수로 기소장을 작성하라는 지시에 대해 거부하고 사표를 썼다. 검사대리 임명 후 6개월 만인 1903년 8월에 일어난 일이다. 동시에 그는 「직업을 버리며(掛冠の辞)」라는 글을 지방지에 게재하면서, 검사라는 직책은 늑대와도 같은 일이라고 비난하였다. 그 후 그는 변호사의 길을 시작하였다. 그의 나이 23세였다. 이어 그는 곧 형사변호사로의 명성을 쌓아나갔다.

변호사로서의 삶을 시작한 후세에게 하나의 큰 계기가 찾아왔다. 1904년 8월 『평민신문』에 게재된 톨스토이의 반전론을 읽고 깊은 감명을 받은 것이다. 당시는 러일전쟁이 발발하였고 곧이어 대정민주주의의 사회적 분위기가 전개되던 시기였다. 그러므로 러일전쟁을 전후한 10년 동안 일본에서는 톨스토이 사상이 크게 인기를 끌게 되는데, 그의 평화사상뿐 아니라 무정부주의사상마저도 일본 사회에 확산되는 계기가 되었다. 후세는 톨스토이의 제자임을 자처하면서도, 톨스토이의 '인류구제 처방전'이 현실적이지 못하다는 결론을 내리고, 독자적으로 보통선거 운동을 시작하였다. 후세가 톨스토이에 끌린 또 하나의 이유는 톨스토이의 처방전이 농민이 꿈꾸는 세계와 흡사했기 때문이다. 즉, 문명과 탐욕에 따른 발전이 아니라 농촌공동체를 통해 비폭력과 불복종으로 저항하는 이상사회의 실현 가능성을 엿보았던 것이다(이문영, 2016).

1906년 도쿄 시영전차 파업 사건(가격인상 반대 소요 사태)을 변호하게 되었다. 이것은 탄압받는 사회운동가들과 일본인 무산계급을 변호한 최초의 사건이다(오오이시 외, 2010). 1910년에는 메이지 천황의 암살을 계획한 혐의로 전국의 사회주의자, 무정부주의자들이 체포·기소되고 금고·사형판결을 받은 코오토쿠(幸德秋水) 사건이 발생하였다. 후세는 처형된 12명 중의 한 명에 대한 사형선고에 대해 변호를 하고자 하였으나 공동 변호를 맡은 메이지대학 은사가 "너는 법정의 발언으로 문제를 일으킬 수 있다. 그러므로 변호를 시키지 않겠다"고 반대하는 바람에 변호인단에서 배제되기도 하였다. 그리고 1911년 12월에는 도쿄시전(東京市電, 도쿄시가 도쿄철도를 매수해 개설한 전기국) 파업 사건이 발생하였고 치안경찰법 위반으로 파업 주모자 가타야마 센이 검거되자 후세는 최초의 노동운동 관련 변호를 맡게 되었다.

3. 형사변호사에서 인권변호사로

잘나가던 형사변호사 후세를 인권변호사의 길로 이끄는 역할을 한 사람이 있었다. 이치가야(市ヶ谷)형무소의 후지사와 마사히로(藤沢正啓)

형무소장이다. 그는 후세에게 빈곤한 미결수들의 변호를 추천하였는데, 후세는 이때부터 형사사건 변호에 자신감이 붙으면서 흥미를 느끼기 시작하였다. 후세는 1912년 이후부터는 가난한 전과자들을 대상으로 무료로 변호를 하겠다고 나섰고, 동료들과 검사국에서 지나치다고 주의를 받기도 하였다(布施柑治, 2003). 잇따른 형사사건 변호에서 성공을 거두면서 세간의 주목을 한몸에 받고 있던 후세는 형사 변호사로서 세상의 부정에 대해서도 고발해야 한다는 의무감을 느끼기 시작하였다. 형사사법이 추구해야 할 길뿐 아니라 사회가 추구해야 할 길에 대해서도 질문을 던지기 시작한 것이다.

1910년대 후반까지만 해도 후세의 주장은 시민적 정의의 주장에 머물러 있던 수준이었으며, 아직 계급적 성격은 미약한 수준이었다. 당시 일본의 정치 상황에 초조감에 가까운 불만을 품고 있던 후세는 1916년 발표된 요시노 사쿠조의 '민본주의' 주장에 고무되었다. 후세는 2월과 10월에 두 번의 러시아혁명이 있었던 1917년을 자신이 사회적 운동에 나서기 시작한 해라고 술회한 바 있다. 이듬해인 1918년 발생한 쌀소송은 후세의 변호사 활동이 계급운동으로 전환되는 계기가 되었고, 그의 변화는 1920년에 발표한 「자기혁명의 고백」으로 이어지게 되었다.

4. 「자기혁명의 고백」 이후 변호사 자격증 말소까지

후세는 40세가 되는 1920년 5월 15일, 자신이 직접 발행한 잡지 『법정에서 사회로』에 「자기혁명의 고백」이라는 서간 형식의 글을 싣고 언론과 친지들 그리고 피고들에게 보냈다. 앞으로는 "사회운동의 병졸"로서 노동운동과 농민운동을 지지하고, '관헌의 전횡으로 인해 억울해하는 이의 사건'과 '부호의 폭력과 학대에 고민하는 약자의 사건', '진리의 주장에 간섭하는 언론범 사건', '소요사태나 치안 위반 등, 사회적 의의를 갖는 무산계급의 사회운동을 탄압하는 특별사건들'만을 변호할 것을 선언하였다. 즉, 무산정당운동, 부락해방운동, 반전운동에 적극 관여할 의사를 밝힌 것이다(後藤守彦, 2010). 사회적 사건 이외에 후세가 받아들인 사건이 있다면 사형범 사건이 있었으며, 동시에 바쁜 일정 때문에 도쿄에서는 일반 사건의 변론을 수임하지 않겠다고 밝혔다. 부와 영달의 길을 버리고 '나의 이후의 표준 생활'을 설정하여 청빈한 삶을 살겠다고 밝힌 것이다(大石進, 2010). 여기서 주목할 것은 일본 사회문제뿐 아니라 조선인, 대만인의 이익을 위해 싸우는 데도 적극 나설 것을 선언하였는데, 여기에는 1919년의 2·8선언과 3·1운동이 크게 영향을 미쳤음을 짐작할 수 있다.

「자기혁명의 고백」을 전후하여 후세는 보통선거 운동, 사법제도 개혁(배심원제 주장), 폐창운동 등에 적극적으로 나섰는데 이들은 모두 개별적인 사안들이 아니라 사회적 약자들의 인권 보호라는 후세의 기본적 입장과 관련된 것들이었다. 당시 일본에서는 제한선거제도를 실시하고 있었는데, 국세 10엔 이상의 세금 납부자들에게만 투표권이 주어졌다. 이에 따르면 일본 전체에서 유권자는 150만 명에 불과했으며 후세도 38세가 되던 1917년 4월의 총선에서야 선거에 참여할 수 있었다. 1919년 5월에는 선거 자격이 국세 3엔 이상으로 하향 조정되었으나 여전히 보통선거에는 이르지 못하였다.

후세의 보통선거 운동은 독자적으로 진행되었다. 노동조합들은 보통선거를 부르조아 민주주의 운동으로 인식하였고 급진화를 방해한다는 이유로 보통선거권을 요구하지 않기로 하였기 때문이다. 그러나 후세는 보통선거뿐 아니라 거기에 부인 참정권과 식민지 주민의 참정권을 포함시킨 독자적인 주장을 펼쳐나갔다. 그는 보통선거 운동을 인권의 관점에서 보았으므로 폐창운동 단체들과 일본 기독교 부인 교풍회 등의 단체들과도 함께 운동을 진행해나갔다. 1924년 후세는 위로부터의 선거권 부여에 대항하여 '급진철저 보통선거'를 주장하였는데 민권운동 초기였던 1917년에 비하면 한층 더 좌익의 주장에 가까워진 상황이었다. 1925년에는 보통선거법이 성립되었으나, 여성은 제외된 채였다.

「자기혁명의 고백」의 다음 해인 1921년, 후세는 고베시의 노동쟁의 탄압에 대한 조사단 구성을 계기로 법조계의 유지들과 주도해서 자유법조단을 결성하였다. 이후 사회문제 관련 변호를 위한 후세의 많은 활동에는 자유법조단의 지원이 함께하게 되었다. 1922년 2월 과격사회운동 단속 법안이 제국의회에 제출되자 격렬한 반대시위가 일어났으며 중의원은 심의 미완료 상태로 폐회하는 상황에 이르렀다. 그 당시 무산계급 조직의 수가 급속히 증가하는 경향을 보였다. 1922년 3월에는 수평사가 창립되었으며, 그해 4월에는 후세가 깊이 관여해온 일본농민조합이 결성되었다. 그해에 후세는 총책임자로서 세입자동맹을 결성하고 간다 기독교회관에서 창립대회를 가졌다. 그리고 1925년에는 군마현의 미해방 부락인 세라다촌이 다른 부락민에게 습격당해 120명이 참혹하게 살해당하는 사건이 발생하였는데, 후세는 이 사건의 변호 경험을 통해 '살아야 한다면 민중과 함께, 죽어야 한다면 민중을 위해서'[8]라는 글귀를 지어 묘석에 새기게 하였다(布施柑治, 2003).

그는 1924년 6월 정치연구회를 조직한다. 무산계급의 이익을 대변하

---

8 오오이시(大石進, 2010:308)에 따르면 이 글귀("生きべくんば民衆とともに, 死すべくんば民衆のために")는 후세 다츠지 현창비에 적혀 있는 그의 좌우명으로, 1917년 보통선거운동에 나섰을 때 처음 나온 것이었다고 한다.

는 전국적인 단일 무산정당의 탄생을 대중적으로 준비하는 조직이라는 명분하에 요쓰야에 있는 자신의 법률사무소 한 칸을 사무국으로 제공하였다. 정치연구회는 좌우파 성향으로 나뉘었다. 우파는 의회다수당 구성이 목표인 반면, 좌파는 의석 확보보다는 대중 투쟁을 위한 정당 조직을 목표로 하였다. 후세는 우파의 출세주의에 실망하여 좌파에 동참하였다. 1925년 보통선거법과 치안유지법(공산당 조직을 범죄로 지정, 최고 징역 10년)이 성립되자 우파 성향의 회원들은 탈퇴하였다. 1926년 정치연구회에서 전국적인 단일 무산정당이라는 명문으로 노동농민당이 출범하였다. 후세는 노동농민당의 고문으로 추천받아, 1928년 2월 최초의 보통선거 총선에서 니가타 제2구에 출마하였으나 낙선하였다. 후세는 당내의 출세주의를 비난함으로써 도쿄지부 연합회의 반감을 사 출마하지 않았으나, 니가타 지부 연합회의 간곡한 권유를 뿌리치지 못해 출마한 것이었다.

1928년 3월 15일, 무산정당 설립을 위해 움직이던 일본 공산당의 활동원들 900여 명이 전국에 걸쳐 치안유지법 위반으로 체포되는 3·15사건이 발생하였다. 후세는 4월 자유법조단원들과 함께 해방운동 희생자 구원회 창립에 참가하여 피고인들의 구원 활동을 시작하였다. 전국 각지에서 재판이 진행되자 후세는 도쿄 단일 공판을 요청하는 의견서를 법원에 제출하였다. 이런 와중에 오사카에서 공판을 받던 피고인단이 동일한 요구를 하며 공판장을 뛰쳐나가는 사태가 발생하였다. 후세의 활약으로 공산당 지도부에 대해 도쿄에서의 단일 공판이 실현되었고 후세는 변호 활동 공로로 1931년 소련으로부터 특별 공로상을, 1933년에는 일본공산당으로부터 감사장을 받았다.

그러나 그 오사카의 법정소동으로 후세는 선동죄로 기소되어 1932년 변호사 자격 박탈이라는 처분을 받았다. 그의 나이 53세였다. 그리고

1933년에는 신문지법 위반으로 3개월 간 형무소에 수감되었다. 또한 1933년 9월 일본 노농변호사단 회원들이 치안유지법 위반 용의로 일제히 검거되었을 때 후세도 20명의 단원과 함께 검거되어 이치가야 형무소 미결감방에 투옥되어 1년 3개월 수감 생활 끝에 1935년 3월에야 보석으로 석방되었다. 석방 전인 1934년 3월에는 치안유지법 위반 용의로 기소되었는데 5년 후인 1939년 5월, 치안유지법 위반 용의 사건의 상고가 기각되어 징역 2년, 미결산입 200일이 확정되었다. 1933년 12월 황태자 탄생 기념 특사로 후세의 변호사 자격은 회복되어 센다이 변호사회에 재등록되었다. 1939년 6월에 수감되었으나 진무천황 즉위 기원 2,600년 기념 특사로 감형되어 400일 만에 풀려났다. 그러나 그동안 센다이 변호사회의 변호사 등록이 말소되어 패전일까지 변호사 자격을 회복하지 못하였다.

「자기혁명의 고백」 이후 인권변호사로 불리던 후세는 1928~1929년 무렵부터 '극좌변호사'로 불리기 시작하였다(布施柑治, 2003). 그리고 1921년 처음으로 '공산당'을 자처한 단체가 활동할 때부터 10년간 거의 모든 공산당 사건의 변호인으로 활동하였다. 고토 모리히코는 이러한 후세의 활동을 "불굴의 투쟁"이라 묘사하면서 "권력 측에서 보면 징그러울 정도로 미운 존재"였을 것이므로 그의 활동이 자유로웠을 리 없었을 것이라 추측한다(後藤守彦, 2010:90). 그리고 1928년의 3·15 사건을 계기로 드디어 변호인에서 탄압의 대상이 되기에 이르렀고, 1927년부터 발행한 개인 잡지『법률전선』이 1930년에는 게재 논문 때문에 신문지법 위반으로 기소되고, 옥중에 있는 공산당원 피고에게 보낸 편지가 우편법 위반으로 기소되는 등 탄압의 대상이 되었다. 이것은 그때에 이르러 일본 정부로부터 좌익 혹은 공산주의자로 각인되고 있었음을 보여준다.

Ⅳ. 후세의 변호 활동 당시 시대적 배경

1. 혁명의 시대와 요시노 사쿠조의 민본주의

후세의 성장과 사회활동은 전쟁과 혁명의 시대와 함께한 것이었다. 검사직을 그만둔 직후인 1904년 후세는 러일전쟁에 대한 톨스토이의 반전론에 크게 감명받았다. 그리고 1910년대 여러 군주제 국가들이 수많은 혁명(신해혁명, 러시아혁명, 독일혁명, 오스트리아-헝가리혁명)의 결과로 붕괴되는 사태가 발생하였다. 그 결과 민주주의 개혁과 정당정치, 보통선거 등을 요구하는 사회운동의 본격화, 그리고 의무교육, 대학교육 등과 같은 교육의 확대와 자유분방한 예술활동의 보장 요구 등은 세계적인 추세가 되어갔다. 후세의 활동이 본격화하는 1910년대 후반에는 일본에서 대정민주주의 시기를 여는 기폭제가 된 요시노 사쿠조(吉野作造, 1916)의 민본주의론에 고무되었다(學習研究社編集部, 1971:42~47).

요시노는 대정민주주의의 개척자로 알려져 있고 그의 사상은 민본주의(民本主義)로 불린다. 민본주의는 주권재민(主權在民)의 민주주의가 아니라 천황의 주권을 승인한 위에, 천황이 국민의 이해에 따라서 통치를 해야 한다는 것이다. 국민이 필요로 하는 바를 천황과 정부의 기본 목표로 해야 한다는 주의이다. 이를 실현하기 위해서는 보통선거권의 확립, 정당정치의 활성화와 책임내각의제의 수립, 군부와 관료 중심의 번벌정치의 철폐 등을 필요조건으로 주장하였다. 이처럼 요시노의 민본주의는 천황 지배를 승인한 위에서 제한적이고 방법적인 국민 참여의 민

주정치를 구현하려고 한 것이었다.[9]

  요시노는 1916년 3월 만주와 조선을 방문하고 현지 상황을 관찰하고 돌아갔다. 그는 일본과 조선총독부 정책의 부당성과 3·1운동 과정에서 있었던 조선인 학살을 폭로하고 그러한 정책과 현지 상황을 방치하는 것은 일본 국민의 양심이 마비된 탓이라고 비판하였다. 그는 식민지 조선에 대한 통치 개혁의 요구사항으로 언론의 자유, 조선인 차별대우의 철폐, 무력통치정책의 폐지, 조선의 자치를 주장하였다. 그러나 요시노는 그의 민본주의가 천황제 주권에 대한 인정을 기정사실화한 뒤 보통선거와 정당내각을 주장한 것과 같이, 조선에 대해서도 일본의 식민지 지배를 인정한 다음 일본 국내의 대정민주주의 정책을 식민지 조선에 적용할 것을 주장하였다. 2·8독립선언과 3·1운동이 일본에서의 민중운동의 출발점이 된 1918년의 쌀소동을 배경으로 한 것과 같이 이러한 사회운동과 후세의 활동도 일본에서 진행된 대정민주주의 운동을 배경으로 진행되었다.

2. 대정민주주의와 시민사회운동

  대정민주주의는 대체로 두 시기로 구분된다. 1차는 1905~1914년으로 러시아와의 강화조약 체결에 반대한 시민운동으로 시작하였다. 포츠머스 강화조약이 배상금 없는 영토 할양으로 마무리되자 전쟁에 동원되었던 병사들과 총력전으로 인해 생활고에 시달려온 시민들이 히비야 공원에서 방화하는 사건이 발생하였다. 이들은 강화조약 과정에서의 비밀

---

[9] http://contents.nahf.or.kr/item/item.do?levelId=isgi.d_0013 참조.

주의, 국민 요구의 무시, 언론 탄압, 그리고 계엄령 등을 있을 수 없는 비헌법적 행위로 받아들임으로써 당시의 전체적인 상황을 국가와 국민의 대립 구도로 받아들였다. 그 에너지가 대정민주주의 운동으로 이어지게 된 것이다(荒川章二, 2001). 시민운동은 일본의 군비 확장 반대와 악세 폐지 운동 등으로 이어졌으며, 1913년에는 1차 호헌운동이 진행되면서 제국주의에 반대하는 도시 중간 계층과 비특권 자본가 계층이 중심이 되어 민주주의를 요구하게 되었다. 이들의 요구는 보통선거운동과 중국의 동북지방 포기 등으로 확대되었다. 특히 이 시기에는 헌법학자 미노베 다쓰키치(美濃部達吉)가 천황기관설을 주장함으로써 1912년 우에스기 신키치(上杉愼吉)와 일대 논쟁을 벌인 것으로 유명하다. 미노베의 주장은 다이쇼 시기 지배적인 헌법학설로 자리잡게 되었으나, 군국주의가 횡행하던 1935년에 이르러 반국체적이라는 이유로 설자리를 잃게 되었다.

　1914년부터 1918년까지 진행된 2차 시기에는 지방 중소도시의 중간계층 중심의 시민운동이 전개되었다. 이들은 보통선거와 한국과 중국의 민족주의 존중, 그리고 무력에 기초한 팽창정책 반대 등을 주장하였다. 요시노 사쿠조가 민본주의 이론을 제시한 것이 이 시기이다. 다음은 1918년~1925년의 시기로 제1차 세계대전의 영향으로 산업이 비약적으로 발전하면서 쌀소동과 국제노동기구 설립 등으로 민중의 자각이 높아진 것이 특징이다. 노동자와 농민 조직의 급속한 발전과 정당정치의 발전, 불만무마를 위한 의회정치의 수용, 그리고 보통선거의 시작 등이 이 시기 일본 정치의 주요 변화들이었다. 그러나 또 한편으로 시민운동 세력들은 추밀원, 귀족원, 군부 등 극우정치 세력을 견제하는 데 실패함으로써 오히려 치안유지법이 제정되어 왜곡된 형태의 민주주의가 진행되었다. 그 결과 1930년대 들어서면서 군국주의 세력이 정권을 장악하고 의회정치가 중단되는 상황에 이르렀다.

　1918년의 쌀소동 이후에는 일본의 계급투쟁이 비약적으로 발전하게 되었다. 노동운동과 농민운동 같은 피지배계층의 사회운동이 활발해지면서 사회주의자들과 결합함으로써 사회운동이 급진화, 본격화되는 경향을 보였다. 당시의 파업 상황을 보면, 1916년에는 108건에 참가인원 8,413명이던 것이 1917년에는 398건에 5만 7,309명으로 늘어났고 1920년 4월까지 계속해서 증가해갔다. 당시 치안경찰법이 파업을 금지하고 엄격한 탄압을 실시하고 있었던 점을 고려하면 엄청난 증가세라 할 수 있다. 이러한 노동운동은 다시 사회주의 운동과 결합하여 1920년 12월에는 일본사회주의동맹이 결성되는데, 사회주의자들이 사상운동에서 정치운동으로 전환하는 최초의 움직임이었다. 곧이어 1922년에는 국제공산당(코민테른)의 일본 지부인 일본공산당이 성립되었다.

　당시의 사회상을 보면 후세가 택해온 삶의 궤적들이 자신의 시대와 같이하고 있음을 알 수 있다. 오늘날 평가하는 대정민주주의의 시대상이 후세의 삶과 오버랩되고 있다. 검사의 직을 그만두고 변호사의 길을 택한 것, 형사변호사로서의 명성을 쌓아나가던 그가 인권변호사로 전환한 것, 인권변호의 장을 법정에서 사회로 옮긴 것, 그리고 좌익 변호사로 불리면서 결국은 정부의 견제를 받게 되고 투옥되고 변호사자격증이 중단되는 상황에 이르는 길이 일본의 대정민주주의 시대의 사회운동 상황과 너무나 닮아 있음을 알 수 있다. 〈표 1〉을 보면 노동쟁의의 건수가 급속히 증가하였음을 알 수 있다. 시위와 파업, 사회운동 등을 통한 민주주의적 요구가 봇물처럼 쏟아지던 시기였다.

　그만큼 후세가 시대의 요구를 충실하게 따르며 민중의 편에 서서 살아왔음을 알 수 있다. 그러나 다른 한편으로 보면 후세의 활동 자체가 그

〈표 1〉 노동쟁의의 증가(내무성과 후생성 조사)

연도	노동조합 수	조합원 수	노동쟁의 건수	동참가 인원
1916			108	4,813
1917			398	57,309
1918	107		417	66,457
1919	187		497	63,137
1920	273		282	36,371
1921	300	103,442	246	58,225

學習研究社編集部(1971:61)

시대의 상황을 만들어가는 데 주도적 역할을 하였다고도 할 수 있다. 중요한 변화의 계기로 거론되는 쌀소동과 보통선거 운동, 일본공산당의 결성과 노동·농민 운동의 활성화 등에는 후세가 깊이 개입하고 있으며 적극적으로 민중들을 변호하였던 것이다. 그중에서도 조선인들에 대한 후세의 지원과 변호가 더욱 두드러져 보이는 것은 조선을 식민 지배하고 있던 당시 일본인으로서는 상상하기 어려운 행동이었기 때문일 것이다.

V. 후세에 대한 이해

1. 후세는 공산주의자였는가?

우리나라에서 후세에 대해 이야기할 때 누구나 갖는 의문은 바로 후세가 공산주의자였는지 여부일 것이다. 후세는 사회주의 사상을 믿고 공산당과 가까운 위치에 있으면서도 공산당에 입당은 하지 않았다. 전전에 그와 함께 사회운동을 이끌었던 변호사 친구들의 다수가 공산당

에 입당했다. 그들 중 전향하지 않은 이들은 후세가 천황제를 지지한다는 이유로 전후에는 후세와 거리를 두게 되었다. 그러나 만년의 후세는 "공산주의 이데올로기를 믿으면서도 입당하지 않은 대중이 일본에도 많이 있어요. 저도 그 대중의 친구가 되어 그들을 대표할 작정으로 입당하지 않았습니다. 입당하지 않아도 공산주의자가 될 수 있기 때문에……(正木ひろし, 1954)"라고 말한 바 있다. 즉 입당하지 않았지만 박해받는 공산당원들의 친구였음을 알 수 있다. 그는 조선인 활동가들(대부분이 무정부주의자이거나 공산당원들이었지만)에게는 '우리 변호사 후세' 혹은 '인권・민중 변호사'으로 불리었으나 일본인들에게는 '일본 무산계급의 맹장' 혹은 '일본을 대표하는 사회주의, 좌익 변호사'로, 특히 일본 치안 당국에게는 '적색 변호사'로 알려져 있었다(金一逸, 1974).

이에 대해 고토 모리히고(後藤守彦, 2010:131)는 후세를 "입당하지 않은 공산주의자"라 부른다. 후세는 노동농민당에는 입당도 하였고 당적을 두고 입후보하기도 하였으나 일본공산당에는 가입한 적이 없다. 그러나 고토 모리히고는 그의 계급적 인식은 분명한 것임에 틀림없다고 평가한다. 그 이유는 평소에 후세는 무산계급, 노동자계급은 단결해서 계급투쟁을 전개하고 권력을 타도하지 않으면 안 된다고 주장해왔으며 그가 그리는 이상사회, 즉 경제적 평등과 정치적 자유가 실현되고, 피지배계급에 의한 자치가 행해지는 사회란 바로 공산주의 사회에 해당하기 때문이라는 것이다.

그러나 1933년 9월 치안유지법 위반 혐의로 일본노농변호사단의 변호사들이 일제히 검거되었을 때 후세만이 전향하지 않은 것으로 보도된 바 있었다. 그것에 대해 후세는, "전향은 체포 전 마르크스 신념이 있던 사람이 바뀐 것을 말하지만 나는 솔직히 신봉하든 안 하든 마르크스주의를 잘 모르고 있었다"고 하였으며 "약자나 괴롭힘을 당하는 자를 위해 권력과 싸워왔지만, 그것은 '사상이나 이론과 같은 것에 근거한 지도체계에 의한 것이 아니라 인도주의와 정의감에 의한 것"(布施辰治, 1935; 後藤守彦, 2010:131)이라고 진술하였다. 이 진술에 대해 고토 모리히코는 겸손한 표현이라고 말하고 있으나 다른 많은 연구자들은 그에게 동의하지 않는다. 모리나가 에자부로(森長英三郎, 1956:45)는 후세에 대한 가장 일반적인 평가는 "인도주의에 입각해 사회운동을 전개한 변호사"라고 한다. 또한 모리 타다시(森正, 2014; 김창록, 2015에서 재인용)는 그를 사상을 가리지 않고 "고난에 처해 의지처를 찾는 사람을 위해 진력한 변호사"로 평가하였다.

2. 후세의 철학과 신념

후세가 좌익에 치우치지 않았음을 보여주는 여러 가지 증거들을 발견할 수 있다. 오오이시는 후세를 평화주의자, 사형폐지론자, 생명 제일주의자로 평가하고, 그러므로 테러리즘도 폭력혁명도 원리적으로는 인정하지 않는다고 한다. 그럼에도 불구하고 후세는 무정부주의자와 공산주의자들의 어려운 처지를 자기 일인 것처럼 최선을 다해 변호하였으며, 피고인의 의사가 선량하다고 인정하는 한, 정당 정파의 구별 없이 모든 형사피고인을 위해 변론하였는데 그것이 후세가 선택한 변호사의 길이었다는 것이다(大石進, 2010:98).

폭력배들의 형사사건 변호에서부터 공산주의자들의 법정 변호에 이르기까지 후세의 폭넓은 변호 활동에 일관되는 요소들이 있다. 바로 양심과 인간에 대한 믿음, 그리고 이타의 정신이다. 후세는 늑대의 적이라

부른 판사, 검사, 경관에게도 같은 인간으로서의 측은지심, 혹은 양심이라는 것이 있어서, 그것을 불러일으키는 것이 가능하다고 믿고 있었다. 판·검사의 인간성을 믿을 수 없다면, 어떻게 피고인의 인간성을 믿을 수 있겠는가? 그러한 성선설에 대한 믿음이 없다면 변호사의 직은 너무나 허무한 것이 된다는 생각이었다. 판·검사에 대한 설득의 가능성을 믿는 것, 그러한 믿음이 후세의 강력한 변호의 기초였던 것이다.

후세가 1951년 3월 1일 병상에 있으면서 행한 최후의 변론은 조선인 피고인에 대한 것이었다. 외국인등록령 위반사건이었는데 병상에 누워 있던 후세는 변론으로 재판관에게 상신서를 보냈다.

> 경애하는 아오미즈 재판관님, 오늘 재판정에 서 있는 이구호는 당신의 양심에 따라 밝은 미래로 이끌어주시거나 아니면 어두운 골짜기로 밀어넣을 수 있는 상황에 처해 있습니다. 저는 변호인으로서 오늘 법정에는 쓰러지는 한이 있더라도 출정해야 한다는 의무와 책임을 느끼고 있습니다. (중략) 지극히 외람되지만 금일 공판에 참석하지 못하는 무례함을 사과하는 동시에 소신의 일단을 상신하여 변호에 대신하겠습니다(大石進, 2010: 202).

그리고 부득이하게도 변호인인 자신도 이구호가 유죄임을 인정한다고 솔직히 말하고 그것을 전제로 정상변호(情狀辯護)[10]를 실행했다. 정상변호라는 것은 참담한 것임에도 불구하고, 후세는 재판관의 정을 구걸

---

[10] 정상변호란 형사재판에서 변호사가 피고인의 형량을 가볍게 하기 위해 행하는 각종 활동을 이른다. 이 경우 피고인이 죄를 인정하고 있기 때문에 기소장의 사실관계 입증은 쟁점이 되지 않는다. www.weblio.jp 참조.

하는 것이 아니라 그의 양심에 호소했던 것이다. 3·15 사건 때에도 후세는 피고인에게 "고개를 땅에 박는다고 해서 형이 가벼워지지 않네. 그저 부당하게 형을 선고받지 않도록 투쟁하게"라는 방식의 변호를 해왔다. 그는 많은 사회적 사건들에서 판사에게 피고에 대한 감형을 부탁하기보다는 본인이 최선을 다해 피고의 행동의 정당성을 밝힘으로써 판사스스로 형량을 재고하도록 해왔다. 이러한 변호의 전략은 판사의 양심을 믿지 않으면 불가능한 것이다.

고토 모리히코는 후세의 인생 철학을 관통하는 하나의 주제가 있다면 바로 이타의 정신이라고 한다. 이것은 모든 인간은 양심을 가진 보편적 존재라고 하는 사고에 기초하여, 약자나 억울한 자, 차별받는 자를 위해 힘쓴다고 하는 정신이다. 거기에는 무정부주의자, 공산당원, 조선인과 같은 선별이나 차별은 일체 존재하지 않는다. 후세가 공산당에 가입하지 않은 것도 이 정신에 기초한 삶을 살았기 때문이라는 것이다. 고토 모리히코는 후세가 비록 묵자와 톨스토이로부터 배웠다고 하나 행동은 자신의 몫이라고 할 때, '후세는 어떻게 변함없이 이타주의를 실천할 수 있었을까' 하는 질문을 던지고는 그에 대한 답으로 후세 역시 톨스토이처럼 자신의 삶과 행동을 되돌아보는 과정이 있었을 것이라고 주장한다. 이 같은 이타의 정신이 있었기에 판사의 양심을 믿을 정도로 최선을 다해 변호를 할 수 있었을 것이다.

3. 후세의 현실감각

우리는 신념과 생각만으로 목적을 달성하거나 사람을 구할 수 있는 것이 아니다. 냉엄한 현실 인식에 기초한 판단이 뒷받침될 때만이 그 신념의 달성에 한걸음 더 다가설 수 있다. 후세의 변호사로서의 성공 뒤에는 물론 후세의 '변호의 기술'도 있겠지만, 더욱 중요한 것은 그가 경제력, 즉 돈이 있었다는 것이다. 1950년 어느 좌담회에서 후세는 "외부로부터의 원조는 전혀 없다. 저희들이 전부 낸 것이다. 자기 자신의 활동을 조달할 정도의 경제력과 자기희생의 정신이 없는 한, 누구나 할 수 있는 일이 아니다"(大石進, 2010)라고 밝힌 바 있다.

후세는 1920년 「자기혁명의 고백」 발표 당시 이미 명성 있는 변호사였고, 그 후에도 지방민들의 사건을 수임해서 많은 수입을 올리고 있었다. 형사 사건에서는 단골 도박꾼들로부터 충분한 보수를 받았다. 그 수입으로 마음껏 사회활동이 가능했던 것이다. 누구나 조선에 건너가고, 조선인과 연대해서 싸울 수 있는 것은 아니다. 항상 이등칸(오늘날 일본의 그린차, 한국의 특실에 해당. 1호차는 침대차)에 탈 수 있는 정도의 경제력이 있었기에 가능했던 것이다(大石進, 2010:207).

오오이시는 자신이 중학교 2학년 시절, 후세기 변호를 위해 출장을 갔을 때의 기억을 떠올렸다. 아키타역 인근 어느 역에서 현지 조직인이 몇 호차의 승강장에 마중 나와 있기로 하였다. 후세는 2등 차를 타고 가다가 현지 도착 직전에 3등 차로 이동하여 마치 처음부터 3등 차를 타고 온 것 같은 표정을 하고 내렸다. 당시 궁핍한 생활을 하던 서민들은 대부분이 2등 차는 부르조아 소비의 상징으로 여기고 있었다. 후세가 전전의 계급투쟁 때 주변 비판에도 불구하고 항상 2등 차를 이용한 것은 조선에 가든, 대만에 가든, 후세에게는 차 안이 유일한 휴식의 공간이었기 때문이다. 거기다 3등 칸으로 옮겨서 내린 것은 3등 차표를 준비한 의뢰인들, 특히 일본인 노동자나 농민 조직보다 훨씬 빈곤한 조선인 조직에게 부담을 주지 않으려는 의도에서 한 행동이었다.

후세가 활동하던 시기 그가 얼마나 열정적이고 초인적인 노력을 했는지를 살펴볼 필요가 있다. 후세는 「자기혁명의 고백」 이후 3가지 잡지를 간행했다. 『법정에서 사회로』(1920. 6~1921. 8), 『생활운동』(1922. 11~1927. 5), 『법률전선』(1927. 7~1930. 11) 등을 10년에 걸쳐 간행했는데 대부분이 자신의 저작들로 구성된 것이었다. 개인 저작 활동의 결과 30여 권의 저술과 700여 편의 논문을 집필하였다(이규수, 2003). 「자기혁명의 고백」이 나오기 이전 2년간의 사건 취급 수는 연평균 250건을 상회하였고, 기일지정을 받은 재판소 출정 수는 1일 평균 4건, 거기다 별도로 도쿄감옥의 미결인원 약 700명 중 후세가 담당하고 있던 수는 52명에 달했다. 심지어는 아라키정(荒木町)의 사무실이 형무소까지 500미터 거리에 있었던 것마저도 그의 초인적 활동의 필수 조건이었다.

또한 「자기혁명의 고백」의 주요 내용 중에는 도쿄에서는 일반 사건의 변론을 수임하지 않겠다는 것이 포함되어 있는데 그 이유는 사회적 사건들로 인해 초인적으로 바쁜 일정 때문이었다. 그러면서도 지방의 일반 사건은 수임하였는데 출장에서 돌아오는 길에 사회적 사건의 공판에 참가하였다. 후세의 영업 비밀을 들여다보았을 것으로 추정될 정도로 후세와 가까웠던 한 지인은 다음과 같이 증언하였다. 오사카에서 도박 싸움이 나면 모두가 후세를 부른다. 기차 2등 칸을 타고 일류의 숙박시설에 머무르게 하려면 상당한 일당을 지불해야 했지만 오사카의 모두가 후세를 불렀고 그를 존경했다. 후세는 지방에 가면 반드시 형무소에 가서 변호사가 없는 사람을 면회해서 시간이 허락하는 대로 체류 기간을 연장해서라도 그 사람을 변호하였다.

4. 후세의 성격과 가족관계

　후세는 자기 혁명과 함께 가족의 혁명도 함께 했다. 관동대지진 직후 지진 피해자들이 많이 모이는 우에노 부근의 세입자동맹의 텐트촌에 세워진 세입자 무료 법률상담의 입간판 옆에서 후세의 처 미츠코는 갈대발을 친 식당을 시작하였다. 염가로 영양가 있는 식사를 제공하기 위해 미츠코는 장기인 간장맛 카레라이스를 간판 메뉴로 내세웠다. 당시는 카레라이스가 화이트칼라 요리로 취급받던 때였다. 여학교 1학년으로 12세인 장녀 노부코는 식당에서 도우미로 일을 했다. 노부코는 7세 때 히비야 공원에서 "꽃(그 꽃을 '보통의 꽃'이라 이름 붙였다)"을 팔아 보통선거 실시를 주장하는 후세의 활동을 지원한 적도 있다. 가족이 모두 사회운동에 참가한 셈이었다(大石進, 2010).

　후세는 3남 4녀를 두었는데 첫딸인 노부코 이외에는 딸에 관하여는 알려진 바가 없고, 아들들과의 관계는 좋지 못했다. 장남 후세 간지는 그의 저서에서 아버지 후세를 "F씨"라 부르고 종전 직후의 후세에 대해 "뜻밖의 자유를 얻은 F씨는 무언가 큰일을 벌이고 싶어 견딜 수 없었다. 말하자면 F씨는 10년이라는 긴 세월 일에 굶주려 있었다"(布施柑治, 2011:134)라면서 10월 말 '진주군 환영 민중 대회'를 주최하고자 노력하는 후세의 모습을 "진주군에게 자기 존재를 알리려는 듯한 태도"라고 묘사하였다. 그리고 둘째 아들 노부오는 어린 시절 사망하였고, 셋째 모리오(杜生)도 옥중에서 사망할 때까지 화해하지 못하고 있었다고 기술하였다. 또한 간지는 후세의 처이자 자신의 어머니인 미츠코에 대해서도 경제력이 있는 여인이라고 하면서도 세속적이었으며, 후세와 관계가 좋은 않았던 것으로 이야기하고 있다.

그러나 오오이시의 설명은 이와 다르다.[11] 병오(장남 후세 간지의 어릴 적 이름)는 도쿄에서 멀리 떨어진 야마가다대학에 입학시험을 치른 후 합격 소식을 듣고 후세의 본가가 있는 헤비타촌에 들렀다. 병오가 너무 기쁜 나머지 경박한 행동을 하는 것을 목격한 병오의 큰아버지는 후세에게 자식교육을 어떻게 시키고 있냐고 질책했다. 그 일이 있은 이후부터 병오를 보는 후세의 눈빛이 차가워지기 시작했다. 거기다 병오가 매춘으로 중이염을 앓게 되는 일이 발생했다. 그의 매춘은 욕구의 문제를 넘어 후세의 매매춘반대 운동에 대한 반항심의 발로였을 것으로 짐작된다. 그러나 이 일로 후세는 몇 번이나 병오에게 배신당했다는 생각을 갖게 되었다. 반면 병오는 후세의 생활방식에 대해 '독선' 혹은 '과대망상'이라고 비판하고 다녔다.

후세의 처인 미츠코는 결혼 전 남자가 있었는데 이와 관련하여 미츠코의 본가에서는 병오가 후세의 아들이 아니라고 인식하고 있어서 그러한 응어리가 후세에게도 병오에게도 상대방에 대한 감정에 영향을 미쳤을 가능성이 있다. 후세에 대한 병오의 시각에는 악의적인 왜곡이 있는 것이 사실이다. 병오에게는 자신이 후세의 자식임을 확인하고 싶어하는 욕망이 있었으며 그것이 그로 하여금 『나는 양심을 믿는다』를 쓰게 했을 것이다. 병오는 후세가 말기에 병상에 누워 있을 때에도 한 번도 문병을 오지 않았을 정도로 둘의 관계는 단절 상태였고, 후세가 사망한 뒤 장례식에 참석하고자 했을 때는 가족들로부터 거부당해 주변의 중재로 겨우 말석에 앉을 수 있을 정도였다.

삼남 모리오는 교토대학에 입학한 후 아버지의 철학에 감동받아 조

---

11 필자는 오오이시 선생과 2019년 10월 29일 선생의 자택에서 인터뷰를 진행하였다.

선인들을 지원하는 활동을 하다가 1944년 치안유지법 위반으로 검거, 투옥되어 고문 끝에 교토형무소에서 옥사하였다. 그는 토시에(歲枝)라는 여자와의 결혼에 대해 후세가 반대한 데 대해 허락을 요청하는「일신상의 변명」이라는 서간을 남겼다. 모리오가 반전운동에 참가했을 당시 동지로서 토시에를 만났는데 그녀에게는 이미 정혼남이 있었고 그 또한 반전운동의 동지였다. 세 명은 모두 치안유지법 위반으로 투옥되는 경력을 갖게 되는데, 토시에의 정혼남이 투옥되어 있던 중, 출옥 상태에 있던 둘의 관계가 발전하게 되었다. 당시 민법에서는 결혼에는 호주의 동의가 필요한 것으로 규정을 하고 있었으나 후세는 그 결혼에 동의해주지 않았다. 거기에는 단순한 인륜의 문제뿐 아니라 동지에 대한 배신을 허락해줄 수는 없다고 하는 감정도 있었던 것 같다. 결국 모리오는 분가해서 스스로 호주가 되어 토시에와 결혼한다. 1942년 9월, 모리오는 치안유지법 위반으로 다시 경시청 특별고등경찰에 체포되어 교토로 이송되고, 예심 중이던 1944년 2월 29세의 나이로 교토구치소에서 영양실조와 폐결핵으로 옥사하였다(正木ひろし, 1954).

　이상과 같은 오오이시 선생과의 인터뷰 진술을 보면 후세와 두 아들과의 관계가 좋지 않았던 것은 분명하다. 두 아들은 공통적으로 후세의 강한 자기현시 욕구와 서투른 문장을 참지 못하는 성격에 대해 부정적인 뉘앙스로 남들에게 이야기했는데, 오오이시도 이러한 감정은 동일하게 가지고 있었음을 인정한다. 또한 오오이시도 후세에 대해 '강렬한 성격'이라고 묘사하고 있다(大石進, 2010). 그러나 후세 자신은 최후의 순간까지도 낙관적 인생관을 유지하고 있었다. 성자필멸을 믿지 않았고 제자들이 모두 공산당으로 가버려 혼자 남았을 때에도, 그래서 다른 사람 눈에는 고독해 보였을 때도, 스스로는 고독하다고 생각하지 않았다.

병오도 그의 저서에서 후세에 대해 다음과 같은 글을 남기고 있다.

> F씨는 우연히 안 사실이나 선입견으로 사물의 이치를 자기 나름대로 상상하고는 실제로 그렇다고 믿어버리는 사람이었다. 실제로 F씨 추측이 맞아떨어져 자신도 만족하고, 사회적으로도 도움되는 경우도 많았지만 완전히 빗나갈 때도 있었다. 이런 점에서는 '톨스토이의 제자'가 되지 않도록 누구나 사물을 객관적이고 전체적으로 보는 방법을 배워야 한다(布施柑治, 2011:136).

VI. 맺음말: 한일관계와 후세 다츠지

이 연구는 우리가 '일본인 쉰들러'라고 부르는 변호사 후세 다츠지라는 인물에 대한 것으로, 조선인들을 위해 몸을 던지는 변호와 그들과의 신뢰관계를 지속해나간 그를 이해하는 데 목적이 있다. 먼저 왜 그가 한일관계에서 중요한 인물인지, 왜 대한민국 건국훈장을 받게 되었는지, 그리고 식민지 조선의 민중들과 어떠한 관계를 형성하고 유지해갔는지를 살펴보았다. 그와 조선 민중들과의 관계는 1919년 2·8 독립선언 참가자들에 대한 변호 활동에서부터 시작되었고, 그는 1953년 사망할 때까지 조선인들에 대한 깊은 신뢰와 애정을 보여주었다.

그를 이해하기 위한 작업은 네 부분으로 나뉘어져 있다. 첫째는 일본에서의 활동 중 조선인들에 대해 보여준 그의 변호 활동과 대비시켜 사회적 인물로서의 후세의 활동들을 살펴보았다. 그의 조선인 변호는 인권변호사 활동의 연장선에 있었음을 알 수 있다. 둘째는 후세가 그와 같은 변호 활동을 하게 된 시대적 배경에 대한 것이다. 제1차 세계대전을 전후하여 시작된 대정민주주의 시기 일본의 사회변동과 사회운동들은 후세의 활동과 일체화되어 있음을 알 수 있다. 그의 운동이 급진적이고 좌익적 성향을 보인 것은 사실이나 그와 같은 활동이 당시 국제사회 혁명의 조류와 일본 사회에서 진행된 시민운동과 상호작용한 것도 사실임을 알 수 있다. 셋째는 개인사를 통해 본 그의 사회적 활동의 배경을 분석한 것이다. 그의 변호 활동은 그의 사상만큼이나 인간의 양심에 대한 굳은 믿음과 민중을 위해 살겠다는 신념을 그대로 반영하고 있다. 넷째로, 그는 강렬한 성격의 소유자였으며, 그러한 성격은 후세의 가족관계에서도 그대로 나타나고 있다.

이 연구에서 우리는 두 가지 답을 얻을 수 있다. 첫째는 후세의 조선에 대한 애정은 식민지 민중들의 어려운 삶에 대한 일체화에서 출발하였으며, 그 과정에서 조선인들과의 연대감이 더욱 깊어졌을 것이라는 점이다. 후세의 민중들에 대한 애정은 상대로서의 민중이 아니라 자신도 민중이고자 하는 삶의 태도를 말한다. 그의 좌우명 "살아야 한다면 민중과 함께, 죽어야 한다면 민중을 위해서"는 어린 시절 아버지로부터 배운 청빈한 삶에 대한 열정과 세속적 출세에 대한 거부감, 출세가 아닌 철학 공부를 위한 도쿄로의 진학 등의 연장선에 있는 것이다. 이러한 후세의 민중성과 농민성이 조선에 대한 그의 연대로 나타난 것이다.

둘째는 후세가 공산주의자라기보다는 '급진적 민주주의자'[12]에 가깝다는 점이다. 후세는 공산당에는 입당한 적이 없지만 공산주의자들의 변호에 적극적으로 나섰으며, 일본공산당 창당 이전의 최초 참가자들과

---

12 인터뷰 과정에서 질문에 대한 오오이시 선생의 답변에서 나온 표현이다.

함께 노농농민당의 창당에 참가하였고 그 당의 후보로 총선에 나가기도 하였다. 민중을 위한 그의 활동들은 군부가 권력을 장악하기 직전의 일본 사회의 제한적 사회분위기를 고려하면 확실히 좌익 성향으로 비쳤을 것이다. 그러나 보통선거운동, 폐창운동, 사법개혁운동 외에도 천황제에 대한 인정과 동시에 자연적 소멸의 주장, 법정 투쟁을 통한 민중 변호(법정지상주의)와 인간의 양심을 믿는다고 하는 성선설에 기초한 인간관, 그리고 경제력 유지를 위한 변호 활동 등은 그의 사상과 활동이 공산주의보다는 민주주의를 위한 사회운동을 추구한 것에 가깝다고 할 수 있다. 나고야대학의 모리 타다시 교수는 후세의 메이지헌법에 대한 입장에 대해 다음과 같이 말했다.

> 메이지헌법을 부정한 것은 아니다. 학문적으로 말하자면 메이지헌법의 근대적 측면을 조명한 미노베 다츠키치의 천황기관설과 요시코 사쿠조의 민본주의론에 동조하였으며, 조건이 붙기는 하지만, 그러한 면에서 후세는 사회주의자나 공산주의자는 아니었다고 말할 수 있다.[13]

그가 변호하고 교류한 많은 조선인들이 조선의 공산당 소속이었거나 전후 북한 공산당과의 연계가 깊었던 것은 후세의 입장에서는 그들이 조선의 무산대중 운동을 주도하였고 식민지 조선에서 총독부 탄압의 주된 대상이 되었기 때문이라 할 수 있을 것이다. 특정 행위가 공산주의인가 아닌가의 여부는 시대와 사회에 따라 달라질 수 있다는 점을 고려

---

13 布施辰治誕生130年 ドキュメンタリ-映画『布施辰治』http://www.fuse-tatsuji.com/commentary.html(검색일: 2019년 12월 13일).

하면 오늘날 우리가 보는 후세는 더욱더 공산주의보다는 급진적 민주주의에 가까운 곳에 위치하게 될 것이다.

후세의 사상적 위치와 상관없이 일본과 조선에서 조선인들의 편에 서서 강력한 변호를 해줄 일본인이 있었던 것만으로도 조선인들에게는 더없는 구원이 되었을 것이다. 오늘날 한일관계는 부침을 계속하고 있지만 한국과 일본의 지정학적 위치는 한일의 역사 화해를 선택이 아니라 마땅히 이루어야 할 과제임을 우리에게 말해준다. 한일관계가 엄중한 상황에 처할수록 후세를 떠올리는 것은 그가 우리에게 양국 화해의 가능성을 보여주었기 때문일 것이다.

참고문헌

국내 논저

강덕상, 1999, 「관동대지진 조선인 학살을 보는 새로운 시각」, 『역비논단』 47.

김창록, 2015, 「후세 타쯔지(布施辰治)의 법사상: '조선'과의 관계를 중심으로」, 『법학연구』 26(1).

오오이시 스스무, 2010, 「후세 다츠지의 생애와 조선. 고사명」(오오이시 스스무, 고사명·이형낭, 이규수·임희경 역, 『조선을 위해 일생을 바친 후세 다츠지』, 지식여행).

이경주, 2019, 「후세 다츠지와 박열의 헌법의식: '조선건국헌법초안'을 중심으로」, 『한일민족문제연구』 36.

이규수, 2003, 「후세 다츠지(布施辰治)의 한국인식」, 『한국근현대사연구』 25.

_____, 2010, 「조선을 위해 평생을 바친 '일본의 쉰들러'」, 『월간조선』 9월호(출처: https:// monthly.chosun.com/client/news/viw.asp?nNewsNumb=201009100049, 검색일:2020. 1. 29).

이문영, 2016, 「톨스토이 대 톨스토이: 톨스토이의 평화사상과 평화실천」, 『외국학연구』 35.

이형낭, 2010, 「후세 다츠지와 재일 조선인」(오오이시 스스무, 고사명·이형낭, 이규수·임희경 역, 『조선을 위해 일생을 바친 후세 다츠지』, 지식여행).

정창현, 2009, 「조선대학교 도서관에서 만난 후세와 박열, 그리고 박영효: 남과 북, 재일동포의 공동자산」, 『민족21』 95호.

후세 간지, 황선희 역, 2011, 『나는 양심을 믿는다: 조선인을 변호한 후세 다츠지의 삶』, 현암사.

후세 다쓰지·나카니시 이노스케, 박현석 역, 2017, 『운명의 승리자 박열』, 현인.

국외 논저

學習研究社 編集部, 1971, 『大正デモクラシー·ヴェルサイユ體制·アジア民族運動』, 學習研究社.

後藤守彦, 2010, 『只 意志あらば: 植民地朝鮮と連帯した日本人』, 日本経済評論社.

金一勉, 1974, 『日朝関係の視角: 歴史の確認と発見』, ダイヤモンド社.

正木ひろし, 1954, 「一弁護士の墓碑銘-故布施辰治のこと」, 『中央公論』 3月號.

森正, 2014, 『評伝布施辰治』, 日本評論社.

水野直樹, 1983, 「護士布施辰治と朝鮮」, 『季刊 三千里』 34.

荒川章二, 2001, 『軍隊と地域: シリーズ日本近代からの問い』, 青木書店.

大石進, 2010, 『弁護士布施辰治』, 西田書店.

吉野作造, 2016, 『憲政の本義 吉野作造デモクラシー論集』, 中央公論.

布施辰治, 1923, 「無産階級からみた朝鮮解放問題」, 『赤旗』 1(1).

_____, 1935, 「轉向非轉向の弁一」, 『社會運動通信』 6月 15日號.

_____, 1947, 「3·1運動の思い出」, 『民団新聞』 2月(第2號).

인터넷 자료

誕生130年 ドキュメンタリ 映画 〈布施辰治〉. 출처: http://www.fuse-tatsuji.com/com-mentary.html(검색일: 2019. 7. 8)

〈사진 1〉 후세의 출생 기념비

〈사진 2〉 후세의 생가

* 그 앞 자판기 앞에 있던 출생 기념비는 현재 인근의 주민센터 옆으로 옮겨져 있다.

5장

한국 고아의 아버지, 소다 가이치의 삶과 그 역사적 평가 분석

김보림
충북대학교 역사교육학과 교수

I. 머리말

서울 마포구에 자리한 양화진 외국인 선교사 묘역에는 우리나라를 위해 헌신한 13개국의 외국인 480여 명이 안장되어 있다. 이들은 선교 활동 및 한국 사회 사업의 유공자들인데, 이곳에 일본인 소다 가이치(曾田嘉伊智, 1867~1962)와 그의 부인 우에노 타키(上野タキ, 1878~1950)의 묘가 있다. 소다 가이치는 양화진에 안장되어 있는 유일한 일본인이며, 또한 처음으로 한국 정부의 문화훈장[1]을 받은 일본인이기도 하다.

소다 가이치는 1905년부터 1947년 해방 직후까지 그의 부인과 함께 고아들을 돌보며 한국에 체류하였으며, 이후 일본으로 귀국했다가 한경직 목사의 초청으로 1961년 한국에 돌아와 1년간 한국의 고아들과 함께 지내다가 1962년 95세의 일기로 양화진에 안장되었다. 한국이 일제강점기를 겪으며 기아와 질병, 그리고 전란으로 오갈 데 없는 사람 등 사회적 구호 대상자들이 거리에 차고 넘칠 때 이 부부는 특히 한국인 고아들에게 구휼의 손길을 내밀었다.

소다가 일본인이었다는 점 이외에도 양화진에 안장된 언더우드, 아펜

---

[1] 1962년 4월 11일 수여된 문화훈장의 내용은 다음과 같다. "고 소다 씨는 1901년에 한국으로 와서 1947년 귀국하기까지 기나긴 46년간 국적을 초월한 숭고한 인류애를 가지고 구호 및 교육 사업에 다대한 공헌을 하였습니다. 특히 가마쿠라보육원의 서울지부장으로서 불행한 고아들을 위해 마음을 다한 구호활동을 전개하는 것으로부터 기독교의 복음전도에 헌신적인 노력을 하는 등 심령 개발에 큰 기여를 하였습니다. 또한 1961년 5월에 다시 한국에 오셔서 1962년 3월 28일에 서거하기까지 서울특별시의 명예시민으로서 많은 고아들의 정신적 기둥이 되었습니다. 이 전 생애를 통한 희생적 봉사는 우리 국민의 영구한 경애를 받는 데 부족함이 없으므로 이를 포상하고 대한민국 헌법이 전하는 대통령의 권한에 의해 문화훈장 국민장을 드립니다."

젤러, 베델 등 서양인 선교사들에 비해 다른 점이 있다. 첫째, 서양인 선교사 대부분은 우리나라에 입국하기 전 소속 종교단체에서 교육을 받고 파송 명령과 주재국 정부의 허가를 받고 입국하는 형식이었으나, 소다는 이러한 선교단체의 지원 없이 스스로 기독교인이 되어 한국에 와 사회적 소외자들인 고아를 돌보았다는 점이다.[2] 둘째, 소다에 대한 자료와 연구는 이들에 비해 상대적으로 적은 편인데 소다 스스로가 생전에 자신에 대해 드러내기를 극도로 싫어했기 때문이다. 그에 대한 기록은 전택부가 기독교 민족운동가와 함께 조선독립을 후원했던 소다의 삶을 정리해놓은 1차 자료가 있으며, 당시의 『조선일보』, 『동아일보』, 『국민일보』 등 주요 일간지 등에서 다룬 내용이 주 사료가 된다.[3]

한편, 일본에서 1975년에 소다의 일생을 다룬 전기가 출간되었는데, 사메지마 모리타카(飯島盛隆)가 쓴 『한국 고아의 자부, 소다 가이치(韓国孤児の慈父曽田嘉伊智翁)』(鎮西學院研究叢書〈2〉, 牧羊社)가 바로 그것이다. 또한 2013년 일본에서는 에미야 다카유키(江宮隆之)가 소다 가이치의 생애를 다룬 『자비의 사람, 한국의 흙이 된 또 한 사람의 일본인(慈雨の人 韓国の土になったもう一人の日本人)』(河出書房新社)이 출간되었다. 에미야 다카유키는 1960년대 일본 정부가 한국과의 국교를 맺기 위해 한국인들에게 존경을 받은 소다에게 수교 추진 과정에 적극 나서달라고

---

2 이에 대해 소다는 다음과 같이 말하고 있다. "나는 기독교의 신앙자로서는 센토 프랑시스를 존중한다. 그는 26세의 때 개심하여 46세에 죽었다. 끝까지 평신도였으며 지금도 나는 그와 닮고 싶다고 생각하고 있다. 나는 신학교에 가거나 목사가 되거나 하는 것은 좋아하지 않는다."(曽田嘉伊智, 1962, 「私と朝鮮」, 『親和』103, 41~48쪽.)
3 공직자 전문성제고 저서갖기 운동본부 엮음, 2019, 『100년 대한민국의 파트너, 외국인(1919~2019)』, 노드미디어, 158쪽.

했지만 소다가 이를 거부했다는 비화를 소개하고 있다.[4]

한국에서는 공직자 이동식[5], 이수경[6] 등이 한일 교류의 측면에서 일제강점기 한국에 우호적이었던 일본인들을 연구하는 가운데 소다 가이치를 다룬 경우가 있다. 이들 선행 연구에서 소다 가이치에 대해 주목하는 부분은 크게 두 가지로 요약할 수 있다. 첫째, 일제강점기 종교적 침탈까지 당하였던 한국에서 조선의 고아들을 해방이 된 이후까지 돌보았다는 점이고 둘째, 일본의 한국 침략에 대해 끊임없이 저항하는 운동을 벌였다는 점이다.

이러한 역사적 평가에 대해 이의를 달 수는 없다. 그러나 이러한 역사적 평가로 이끈 사실들에 대한 역사적 진실성, 그가 살았던 시대적 특징, 역사적 평가를 받았던 시대의 특징에 대한 세부적인 연구가 더욱 필요하다. 소다 가이치에 대한 평가는 다음과 같은 점에 유의할 필요가 있다. 우선 그가 살았던 시대가 일제강점기였으며, 그 시기 보통의 일본인과 다른 행적을 보이며 한국의 고아를 돌보았던 그의 삶에 대한 평가(1차적 평가)가 1965년 한일회담이 이루어지기 전에 일어났다는 점이다. 따라서 그에 대한 평가가 과평가된 것은 아닌지 살펴볼 필요가 있다. 인물에 대한 평가는 어느 정도 관행적으로 영웅적 평가가 뒤따르며 역사적 사실을 호도할 수 있기 때문이다. 더욱이 그에 대한 자료가 부족하여 남겨진 국내외 사료들을 되도록 모두 수집하고 모으는 지난한 과정을 끝낸 이후에 그에 대한 역사적 평가(2차적 평가)가 다시 한 번 이루어져야 할 것이다.

---

4 이동식, 2017, 『친구가 된 일본인들』, 나눔사, 264쪽.
5 이동식, 2017.
6 이수경, 2010, 『한일 교류의 기억』, 한국학술정보.

이 글의 Ⅱ, Ⅲ장에서는 해방을 전후로 하여 소다 가이치에 대해 한국에서 알려진 사실들을 중심으로 그의 살아온 행적들을 추적하고, 업적과 역사적 평가들을 살펴볼 것이다. 그리고 Ⅳ장에서는 이에 대한 역사적 사실들의 진위 여부를 일본에 남은 1차 사료, 그가 생전에 썼던 논문과 글, 인터뷰 등을 분석해보고 시대적 상황 등을 참작하면서 그에 대한 역사적 평가를 '평가'해 보고자 한다.

Ⅱ. 해방 이전 소다 가이치의 삶

1. 한국에 오기까지

소다 가이치는 1867년 10월 20일 일본 야마구치현(山口縣) 소네무라(曾根)에서 출생하였다. 소다에게는 세 형제가 있었다. 장남이었던 소다는 의사인 동생에게 모든 것을 맡기고 21세 되던 해 고향을 떠났다. 다른 한 동생 역시 개척기의 홋카이도(北海道)로 가서 큰 목장을 경영하였다고 한다.

그는 어린 시절 오카야마(岡山)의 한 서당에서 한학을 공부하였다. 면학을 위해 고향을 떠난 소다는 공부에 필요한 자금을 얻기 위해 개항된 나가사키(長崎)로 가서 탄광에서 일하며 초등교사 자격증을 취득하여 교사가 되었다. 25세가 되던 1893년에는 노르웨이 선박의 선원으로서 홍콩으로 건너가 영어를 익혔고, 1895년 청일전쟁의 승리로 대만이 일본의 식민지가 되자 그곳으로 건너가 독일인이 경영하는 공장에서 사무원 겸 통역으로 일하기도 하였다. 이후 중국 본토로 가서 해군에도 종사

하고, 중국 혁명의 아버지 손문을 만나 혁명운동에도 가담하였다.[7]

30대에 접어들자 다시 대만으로 돌아가 방랑생활을 계속하였는데, 1899년 술에 취해 노상에서 쓰러져 거의 죽게 되었을 때 무명의 한국인 한 사람이 지나가다가 그를 업고 여관으로 데려가서 치료를 해주고 밥값도 내주었다고 한다.[8] 그로부터 6년 뒤인 1905년, 소다는 은인의 나라인 한국에 은혜를 갚으리라 결심하고 입국하여 서울 YMCA에 일본어 교사로 취직을 하였다. 이때는 러일전쟁이 일어난 직후였다. YMCA에서 영어와 성서를 가르치면서 약 10년을 지냈다. 그동안 일본은 러일전쟁에서 승리하여 조선에도 그 위력을 떨치게 되었다.

1907년 8월 소다는 평양에서 개최된 기독교 집회에 참석하여 소위 '리바이벌'이라고 하는 신앙회복이 일어나게 되었다. 소다는 이 무렵, 수감 중에 기독교인이 되었다가 풀려나온 월남 이상재에게 큰 감화를 받아 기독교인이 된다. 다음은 생전 그를 잘 알았던 전택부 목사의 증언이다.[9]

> 소다 전도사는 젊을 때 대주가였어요. '혈기왕성해 난폭한 짓을 많이 했다'고 말하곤 했죠. 일본어 교사로 있으면서 YMCA 집회 참석과 이상재 선생 영향으로 신실한 사람이 되었습니다. 백만구령운동 당시 '동포여, 경성하라'는 전도지를 뿌렸는데 적극적으로 나서 복음을 전했죠.

---

7 공직자 전문성제고 저서갖기 운동본부 엮음, 2019, 160쪽.
8 中村敏, 2015, 『日韓の架け橋となったキリスト者:乘松雅休から澤正彦まで』, いのちのことば社, 52쪽.
9 공직자 전문성제고 저서갖기 운동본부 엮음, 2019, 160쪽.

소다 또한 자주 "나는 젊을 때 대주가였으며, 혈기 왕성하여 난폭한 짓을 많이 한 불량배였다"라고 간증하였다.[10] 금주회 회장도 역임한 소다에게 기독교인이자 독립운동가였던 이상재의 영향은 컸다. 월남 이상재는 YMCA 총무로 "동포여, 경성하라"고 외치며 많은 사경회와 부흥회를 개최하여 백만인 구령운동을 하였는데, 이때 소다는 성경을 배우고 집회에 참석하여 많은 은혜를 받았다. 또한 1908년 일본인 초등학교인 히노데 소학교(일신 초등학교의 전신)의 교사이자 숙명여고와 이화여고에서 영어 교사를 하던 독실한 기독교 신자 우에노 타키[11]를 만나 결혼을 하게 되면서 더욱더 신실한 삶을 살게 된다.

소다는 리바이벌에 의한 갱생 후 당시 경성에 있던 메소디스트파의 선교사 해리스 씨의 추천으로 평신도 전도자(정주 전도사로 불림)가 되어 교회에 봉사하게 되었다. 그것과 함께 기독교 서점을 경영하면서 '성서판독전도'를 위한 활동도 하였다. 성서판독전도라고 하는 것은 집을 방문하면서 하는 전도로서 이것은 매우 인내를 요하는 일이었다. 소다는 이 일을 약 10년간 하였다. 한편 타키 부인은 결혼 후에도 계속하여 미션 스쿨에서 교편을 잡고 퇴직 시까지 계속하였다. 또한 기독교 서점의 경영은 타키 부인이 거의 전담하고 있었다.[12]

---

10 이승하, 2018, 『이사람을 아십니까?』, 쿰란출판사, 299쪽.

11 여학교 교사와 고아원 보모로 헌신한 우에노 타키는 1878년 일본의 독실한 기독교 가정에서 출생하였다. 나가사키 기독교학교를 졸업하고 1896년 조선에 입국하여 히노데 소학교 교사로 봉직했다. 히노데 소학교는 고종황제의 고명딸인 덕혜옹주가 다닌 곳이다. 부인도 양화진 묘역에 안장되었다(공직자 전문성제고 저서갖기 운동본부 엮음, 2019, 164쪽).

12 飯島盛隆, 1975, 『韓国孤児の慈父曽田嘉伊智翁』(鎮西學院研究叢書〈2〉), 牧羊社, 22~23쪽.

2. 고아의 아버지가 되다

소다는 서울에서 강연을 잘하기로 소문이 났으며 그 인기가 높았다. 강연할 때 자신의 방탕했던 생활부터 대만에서 조선인의 도움으로 살아난 이야기도 하면서 그의 신앙은 더욱 성장해갔다. 1913년 러일전쟁 후 사회적 불안과 경제 불황으로 고아들이 많아졌다. 1921년 소다가 가마쿠라보육원 경성지부 책임자로 임명되면서 이들 부부의 고아들을 위한 사업이 본격화되었다. 일본의 가마쿠라보육원은 1896년 일본인 사다케 오토지로(佐竹音次郎)가 세웠으며 경성지부는 1913년 무렵 설립되었다.[13]

소다가 운영했던 보육원(현 영락보육원)은 총독부가 대여한 서울 용산구 후암동의 1,200평의 대지 위에 세워졌다.[14] 가마쿠라보육원장으로 소다는 수많은 고아들을 양육하는 데 정성을 기울였다. 거리에 버려진 갓난아기를 데려다 이 집 저 집 안고 다니며 젖동냥을 하고 밤새 우는 아

---

[13] 의사였던 사다케는 아들을 잃고 난 후 소아보육원을 만들어 5세 이하의 영아, 유아들도 돌보고 '문자 그대로의 일시동인의 보육'을 목표로 사업을 키워나갔다. 1913년 중국 여순에 첫 지부를 설립하고 이어 서울에도 지부를 내었다. 여순 지부 설립을 위해 서울에서 서화전을 열기도 했는데 이때 "지금 이 시대에 조선에 건너오는 일본인들은 일확천금을 꿈꾸는 인간들뿐인데 그중에 한 사람이라도 순수한 박애주의의 정신으로 한국을 생각하고 헌신하는 정신을 갖는 것도 좋지 않겠는가"라는 말을 듣고 한국 지부도 설립하게 되었다고 한다(이동식, 2017, 259쪽).

[14] 소다 전도사가 운영했던 서울 후암동 고아원은 현재 영락교회 사회복지법인이 운영하는 '영락보린원'이 되었다. 현 영락보린원 정문에는 특별한 기념석 하나가 귀퉁이를 차지하고 있다. '전생서(典牲署) 터', 즉 조선왕실 제사에 쓸 가축을 기르는 일을 맡았던 관청 터라는 표식이다. 이 관청은 1894년 갑오경장 때 폐쇄됐다. 따라서 후암동 일대는 초지였거나 소와 돼지우리가 있던 너른 산자락이었다고 볼 수 있다. 1913년 가마쿠라보육원 경성지부에 부임했던 소다는 1939년 '후암동 370번지', 지금의 영락보린원 일대 3,300㎡와 토지 내 부속 건물을 총독부로부터 대여해 고아원 시설로 면모를 일신시켰다(전정희, "소다 가이치 전도사와 서울 후암동 영락보린원", 『국민일보』, 2018. 7. 27).

이들을 안고 꼬박 날을 밝히는 일이 허다했다.[15] 소다 부부는 해방 전까지 무려 1,000여 명의 한국 고아들을 길러냈다. 그들은 한국의 '하늘 할아버지, 하늘 할머니'로 불렸다.[16] 소다 부부는 아이들에게 애정을 쏟는 것 외에도 기독교 신도로서 성인의 세계, 특히 교회에 있는 많은 내외의 사람들에게도 존경을 받고 있었다.

한편, 우리나라 근대 시기 고아원에 대해 오승환 등은 다음과 같은 특징들을 정리하고 있다.[17] 첫째, 우리나라에서 근대적 아동복지사업의 도입은 1854년 프랑스 신부 메스트로가 설립한 조선영해회가 고아들을 구제하기 위해 실시한 위탁가정보호사업이다. 둘째, 우리나라에 처음 설치된 아동복지시설은 조선교구장인 블랑신부가 1885년 종로에 설치한 천주교회 고아원이다. 근대화 시기 외국 선교사, 조선인, 일본인 등에 의해 많은 시설이 설치되었지만 가장 먼저 설치된 것으로 나타났다.

셋째, 일제강점기 시대 고아원은 외국 선교사, 조선인, 일본인 등에 의해 지속적으로 확대되어 1938년 90개 소에 달한 것으로 나타나고 있다. 또한 감화원도 7개 소가 설치되었다. 넷째, 아동복지시설의 운영 측면에서 살펴볼 때, 원내 보호뿐만 아니라 원외 보호도 병행해서 이루어졌으며, 보호뿐만 아니라 일반적인 교육도 이루어졌다. 더 나아가 퇴소 후 자립을 위한 취업 관련 실업교육도 동시에 진행되어 고아들의 자립에 많은 관심을 기울이고 있다. 마지막으로 국립 시설에 비해 민간 시설의 경우 운영의 어려움을 경험하고 있는 점도 나타나고 있다.

---

15 이승하, 2018, 300쪽.
16 함성택 시카고 미 역사학회장, 『시카고 중앙일보』, 2009. 4. 6.
17 오승환·김광혁·좌현숙, 2016, 「근대적 아동복지사업의 도입과 전개에 관한 연구」, 『동광』 111.

소다 부부의 활동 역시 결코 쉬운 것은 아니었다. 가마쿠라보육원 경성지부에서 수용한 고아의 수는 1913~1945년까지 30여 년간 1,100명 이상이었다. 이를 위해서는 많은 경비가 필요하였기에 소다 부부는 그 조달을 위해 매우 고생을 하고 있었다. 총독부와 경성부로부터 조성금과 위탁비, 일본의 가마쿠라보육원 본부로부터의 부담금만으로는 역부족이었다. 이를 위해 소다 부부는 민간 유지와 교회기관, 친구들은 물론이고 거의 한국 전토의 교회와 신도를 방문하여 기부금을 모았다.[18] 또한 조선 독립운동의 투사가 되어 체포된 보육원 출신자가 나올 때마다 두 사람은 석방을 위해 노력하였다.[19] 수용하고 있는 고아들을 양육하고 취업까지 할 수 있도록 보육원의 생활을 지원하기 위해 그들은 조의조식하며 1일 2식을 원칙으로 한 생활을 하였다.

이에 대해 그가 살아있을 때 한 회상을 살펴보도록 한다.

당시 고아원에 대해서 사회의 이해가 얕아 자금을 모으기 위해 찬조원을 모집하였다. (월 50전 혹은 1엔) 1935년 즈음부터 총독부의 보조금을 받게 되었다. 자금이 부족하기 때문에 고아원의 보통학교 졸업생을 상급 학교에 진급시킬 여유가 없고 그 때문에 고등보통학교를 졸업한 아이가 한 명도 없었다. 지금 생각하면 그것이 정말 안타깝다.

---

[18] 당시 소다는 여러 논문을 통해 보육원 운영의 어려움과 기금 마련에 대한 방법을 논하고 있다. 이에 대한 논문은 曽田嘉伊智, 1928, 「孤貧兒養育に關する體驗談」, 『朝鮮社會事業(近現代資料刊行會 企劃編輯)』 6(7-12月), 11~15쪽; 1930, 「社會事業資金共同募金について」, 『朝鮮社會事業(近現代資料刊行會 企劃編輯)』 8(1-3月), 92~93쪽; 1932, 「京城社會事業懇談會の目的」, 『朝鮮社會事業(近現代資料刊行會 企劃編輯)』 10(5-8月), 12쪽·27쪽 참조.

[19] 中村敏, 2015, 55~56쪽.

버려진 아이들을 위해 호적을 만들고 이름을 만들어줄 때도 여러 가지 고생을 했다. 생장한 아이들은 일본에도 많이 보냈다. 보육원의 경영에 대해 여러 가지 생각하였지만 다른 곳과 다른 것은 소식주의를 실행한 것이다.

당시 모든 고아원은 만복주의를 취하고 있었으나 나는 개인적으로 40세를 지나면서 소식주의를 실행하기 시작해 보육원에서도 그것을 실행하도록 하였다. 당시 배재학당의 교원이었던 부인을 그만두게 하고 사무감독을 시켰다. 시작한 것은 4월 1일부터였다. 당시 식사는 조선식이었다. 사발을 유치과 2, 3년, 5, 6년으로 구별하고 대중소로 나누어 주었다. 나도 아동들도 함께 식사량은 2식주의로 점심식사를 빼고 하였다.[20]

이와 같이 자금에 대한 압박, 이로 인해 고아 아이들의 상급학교 진급에 대한 좌절, 소식주의를 실행하게 한 경영 절제 등 고아원 운영에 대한 어려움과 고아들에 대한 안타까움이 고스란히 묘사되어 있다.

한편, 부부는 일본인들과 위정자의 피정복자 입장에 놓여진 한국인에 대한 냉혹한 행동과 그 심리 안에 있는 우월감을 볼 때마다 참회하지 않으면 안 된다고 생각하고, 어떨 때는 참을 수 없는 분노도 느꼈다. 그 기분을 고아 구제 사업에 발산시켰던 것이다.[21] 그러던 중 1943년 가을 소다는 부인에게 고아원을 맡기고 함경도 원산 감리교회 전도사로 부임했다. 그리고 그곳에서 해방을 맞게 된다.

---

20 曽田嘉伊智, 1962, 「私と朝鮮」, 『親和』 103, 41~48쪽에서 발췌.
21 飯島盛隆, 1975, 10쪽.

3. 한국의 독립운동을 돕다

소다 부부는 일제의 무단정치에 분노하면서 독립운동에도 관여했다.[22] 1911년 신민회의 '105인 사건'으로 YMCA 동료들이 누명을 쓰게 되었다. 윤치호와 양전모는 10년 징역형을, 이승만, 김규식은 망명을 하게 되었다. 소다는 동료들을 위해서 당시 조선 총독이던 데라우치를 찾아가 이들의 석방을 요구했다. 소다는 이미 YMCA의 직을 그만두고 있었지만 협력자와 함께 경찰서를 돌며 서장을 설득하고 투옥된 YMCA의 회원을 도왔다.[23] 이것이 일본 교계에도 알려져 회현동에는 일본인 감리교회가 설립되어 소다가 무보수 전도사로 사역하는 계기가 되었고 이후 일본인을 상대로 하는 교회들이 많이 설립되었다.

또한 3·1운동으로 월남 이상재가 투옥되자 소다는 이에 분개하여 당시 대법원장 와타나베를 찾아가 석방을 호소하기도 하였다. 또 일제의 불의와 만행을 맹렬히 공격하자 총독부는 그를 '간사한 놈', '한국인 앞잡이' 등으로 몰아붙였다. 중일전쟁이 한창일 때, 헌병대에 불려가 "한국 고아들을 데려다 항일 교육을 시킨다"라며 탄압을 당하기도 하였다. 또 '보육원 불령선인(반일조선인)'은 보육원을 나와 지하조직 활동을 하는 청년들이었는데, 이들이 붙잡혔을 때 소다는 헌병대에 찾아가 '내 불찰'이라며 머리를 숙인 뒤 그들을 일단 빼내기도 하였다.

훗날 악질 일본인과 한국인들에게 '위장한 자선가', '매국노'라는 모함

---

22 공직자 전문성제고 저서갖기 운동본부 엮음, 2019, 161~162쪽.
23 李修京, 2006, 『韓國と日本の交流の記憶:日韓の未來を共に築くために』, 白帝社, 137쪽.

을 받기도 하였다. 더욱이 일본인뿐 아니라 한국인으로부터도 총독부의 개라고 오해를 받기도 하였고 '고등걸식'이라고 조소를 받기도 하였다.[24]

4. 고아 양육과 금주에 대한 계몽적 글을 쓰다

소다는 1920년대 후반부터 1930년대 초반까지 『朝鮮社會事業』이라는 학회지에 자신의 글 몇 편을 실었다. 이를 면밀하게 살펴보면 소다의 주장과 인식을 알 수 있을 것이다. 살펴볼 글은 총 4편으로 그 목록은 〈표 1〉과 같다.

〈표 1〉 소다 가이치의 발표 글 목록

순번	제목	학회지	편찬 연도
1	「고아 양육에 관한 체험담(孤貧兒養育に関する體驗談)」	『조선사회사업(朝鮮社會事業)』 6(7~12월), 11~15쪽	1928
2	「사회사업자금공동모금에 대해(社會事業資金共同募金について)」	『조선사회사업(朝鮮社會事業)』 8(1~3월), 92~93쪽	1930
3	「음주의 정복(飲酒の征服)」	『조선사회사업(朝鮮社會事業)』 9(10~12월), 24~26쪽	1931
4	「경성 사회사업간담회의 목적(京城社會事業懇談會の目的)」	『조선사회사업(朝鮮社會事業)』 10(5~8월), 12쪽·27쪽	1932

소다 가이치는 이상의 글을 쓸 때 소속을 가마쿠라보육원 원장이라고 소개하고 있다. 먼저 살펴볼 글은 1928년도에 발표한 「고아양육에 관한 체험담」이다. 글의 전문을 소개하면 다음과 같다.

24　飯島盛隆, 1975, 10쪽.

고아 양육에 관한 체험담[25]

내가 경영하고 있는 가마쿠라보육원 경성지부는 창립 후 만 15년이 되었다. 내가 경영을 이어받고 나서 7년 정도가 되지만 그 7년간을 생각하면 물론 실패가 많았지만 좋았다고 생각되어지는 부분도 조금이나마 있다. 요약하면, 내가 이 사업에 종사하기 이전에 가지고 있던 이상들은 실행 불가능한 부분들이 있는 것을 발견하였고 실망하는 부분도 있었다. 나는 세상에 버려진 나무들에 훌륭한 조각을 하고 싶었다. 이러한 이상을 가지고 시작한 것이지만 보육원과 같은 기관들이 많은 결함을 가지고 있다는 점을 해마다 경험에 의해 느낄 수 있었다. 아동을 위해서는 굉장한 불행이다.

아동의 지정의(知情意)의 발달이라고 하는 것이 가정에서 자라는 아동들도 지체될 수 있다는 점을 나는 말하지 않을 수 없다. 보육원의 결함이 많으면 많을수록 실제로 아동을 취급하는 우리들에게는 아동에 대해서는 어쩔 수 없다는 마음이 점점 더해진다. 어떻게든 가능하다면 이 아이를 가정에서 자란 아동과 같이 길러보고자 하는 마음으로 모든 결함을 볼 때마다 '아'하는 탄식이 든다.

예를 들면 매우 머리가 좋고 성격이 훌륭한 아동이 있다. 이러한 아동을 보면 아이가 가정에서 길러지면 어떤 훌륭한 아이가 될까, 어떻게든 이들은 잘 길러보고 싶다고 생각하여 친구들의 집에 보내고 싶다고 하는 등의 생각을 하게 된다. 이러한 식으로 결함이 많으면 많을수록 우리들은 어떻게 해서든 이 결함을 보충하고 싶다. 이렇게 불행한 아동을 가능한 한 잘 교육하고 싶어하는 마음에 우리들의 말할 수

---

[25] 曽田嘉伊智, 1928, 「孤貧兒養育に関する體驗談」, 『朝鮮社會事業(近現代資料刊行會 企劃編輯)』 6(7-12月), 11~15쪽

없는 어려움이 생기게 된다.

<u>사회사업을 하는 사람은 지정의의 교육을 생각하는 데 가장 어려운 것이 '의' 즉, 의지의 교육이다. 실제로 고아들은 의지 박약이 많아 농민 이상이 되기 힘들다고 생각한다.</u> 나는 아동들이 어떻게 하면 가장 행복한 삶을 살까를 생각한다. 나의 교육법은 여기에 강한 의지력을 갖춘 인간을 기르는 것이다. 그래서 <u>나는 아이 때부터 일하는 습관을 갖추도록 하고 싶다.</u> 종래 보육원의 아동이 제 역할을 하지 못한다고 하는 이유는 일하는 것을 모르기 때문이라고 생각한다. 즉 자신은 사회에 나가지 않고 일생을 보낸다거나 보육원에서 길러져 보육원에서 죽는다고 하는 것으로 아동들이 생각해서는 안 된다. 저금을 하는 습관, 운동을 하는 습관 등을 기르도록 하는 것도 좋은 교육이라고 생각한다. 우리 보육원의 아동은 가장 강한 인간이 되어야 한다고 생각한다.

위 글에는 소다 가이치의 고아 보육관과 교육관 등이 나타나 있다. 그는 고아를 살피는 최대의 목적을 '가정에 길러진 아동과 같이 기르는 것'으로 하고 '버려진 나무에 훌륭한 조각을 하고 싶다'라고 자신의 고아 보육관을 피력하고 있다. 아마도 이러한 체험담을 나눔으로써 고아 교육에 대한 사회적 환기를 일으키고자 했을 것이다. 또한 고아들에게 가장 필요한 것을 '의지의 교육'이라고 하여 농민 이상의 직업을 가질 수 있도록 '일하는 습관'을 기르는 교육이 중요하다고 주장하고 있다.

두 번째로 살펴볼 글은 1930년도에 같은 학회지에 낸 「사회사업자금 공동모금에 대해」이다. 당시 고아원에서 가장 어려운 것은 사회의 인식과 자금 확보였다. 이에 당시 사회사업을 위한 자금을 공동으로 모금하자는 안들이 나왔는데 이에 대한 소다의 의견을 살펴보도록 하자.

사회사업자금공동모금에 대해[26]

공동모금에 대해서는 작년 사회사업대회에서 문제가 생겨 그때에 간다시의 기무라 사회과장이 말한 것은 사적인 것과 공적인 것의 참고가 되는 것이라고 생각하였으므로 미국의 실제 하고 있는 방면을 시찰한 이야기였지만 요약하면 일본에서 이것을 실행하는 것은 어느 정도 연구를 필요로 하는 것이다.

기무라 씨도 간다시에서도 45년간 연구하고 있지만 아직 성과가 없다. 도쿄에서 실행할 계획이 있으므로 그 성과를 보고 싶다고 말하였지만 조선에서도 신중하게 생각해야 할 것이고 후에 모금에 대단히 영향을 줄 것이라고 생각한다. 지금의 사회사업은 고립되어서는 안 되는 시대로 서로 연락을 취하고 협회를 만들어 활동하지 않으면 이것에 초월한 것은 없다고 생각한다.

이러한 때에 있는 자가 유지비를 위해 시간과 노력을 다분히 사용하지 않으면 안 되는 것은 이 사업을 위해 매우 손해이다. 내가 이 가마쿠라보육원 지부를 맡은 것도 경성에서 보육사업은 총독부의 보조, 버려진 아이와 미아에 대한 급여법이 있으므로 경비의 문제에 대해서는 그다지 머리를 쓰지 않아도 되므로 자신 등은 전신 전력을 다하여 아동의 교양을 위해 진력을 다할 수 있다고 생각해 받아들였지만 종래의 고아원업의 육아교양상에서의 성적을 들지 않은 이유는 이 사업에 종사하는 사람이 자금을 모으는 데만 몰두하면 안 되기 때문이다.

이 사업의 창립자라고 하는 사람은 인격도 있고 교양도 있지만 그 사람은 지금 경비를 모집하기 위해 자신의 인격과 시간을 사회에 나가

---

26 曾田嘉伊智, 1930, 「社會事業資金共同募金について」, 『朝鮮社會事業(近現代資料刊行會 企劃編輯)』 8(1-3月), 92~93쪽

쓰지 않으면 안 되므로 원내를 도는 여유가 없고 고아원에는 아동을 보살피는 사람은 사회의 낙오자이며 이는 실로 불운한 것인데 이러한 사람이 많다. 이러한 의미로 볼 때 이 공동모금이 훌륭한 성과를 이루려면 이것에 초월하지 않으면 안 된다고 생각한다.

더불어 만일 이것이 성공하지 못한 채 끝난다면 개개의 경영자에 의해 모금해야 할 상황이 되므로 공동모금은 일거양득이 아니라 일거양손의 결과가 나오므로 어느 정도 생각하지 않으면 안 된다고 생각한다. 조선부식농원의 가토군이 얼마 전 방문하여 공동모금 문제에 대해서의 질문이 있었으므로 이것은 어느 정도 생각하지 않으면 안 되는 문제이다. 특히 내지와 조선은 여러 사정이 다르다고 답하였지만 우리 등도 이 문제에 대해서는 정견이 없다.

미국과 같이 사회사업에 상당히 이해가 있는 국민에 대해서는 공동모금도 혹은 성공할지 모르지만 사회사업에 이해가 없는 국민에게 이 사업을 위해 모금을 한다고 하여 과연 기쁘게 내줄 것인가는 의문이다. 이것을 강제적으로 하면 사회사업협회는 도지사, 군수 등이 반드시 협회의 지부장이 되므로 강제적으로 한다면 선의가 없어지며 이렇게 되면 지금 지방에서 기여금으로 한다든가 세금으로 한다든가로 곤란하다고 하는 비난을 얻을 때도 있을 것이며 또한 기부금은 그러한 성질이 돼서는 안 되므로 공동모금도 이 비난을 생각하면 여러 곤란함이 생길 것이라고 생각한다.

그래도 한편으로 생각하면 지금 조선은 사회사업에 이해가 없는 국민이라고 하여 공동모금을 관민협력하여 한다든지 혹은 사회사업에 대한 이해를 일으킬 기회도 되고 혹은 소위 사회사업에 대한 연대책임의 관념을 교양하는 것일지도 모른다고 생각한다. 사공은 공동모금은 절대적으로 좋은 것이다. 혹은 장래 어떻게 해서라도 그러한 식으로 하지 않으면 사회사업의 성적은 나올 수 없다고 생각하지만 금일은 아직 이것을 실행할 시기에 도달하지 않았다고 생각한다.

소다는 지금 공동모금으로 하면 안 된다는 이유를 세 가지로 요약하고 있다. 첫째, 고아 사업의 질적인 면에 신경을 쓰기보다는 자금을 모으는 데 몰두할 위험이 있다는 점, 둘째, 사회사업에 이해가 없는 국민에게 선의 없는 기부금을 받기는 어렵다는 점, 셋째, 아직 '조선'에서 기부를 끌어내어 실행할 시기에 도달해 있지 않다는 점 등이다. 공동모금의 좋은 점들도 있으나 넘어야 할 산들이 많기 때문에 시기상조라는 의견을 내고 있다.

세 번째로 살펴볼 글은 1931년에 낸「음주의 정복」이다. 소다 자신이 젊은 시절 음주로 인해 죽을 뻔한 경험이 있고, 금주회를 이끈 경험을 통해 글로써 사람들을 계몽하고자 한 것이다.

음주의 정복[27]

경성금주회의 설립은 메이지 38년 6월이다. 그때 미야마 칸이치(三山貫一)라고 하는 금주운동에 열심이던 목사가 경성에 온 것을 계기로 동(同) 회의 설립을 본 것이다. 그 후 내가 열심히 일한 결과 일시 경성금주회는 일본금주동맹 중에서도 유수한 지위가 되어 우승기를 두 번이나 얻을 수 있었다.

금일까지 입회한 사람은 895명이나 되지만 내가 지금의 일에 종사하

---

[27] 曽田嘉伊智, 1931,「飮酒の征服」,『朝鮮社會事業(近現代資料刊行會 企劃編輯)』 9(10-12月), 24~26쪽.

고 나서는 여유가 없었으므로 금주운동이 자연히 성하게 되고, 현재 회원은 100명 정도이다. 금주회는 경성 이외의 각지에도 일어났지만 영속적이지 않았다. 부산, 대구, 인천, 진남포 등은 모두 금주회를 만들었지만 지금은 어쩐지 사라지고 발달하지 않았다. 유일하게 지금은 금주회로 활동하고 있는 사람들은 황주에 이동희라고 하는 열심인 금주운동가이다. 그 외에는 그다지 들은 적이 없다.

철도국의 폐주운동

더불어 일본에서 일본국민금주연맹주사 코단 호지(小壇寶次)가 조선의 강연에 와서 큰 결과를 내고 조선에서도 크게 활동한다고 하는 기운이 일어났다. 미야자키 토쿠사부로(宮岐德三郎)라고 하는 금주운동에 매우 열심인 사람이 1개월 간의 경부선, 경의선의 각 역을 사비로 돌며 금주전단을 돌린 결과 조선철도국 폐주동맹이라고 하는 것이 만들어졌으므로 이 사무소를 내 처소에 두고 지금 운동을 하고 있지만 이것이 성공하면 철도 현업원을 향한 충분한 희망을 가질 수 있다. 나는 젊은 시절부터 사회운동이 좋아서 여러 가지 일에 관계하여왔지만 금주운동이라고 하는 것은 신앙의 권장을 보아도 신앙에는 간 사람들에게 곧 이 효과가 나타나지 않는다. 금주운동의 측면이 금주한 것으로 물질적으로도 정신적으로도 매우 효과가 나타나므로 매우 유쾌한 것이라고 생각한다.

금주의 효과

그 하나의 실화를 말하자면 벌써 20년도 전의 일이지만 공장에 다니던 아키야마라고 하는 사람이 어느 날 나를 방문하였다. 지난날 나는 친구로부터 금주를 권장받아 『금주의 일본』이라고 하는 금주 신문 잡지를 받았다. 이것을 읽고 어느 정도 술의 나쁜 점을 알게 되었지만, 한 권의 책을 읽고서는 잘 모르기 때문에 내가 술을 그만두기까지 그 잡지를 그에게 보내주겠다고 하였다. 그 후 매월 잡지를 보내주었던 이유로 3개월째에 그 사람이 와서 자신은 결심하였으므로 입회한다고 하였다.

나는 당시는 매월 금주회비를 징수하여 회원의 집을 방문하였다. 아키야마의 집을 방문하였던 1월의 금주회비는 15전이었지만 부인이 돈이 없다고 말하여서 회비는 금주만 한다면 받지 않겠다고 위로하였다. 여기에는 아이가 3명이나 있고 어려운 환경의 집이었다. 그러나 그 해 12월 31일의 12시 지나 아키야마 씨가 반년분의 회비를 내러 왔다. 그리고 다음 해 1월 6일에 금주회원의 신년연회를 하였던 곳에서 아키야마가 연설을 하였다. 위병이 있어 그 위병을 술로 다스렸다. 이 위병 때문에 술을 멈추지 않으면 안 된다고 생각하여 금주하고 나서 자신의 위병을 치료하고 매우 위가 건강하게 되었다고 하였다. 특히 설날에 친구가 집에 왔을 때 술을 내지 않은 것은 나쁘다고 생각하였지만 그때 7살이 된 아이가 우리집 아버지는 술을 혀에도 대지 않으므로 그렇게 하면 안 된다고 말하여 친구도 아무 말 하지 않고 돌아갔다고 한다.

미국의 금주령

훌륭한 집에 살고 연말에 회담을 갔지만 부인이 10원의 지폐를 내며 '이것으로 회비를 하여 주세요'라고 하였다. 그 주인도 신용을 얻어 지금은 하나의 집의 건축을 청빈하게 되었다고 기쁘게 이야기를 하였다.

이러한 예는 무척 많아 금주운동은 유쾌한 일이다. 금주라고 하는 것은 반대자는 자주 미국에 금주령이 선포된 이래 오히려 범죄가 증가하였다고 하지만 미국의 금주령은 술의 제조, 판매, 수입을 금하는 것이므로 금주령의 선포 전에 술집은 가능한 한 다량의 술을 만들어두고 이것을 밀실에서 다른 법령과 같이 지키는 것이 불가능하였기 때문에 범죄가 더 늘었다는 것이므로 금주에 반대하는 사람들은 금주법이 생겼기 때문에 미국인은 법령을 무시하는 습관이 생겼다고 하지만 그것은 오직 일시의 현상으로 미국에서는 금주법의 이행을 장려하고 특히 현 대통령 후버와 같은 제군이 나를 대통령에 선거한 것은 법령을 이행시키기 위해서라고 하므로 철저하게 금주법을 이행하는 것으로 지금은 금주법이 장려되어 시행되고 있는 것이다.

국난 타개책은 금주

양행을 한 일본인이 자주 말한다. 미국에 가서도 술을 입에 댄다고. 그것은 혀에는 좋지만 매우 비싸므로 그것이 발각되면 벌금을 내지 않으면 안 되며 전반적으로는 금주는 현저한 효과를 가진다고 한다. 현실적으로 자동차왕인 포드(Henry Ford, 1863~1947: 미국의 자동차 회사 '포드'의 창설자)와 같이 작년 10월 신문에 발표하여 미국이 금주법을 개정한다면 자신은 공장을 폐쇄할 것이라고까지 말하므로 금주법이 철폐되면 20만의 직공은 원래대로 빈곤한 삶을 살게 될 것이다.

특히 노동능률이 매우 떨어진다. 자신의 공장은 지금에서는 1주간 5일간 노동하지만 직공이 술을 마시면 7일간 지속적으로 노동을 시켜도 지금까지의 능률을 낼 수 없다. 가솔린과 알콜은 어떻게 해서도 섞일 수 없는 것이다. 일본의 국가에서도 금주를 한다면 나는 지금의 경제 국난은 구해질 수 있다고 생각한다. 결국 일본에서는 1년에 15억 엔 이상을 술값으로 쓰고 있다. 지금 내지도 농촌의 피폐는 무서운 것인데 술로 쓰는 비용은 각 마을에서 더 늘고 있다고 한다.

미국의 경우 1919~1933년 헌법 수정으로 금주법이 해제될 때까지 금주령이 내려져 술을 마실 수 없는 상황이었다. 소다가 이 글을 쓸 때는 1931년도였으므로 아직 미국은 금주령의 상황이었다. 소다가 미국의 금주령과 조선의 금주운동을 비교하며 금주의 우수성을 주장하는 것은 소다가 한국, 일본뿐 아니라 세계의 정세에도 밝았다는 점을 보여준다. 또한 신앙적으로도, 개인의 건강과 노동능률 면에서 금주의 우수성을 주장하여 사람들을 계몽하려고 한 점은 소다가 고아 구제 운동에 한정하지 않고 여러 사회운동에서도 앞장선 적극적인 계몽가였음을 보여준다.

마지막으로 볼 네 번째 글은 「경성사회사업간담회의 목적」으로 1932년도에 쓴 글이다.

경성사회사업간담회의 목적[28]

작년 1월 23년의 사회사업에 종사하여온 사람들로부터 점점 말이 있어 근년 사회사업가를 모아서 무엇인가 경성에 사설 사회사업가가 모여져 여러 가지 의견을 교환할 기회를 만들어 이러한 의론이 만들어져 찬성자를 모았던 적이 있습니다.

---

28 曾田嘉伊智, 1932,「京城社會事業懇談會の目的」,『朝鮮社會事業(近現代資料刊行會 企劃編輯)』10(5-8月), 12쪽·27쪽.

그 당시 사설 조선사회사업연맹을 설립하면 어떨까 하는 의견이 있어 논안이 만들어졌던 것입니다. 이와 함께 조선사회사업협회의 전신을 생각하면 최초 경성 사회사업연구회라고 하는 것이 생겨 그것이 점점 해를 지나면서 사회사업연구회를 사회사업협회로 하였으므로 소위 사회사업연구회가 사회사업협회로 성장한 것입니다.

생각하면 경성사회사업연구회 시대는 반드시 1개월에 1회 회합하고 유익한 강연을 듣고 당국의 사람들과 함께 만나 여러 가지 훈시를 듣고 또한 서로 의견을 교환하였습니다. 우리들 사회사업가에 있어서 유익한 것이 되었습니다만 사회사업협회라고 하는 것은 기관이 전 조선적이므로 경성에서 사설 사회사업가는 연구회 시대에 실시했었던 기회도 없이 직접적인 활동도 불가능하게 된 것입니다.

여기에서 무엇인가 경성만의 기관이 필요하다고 생각하였습니다. 그러한 이야기가 논의되었을 때 사설 조선사회사업연맹이라고 하는 기관이 만들어지려고 하였기 때문에 사회사업협회라고 하는 것에 대항하는 듯 되었으므로 어떻게 해서도 사회사업간담회로 하지 않으면 안 되게 되었습니다.

내지(일본)와 같이 사설 사회사업이 일어나 노력을 한다면 사설 사회사업연맹을 돕는 경우가 있을지도 모르겠다고 생각했고, 조선에서는 어떻게 해서라도 당국의 역할이 없으면 안 되는 것이었습니다. 그래서 우리들은 역시 사회사업협회를 조금 더 활동적인 것으로 하고 싶었습니다.

그래서 연맹을 만드는 것을 그만두고 사회사업간담회라고 하는 것을 만든 것입니다. 간담회라고 하는 이름을 붙인 것은 회원 서로가 정말로 친밀하게 간담적으로 의견을 교환하고 장래는 이 회가 사회사업협회에 건의하는 것이 가능함에 의해 사회사업협회의 활동을 지원하는 것이 최초의 취지이자 목적입니다.

당시에도 많은 사회사업 관련한 조직들이 움직이고 있었음을 보여주는 대목이며 중요한 사료라고 할 수 있다. 당시 조선에서는 경성에서 사설 사회사업가가 모여 경성 사회사업연구회를 만들었지만, 이것이 점차 전 조선으로 확대되면서 사회사업협회로 발전되었다. 하지만 경성 사회사업연구회 시절 때보다 실질적이고 직접적인 활동과 모임이 불가해졌으므로 이에 다시 경성 사회사업가들만 모여 사회사업간담회를 만든 것이다. '회원 모두가 서로 친밀하게 의견을 교환하고 이 회가 사회사업협회에 건의하는 것이 목적'이므로 연맹 형식의 이름을 붙이지 않겠다는 것이 소다의 주장이다. 신앙인으로서 화해와 협력을 중시하는 소다의 조직에 대한 자세의 일면을 보여주는 글이라 하겠다.

III. 해방 이후 소다 가이치의 삶

1. 일본으로의 귀국

1945년 해방을 맞이한 당시 소다는 함경도 원산 감리교회 전도사로 재직하고 있었다. 해방 정국에서 '독립만세', '일본인은 돌아가라', '일본인을 죽이자'라는 포스터와 슬로건이 횡행하던 시기, 소다 부부는 남은 고아들을 3개의 시설로 분산시켜 보냈으나 고아들이 다시 돌아오는 등의 일이 생기자 이들의 처치를 위해 한국에 남을 수밖에 없었다. 그리고 결국 아동 구제 사업을 벌이던 이들 부부가 남을 수 있도록 허가를 받

자 오히려 하나님께 감사를 드렸다고 한다.[29]

그리고 조선에서 살고 있던 600만 명 이상의 일본인은 모두 조선에서 퇴거하게 되었다. 일용품만을 가지고 고국으로 귀환하지 않으면 안 되었던 것이다. 그러나 소다 부부는 한국 민중의 요망에 응해서 새롭게 선 정부가 특별 취급을 해준 것이었다. 이 민중의 애정과 정부의 배려를 받은 소다 부부가 기대도 하지 않은 은혜에 감격한 것은 물론이다.

그러나 그것은 부부에게 기쁘기만 한 일이 아니었다. 한편으로는 슬프기도 한 것이었다. 부부가 한국 정부의 특별 허가를 받아 서울에 영주하게 된 것을 안 일본인 중에 어떤 사람들은 기뻐하고, 또 어떤 사람들은 놀라워하고 어떤 사람들은 경멸하였다. 그들은 모두 다년간 노력하여 얻은 모든 자산을 남기고 일본으로 돌아가야만 했다. 일본 동포를 보내야 하는 소다 부부는 자신들만이 받은 은혜를 그저 기뻐할 수만은 없는 심정이었다.

이것은 결국 소다가 서울을 떠나 고국 일본으로 돌아가 복음 선교의 여행을 해야 하는 하나의 이유가 되었다.[30] 종전 당시 가마쿠라보육원 경성지부에는 110명의 아동이 수용되어 있었다. 그러나 종전 직후의 8월 말 보육원의 원사는 화재로 거의 전소하였다. 이 후 보육원에 있었던 고아들을 3개의 시설로 보낼 수 밖에 없었던 것이다. 후에 한국의 기독교회가 경성지부의 땅에 양호시설 영락보린원을 설립하여 그 활동을 이어오고 있다.

그런데 전후 격동기 80세가 된 소다는 일대 큰 결심을 하였다. 조국

29　江宮隆之, 2013, 『朝鮮を愛し 朝鮮に愛された日本人』, 祥伝社, 60쪽.
30　飯島盛隆, 1975, 12쪽.

일본이 패전으로 황폐해지고 미증유의 고난을 받는 것을 보고, 이때 가장 필요한 것은 '복음을 전달하는 사람'이라는 것을 통감하고 80세의 고령에도 불구하고 1947년 11월 고아들을 위해 부인을 서울에 남기고 단신으로 귀국하였다.[31]

일본으로 돌아온 소다는 성경을 손에 쥐고 '세계 평화'라고 적힌 띠를 두르고서 일본 전국을 돌며 전도 여행을 하며 믿지 않는 영혼들의 회개를 촉구하였다. 일본 언론이 "조국 전도를 위해 귀국"이라는 기사를 쓰면서 그에게 전도 이유를 묻자 "우리 모두 예수를 믿을 특권과 그분을 위해 고난당하는 특권, 또 섬기는 특권을 받았다. 한일 친선은 이루어질 것이다. 경성에만 한국인과 결혼한 여성이 700~800명이다. 재일 한국인 60만 명에 대해서도 일본인은 조금 더 올바르게 이해하기 바란다. 나는 장차 한국인들과 같이 있기를 원한다"라고 답했다.

부인은 소다 후임인 수다 콘타로(須田權太郎)를 지원하고[32] 고아들을 돌보다 1950년 1월 74세로 세상을 떠났다. 낭시 소다는 차가운 한일 관계로 부인의 장례식에 참석하지 못하였지만, 도리어 찬송과 감사로 하나님의 가호를 빌었다. "그녀는 훌륭한 신앙을 가지고 봉사의 생애를 마쳤습니다. 하늘나라에서 아니 그의 영혼은 늙은 남편과 같이 여행하면서 힘이 될 줄로 믿습니다. 그는 나 대신 한국 땅에 묻혔습니다"라고 전택부는 당시 소다의 심회를 기록했다.[33]

---

31 中村敏, 2015, 57~8쪽.
32 李修京, 2006, 137쪽.
33 "전택부, 이땅에 묻히리라", 『연합기독뉴스』, 2011. 07. 27.

2. 한국 재입국과 양화진 외국인 선교사 묘역 안장

1947년 11월에 시모노세키에 상륙한 그는 이후 12년에 걸쳐 일본 전국을 돌며 방문과 전도를 계속하였다. 그동안 소두도 교회의 목사 대리를 하거나 아카시(明石)의 노인홈에 살면서 전도하기도 하였다. 그사이 타키 부인은 급성 폐암으로 한국에서 죽음을 맞아 한국사회사업연합회에 의한 사회장이 행해졌다.[34]

1960년 1월 『아사히신문』은 특별기사로 93세의 소다 씨가 당시의 한국의 대통령 이승만에게 귀국을 요청하는 내용을 소개하였다. 그 표제는 "당신은 이 백발 수염의 할아버지를 기억하고 있습니까"라는 것으로 큰 얼굴 사진과 함께 소다를 소개하고 한국에 귀국하고 싶어하는 노인의 염원을 들어주기를 바란다고 하는 요청을 8단 정도의 특대기사로 실었다. 이 기사로 소다는 일본과 한국에서 큰 주목을 받았다. 그러나 한국의 이승만 대통령이 4·19 혁명으로 실각하고 하와이로 망명하면서 그의 바람은 이루어지지 못했다. 그 후 재일 한국인의 관계자와 가마쿠라 보육원 경성지부의 후신이라고 말할 영락보린원의 원장이자 영락교회의 목사인 한경직 목사[35] 등 많은 사람들의 노력으로 1961년 극적인 한국

---

34 中村敏, 2015, 58쪽.
35 한경직 목사는 평안남도 평원군 공덕면 간리에서 태어나, 진광소학교를 거쳐 오산학교에서 이승훈과 조만식에게 사사(私事)하면서 민족에 대한 애국의 눈을 뜨게 된다. 평양 숭실대학 이과를 마치고 미국 엠포리아 대학과 프린스턴 신학교에서 공부한 뒤 귀국하여 1933년 신의주 제2교회 전도사로 부임하면서 본격적인 목회자의 길을 걷게 된다. 1945년 해방 직후 공산당의 탄압을 피해 월남해 그해 12월 2일 오늘날 영락교회(永樂敎會)의 전신인 베다니교회를 세웠다. 1950년 한국전쟁이 발발하자 전쟁의 소용돌이 속에 폐허가 된 민족과 교회의 재건을 위해 국내외로 혼신의 힘을 기울이는 한편, 후진 양성을 위한 교육사업과 모자원, 고아원 등의 사회사업 등을 활발

귀환을 이루었다.[36] 당시 한일 간에는 아직 정식 국교가 이루어져 있지 않아 특별한 조치에 의한 것이었다.

1961년 3월 서울에 돌아온 그는 영락보린원에서 여생을 보내다가 1962년 3월 28일 95세를 일기로 타계했다.[37] 아직 일본과의 정식 수교 전이었으나 대한민국 정부는 일본인에게는 처음으로 문화훈장을 추서했다.[38]

서울 YMCA에서 거행된 그의 추도식을 앞두고 반일 감정 때문에 협

히 펼치면서 민족과 조국의 존영(尊榮)과 미래를 위한 교회의 역할을 부단히 고민하고 실천하는 목회자의 삶을 살았다. 1954년 숭실대학 학장, 1955년에는 숭실대학 이사장과 대한예수교 장로회 총회장을 역임하였다. 그 밖에 서울여자대학 재단이사장, 영락 상업고등학교 재단이사장, 대광중·고등학교 재단 이사장, 기독교선명회 이사장, 홀트양자회 이사장 등으로 활동하였으며, 1972년 영락교회 담임목사를 은퇴하여 1973년 원로목사가 되었다. 그 후 1983년 기독교 선교 100주년 기념사업협의회 총재 등을 지내며 민족복음화, 평화통일 및 교회연합사업 등에 매진하였다. 1992년 종교계의 노벨상이라 불리는 '템플턴상'을 수상하였으며, 1970년 국민훈장 무궁화장과 1998년 건국공로장도 받은바 있다(한경직목사 사이버기념관 www.revhan.net).

36 8·15 광복 후 국교가 정상화되기 전에 한국을 대표하여 일본에 주재한 대한민국 주일대표부는 일본을 점령한 연합국 총사령부의 요구에 따라 1949년 1월 4일 일본의 도쿄에 설치하였다. 1965년 12월 18일 한국과 일본 간의 기본관계에 관한 조약의 비준서가 교환되고 즉시 발효하여 국교가 정상화된 후 1966년 1월 12일 양국 대사가 교환됨으로써 폐지되었다(공직자 전문성제고 저서갖기 운동본부 엮음, 2019, 165쪽).

37 "작년(1961) 5월부터 서울에서 여생을 보내고 있던 소다 씨는 2, 3일 전부터 감기 기운이었지만 28일 오전 9시 서울시 용산구 후암동의 고아시설 영락보린원의 자택에서 서거했다. 95세. 소다 씨는 전전 40년간 걸쳐 한국에 살고 고아와 난민을 보살펴 한국민으로부터 사랑과 존경을 받았다. 종전 후 일본에 돌아와서 아카시시에 있었지만 작년 5월 영락보린원의 초체로 아사히신문의 비행기로 서울에 와서 추억의 영락보린원에서 고아들에게 둘러싸여 행복한 여생을 보내고 있었다. 보린원에서는 동일 오후 관계자로 장례준비위원회를 열어 회의를 하였고 장례는 30일에 행하는 것으로 하였다"("曾田老(韓國孤兒の父), 死ぬ", 『朝日新聞』, 1962. 3. 28; ドキュメント人と業績大事典 編輯委員會 編, 1996, 『ドキュメント人と業績大事典』第13卷, 152쪽.)

38 『조선일보』, 2011. 10. 7; 『숭대시보』, 2017. 5. 29.

박 편지 등이 이어졌으나 한국 교계는 "아무리 일본인이라도 우리 민족에 은혜를 끼친 사람이면 보답하는 것이 아니냐"라며 물리쳤다. 장례식은 1962년 4월 2일 '사회단체연합장'으로 국민회당(의사당)에서 집례되었다. 2,000여 조문객이 참석한 가운데 대광고교 밴드의 조악으로 시작하여 한경직 목사의 사회로 기도와 성경 봉독, 그리고 재건운동분부장 보사부장관, 서울시장의 조사가 있었다.

유족으로 조카딸이 참석하였으며, 박정희 의장과 일본 외상은 조화를 보냈다. 유달영은 조사에서 "소다옹의 생애는 어느 사회사업가보다 우리들에게 감격과 충격을 준다. 소다의 생애처럼 깨끗한 인류애와 사랑만이 한국과 일본을 단합할 수 있다"라고 말했다.[39]

부인과 합장된 소다의 묘비 뒷면에는 다음과 같이 써져 있다.

> 소다 선생은 일본 사람으로 한국인에게 일생을 바쳤으니 그리스도의 사랑을 몸으로 나타냄이라. 1913년 가마쿠라보육원을 창설하여 따뜻한 품에 자라난 고아 수천이더라. 1919년 독립운동 시에는 구금된 청년의 구호에 진력하고 그 후 80세까지 전국을 다니며 복음을 전파하다, 종전 후 일본으로 건너가 한국에 대한 국민적 참회를 순회 연설하다 95세인 5월 다시 한국에 돌아와 영락보린원에서 1962년 3월 28일 장서하니 향년 96세라. 동년 4월 2일 한국 '사회단체연합'으로 비를 세우노라.

---

[39] 『한국일보』, 1962. 4. 2.

묘비 측면에는 다음과 같은 주요한의 시가 그의 일생을 대변하고 있다.[40]

언 손 품어주고 쓰린 가슴 만져주어
일생을 길다 않고 거룩한 길 걸었어라
고향이 따로 있든가 마음 둔 곳이어늘

소다가 서거하자 추도식이 일본에서도 거행되었다. 서거 1개월 후 4월 28일 아오야마학원 대학 본부 예배당에서 거행되었다. 추도식은 일본 NCC, 가마쿠라보육원, 감리교회, 재일 한국 YMCA 등 10여 개 단체의 공동 주최로 거행되었다.

당시 한일관계가 험악했는데 한일 양국에서 존경받았던 소다가 다리가 되어 소통의 물꼬를 틀 수 있었다. 2주기 추모식은 서울 YMCA 강당에서 거행되었다. 일본의 전 수상 기시 노부스케(岸信介)는 소다의 고향 사람으로 소다를 매우 존경하였을 뿐 아니라 진히 추도식에 참석할 예정이었으나 사정상 어렵게 되자 자신의 딸 등을 특사로 파견하기도 하였다.[41]

---

40 공직자 전문성제고 저서갖기 운동본부 엮음, 2019, 166쪽.
41 이승하, 2018, 307쪽.

Ⅳ. 소다 가이치에 대한 역사적 평가

1. 일본에서 소다 가이치의 위상

도쿄의 슈에이샤(集英社)가 출판한 것으로 『세계 100인의 이야기 전집(世界100人の話の全集)』이라는 것이 있다. 이것은 '일본 아이들을 지키는 회'가 편집한 12권이나 되는 전집이다.

'나는 이런 사람이 되고 싶다'고 아이들에게 높은 이상과 희망을 전해 줄 목적으로 편찬된 것이다. 이 전집의 제2권은 1963년 6월 발행된 '인류애의 이야기'로 이 제2권이 마이니치신문상을 받을 정도로 우수한 책이다. 이 제2권 '머리말'에는 이런 내용이 있다.

> 인간의 생활에 영양의 근원이라고 하는 것은 '사랑'이다. 사랑은 우선 내 근처의 사람들 간에 꽃을 피운다. 그러나 실로 사랑의 움직임은 그 같은 좁은 범위로만 그치지 않는다. 사랑은 가정에서 세상으로, 조국으로 더욱이 넓혀져 세계 인류로 펼쳐진다. 우리들이 지구를 사랑의 꽃다발로 만들 때 세계평화의 꿈도 그저 꿈만은 아니다. 이 책에는 이 넓고 큰 사랑을 실행한 사람들의 이야기를 모았다.

그리고 그 인류애의 실행자로서 선택된 사람 중에 소다 가이치가 있다.[42] 이처럼 소다 가이치의 인류애와 그 가치는 훗날 일본인들에게도 인정받고 있는 듯하다.

---

42 飯島盛隆, 1975, 7~8쪽.

한편, 소다가 한국 고아의 아버지로서 평가받던 시기는 해방 이후 한일관계가 좋지 못하였다. 소다가 해방 이후 한국인들의 도움으로 한국을 방문한다고 하였을 때, 많은 일본 언론이 이를 대서특필하였다.[43] 1961년 소다가 한국을 방문했을 때 당대의 분위기를 보여주는 의미 있는 『아사히신문』의 기사가 있다.[44]

소다 씨가 서울에 도착한 6일, 같은 날 아침에 자민당 방한 의원단이 서울에 도착했다. 그날의 서울 신문은 같은 석간에서 자민당을 정치면에, 소다 씨를 사회 면에서 취급하였다. 기사의 대서특필은 거의 같았다. 하지만 정치면 쪽은 논조가 어느 정도 차갑고 기계적이었다. '내방한 일본의원단은 일찍이 제국주의 침략을 재개하자고 하고 있다'고 하는 의미의 반일 전단도 마을에 뿌려졌다.

이것에 비해 소다 씨의 기사는 따뜻하고 불평 없는 '미담'으로 쓰여졌다. 또한 많은 환영회에서는 최대의 찬사가 소다 씨에게 주어졌다. '성자', '자부', '아시아의 슈바이처', '평화와 박애의 사도' 등이었다. (중략) 한편, 일본을 떠나기 전 소다 씨가 살고 있던 아카시애노원에서 송별회가 있었다.

거기에서는 '일한친선'이라든지 '평화의 다리'라든가 소다 씨를 보내는

---

43 "韓國の慈父, 曾田老人へあたたかい招待", 『朝日新聞』, 1961. 3. 12; "曾田老, 韓国へ出發", 『朝日新聞』, 1961. 5. 6; ドキュメント人と業績大事典 編輯委員會 編, 1996, 『ドキュメント人と業績大事典』第13卷, 146~148쪽·150~151쪽; "おじいさん万歲", 『朝日新聞』, 1961. 5. 7; "ソウルの名譽市民に", 『朝日新聞』, 1961. 5. 9; "なつく孤兒に囲まれ: 惠まれた余生を楽しむ", 『朝日新聞』, 1961. 6. 26.
44 "日韓親善とは別 '戰前' 唯一の味方として", 『朝日新聞』, 1961. 5. 9; ドキュメント人と業績大事典編輯委員會 編, 1996, 『ドキュメント人と業績大事典』第13卷, 149쪽.

말로서 매우 가볍게 이 말이 쓰였다. 하지만 한국에서 보면 사정은 달랐다. 소다 씨를 칭찬하는 말 중에 '일한친선'이라는 말은 나오지 않았다. (중략) 소다 씨와 함께 온 두 아주머니의 기모노를 보고 교회 간부는 기모노가 불편하지는 않은가 하고 배려해줄 정도였다. 일본의 기모노 모습을 보는 것만으로도 불유쾌한 생각을 가지는 한국인이 있는 것은 명확하다. 또한 이러한 일도 있었다. 어느 환영회의 자리에서 소다 씨가 '조선'이라고 하는 말을 썼다. 일본인이 한국에서 '조선인'이라고 하는 말을 사용하면 많은 한국인은 상당히 불유쾌한 감정을 가진다. 조선은 금기어인 것이다. 참가자의 한 사람이 이후 소다 씨조차 조선이라고 하는 것을 듣고 실망하였다고 말하였다고 한다.

소다의 한국인 고아에 대한 열정과 업적을 생각한다면 한국에서의 이러한 접대는 어색한 것이 아니다. 다만, 기자가 본 1960년대 한일관계의 정치적 냉정과 소다에 대한 한국인의 환대는 대조적이다. 결론적으로 1960년대 '소다 가이치'를 평가하는 한국인들은 소다를 일본인으로서 인식하기보다는 일본인을 초월한 인물로 보고 있다는 것을 알 수 있다. 이는 기모노를 입은 여인들의 모습을 좋지 않게 보는 한국인도 있다는 서술에서 알 수 있다. 일본인 기자는 소다가 현재의 일본을 대변할 수 없음에 실망하고 있는 논조로 서술하고 있다.

그러나 당시 많은 신문 기사의 논조는 소다의 방한을 계기로 한일관계가 진척될 가능성을 점치는 것들이 대다수였다. 이에 대한 몇 가지 신문 기사를 소개하면 다음과 같다.

한국의 자부 소다노인으로의 따뜻한 초대[45]

전전 한국에서 고아를 돌본 일본의 노인을 서울에서 환영하고 여생을 보내도록 한 계획이 지금 한국에서 일어나고 있다. 이 노인은 아카시시(市)의 소다옹이며 초대를 신청한 것은 재단법인 영락보린원이라고 한다. 이사장 한경직 목사로부터 소다 씨에게 초대장과 재정보증이 일본에 발송된 것이다. 소다 씨는 메이지 38년에 한국에 건너가 종전까지 약 40년에 걸쳐 경성에서 사회사업에 힘을 쏟았다.

이때에 소다 씨가 교육한 아동은 1,000명을 넘는다. 한국민으로부터 자부로 불리며, 1947년 소다 씨는 기독교의 전도를 위해 반년 예정으로 일본에 왔지만 그 후 한일관계가 좋지 않아 일본에 머물게 되었고 4년 전 아카시시에서 지내게 되었다.

그간 1950년 1월 경성에 남아 있던 부인이 병사하였다. 당시의 한일관계에서는 불가능했지만 소다는 달랐다. 영락보린원이라고 하는 곳은 소다 부부가 일찍이 경영하고 있었던 가마쿠라보육원 경성지부의 후신이다. 장소도 옛날과 똑같고 지금 약 150명의 고아를 수용하고 있다.

이 영락보린원의 관계자 간에 소다 노인을 환영하고 따뜻하게 보살피고 싶다고 하는 뜻이 생겨 이 계획은 더욱 구체화하였다. 한국 정부도 국경을 넘은 사랑의 초대에는 존경을 나타내었던 것이다. 귀가 잘 안 들리게 된 소다 씨에게 이 소식을 전하자 '기뻐요'라고 말하며 큰 소리로 웃었다. 이번 여행으로 신세를 졌던 사람들에게 인사를 나누고 추

---

[45] "韓國の慈父, 曽田老人へあたたかい招待", 『朝日新聞』, 1961. 3. 12; ドキュメント人と業績大事典 編輯委員會 編, 1996, 『ドキュメント人と業績大事典』第13卷, 146쪽.

억을 나누고 싶다고 하였다. 영주권을 준다고 하지만 일본으로 돌아와 뼈를 묻고 싶다고 하였다. 소다 씨의 건강은 매우 좋은 상태이다.

소다 노인, 한국으로 출발: 한일 국가가 환영하는 고아의 아버지[46]
한국에서 초대되어 여생을 한국에서 보내기 위해 소다 씨는 질녀와 함께 6일 오전 10시 정도 오사카 국제공항에서 아사히신문사의 특별기로 서울로 날아갔다. 공항에는 고베 재류의 남녀 한국인 약 200인도 한일 양국의 국기를 들고 전송했다. 종전까지 40년간 서울시 고아와 난민을 돌보고 한국인으로부터 '자부'로 불린 소다 씨를 보내는 아름다운 풍경이다.

이날 아침, 소다 씨는 5시쯤 애로원에서 눈을 떴다. 서울에서 양육한 한국인 고아 김정숙 씨(도쿄)와 만나 자동차로 아사히신문사로 가기 전 '건강히'라고 애로원의 관계자 약 50인과 손을 흔들며 인사를 하였다. 소다 씨를 태운 자동차는 공항으로 달렸다. 보내는 중 김정숙 씨는 눈물을 흘렸다. 11세에 양친을 떠나 서울 보육원에서 소다 씨에게 소중하게 길러져 결혼식에서도 부모를 대신해주었던 친절한 아버지였다. 오늘 출발한다는 소식을 듣고 지난 4일 도쿄에서 왔던 것으로 언제까지나 건강하게 살기를 김씨는 기도하였다.

---

46 "曽田老, 韓国へ出發", 『朝日新聞』, 1961. 5. 6; ドキュメント人と業績大事典編輯委員會 編, 1996, 『ドキュメント人と業績大事典』 第13卷, 147쪽.

할아버지 만세: 서울 도착한 소다 씨, 대환영에 기쁨의 눈물[47]

한국에 초대된 소다 씨는 6일 오후 1시 5분 아사히신문사 특별기 '제2조풍'으로 무사히 김포비행장에 도착하여 서울시 용산구 후암동의 영락보린원의 고아들 50인은 〈할아버지 만세〉라고 하는 귀여운 동요를 부르며 일본에서 온 백발 수염의 소다 씨를 환영하였다. 사람들이 놀랄 정도로 소다 씨는 오사카-서울의 약 900킬로의 하늘 여행을 끝마쳤다. 비행장에는 그를 초대한 장본인인 영락보린원 이사장 한경직 목사를 비롯한 외무부장관, 김상정 서울 시장과 고아들이 조직한 음악대가 꽃을 들고 환영하였다.

옛날 소다 씨가 기른 사람들이 다리가 부자유한 노인을 안고 산 같은 꽃다발을 주었다. '아버지'라고 울며 끌어안는 사람도 있다. 소다 씨도 지난 긴 시간들이 떠올랐는지 눈물을 흘렸다. 영락보린원은 서울시의 중심부 남산이라고 하는 구릉에 있다. 전전 소다 씨가 여기에서 경영하고 있던 가마쿠라보육원은 나무로 만든 건물이었지만 지금은 철근의 근대적인 밝은 시설로 다시 태어났다.

소다 씨는 해가 잘 들어오고, 하얀 침대가 하나 있는 방에서 생활하였다. 이는 소다 씨를 위해 개조한 방이었다. 1시간 정도의 낮잠을 잔 후 아이들의 기도와 성령의 환영회가 열렸다. 소다 씨는 귀가 어두워 아이들과 직원은 큰 소리로 말을 건다. 소다 씨는 눈을 크게 하고 열심히 대답하였다. 계속하여 오후 5시 반부터 한국 YWCA홀에서 열린 한국사회사업연맹의 환영회에도 참석하였는데 소다 씨는 피로한 기색도 없이 600명의 참가자의 박수에 대답하고 '나의 백년 가까운 생애

---

47 "おじいさん万歳", 『朝日新聞』, 1961. 5. 7; ドキュメント人と業績大事典 編輯委員會 編, 1996, 『ドキュメント人と業績大事典』第13卷, 148쪽.

에서 가장 즐거운 것은 한국에서 고아를 보살폈던 때이다'라고 힘차게 말하였다.

서울의 명예시민으로[48]

한국의 초대로 6일 서울에 도착한 소다 씨에게 8일 서울시 명예시민의 칭호가 주어졌다. 소다 씨는 영락보린원에서 받은 파란색 한복을 입고 서울시청까지 가서 김상교 시장으로부터 상을 받아 공식적으로 이와 같은 칭호를 받았다. 이 칭호를 받은 일본인은 소다 씨가 처음이다. '전전 49년에 걸쳐 서울의 고아, 난민을 도와준 소다 씨에게 이 은혜를 돌려주고 싶다. 이것이 시민의 마음이다'고 시장은 말하였다. 또한 같은 날 소다 씨가 타고 온 소형기의 항공부장은 동도지사로부터 맡긴 메시지와 기념품을 서울 시장에게 전달하였다.

고아들에게 둘러싸여: 축복받은 여생을 즐기며[49]

영락보린원에서는 소다 씨를 위해 신관에 자리한 남향의 방을 준비해 주었다. 창문을 열면 고아들이 건강하게 놀고 있는 모습이 바로 보인다. 소다 씨는 자지 않을 때는 창 앞의 의자에 앉아 기쁜 표정으로 아이들의 건강한 모습을 보고 있다. 아이들은 철이 없다. 하얀 수염의 할아버지와 완전히 친해졌다. 소다 씨의 모습이 창문에 보이면 곧 몇 명이 창문으로 다가온다.

---

48 "ソウルの名譽市民に", 『朝日新聞』, 1961. 5. 9; ドキュメント人と業績大事典編輯委員會 編, 1996, 『ドキュメント人と業績大事典』第13卷, 150쪽.
49 "なつく孤兒に囲まれ: 惠まれた余生を楽しむ", 『朝日新聞』, 1961. 6. 26; ドキュメント人と業績大事典編輯委員會 編, 1996, 『ドキュメント人と業績大事典』第13卷, 151쪽.

소다 씨의 머리를 만지고 수염을 잡아당기기도 하지만 소다 씨는 방긋 웃을 뿐 아이들이 하는 대로 내버려둔다. 일본에서 온 아주머니와 소다 씨는 아카시시의 애로원에 있을 때보다 더 건강한 듯이 보인다. 보린원에서 배려를 해준 사람도 대단하다. 같이 온 아주머니가 돌보고 있지만 보린원에서는 보모와 젊은 여자아이가 돕도록 해주었다. 식사 준비, 방 청소 등 모든 일을 이 두 사람이 하고 일본에서 온 아주머니는 빗자루 하나 들지 않도록 배려를 해준다. 게다가 방 옆에는 이 두 사람과 교무계의 남자 선생님이 살게 되었다.

밤에도 낮에도 소다 씨가 기침만 해도 곧 돌보러 와줄 수 있다. 지난 17일은 음력 5월 5일 단오로 보린원에서는 운동회를 열었다. 소다 씨와 함께 온 아주머니도 구경을 하였다. 이날 이케다 수상의 부인이 보린원에 기부한 마이크와 스피커가 처음으로 사용되었다. 소다 씨와 관련해 영락교회와 보린원의 사람들이 괴로워하는 것이 한 가지 있었는데 그것은 소다 씨 부인의 묘지가 한국전란으로 사라져버린 것이다.

소다 씨는 보린원에 정착한 때 부인 묘지에 가고 싶다고 하였다. 하지만 설명을 듣고 포기하였지만 그 모습은 슬퍼 보였다. '불가항력이지만 무엇인가 드릴 말씀이 없어서……'라고 관계자는 지금도 마음 아파하고 있다.

소다 씨의 서울 생활은 정부로부터 정식 허가를 받았다. 하지만 일본에서 온 아주머니의 비자는 기한이 다해 재연장이 문제가 되었다. 절차에는 조금 어려운 점이 있다. 그러나 혁명정부도 그것을 알고 지난 20일 비자의 연장을 허가했다. 지금 소다 씨는 추억의 땅 서울에서 '하나님에게 초대받기까지' 축복받은 여생을 즐기고 있다.

한편, 한국전쟁기에 한국 고아들을 돌보았던 모치즈키 카즈(望月和, 1927~1983)와 같은 일본인이 나타난 것은 소다의 영향으로 볼 수 있다. 그녀는 일본인 여성으로서 한국전쟁 시기에 한국인 고아 133명을 길러냈다. 그녀의 생애를 그린 소설『엄마(お母さん』(河出書房新社, 2007)의 저자 에미야 타카유키(江宮隆之)는 그녀를 "인간의 가치를 우리에게 가르쳐주는 사람"이라고 하였다.

모치즈키는 도쿄에서 태어나 4세 때 어머니와 함께 만주로 건너갔지만, 6세 때 어머니를 여의고 고아가 되었다. 한국전쟁이 일어나자 한국에 와 여러 허드렛일을 하면서까지 고아들을 양육하지만 생활은 늘 곤궁했다. 이웃들이 아이들을 고아원으로 보내라고 했지만 카즈는 이를 한사코 거부하였다. 또한 어떤 고난을 겪더라도 고아 아이들이 학교에서 공부할 수 있기를 바랐다. 이후 한국 정부는 고마움을 담아 그녀에게 1967년 광복절에 '광복장'을, 1971년에는 국민훈장 동백장을 수여하였다.[50]

한편, 소다의 장례식이 한국에서 행해졌을 때, 일본의 많은 신문은 1면의 톱기사로 이를 전하였다. 이와 관련한 기사들을 인용하면 다음과 같다.

박대통령으로부터의 화환도(朴議長の花も)_『아사히신문』, 1962년 3월 29일

28일 죽은 소다는 한국 땅에 묻히게 되었다. 95세의 생을 마친 소다 씨의 머리맡에는 작년 경성에 가서 서울 명예시민을 받은 소다 씨의 고아들로 둘러싸였다. 소다 씨가 한국에 쌓은 공적은 매우 크다.

---

50 『민단신문』, 2017. 5. 8.

1,000명 이상의 아동을 기르고 이들은 그를 '한국의 자부'로 불렀다.

소다옹의 유서에 애도의 눈물(曽田翁の遺書に新たな涙)_『아사히신문』, 1964년 5월 3일
한국의 고아 1,000명 이상을 돌봐주고 사랑으로 평생을 보낸 '한국의 자부'라고 불린 소다옹의 3주년 장이 행해졌다. 이 예식장에서는 처음으로 소다옹의 유언이 공개되어 출석자 일동 한국 관계자들도 소다옹의 마음을 알고 눈물을 흘렸다. 일본에서는 대표로 소다옹의 조카, 질부 등이 초대받았다. 한국 측은 서울 시장을 비롯해 200명 정도가 출석하였으며, 박 대통령의 꽃도 받았다.

일본의 언론에서도 소다의 한국인에 대한 공적을 상세하게 전하고 한국에서의 소다의 위상을 자랑스러운 논조로 전하고 있는 것을 알 수 있다.

2. 역사적 평가와 관련된 사실 분석

1) 한국에 오게 된 계기

많은 선행 연구들은 소다가 한국에 오게 된 계기를 다음과 같이 서술하고 있다.

> 1899년 술에 취해 노상에서 쓰러져 거의 죽게 되었다. 이때 무명의 한국인 한 사람이 지나가다가 그를 업고 여관으로 데려가서 치료를 해

주고 밥값도 내었다.⁵¹

그로부터 6년 뒤인 1905년, 소다는 은인의 나라인 한국에 은혜를 갚으리라 결심하고 한국에 입국하여 서울 YMCA에 일본어 선생으로 취직하였다.

과연 이 사실은 역사적 진실일까. 한국의 연구 저서들은 이 부분에 대해 적고 있지만, 이에 대한 소다 자신의 이야기는 안타깝게도 남아 있지 않다.

다만 이와 같은 이야기들은 한국에서 구전되어 알려진 사실을 누군가가 실었고 그것이 소다가 한국에 오게 된 계기로서 회자된 것으로 보인다. 일본의 연구자 중에서도 나카무라 사토시(中村敏)가 이러한 사실을 적고 있다.⁵²

한국에 오기까지 노상에서의 한국인과의 조우 이후 6년이란 세월이 흐른 것을 생각하면 그 사건이 한국에 대한 좋은 이미지를 심어주었음은 분명하지만, 직접적으로 소다가 한국행을 택하게 된 이유로는 조금 과장된 면이 있는 것이 아닌지 살펴보았다. 우선 그가 살아생전 인터뷰한 내용이 실린 『신와(親和)』(1962)라는 잡지에서 발췌한 내용을 분석해보도록 한다.⁵³ 일본 잡지에 실린 글이므로 대체로 구체적이고 실제적이다.

<u>후에 일본 해군의 후문점령계획에 가담하여 방화를 하였지만 실패하였고 대만에 돌아왔다. 손문과 만났고 중국 혁명을 협의하고 대만과</u>

---

51 中村敏, 2015, 52쪽.
52 中村敏, 2015, 53쪽.
53 曽田嘉伊智, 1932, 41~48쪽.

필리핀 간의 소속 불명의 섬을 근거로 지나해에서 해전을 할 계획을 세워 실시에 도달하지 못하고 메이지 34년 일본으로 돌아갔다. 손문과는 당시 시세의 슬픔을 한탄하였다. 그 후 후문으로 이동한 일본해군의 어용상인을 하였지만 러일전쟁 후 일본 군함의 이동에 의해 일이 없어지고 메이지 38년에 조선으로 가 같은 해 9월 평양에서 육군의 어용상인의 지배인이 되었다.

여기에서 보면, 소다가 한국인에 의해 구조되었다고 알려진 1899년(메이지 32) 소다는 '일본 해군 어용상인 및 중국 무역을 했고 양행을 경영'하던 시기였다. 그 이후 손문을 만나 혁명을 협의하였지만 실패하고 일본으로 돌아갔고 '러일전쟁 후 일본 군함의 이동에 의해 일이 없어져' 조선으로 와 평양에서 육군 어용상인의 지배인이 된 것이다.

2) 한국인 독립운동가와의 관계

많은 선행 연구에서 소다가 월남 이상재에게 영향을 받아 신실한 사람이 되었다고 하고 있는데 이는 사실일까.
『신와』(1962)에 실린 인터뷰에서 소다는 월남 이상재에 대해 언급한 적이 있어 눈에 띈다.

메이지 39년 9월에 평양에서 대신앙부흥(리바이벌 미팅)이 일주일에 걸쳐 아침 9시부터 열려 100명 이상의 선교사와 그 가족이 모였다. 그것에 나도 오라고 하여 참가하였다. 일본인은 나와 평양교회의 다른 한 사람뿐이었다. (중략) 이런 생각을 할 때 하디 목사는 강단에서 이처럼 외쳤다.

"주 예수는 죄인을 구하러 세상에 왔다는 것을 믿고 바르게 받아들여야 합니다."

이 말이 내 귀에 들어왔다. (중략) 집에 돌아와 성서를 읽자 밤 11시쯤 문밖에서 찬미가가 들렸다. 무라다 목사였다. 무라다 목사는 내가 구원받았다는 것을 알고 기뻐하였다.

나는 그로부터 기독교를 위해 활동할 것을 결의하였다. 내가 무엇을 할까라고 하는 야심은 버렸다. 거기에서 서울의 기하라 목사를 만났다. 그때 한국 기독교 청년회에서 일본어 교사를 구하고 있었으므로 그것에 응해 39년 10월 청년회에서 일하게 되었다. 그즈음 조선에서는 배일사상이 유행하였다. 나는 중국과 대만에서 중국인과 대만인이 얼마나 일본군들 때문에 고생을 했는지 알고 있었다. 나는 망국의 국민들인 조선인의 심리 상태를 잘 알 수 있다.

그때의 YMCA의 회장은 윤치호, 종교부장은 이상재, 총무는 이승만, 영어 선생이 김규식, 내가 일본어 선생이었다.[54] 종로 청년회의 건물은 내가 세운 것이다. 나는 일본어 교사였지만 생도에게 '이 교실은 내 교실이므로 언론 자유다'고 선언하였다. 연설회를 열자 생도들은 이토 통감을 죽이러 가자는 연설을 하기도 했는데 나는 창밖을 향해 그저 웃고 있었다.[55]

소다는 기독교에 입문한 후로 신실한 신앙을 가진 인물로 하디 목사,

---

54 1907년 6월 27일자 『대한매일신보』의 "本所에셔 學生의 硏究便宜를 圖키 爲ᄒ야"라는 신문광고에서 皇城鐘路基督敎靑年會學館 數語夏期講習所의 소장 이상재를 필두로 강사 이승만, 소다 가이치, 김택길 등의 명의로 학생 모집 광고를 하고 있음을 볼 수 있다.
55 1962, 「曽田嘉伊智の逝去」, 『親和』 101, 31~32쪽.

무라다 목사, 기하라 목사 등을 언급하고 있다. 그리고 동시에 망국 조선인에 대한 공감과 '언론 자유'를 표방하며 학생들의 배일사상을 모른 척해준 인물로서 자신을 묘사하고 있다. 윤치호, 이상재, 이승만, 김규식, 소다 자신은 각각의 역할을 담당하는 인물로서 동등하게 언급하고 있을 뿐이다.

이는 여러 추측을 가능하게 하는데 첫째, 인터뷰 당시 한일관계가 좋지 않은 시기였기 때문에 일본에서 실시된 이 인터뷰에서 이상재 등에 대한 언급을 구체적으로 하지 않았을 가능성, 둘째, 실제로 이상재에 대한 특별한 영향을 받지 않았을 가능성, 마지막으로 확률은 높지 않지만 인터뷰 당시 소다가 연로한 상황에서 기억이 나지 않았을 가능성 등이다.

한편, 소다와 이승만[56]과의 관계에 대해 살펴볼 필요가 있다. 소다는 이승만에 대해 다음과 같이 회상하였다.

> 이승만은 배재학당을 나와 19세에 국사범이 되어 그 후 /년간 옥중에 있었다. 윤치호, 이상재도 옥중에서 함께였고 이승만보다 기독교에 이끌렸다.
> 이승만은 출옥하여 미국으로 가고 조선인으로서는 처음으로 박사를 땄다. 귀국하여도 다른 일이 없었으므로 청년회의 총무가 되었다. 이

---

[56] 이승만은 1907년 조지워싱턴대학에서 학사, 하버드대학에서 석사학위를 받았고, 1910년 프린스턴대학에서 「미국의 영향하의 중립론」(Neutrality as influenced by the United States)이라는 논문으로 박사학위를 받았다. 1910년 3월 재미동포 조직이었던 국민회에 가입하였으며, 같은 해 8월 귀국하였다. 귀국 직후 황성기독교청년회(YMCA) 청년부 간사이자 감리교 선교사로 활동하던 중 1912년 '105인 사건'에 연루되어 일제의 압박을 받자, 같은 해 4월 감리교 선교부의 도움으로 미국 미네소타에서 열린 국제감리교대회 참석을 빌미로 도미하였다. 이후 1945년 10월 귀국 때까지 계속 미국에서 활동하였다(한국학중앙연구원,한국민족문화대백과사전).

승만은 사내 총독 암살 사건에 관련하여 경찰에게 유치되었다. 그때 메소디스트 교회의 감독 하리스의 신청으로 보석되고 하리스가 미국에 갈 때 이승만도 함께 갔다. 가기 전에 이승만은 나에게 "미국으로부터 돌아와 2년이 되지만 이 2년간은 무의미였다"고 말하였다.
<u>최근 내가 이승만을 도왔다는 듯이 쓰여 있는 것이 있지만 이것은 틀린 것으로</u> 나는 이승만이 미국에 갈 때는 일본에 있었다. 만약 내가 조선에 있었으면 하리스와 이야기하였을 것이다. 이승만이 미국에 간 것은 조선 메소디스트 교회의 대표로서 간 것이다. 그러나 이승만이 샌프란시스코에 상륙하자 "하리스는 친일파였으므로 죽이자"고 하였다고 한다. 단 그 진위는 나는 모른다.[57]

이승만이 105인 사건, 즉 총독 암살 사건에 연루되어 수감의 위기에 놓이자 감리교 선교부가 미국에서 열리는 국제감리교대회 참석을 이유로 이승만이 도미할 수 있도록 도운 사건을 회상하고 있는 중에 소다는 자신과 이승만의 도미는 무관하다고 선을 긋고 있다.
당시 이것이 사실일 수도 있지만, 이때는 이승만 대통령이 3·15 부정선거로 인해 하야하여 하와이에 망명해 있던 시기였고, 한국과 일본의 관계가 좋지 않았던 상황에서 이와 같이 말하였을 가능성도 배제할 수는 없다.

---

57 1962, 「曽田嘉伊智の逝去」, 『親和』 101, 31~32쪽.

3. 가마쿠라보육원 경성지부의 '동화'주의

소다 가이치가 식민지 조선에서 고아원 사업을 벌였던 보육원은 가마쿠라보육원의 경성지부였다. 사다케 오토지로(佐竹音次郎)가 1896년에 창립한 양육사업은 가마쿠라 본부를 시작으로 여순, 경성, 타이베이, 다롄 그리고 베이징에 지부를 개설하여 활동을 하였다. 경성지부는 1913년 개설되어 1945년에 폐쇄되기까지 33년간 운영하였다.

사다케 요헤이(佐竹要平)는 경성지부 연보 『보육의 원(保育の院)』 제8호부터 제33호를 중심으로 그 운영과 성격을 분석하였다. 연구의 결과로 "사다케는 창설부터 지속적으로 '동화'를 보육원의 목적으로 하였다. 혈육이 없는 아동과 성인 동지가 신의 사랑하에 함께하는 것이다. 이것을 일본인과 조선의 아동도 실천하는 것을 경성지부의 목적으로 하였다. 2대째의 지부주임에 취임한 소다 가이치는 적임이었다"고 하고 있다.[58]

사다케 오토지로는 해외에 지부를 설립한 계기에 대해 일지에 다음과 같이 적었다.

> 1905년 7월 30일 해리스(일본 및 한국 메소디스트 교회감독)의 설교를 들었다.[59] 그는 "일본인은 충의가 대단하고 애국심이 강하여 몸을 사

---

58 佐竹要平, 1932, 「鎌倉小兒保育院京城支部府の活動實態」, 『日本社會事業大學硏究紀要』 65, 53-59쪽.
59 소다는 회심한 후 메소디스트파의 선교사 해리스에게 추천되어 평신도 전도자(정주 전도사로 불림)가 되어 교회에 봉사하게 되었는데 해리스라는 인물은 당시 한국과 일본의 메소디스트파 감독으로 파견되어 훗날 메소디스트파의 스크랜톤이 1907년 '극친일파' 해리스 감독의 통제와 간섭에 반발해 선교사직을 사임하고 성공회로 교직을 옮기게 된 계기가 된 인물이다.([이수정 마가복음 성경번역 130주년 일본 기독교 유적 답사] 가족을 떠나 동료 선교사 곁에 눕다, 국민일보 2015. 7. 25) 또한 훗

리지 않는다. 타국을 위해서도 신명을 다할 사람, 금후는 조선을 위해서도 몸을 사리지 않고 일할 사람의 배출을 희망한다"라고 역설하였다.

해리스의 설교가 어느 정도 경성지부 설립에 영향을 주었을 것이다. 또한 동년 8월 9일 사다케 오토지로는 친구와 저녁식사를 하며 '조선개도설'을 들었다고 일지에 쓰고 있다. 당시의 일본 정부가 진전시키고 있던 조선 정책을 기독교 교회와 같이 영향을 받아 구상한 것이 이 시기일 것이라고 사다케 요헤이는 분석하고 있다.[60]

이에 따라 경성지부는 1913년 8월 11일에 경성부 용산구 한강통 3-71의 임대집에서 개설되었다. 지부주임은 보육원 출신의 사다케 콘타로(佐竹權太郎)였다. 그는 같은 보육원 출신의 여성과 결혼한 사람으로서 이들 부부는 지부의 운영을 맡게 되었다. 경성지부는 현지의 아이를 전문으로 수용하는 시설이었다. 10세부터 13세의 고아 5명을 골랐다. 1917년에 조선총독부로부터 차용을 허가받아 경성부 용산구 삼판통 370번지에 지부를 이전하였다. 1919년에는 조선신사의 참배를 가까운 곳에서 하였다. 1920년 1월에 양자와 그 부부의 조직을 해소하고 5월에는 지부 운영의 어려움과 재단법인에 대한 인식의 차이로 인해 사다케 콘타로(佐竹權太郎) 부부는 지부 주임을 퇴임하였다.

1921년 4월에 소다 가이치, 타키 부부가 경성지부 주임에 취임하였다. 그 경위를 소다는 사다케 오토지로 전집 『공적(松籟)』에 쓰고 있다.

날 이승만이 미국으로 갔을 때 이승만을 돕기 위해 해리스의 도움을 청하고자 하였지만 이승만은 미국에 간 후 해리스를 '친일파'로 불렀다고 회고한 바 있다.
60 佐竹要平, 1932, 53~54쪽.

봄에 사다케가 집에 3번 방문하였다. 3번째 방문 때 "오늘 아침 정무총감을 방문하였을 때 총감으로부터 지난날 지부를 시찰하였는데 지금으로는 곤란하다. 누군가 확실하게 주임을 두라고 하였는데 어떻게 된 것인가"라고 하기에 나는 "우리 부부에게는 아이가 없으므로 보육원에 들어가 조선의 아동을 위해 노력해볼까 생각합니다"라고 대답했다.[61]

1930년 소다 가이치가 이사장에 취임하지만 재단의 운영은 이사보의 사다케 오토지로가 맡았다. 1936년에 이사를 퇴임하고 이사보로서 지속하여 경성지부 주임을 맡았다. 1938년에는 총독부로부터 차용하고 있던 지부의 토지건물이 재단에 양도되었다. 1941년 소다는 경성지부 주임을 퇴임하고 원산의 기독교회의 목사 대리가 되었다.

경성지부 주임은 56세의 수다 콘타로(順田權太郎)가 되어 1945년 해방 전까지 맡았다. 타키는 지속하여 보육원의 어머니로서 지부를 지원하였다. 이 시기는 연보를 발행하고 있지 않으므로 활동 실태를 잘 알 수 없다.

사다케 오토지로는 창설 때부터 지속적으로 조선 개조와 동화를 보육원의 목적으로 하였다. 재조 기독교 교도의 관리는 1910년의 '한일병합' 이래 민족 대립을 피하기 위한 융화정책을 어떻게 행할 것인가를 모색하고 있었다. 이 시기 조선의 고아를 대상으로 한 육아사업은 재조 교회 관계자의 지원을 받을 수 있었다. 게다가 '친일파'로 평가받는 해리스 감독[62]의 추천으로 메소디스트 감독교회의 지부 주임에 취임한 소다 가

61　佐竹要平, 1932, 55~59쪽.
62　"(해리스) 감독은 지나칠 정도로 일본 편입니다. 그는 가는 곳마다 일본 사람들에게 열광적인 환영을 받고 있습니다. (중략) 우리는 우선적으로 한국에 동정적이며, 지역

이치는 재조 기독교 관계자의 눈에 적임자였던 것이다.[63]

V. 맺음말

암울했던 일제강점기에 한국 땅에 와서 우리에게 친구가 되어준 사람들 중에 소다 가이치는 특별한 사람이다. 바로 강압과 차별의 주체였던 일본인이었기 때문이다.

소다가 남긴 봉사정신은 한일관계의 친선뿐 아니라 그와 관계했던 많은 인물들에게도 좋은 영향을 남겼다. 흥남철수 대작전 때 미군을 설득해 9만 2,000여 명의 피난민을 탈출시킨 전쟁 영웅 현봉학은 후암동의 소다 부부가 운영하는 가마쿠라보육원 주일학교에서 교사로 봉사한 적이 있었다. 그는 "소다 부부를 통해 크리스천으로서의 삶이 무엇인가 조금이나마 깨달았다. 식민지 청년에게 신선한 감동을 준 소다 할아버지 내외와 같은 길을 걷고 싶다는 충동을 느끼기도 했다"고 증언했다.[64]

그러나 그럼에도 불구하고 본고에서는 소다 가이치라는 인물에 대한 분석을 통해 역사적 재평가를 실시해본 결과 다음과 같은 결론을 찾게 되었다.

첫째, 한국에 오게 된 이유가 널리 알려진 대로 자신을 살려준 한국인에 대한 은혜 때문이었다기보다는 그 자신의 인터뷰 내용을 통해 살펴

적 관점에서 한국을 봐야 합니다."("감리교 최초 선교사 스크랜턴 목사 복권 추진", 『한국경제』, 2015. 3. 19).
63 佐竹要平, 1932, 53~59쪽.
64 공직자 전문성제고 저서갖기 운동본부 엮음, 2019, 168~169쪽.

본바, 한국에 오기 직전 소다는 일본 해군의 어용상인이었고 러일전쟁 후 실직하자 조선으로 건너가 평양의 육군 어용상인으로 일하게 된 것이 보다 사실적이라는 것이다. 그러나 그가 생전에 생명을 구해준 한국인에 대한 고마움을 언급한 것은 여러 증언에서 나타나기 때문에 그 경험이 한국에 대한 좋은 이미지를 주었음은 분명하다.

둘째, 여러 증언에 의해 월남 이상재에 의한 기독교 영향력은 알려진 사실이지만, 정작 소다 자신은 생전의 인터뷰에서 월남 이상재에 대한 특별한 언급을 하지 않고 있다. 오히려 친일파 해리스에 대한 영향력과 미국인 목사의 설교, 일본인 목사와의 관계가 보다 중요하게 다루어진다. 한일관계가 좋지 못했던 시기 일본에서 시행한 인터뷰였기 때문일 수도 있을 것이라 추측해볼 수도 있고 실제로 이상재의 영향이 별로 없었을 수도 있을 것이라는 추측도 가능하다.

셋째, 소다가 운영하였던 경성지부 보육원의 성격이다. 사다케 오토지로의 가마쿠라보육원 지부 설립이 계기기 해리스의 친일적 사고와 조선 재건이라는 식민사상, 일시동인과 동화라는 데에 있다는 점 등에서 다시 한 번 생각할 부분이 많다.

하지만 당대 외국인 선교사들의 오리엔탈리즘, 일본인 기독교인과 제국주의적 연합 등 시대적 배경을 생각할 때 그 시대를 떠날 수 없었던 소다라는 개인에 대한 인물 평가는 다각적 시각에서 이루어져야 한다. 또한 1960년대 소다 가이치에 대한 한국인의 관심과 사랑은 친일청산의 미완성과 한일 간 외교관계가 회복되지 않았던 시기였다는 점도 중요하다.

다만, 결과로서 진실은 일제강점기 소다 가이치가 희생과 봉사로 한국의 헐벗었던 고아들을 돌봤다는 사실이다. 소다 가이치 개인의 사랑과 정성은 시대를 떠나 인류애적인 것이었다는 것은 진실일 것이다.

〈부록〉 소다 가이치 연보

연도		사건
1867	게이오 3	야마구치현(山口縣) 소네무라(曾根)에서 3남 중 장남으로 태어남
1905	메이지 38	조선으로 건너가 YMCA의 어학 교사가 됨
1906	메이지 39	경성 메소디스트 교회의 정주 전도사가 됨
1908	메이지 41	우에노 타키와 결혼
1921	다이쇼 10	가마쿠라보육원 경성지부장이 됨
1943	쇼와 18	원산 메소디스트 교회의 목사대리가 되어 부임함
1947	쇼와 22	일본으로 돌아가 세계 평화운동의 여행을 함
1950	쇼와 25	타키 부인 사망
1961	쇼와 36	한국으로 초대됨
1962	쇼와 37	서울에서 영면

참고문헌

국내 논저

공직자 전문성제고 저서갖기 운동본부 엮음, 2019, 『100년 대한민국의 파트너, 외국인 (1919~2019)』, 노드미디어.

김범수, 2001, 「영락보린원(永樂保隣院)의 역사연구: 가마쿠라(鎌倉)보육원 경성지부와의 관계를 중심으로」, 『사회복지역사연구』 1, 한국사회복지역사학회.

이동식, 2017, 『친구가 된 일본인들』, 나눔사.

이수경, 2010, 『한일 교류의 기억』, 한국학술정보.

이승하, 2018, 『이사람을 아십니까?』, 쿰란출판사.

전택부, 2005, 『양화진 선교사 열전』, 홍성사.

국외 논저

姜健榮, 2000, 「孤兒の慈父, 曽田嘉伊智ついて」, 『望郷の被虜人と渡來文化』.

金貞淑, 1962, 「お父さん!」, 『親和』 102.

＿＿＿, 1962, 「曽田嘉伊智の逝去」, 『親和』 101.

中村敏, 2015, 『日韓の架け橋となったキリスト者：乗松雅休から澤正彦まで』, いのちのことば社.

ドキュメント人と業績大事典編輯委員會 編, 1996, 『ドキュメント人と業績大事典』 第13卷.

佐竹要平, 1932, 「鎌倉小兒保育院京城支部府の活動實態」, 『日本社會事業大學研究紀要』 65.

飯島盛隆, 1975, 『韓国孤児の慈父曽田嘉伊智翁』(鎭西學院研究叢書〈2〉), 牧羊社.

曽田嘉伊智, 1928, 「孤貧兒養育に関する體驗談」, 近現代資料刊行會企劃編輯, 『朝鮮社會事業』 6(7-12月).

＿＿＿＿, 1930, 「社會事業資金共同募金について」, 近現代資料刊行會企劃 編輯, 『朝鮮社會事業』 8(1-3月).

＿＿＿＿, 1932, 「京城社會事業懇談會の目的」, 近現代資料刊行會企劃 編輯, 『朝鮮社會事業』 10(5-8月).

＿＿＿＿, 1962, 「私と朝鮮」, 『親和』 103.

_____, 1962, 「飮酒の征服」, 近現代資料刊行會 企劃·編輯, 『朝鮮社會事業』 9(10-12月).
大和与一, 1962, 「曽田老夫妻を思う」, 『親和』 102.
江宮隆之, 2013, 『慈雨の人 韓国の土になったもう一人の日本人』, 河出書房新社.
_____, 2013, 『朝鮮を愛し朝鮮に愛された日本人』, 祥伝社.
呉文子, 2017, 『記憶の残照のなかである在日コリア女性の歩み』, 総合書籍出版 社會評論社.
李修京, 2006, 『韓國と日本の交流の記憶:日韓の未來を共に築くために』, 白帝社.
崔碩義, 2007, 『韓国歴史紀行』, 東洋經濟日報.

자료
『국민일보』;『승대시보』;『시카고 중앙일보』;『연합기독뉴스』;『조선일보』;『한국경제』;『한국일보』.
"韓國の慈父, 曽田老人へあたたかい招待", 『朝日新聞』, 1961. 3. 12.
"なつく孤兒に囲まれ惠まれた余生を楽しむ", 『朝日新聞』, 1961. 6. 26.
"日韓親善とは別 '戰前' 唯一の味方として", 『朝日新聞』, 1961. 5. 9.
"朴議長の花も", 『朝日新聞』, 1962. 3. 29.
"貞田裎一郎, 韓國こそ私のふるさと-'故鄕'へはやる心", 『朝日新聞』, 1960. 1. 1.
"ソウルの名譽市民に", 『朝日新聞』, 1961. 5. 9.
"曽田老(韓國孤兒の父), 死ぬ", 『朝日新聞』, 1962. 3. 28.
"曽田老, 韓国へ出發", 『朝日新聞』, 1961. 5. 6
"曽田翁の遺書に新たな涙", 『朝日新聞』, 1964. 5. 3.
"おじいさん万歲", 『朝日新聞』, 1961. 5. 7.

인터넷 자료
양화진외국인선교사묘원 http://www.yanghwajin.net
한경직목사 사이버기념관 http://www.revhan.net

6장

재조일본인 죠코 요네타로의 반제국주의 한일연대론

박창건
국민대학교 일본학과 조교수

I. 머리말

 이 글은 식민지 조선에서 재조일본인 죠코 요네타로(上甲米太郞, 1902~1987)의 교육노동운동과 반제국주의 투쟁을 통해 조선인과 공존하려는 한일연대론을 재평가하고자 한다. 재조일본인들은 식민권력과 영합하여 식민지 조선인을 억압하면서 식민지 체제를 유지하는 일본 제국주의를 지탱하는 인적자산이었다. 하지만 죠코의 교육노동운동과 반제국주의 투쟁은 이와 다른 궤적을 보여주었다. 그는 일제강점기 식민지 체제를 유지하는 하층 관료였던 일본인 교사라는 신분임에도 불구하고 권력을 행사하기보다 조선인과의 공존을 위한 길을 택하는 삶을 걸었다. 그렇지만 죠코의 조선 인식을 지나치게 '과대평가'하려는 의도는 없다. 왜냐하면 그는 식민지 조선을 독립시켜야 한다는 관념과 조선인에 대한 평등한 대우를 해야 한다는 생각은 가지고 있었지만, 구체적인 행동으로 옮기지 못했기 때문이다.

 그럼에도 불구하고 죠코 요네타로의 반제국주의 한일연대론에 주목해야 할 이유는 다음과 같다. 첫째, 식민지 조선에서 재조일본인을 식민지배자라는 추상적 대상에서 벗어나 권력을 행사하기보다는 조선인과 공존을 지향했던 그의 행적을 추적하여 연대론을 재평가하는 데 도움이 된다. 둘째, 식민지 조선의 교육현장과 조선 사회의 실상을 규명하는 동시에 재조일본인 사회를 다각적으로 설명할 수 있는 방법을 제시할 수 있다. 셋째, 식민지와 피식민지의 구조가 굳어진 시기에 어떠한 계기가 죠코의 조선에 인식 변화를 가져왔는지 그 표상을 찾아볼 수 있다. 이러한 논의들은 한일관계에서 과거사 문제로 인한 양국의 정치적 갈등이 외교·안보·경제·문화 등의 영역까지 확산하고 있는 현시점에서 죠코가 주창한 반제국주의 한일연대론이 우리에게 던지는 메시지는 분명하다.

식민지 시대의 재조일본인은 대체로 '식민지배자', '일제 세력', '침략자'라는 인식의 벽에 막혀 한일관계 연구에서 관심의 대상이 되지 못했다. 왜냐하면 대부분의 재조일본인들은 특유의 의식과 정신구조를 공유하면서 재조일본인 사회를 형성한 식민지 권력자로서 일제 협력자였기 때문이다. 이들은 식민지 '현장인'으로서 식민지 정책에 관여하고, 식민지에서의 삶을 통해 식민지 조선과 조선인의 정체성 형성의 변화에 영향을 미쳤다는 사실은 부인할 수 없다. 하지만 일제강점기의 제국주의를 전체적으로 이해하기 위해서는 재조일본인을 일국사적 시각에서 탈피하여 구체적인 연구 대상으로 삼아 보다 다각적 시각에서 접근할 필요가 있다. 이러한 의미에서 재조일본인의 연구는 '지배-피지배', '억압-피억압'이라는 이분적 사고를 상대화할 수 있는 계기가 될 수 있으며, 반제국주의 한일연대론으로 저항한 재조일본인의 존재와 그 의미를 밝히는 작업은 한일관계 연구의 전체상을 파악하는 데 도움이 될 것이다.

이 글은 다음과 같이 구성되어 있다. 먼저 II장은 재조일본인에 관한 선행연구 검토 후 죠코 요네타로라는 인물 연구를 어떻게 진행할 것인지에 대한 방법론을 논의하고자 한다. III장은 식민지 조선의 공립보통학교에서 근무한 재조일본인 교사가 재임 중 교육노동자조합사건으로 조선인 제자들과 함께 구속되는 등 민족 간 연대의 필요성을 주창한 그의 교육노동운동과 반제국주의 투쟁에 관해 살펴보고자 한다. IV장은 죠코 요네타로의 반제국주의 한일연대론이 어떠한 계기를 통해 구체화하게 되었는지를 논의하고자 한다. 마지막으로 V장은 이 글의 결론으로 전체적인 요약과 죠코가 주창한 반제국주의 한일연대론의 현재적 의미를 제시하고자 한다.

II. 재조일본인 죠코 요네타로

그동안 재조일본인에 대한 연구는 연구자들 시야 밖에 있었다. 그 이유는 근대 국민국가의 역사를 둘러싼 생태적-근대적 한계로 출발하여 일제시기 식민지 조선에서 역사는 독립국가 수립을 위한 저항의 역사였기에 그 이외의 역사는 역사가 아니라는 관점이 주류였기 때문이었다고 생각된다. 재조일본인은 식민지에 정주하면서 식민지 '현장'과 '현장인'으로 식민정책과 식민지에서의 삶을 통해 식민지 조선을 외형적으로든 내면적으로든 형성, 변화시키는 데 많은 영향을 미쳤다. 이는 식민지 조선의 역사는 단순한 한국인의 역사가 아니라 한국의 역사가 되어야 하며, 한국의 과거 시공간에 대한 총체적 연구가 되어야 함을 의미한다. 따라서 재조일본인의 연구는 한일관계사의 영역에 반드시 포함되어야 하며 그만큼 식민지 조선의 실체에 보다 명확하게 접근할 수 있는 또 다른 통로로 활용할 수 있을 것이다.

재조일본인의 존재는 일제의 식민지 침략과 수탈이 조선총독부와 국가권력의 지원을 받은 민간인이 결탁하여 총체적으로 수행되었다는 사실을 실증적으로 알리는 단서를 제공한다. 주지하듯이 식민지는 총독을 정점으로 한 관료와 경찰·군부에 의해 구축되었지만, 식민지 지배체제를 견고하게 만든 주역은 '보통'의 재조일본인이라 해도 과언이 아니다. 그들은 평범한 보통의 일본인들이었다. 이처럼 일본의 식민지 통치는 이른바 '풀뿌리 침략', '풀뿌리 식민지 지배와 수탈' 구조로 이루어졌다.[1] 이러한 맥락에서 재조일본인의 연구는 존재 형태를 시기별, 지역별, 계층별

1　高崎宗司, 2002, 『植民地朝鮮の日本人』, 岩波新書.

〈그림 1〉 죠코 요네타로

* 도쿄 신주쿠고려박물관 소장.

로 규명함으로써 일본의 식민지배가 어떠한 메커니즘으로 재편되었는지에 대한 실증적인 연구를 비롯해 재조일본인의 주요 인물들에 관한 생애와 활동의 추적에 대한 분석도 이루어지고 있다. 무엇보다도 재조일본인 연구가 식민도시의 형성과 관련된 재조일본인의 인구변동, 그들의 사회단체 현황과 그 사회경제적 특성을 밝힘으로써 일본의 식민지배의 성격과 식민지 '근대'를 심층적으로 이해하는 데 기여하고 있다.[2]

1876년 부산의 개항과 더불어 조선에 이주한 재조일본인은 강제 병합을 거쳐 패전하여 귀환한 1945년까지 약 100만 명 정도였다. 이들 재조일본인의 조선 이주와 정주의 시기별 인구 추이를 살펴보면, 강화도조약에 의해 최초 개항된 부산으로 이주한 54명을 시작으로 청일전쟁과 러일전쟁 시기 잠시 주춤했지만, 전쟁 승리로 다시 폭발적인 증가세를 보였다. 청일전쟁 이후인 1859년에는 1만 2,303명으로 늘어나, 전해인 1894년 9,354명에 비해 32%나 증가했다. 러일전쟁 승리 이후 통감부를 설치한 1906년에는 8만 3,315명으로 증가해, 러일전쟁기인 1904년 3만 1,093명에 비해 약 168%의 비약적인 증가세를 보였다. 더욱이 일제강점기에 이르러 지속적이고 안정적인 증가 추세를 보였다. 1910년에는 통감부 시기보다 2배 이상 증가한 17만 1,543명에서 시작하여 1913년까지 10% 이상 높은 증가율을 보였다. 이후의 추세는

---

2 城本悠一·木村健二, 2007, 『近代植民地都市釜山』, 櫻井書店; 최혜주, 2010, 『근대 재조선 일본인의 한국사 왜곡과 식민통치론』, 경인문화사.

1920년 34만 7,850명, 1930년 50만 1,867명, 1940년 68만 9,790명, 1944년 91만 2,583명으로 늘어났다.[3] 이들 대부분은 조선에서 생계를 영위하기 위해 이주하여 특유의 생활의식과 정신구조를 공유하였고, 일제의 식민지 정책과 통치에 협력했다. 하지만 일본의 패전 이후 그들은 한일 양국 모두에서 잊힌 존재가 되었다.

한일 국교정상화와 맞물려 재조일본인 연구는 1960년대에 들어와서 본격적으로 시작되었다. 재조일본인에 대한 선행연구는 다음과 같이 정리할 수 있다. 첫째, 재조일본인의 인구 동향, 이동의 양상, 일본인의 피난민 및 사망자 수 등에 초점을 맞춘 이주사에 대한 연구,[4] 재조일본인의 생활의 배경 및 활동, 직업 구성 등을 분석한 사회·경제사에 대한 연구,[5] 셋째, 재조일본인의 교육사에 대한 연구,[6] 재조일본인의 재산실태와 그들의 기억과 체험 등을 중심으로 논의한 생활사에 대한 연구[7] 등으로

---

3 이규수, 2013, 「재조일본인의 추세와 존재형태」, 『역사교육』 125호, 46~48쪽.
4 森田芳夫, 1964, 『朝鮮終戰の記錄: 米ソ兩軍の進駐と日本人の引揚』, 巖南堂書店; 高吉嬉, 2001, 『[在朝日本人二世]のアイデンティティ形成-旗田巍と朝鮮·日本』, 桐書房; Jun Uchida, 2011, "A sentimental journey: mapping the interior frontier of Japanese settlers in colonial Korea", *The Journal of Asian Studies*, vol. 70, no. 3; 木村光彦, 2018, 『日本統治下の朝鮮: 統計と実証研究は何を語るか』, 中公新書; 최혜주 엮음, 2018, 『일제의 식민지배와 재조일본인 엘리트』, 어문학사.
5 木村健二, 1989, 『在朝日本人の社會史』, 未來社; Jun Uchida, 2005, "Brokers of empire", *Japanese Settler Colonialism in Korea, 1910-1937*, Cambridge, Massachusetts: Harvard University.
6 磯田一雄, 1997, 「日本の植民地教育による教師と子ども」, 『コミュニケーション紀要』 11호.
7 이형식, 2013, 『재조일본인 연구의 현황과 과제』, 보고사; 전성현, 2015, 「식민지와 식민지민 사이: 재조일본인 연구의 동향과 쟁점」, 『역사와 세계』 48호; 박경민, 2017, 「1945년 패전 후 재조일본인의 귀결-경성 일본인 세화회의 재산 문제와 식민지 지배 인식을 중심으로」, 『일본공간』 21호; 신승모, 2018, 『재조일본인 2세의 문학과 정

정리할 수 있다. 하지만 이들 연구는 식민지 정치를 둘러싼 문제, 세대 간 구분 문제, 경제인 또는 식민지로서의 재조일본인 문제 등과 같은 식민지 지배자로서의 자기반성의 목표로 한 논의가 결여되어 있다. 무엇보다도 재조일본인의 조선 인식이 발생한 원인 과정에 대한 이론적 검토외 구체적인 실증 연구가 부족하다.

이러한 측면에서 죠코 요네타로라는 인물을 중심으로 재조일본인의 식민지 체험과 조선에 대한 인식을 고찰하고 그가 주창한 반제국주의 한일연대론을 살펴보는 것은 '공적 기억'에서 '개인적 체험'을 통해 식민지 시기 재조일본인의 실체를 더욱 명확하게 파악하는 데 도움이 될 것으로 생각된다. 죠코는 냉혹한 식민지 시기에 조선인의 인권과 복지, 조선 독립에 헌신한 일본인들 중 한 명이다. 죠코는 1902년 일본 에히메현(愛媛縣)에서 농민의 맏아들로 태어났다. 새로운 농업경영을 시도하다 실패한 그의 아버지는 또 다른 기회를 찾아 식민지 조선으로 건너왔지만, 중학교 수학 때문에 한동안 일본에 남게 된 죠코는 외가의 영향을 받아 기독교인이 되었다. 죠코의 어머니 키요(淑) 친가는 아리모토(有元) 가문으로, 외조부는 입헌개진당 소속 중의원을 역임한 하리모토 마사치카(有元正親)였다. 입헌개진당은 1982년 오쿠마 시게노부(大隈重信)를 당대표로 해서 결성된 영국식 정치사상을 추구하며, 자유민권운동을 이끌었던 진보적인 사상을 지닌 정당이었다. 여기에 죠코의 외조모는 기독교 신자였기에 어린 시절 그의 인격 형성과 그 후의 삶에도 커다란 영향을 주었다. 죠코는 1920년 아버지의 뒤를 따라 조선으로 건너왔다, '동양의 페스탈로치(Pestalozzi)'가 되겠다는 꿈을 안고 경성고등보통학교

체성』, 아연출판부.

부설 임시교원양성소에 입학했다. 단기간의 양성을 마친 후 1922년 경상남도로 와서 조선인이 다니는 공립보통학교 교사가 되어 1930년 체포될 때까지 조선인 학생들과 동고동락하였다. 이처럼 재조일본인으로서 모순된 식민지 사회의 체험을 통해 반제국주의 투쟁을 하게 된 죠코의 삶에 대한 연구는 두 시기로 나눠 살펴볼 수 있다.

첫 번째 시기는 1960~1990년대 중반까지이다. 이 시기의 대표적인 연구자는 신도 토요오(新藤東洋男)와 이케가미 치카하루(池上親春)이다. 이들은 1930년대 일본제국주의에 저항한 '교육자 노동조합운동 준비회 사건'을 중심으로 죠코의 일생을 기록한 『日本帝國主義の植民地敎育と鬪った在朝日本人敎師の鬪いの記錄(일본제국주의의 식민지교육과 싸운 재조일본인 교사의 투쟁)』을 출간했다.[8] 이 시기의 연구는 근대 한일관계사를 일제의 한국 침략이라는 관점에서 분석하면서 제국주의에 대한 반성 문제가 일본 사회에서 본격화되었다.[9] 이러한 연구 경향 속에서 죠코에 대한 연구는 7를 피해자 의식을 가진 일반적인 재조일본인과는 달리 제국주의에 맞서서 투쟁한 일본인으로서 평가하는 동시에 한일관계사에서 한국인과 일본인의 연대사를 강조했다.

두 번째 시기는 1990년대 중반~현재까지이다. 이 시기의 대표적인 연구자는 소노베 히로유키(園部裕之)이다. 그는 1930년대 재조일본인이 참여한 공산주의운동을 정부 사료를 통해 심층적으로 분석한 「在朝日

---

8 新藤東洋男·池上親春, 1966, 『日本帝國主義の植民地敎育と鬪った在朝日本人敎師の鬪いの記錄: 上甲米太郎と「新興敎育」敎育者勞働組合運動事件(1930)』, 人權民族問題硏究會.
9 旗田巍, 1996, 「書評: 上甲先生の健在をよろこぶ-[在朝日本人敎師の鬪いの記錄]をよんで」, 『朝鮮硏究』 55.

本人の參加した共產主義運動: 1930年代における(재조일본인이 참가한 공산주의운동: 1930년대에 있어서)」를 통해 죠코의 사상적 변화 과정을 설명했다.[10] 특히 이 시기는 죠코의 고향인 에히메현 야하타하마시(八幡濱)에서 '죠코 요네타로 연구회'가 결성되어 죠코의 연구가 본격적으로 심화되었다. 이 연구회를 계기로 1997년에는 '죠코 이리이치씨를 둘러싼 모임(上甲伊利一さんを囲う會)'과 2003년에는 '죠코 마치코씨를 둘러싼 모임(上甲眞知子さんを囲う會)'이 발족하였다. 이들 유족의 모임을 중심으로 죠코 사상의 현재화를 위한 연구에 전력하였고, 이는 동시에 일기 번역 작업을 촉진하는 계기가 되었다.

특히 주목해야 할 점은 2003년 여름, 유족들이 죠코의 일기 및 재판 기록을 학습원대학원 동양문화연구소에 기탁함으로써 죠코 연구가 학술적으로 체계화되는 시발점이 되었다. 이를 계기로 2003년 8월, '죠코 요네타로의 일기 읽기 모임(上甲米太郎日記を読む會)'이 결성되어, 일기에 실린 구체적인 내용을 바탕으로 그 시대의 객관적 실상과 재조일본인의 식민지 조선 사회나 문화에 대한 인식을 규명하려고 시도했다. 뿐만 아니라 일기의 사료적 가치에 주목하면서 그 시대의 객관적 실상, 재조일본인의 조선 사회나 조선 문화에 대한 인식 규명, 자신의 주관적 성향을 비롯해 평범한 20대 재조일본인 남자의 식민지정책에 대한 갈등 및 의문을 정리하면서 반제국주의 투쟁과 한일연대론에 대한 고심을 통해서 한일관계의 미래를 모색하려고 했다.[11] 이와 같은 연구성과를 기반으로

---

10 園部裕之, 1989, 「在朝日本人の參加した共產主義運動: 1930年代における」, 『朝鮮史研究會論文集』 26.

11 樋口雄一, 2009, 「朝鮮人民衆と共に歩んだ日本人-布施辰治・上甲米太郎の一生から」, 『地歷・公民科資料』 68.

고려박물관은 기존의 연구를 종합하여 죠코의 일기, 편지, 교원노동자조합사건 판결문 등의 1차 사료로 구성된 공저 『植民地·朝鮮の子どもたちと生きた教師 上甲米太郎(식민지·조선의 아이들과 살았던 교사 죠코 요네타로)』를 출간했다.[12]

이상과 같이 죠코 요네타로의 연구 동향을 종합해보면, 연구는 1945년 이전에 집중되어 있었으며 죠코의 전체상을 규명하는 데는 일정한 한계를 보인다고 생각된다. 따라서 본 연구에서는 죠코의 조선 인식과 그 변화, 그리고 그 의미인 반제국주의 한일연대론이 어떻게 형성되었는지를 추적하고자 한다. 이를 위해 본 연구는 식민지 조선의 현실과 재조일본인들의 내면적 모순과 갈등을 통합적으로 이해할 수 있는 한계를 극복하기 위해 다음과 같은 1차 사료를 중심으로 살펴보고자 한다. 첫째는 1922년부터 1930년까지 기록된 죠코의 일기이다.[13] 일기는 식민지 조선에서 그가 교사로서 8년간 생활하면서 남긴 공책 30여 권 분량의 중요한 사료이다. 일기는 죠코가 사망 후, 이들인 죠코 이리이치(上甲伊利一)가 소장하고 있다가 2003년 학술원대학원 동양문화연구센터에 기증하면서 일기 전체가 일반인에게 공개되었다. 둘째는 개인 편지이다.[14] 이것은 죠코의 조선 인식의 변화를 살펴보는 데 매우 중요한 사료이다. 셋째는 1930년 치안유지법 위반으로 기소된 예심조서와 신문기록 등의 재

---

12 青木敦子, 2006, 「ある日本人の朝鮮体験: [上甲米太郎日記]史料紹介」 『東洋文化研究』 14; 上甲まち子·李俊植·辻弘範·樋口雄一, 2010, 『植民地·朝鮮の子どもたちと生きた教師上甲米太郎』, 大月書店.
13 辻大和·富澤萌未, 2015, 「植民地朝鮮での教員の日記」, 『東洋文化研究』 17, 86~87쪽.
14 辻大和·富澤萌未, 2015, 89~93쪽.

판 기록이다.[15] 이것은 죠코의 현실 인식과 조선 인식의 변화를 추적할 수 있는 중요한 사료이다. 넷째는 죠코가 직접적으로 잡지에 투고한 기록들이다.[16] 이 사료들은 죠코의 한일연대론에 대한 내면세계를 파악하는 데 중요한 의미를 지니고 있다. 아울러 현재까지 진행된 2차 자료들을 참고하여 본 연구에서는 죠코 요네타로의 반제국주의 한일연대론을 조명하여 현재 한일관계의 미래상을 제시하고자 한다.

III. 교육노동운동과 반제국주의 투쟁

죠코는 1902년 시코쿠(四國) 지방인 에히메현 우와군(宇和郡) 센죠우무라(千丈大村)에서 아버지 가게요시(景吉)와 어머니 키요(淑) 사이에서 장남으로 태어났다. 죠코 아래로 남동생 6명, 여동생 2명이 있었다. 그 중에서 여동생 1명과 남동생 3명이 질병으로 병사하였고, 또 다른 동생은 상하이에서 병사하였다. 결국 가족으로 남은 자는 장남인 죠코 요네타로, 아리모토(有友) 가문을 이은 차남인 죠코 쥬지로(壽次郎), 부산에서 결혼한 장녀인 도시코(敏子)였다. 원래는 600년 전통의 명문가로 알려졌지만, 죠코의 유년기 가정형편은 경제적으로 넉넉하지 않았다. 죠코의 아버지는 개화 의식을 가진 인물로, 농업경영 분야에 종사하면서 항상 새로운 품종을 도입하여 재배를 시도했다. 귤·배추·벼 등의 재배를 비롯해 양잠업에도 사업을 확장하면서 다른 지방으로도 확대시키는 데

---

15 辻大和·富澤萌未, 2015.
16 辻大和·富澤萌未, 2015.

전력을 기울였다. 하지만 러일전쟁 후의 경제 공황이 지주인 죠코 일가를 몰락시키는 계기가 되었고 동시에 연이은 사업의 실패로 결국 집안은 몰락하였다. 이러한 경제적 환경의 변화는 죠코의 아버지가 조선은행에서 근무하던 친동생의 소개로 조선에 건너오게 된 직접적인 동기가 되었다.[17]

죠코는 일본에서 어린 시절을 보낸 뒤 18세가 되던 1920년 오오즈(大洲) 중학교를 졸업하고 나서 교사의 꿈을 안고 조선으로 이주했다. 이후 죠코의 행적은 경성보통고등학교 부설임시교원양성소에서 조선어교사 교육을 받은 뒤, 1922년 경상남도 함안군의 함안공립보통학교(咸安公立普通學校), 1924년 경상남도 합천군의 야로공립보통학교(冶爐立普通學校), 1927년 경상남도 사천군의 곤명공립보통학교(昆明公立普通學校) 교사로 부임했다. 죠코가 교사생활을 하며 남긴 일기에는 재조일본인에 대한 의문과 불만을 표출할 뿐 아니라 일제의 조선 식민정책에 대한 의문을 기술하고 있다.[18] 죠코의 조선에 대한 인식은 그가 조선에 온 초기만 해도 일반적인 재조일본인과 크게 다르지 않았지만, 교사생활을 하면서 변화하게 되었다.[19] 그렇다면 어떠한 이유에서 죠코는 일본 제국의 문명 전파자에서 조선 독립을 위한 조력자로서 반제국주의 투쟁

---

17 죠코의 아버지가 언제 조선에 건너갔는지는 명확하지 않지만, 아마 한일병합 직후 경이라고 죠코는 추측하고 있다. 新藤東洋男·池上親春, 1966, 14쪽.
18 吉沢佳世子, 2004, 「在朝日本人教師・上甲米太郎の日記と関連史料」, 『日本植民地研究』16.
19 함안공립보통학교 시절의 죠코는 조선 및 조선인에 대한 깊은 사랑을 아끼지 않았던 것과는 달리, 당시의 조선이 놓여 있던 식민지 지배자와 피지배자의 구조에 대하여 여전히 문제로 생각하는 수준에 머물러 있었고 식민지 지배의 모순도 정확하게 파악하지 못했던 모양이다.

을 전개하게 된 것일까? 이 물음에 대한 해답을 찾기 위해 본 장에서는 죠코의 교육노동운동과 반제국주의 투쟁을 통해 그의 조선 인식 변화 과정을 살펴보고자 한다.

1. 교육노동운동

죠코 요네타로는 1928년 10월 전주사범대학교 교장의 딸인 후지와라 후미코(藤原文子)와 결혼했지만 10개월 만에 이혼한다. 이듬해 가마하라 마사코(鎌原政子)와 재혼했고, 그 사이에 장남인 이리이치(伊利一)가 태어났다. 두 번의 결혼과 출산은 교육에 대한 열정과 기독교주의적 인도주의를 더욱 깊어지게 하여 그를 교육노동운동으로 인도하기 시작했다.[20] 특히 죠코는 사회사업의 미시적 성격과 사회주의의 거시적 성격 사이의 간격을 '노동조합운동'을 통해 메우고자 했던 가가와 도요히코(賀川豊彦)의 사상에서 커다란 영향을 받았다.[21] 이 시기 죠코는 사회과학 서적을 집중적으로 탐독하면서 그때까지 품고 있었던 일제의 식민지배에 대한 비판적 관점을 기르고 교육노동운동에 직접 참여하는 계기가 되었다. 1928년부터 죠코는 사회과학 서적을 더욱 집중적으로 탐독하기 시작했다. 가와카미 하지메(河上肇)의 「다이니빈보모노가타리(第二貧乏物語, 제2궁핍 이야기)」가 『改造』에 연재될 무렵 기독교적 사상을 꿈꾸며 가가와의 개인 잡지 『雲の柱』을 접했었지만 어느새 『敵旗』와 같은 좌익 잡지를 탐독하기 시작했다. 이를 통해 일제의 식민지 지배에 대한

---

20 日本コリア協會・愛媛, 2011, 『植民地朝鮮と愛媛の人ひと』, 愛媛新聞社, 336~337쪽.
21 キリスト教新聞社, 1991, 『資料集[賀川豊彦全集]と部落差別』, キリスト教新聞社.

비판적 관점을 기르고 교육노동운동에 직접 몸을 던지는 계기가 되었다. 더욱이 죠코는 조선이 독립하지 않으면 조선인의 행복은 있을 수 없으며, 조선의 독립은 일본의 노동자, 농민과의 연대 투쟁으로 해결할 수 있다는 입장을 견지하게 되었다. 즉 죠코는 식민지 조선에서 재조일본인으로서의 민족적 우월감을 버리고 민족 간 연대의 필요성을 자각하게 되었다.

죠코 요네타로는 사회주의자, 반제국주의자라는 사상적 담론에 대한 평가에 주목하는 것이 아니라, 식민지 현실에 자각하면서 그동안 가지고 있었던 조선관이나 일본인으로서의 우월감에서 벗어나 구체적으로 사회 변혁을 위해 자신이 무엇을 할 수 있는지에 대한 실천적 행동에 초점을 맞추기 시작했다. 이처럼 죠코는 사상적 자기변혁을 겪으며 식민지 교육으로부터의 해방, 민족교육의 수립을 위해 조선인의 결기가 중요하다고 생각하여 교원노동조합운동을 전개하기 시작했다. 죠코가 펼친 교육노동운동의 특징은 첫 번째, 일본 내지의 교육노동운동을 조선에서도 실행하고자 한 점, 두 번째, 조선인과 일본인의 연대 운동을 전개한 점, 세 번째, 조선에 내재된 민족차별, 교육문제, 노동자들의 비참한 현실, 계급차별 등을 고발하고 나아가 조선을 독립시키고자 하는 운동을 전개했다는 것이다.[22] 죠코가 이러한 생각을 가지게 된 계기는 다음과 같은 요인들에서 찾아볼 수 있다.

첫째, 김재용과의 이루지 못한 사랑 때문이다. 죠코가 처음으로 교편생활을 보냈던 함안공립보통학교에서 지낸 2년 동안 쓴 『일기』에는 김

---

[22] 이준식, 2006, 「재조일본인 교사 죠코의 반제국주의 교육노동운동」, 『한국민족사운동사연구』 49호, 26~27쪽.

재용이라는 이름이 자주 등장한다. 김재용은 이 시절 죠코가 담당했던 학생들 중의 한 명이었다. 그녀는 늦게 입학한 관계로 죠코와는 몇 살밖에 차이가 나지 않았다. 제자이자 첫사랑이었던 김재용과의 교류가 함안공립보통학교를 떠나 군복무를 하고 있었을 때까지 계속 이어지고 있었지만, 야로보통학교에 근무하면서부터 그들의 관계는 순탄하게 진행되지 못했다. 그 시기 김재용은 학생이 아니라 교사가 되어 있었지만, 그들의 관계는 민족적 편견이라는 벽을 넘지 못해 결국 죠코는 그녀와의 결혼을 포기할 수밖에 없었다. 특히 1926년 11월의 『일기』에 의하면, 죠코가 김재용을 얼마나 사랑했는지를 알 수 있다. 이 일기에는 김재용을 S.K.라고 기록했고 그녀와의 관계에서 그가 고민한 문제들을 엿볼 수 있다. 식민지 조선에서 내선결혼이 강조되던 시대 분위기와는 달리, 죠코는 김재용을 순수하게 받아들였다. 하지만 김재용에 대한 사랑, 감정만으로 결혼을 결정할 수 없는 자신의 감정, 결혼이라는 것은 둘만의 일이 아니라 사회를 대상으로 하는 일이고 그 결과는 자식들과 부모, 형제에까지 영향을 미친다며, 깊이 고민하는 모습을 보였다.[23] 죠코가 김재용과 결혼을 단념한 이유는 다음과 같다.

> 나는 장남이고 게다가 크리스천, 굉장한 퓨리턴이었고, 상대방도 내향적인 사람이었으니 진전이 없었다. 서로 사랑하면서도 말로 표현한 적도 없고 그녀가 먼저 결혼해버렸다. 하지만 여기저기에 알려진 나의 존재가 결혼에 방해가 되었던 모양이다.[24]

---

23 『일기』, 1926년 11월 17일자; 11월 28일자; 12월 20일자; 12월 19일자.
24 上甲米太郎, 1969, 「昭和教育史への証言: 第四回 "春窮"下の闘い民族教育の黎明のために」, 『教育評論』 4월호, 68쪽.

이처럼 죠코가 김재용과 사랑의 결실을 맺지 못한 이유는 그들을 둘러싸고 있었던 수없이 많은 어려움과 주변의 따가운 시선을 극복하지 못했던 시대적 환경에서 찾을 수 있다. 이러한 환경을 극복하기 위해 죠코는 종교적 힘을 빌리려는 모습을 보이곤 했다.[25] 죠코는 일본인과 조선인 사이의 민족적 편견과 재조일본인들의 조선 인식과 대우에 대해 매우 안타까워하고 슬퍼하며, 때론 분노를 표출하기도 했다. 그 결과 죠코는 일제 식민지 교육에 대한 비판적 시각을 갖게 되었다.

둘째, 『신흥교육』이란 잡지와의 만남이다. 이 잡지는 1930년 8월 도쿄에서 교육학자 야마시타 토쿠지(山下德治) 소장이 설립한 신흥교육연구소에서 발간한 기관지이다. 야마시타의 신흥교육연구소는 교육 연구자나 청년들을 주체로 일본 교육 계몽 운동에 관심을 기울였다. 『신흥교육』의 창립 선언은 조직으로 하는 교육자의 정치적 실천 형태는 교육노동자의 단결에 의한 교육노동자조합 운동으로 이어져야 한다고 적시하고 있다.[26] 이러한 운동은 죠코가 교원노동조합을 조직하여 일본에서 일어났던 『신흥교육』을 조선에서 실천될 수 있다는 강한 믿음을 가지는 계기가 되었다. 죠코는 9월에 발간되는 『신흥교육』 창간호 광고를 신문에서 보자마자 구독을 신청했다. 『신흥교육』은 다른 교육 잡지에서 볼 수 없는 신선한 내용을 담고 있었는데, 각각의 문제를 신흥 계급의 입장에서 분석하거나 날카롭게 비판, 폭로하고, 사회주의 국가인 소련의 교육을 소개하기도 하였다.[27] 이러한 『신흥교육』을 구독하면서 죠코는 교

---

25 『일기』, 1926년 2월 22일자.
26 日本コリア協會·愛媛, 2011, 339~340쪽.
27 森谷淸, 1970, 「教育勞動運動と教育研究運動: 新興教育研究所の創立と日本教育勞動者組合の結成」, 『教育勞動運動の歷史(『勞動運動史硏究』 52)』, 勞動旬報社,

원노동조합운동에 참여할 의지를 다지면서 재조일본인 교사로서 당면한 현실과 좌절에 대한 글을 투고하기도 했다.[28] 이 무렵부터 죠코는 실천 활동에 돌입 재조일본인 교사들과 함께 운동을 넓히려 했지만, 그 반응은 냉담하였다. 이에 죠코는 졸업생 제자이자 경성사범학교에 재학 중인 조판출과 상의하여 기쿠치 데루오(菊地輝郎)와 토쿠다 아키라(德田明) 등 일본인 학생 2명과 오성순이라는 조선인 1명을 중심으로 독서회를 출범시켰다.[29] 독서회의 가장 중요한 목적은 민족의식과 비판적인 사회의식을 갖춘 민족운동의 예비 지도자를 양성하는 것이었다. 여기에 학교 교육이 제공해주지 못하는 지적 갈증을 『신흥교육』의 구독과 다양한 사회과학 서적을 섭렵하면서 민족의 진로를 모색하려는 노력을 기울였다. 이처럼 죠코는 조선인과의 연대를 통해 계급적, 민족적 차별에 직면해 있는 식민지 교육의 문제를 근본적으로 타계하기 위해 교육노동운동의 필요성을 주창했다.

셋째, 치안유지법 위반 혐의에 의한 체포이다. 1930년 12월 5일 죠코는 치안유지법 위반 혐의로 체포되었다. 치안유지법은 일본 내 사회운동에 대응하기 위한 것이었지만 조선에서의 사회주의 민족해방운동을 탄압하기 위한 법적 근거의 수단으로도 이용되었다. 치안유지법은 시행 초기에는 공산당원만을 기소할 수 있었지만 1928년 치안유지법 개정을 통해 당원이 아닌 협조자도 처벌할 수 있게 되었다. 이러한 법 조항을 앞세워 조선총독부는 식민조선에서 조선인의 사상 문제의 근원이 독립

94~98쪽.
28 　上甲米太郎, 1930,「朝鮮一向志, 朝鮮の一敎師より」,『新興敎育』3.
29 　井野川潔·森谷淸·柿沼肇, 1971,『風の中の敎育: 1930年代敎育運動』, 新日本出版社, 256~257쪽.

추구에 있다고 파악하고 엄벌주의를 내세워 치안유지법을 집행하게 되었다. 8개월 간에 걸쳐 비밀리에 진행된 혹독한 심문과 수사 끝에 '교육노동자조합준비회 사건'이라는 엄청난 시국사건으로 포장되어 세상에 드러났다. 사실 죠코는 공산당과는 아무런 관계가 없었다. 단지 죠코는 교원노동조합의 조선 지국을 조직하고자 했고, 이 활동을 위해 조선인 젊은 교사들을 포섭하려고 했을 뿐이었다. 죠코는 교원노동운동자조합이라는 반제국주의 운동을 통해 새로운 교육을 목표로 조선인과 연대하여 교사들이 단결할 수 있는 조직을 구축하고 식민지 조선에서 신흥교육을 실천하려고 했다. 이처럼 죠코의 교원노동운동자조합은 식민지 조선에서 시행한 프롤레타리아 교육노동운동인 동시에 조선민족해방운동의 성격을 띠고 있었다. 이에 일제 당국은 야마시타를 중심으로 한 '신흥교육' 참여자들과 죠코의 교육노동운동을 공모로 단정하여 치안유지법 위반으로 기소하였다.[30] 죠코는 합법적 범위 내에서 식민지 조선에서 교육노동운동을 펼쳤다고 믿었지만, 수업 도중에 연행되었다. 이에 죠코는 치안유지법 위반으로 구속된 자신에 대해 강한 자형김을 품었는데 이것이 반제국주의 투쟁을 실천하는 계기가 되었다. 다시 말하면 죠코는 자신이 꿈꾸는 것이 식민지 지배를 심각하게 위협하는 반역죄가 될 것으로 예상하지 못할 만큼 순진하고 무모했는지도 모른다.

---

[30] 上甲まち子・李俊植・辻弘範・樋口雄一, 2010, 『植民地・朝鮮の子どもたちと生きた教師-上甲米太郎』, 大月書店, 19쪽.

2. 반제국주의 투쟁

죠코가 이끌었던 교육노동조합운동의 교육노동운동은 일본의 교육노동운동의 방침에 따라 조선에서 시행한 프롤레타리아 교육운동으로서 반제국주의에 대항하는 조선 민족 해방운동의 성격을 띠고 있었다. 죠코는 조선인을 해방시키고 사회주의 교육의 실천을 위해 조합을 조직하고 운동을 펼치려고 했으나, 도중에 구속당하여 그 뜻을 이루지 못하고 좌절하였다. 그럼에도 불구하고 죠코가 반제국주의 투쟁에 눈을 뜨게 된 계기는 1930년 12월 민중탄압법인 치안유지법 위반으로 서대문형무소에서 보낸 2년간 조선인들과의 교류를 통해 일제식민지의 모순을 인식하면서부터이다. 하지만 죠코는 생활고를 극복하지 못하고 반제국주의 투쟁에 적극적으로 나서지는 못했다. 우선 교육노동 사건의 판결로 이전에 받았던 위계 훈등이 박탈됨에 따라 관임관인 교사의 길은 완전히 막혀버리고 말았다. 가족의 생계 유지를 위해 여동생인 도시코(敏子) 집에서 신세를 지며 부산 동래구에서 하천공사 현장의 계산대에서 일하거나 재일생명 보험판매원 등으로 일하였다.

이러한 과정에서 처음 결혼했던 마사코와 이혼하고, 도시코와 재혼하는 등 안정된 생활을 이루지 못했다. 옥고를 치른 뒤 죠코는 진주 도심에 있었던 경성일본 진주지국에서 지국장 겸 주재기자로 일을 하다가 일본으로 돌아가 1941년 홋카이도(北海道) 쿠시로(釧路) 지역에 있는 태평양탄광에서 노무담당 겸 조선어 통역으로 근무하였고, 1942년 큐슈 오무타시(大牟田市) 미쓰이 미이케(三池) 탄광으로 이동하여 조선인 노무자들과 반제국주의 투쟁을 이어나갔지만 1949년에 해고되었다. 그러나 재일조선인이 많이 살고 있는 오무타시에서 살면서 그림 연극 장사를 하는 한편 조선어를 구사하면서 재일조선인의 민원을 상담해주는 시민활동가로 반제국주의 투쟁을 이어갔다. 이처럼 죠코가 조선 민족 해방을 위한 반제국주의 투쟁에 동참하게 된 이유는 다음의 사실을 주목할 필요가 있다.

첫째, '테이'와의 만남이다. 죠코는 2년에 걸쳐 세 차례의 재판을 받는 동안 서대문형무소에 수감되었고, 결국 징역 2년, 집행유예 5년이라는 선고를 받았다. 형이 확정될 때까지 서대문형무소에서 보낸 기간 동안 유창한 조선어 능력으로 조선 혁명가들과 '통방'하면서 반제국주의 투쟁을 위한 사상적 무장을 하게 되었다. 여기에서 와세다대학 학생이자 전라도 공산당 사건으로 구속된 테이를 만나 과학적 사회주의의 이론을 시사받았다. 죠코는 테이를 다음과 같이 기억하고 있었다.

> 테이라는 와세다대학의 학생은 이론적으로 매우 우수했다. 나는 상식으로 잡지에서 얻은 지식밖에 없었지만 여러 가지를 그에게서 지도받았다. 교육노동운동의 필자로서 내기 한 일은 역사적으로 옳았다고 믿었다. (중략) 조선을 위한 마음으로 이러한 운동에 참여한 것이니, 내가 하고 있는 일이 틀리지 않았다고 조언해주었다. 이러한 조언이 나를 강하게 만들어주었으며, 평생의 방침으로 일관해서 투쟁하겠다는 생각을 오늘까지 지속할 수 있게 해주었다.[31]

이처럼 죠코는 테이를 만나 사회주의자로 거듭날 수 있었다. 죠코는

---

31 金嬉老公判對策委員會, 1972, 『金嬉老問題資料集7 証言集3 証人 上甲米太郎 生協事務員』, 静岡地方裁判所刑事部 裁判所速記官 油井幹雄, 11쪽.

자신이 교원노동조합의 수립을 통해 조선 민족을 위한 반제국주의 투쟁을 위해 분주했지만, 여전히 서적에서 얻은 지식밖에 없다고 스스로 인정하면서 사회주의에 대한 이론 지도를 테이에게 받았다고 고백했다. 더욱이 교원노동조합을 조직하여 반제국주의 투쟁운동을 일으킨 것에 대한 테이의 높은 평가에 감명을 받아 '사회주의를 위해 평생을 받치겠다'는 각오를 밝히기도 했다.[32] 이러한 사실에서 죠코는 1927년 구속되기 이전까지는 사회주의자로 완전히 전향하지 않았음을 알 수 있다. 다시 말하면 죠코의 반제국주의 투쟁에 가장 큰 영향을 끼친 사건이 바로 테이라는 조선인 공산주의자와의 조우였다고 말할 수 있다.

둘째, 홋카이도 탄광행이다. 1941년 죠코는 39세가 되던 해 특별고등경찰의 추천으로 홋카이도 쿠시로에 위치한 미츠이 계열인 태평양탄광에 조선인 관리인으로 취직하게 되었다. 죠코의 장남인 이리이치에 의하면, 식민지 조선에서 죠코를 감시하는 역할의 특별고등경찰은 조선인 노동자 모집을 해오던 사촌에게 부탁하여 조선어가 유창한 죠코를 노동자 관리자로서 탄광에 보냈다고 한다. 치안유지법의 전과가 있는 죠코로서는 이 지시를 거부할 수 없었다고 회상하고 있다.[33] 이러한 특별고등경찰의 추천은 선의라기보다는 일본인 관리 대상인 죠코를 자기 관할 구역인 진주에서 방출시켜 부담을 줄이려는 생각에서 이루어진 것이라고 판단된다.[34] 물론 죠코는 당시 특별고등경찰의 소개로 탄광에 취직하는 것이 일본 제국주의가 추진하는 황국신민화 정책에 협력하는 것이

---

32 金嬉老公判對策委員會, 1972.
33 上甲伊利一, 1989, 「在朝日本人の参加した共産主義運動: 1930年代における」, 『朝鮮史研究會論文集』第26.
34 上甲まち子・李俊植・辻弘範・樋口雄一, 2010, 110쪽.

라는 의미를 잘 인지하고 있었다. 이처럼 탄광에 관리인으로 취업을 한다는 것은 단순한 근무가 아니라 일본 제국주의가 추진하였던 조선인 강제노동에 자신도 가담하게 된다는 것을 반증하는 것이었다. 그럼에도 불구하고 죠코가 홋카이도 탄광 근무를 결심했던 결정적인 이유는 자신의 생계 문제를 해결할 수 있다는 점과 당시 일본제국주의가 추진했던 조선인 강제노동 현장에 본인이 직접 가서 그 현실을 파악하기 위함이었다. 탄광에서 죠코는 노동자 모집, 급여 절차, 일시 귀국 지원, 병원 입원 지원 등 주로 조선인을 지원하는 일을 맡았다. 이러한 과정에서 발생했던 민족 차별, 사망 사고, 열악한 노동 조건 및 거주 환경, 노동쟁의 등을 죠코는 조선인의 입장에서 생각하며 자신이 할 수 있는 최대한의 노력을 했지만, 일제 식민지 정책에 동조했다는 한계를 벗어날 수 없었다. 죠코는 1944년 큐슈 오무타시(大牟田市)에 있는 미이케(三池) 탄광으로 조선인 노동자들과 같이 이동하게 되었다. 여기에서 패전을 맞이하였다. 탄광 관리인으로 일하는 동안 죠코는 일본 제국주의에 대한 본질적인 저항을 하지는 못했다. 즉 죠코의 사회주의 사상은 관념에 머문 채 현실과 타협하면서 더 이상 발전하지 못했다고 평가할 수 있다.

셋째, 일제의 패전이다. 일본 제국은 1945년 8월 14일 연합국에 통보하였고, 8월 15일 낮 12시에 쇼와 천황이 무조건적인 항복을 선언했다. 그리고 제2차 세계대전은 막을 내렸다. 일본 제국주의는 대동아공영권이라는 허황된 슬로건을 내걸고 전쟁을 벌였지만 그 결과는 참담한 패배였다.[35] 일본의 패전은 사회주의 사상을 가지고 있던 죠코를 실천하는 행동가로 만들었다. 그러나 비록 전쟁이 끝났지만 죠코가 일본에서 사회활동

---

35 고케츠 아츠시, 박현주역, 2010, 『쇼와 천황과 일본 패전』, 재이앤씨.

을 할 수 있을 만큼 상황이 녹록치 않았다. 죠코는 1946년 패전 이후에도 근무했던 미이케 탄광에서 조합운동 활동 때문에 해고당했고, 1950년에는 6·25전쟁 반대 전단지를 배부하다가 자신을 대신하여 장남인 이라이치가 구속되기도 했다.[36] 이러한 어려움 속에서도 죠코는 반제국주의 투쟁을 위한 사회활동을 멈추지 않았고, 그의 활동에는 항상 주변에 조선인들이 함께했다. 먼저 미이케 탄광 노동자가 모여 사는 오무타 지역 주민을 위한 지원 활동을 하였다. 구체적으로 오무타 지역에서 그림 연극 공연단을 결성하여 탄광에서 종사하는 조선인 거주지를 중심으로 민원을 상담해주었다. 더욱이 1952년 '일본 아이들을 지키는 모임(日本子どもを守る會)', 1956년 '오무타 아이들을 지키는 모임(大牟田子どもを守る會)'의 설립에 역할을 하였고 해당 지역 교육위원 선거 후보자로 나서기도 했다. 특히 죠코는 미이케 투쟁과 아타즈케(板付) 미군기지 반대 투쟁과 같은 반제국주의 투쟁에 참여하기도 했다.[37] 이후 도쿄로 활동 무대를 옮겨 죠코의 사회주의 투쟁은 지속되었다. 죠코는 일조협회에 가입하여 일본과 조선의 우호 증진을 위한 운동을 계속하였고, 일조학원의 강사로서 조선어 교육은 물론이고 일본 제국주의의 조선 식민지 지배의 실태를 고발하는 글을 쓰고 재판의 증인으로 서는 등 반제국주의 투쟁에 적극적으로 앞장섰다.[38] 다시 말하면 일제의 패전은 죠코를 사회주의 사상가에서 실천하는 운동가로서 반제국주의 투쟁에 앞장서게 했다.

---

36 上甲伊利一, 2004, 「半植民地敎育運動家として治安維持法に問われた若き在朝鮮日本人敎師」, 『治安維持法と現代』春季号, 143쪽.
37 上甲まち子·李俊植·辻弘範·樋口雄一, 2010, 27쪽.
38 磯田一雄, 2011, 「植民地敎育と闘った日本人敎師·上甲米太郎」, 『植民地朝鮮と愛媛の人々』, 愛媛新聞社, 135쪽.

Ⅳ. 죠코 요네타로의 반제국주의 한일연대론

　가지무라 히데키(梶村秀樹)는 죠코를 이데올로기의 벽을 뚫고 조선인과 연대하기 위하여 시행착오를 반복하면서 반제국주의 한일연대론을 펼친 인물이었지만, 어디까지나 우수한 개인의 행동에 불과했고 조직적으로 투쟁을 벌이지 못했다고 평가했다.[39] 그럼에도 불구하고 일제의 지배 논리가 확립되고 '프롤레타리아 국제주의'가 유행하는 상황에서도 소극적인 조선 민족 해방운동 자세를 취한 일본 사회주의자들과는 다른 모습을 보였다는 점에서 죠코의 역사적 위치와 의미를 평가하여 반제국주의 한일연대론을 실천한 중요한 인물이라고 말할 수 있다. 물론 일제 강점기에도 조선인의 편에 서고자 했던 소수의 선각자 혹은 친구들을 떠올려볼 수 있다. 예를 들면 박열 재판의 변호인으로 유명한 일본인 인권변호사 후세 다츠지(布施辰治)나, '조선의 미'를 승화시켜 민예가 지닌 아름다움을 보존하고 광화문의 파괴를 막았던 지식인 야나기 무네요시(柳宗悅)는 기억할 만한 이름일 것이다. 그런데 죠코는 조선인의 좋은 '친구'에서 한걸음 더 나아가 조선 민족 해방운동을 통해 '동지'가 되고자 하는 꿈을 꾸었다. 대체 이토록 급진전한 죠코의 변신은 어떻게 해서 가능했던 것일까? 이 물음에 대한 답은 그의 소박하고 순수한 성품, 어린 시절에 영향을 준 기독교적 박애주의, 일본인 교사로서의 번뇌를 극복하고 '페스탈로치' 같은 교사가 되기 위한 끊임없는 노력, 조선인과의 교류에서 힌트를 얻을 수 있다. 이처럼 죠코가 반제국주의 한일연대론을 구체화하기 시작한 것은 다음과 같은 변혁적 신념에서 비롯되었다.

---

[39] 梶村秀樹, 1990, 『排外主義克服のための朝鮮史』, 靑年アジア硏究會.

첫째, 조선인과의 교류이다. 1920년대 식민 지배하 조선의 사회 구조는 대다수 농민과 지주가 주요 계급을 형성하고 노동자는 극소수에 불과했다. 대다수 농민은 소수의 일본인들에게 민족적·계급적 억압을 받고 있었다. 죠코는 조선 민중들이 이러한 처지를 벗어날 방법은 민족독립과 사회주의 혁명뿐이라고 생각했다. 그렇지만 죠코는 1927년 11월 '마르크스의 자본론'을 접하기 이전까지는 '합법'이란 범주 안에서 관념에 머무는 수준으로 행동하였고 기독교 사상에 머무는 수준의 보통의 재조일본인과 비슷한 길을 걸었다. 죠코의 사상적 변혁은 기독교만으로 자신의 이상을 실천할 수 없다는 생각에서 사회주의를 수용하면서 식민지 모순을 인식한 데 따른 결과였던 것으로 보인다. 이는 단순한 독서의 지식이 아니라 주변에 있는 학생들과의 교류를 통해 자극을 받으며 형성되었다고 판단된다.[40] 특히 서대문형무소에서 보낸 2년 동안 간도 무장투쟁에 참여했던 3명의 인물에게서 무장투쟁과 독립운동의 실태에 대한 교육을 받았던 것과 와세다대학 대학생이자 전라도 공산당 사건으로 구속된 테이를 포함한 2명의 조선인에게 과학적 사회주의 이론을 시사받은 것은 죠코의 반제국주의 한일연대론을 싹트게 만든 출발점이었다. 더욱이 1932년 11월 28일, 2년의 실형에 5년의 집행유예를 선고받고 석방된 후, 죠코는 조판출을 비롯한 조선인과 함께하는 삶에서 구속 전처럼 변함없는 동지애를 보였다. 죠코는 조선인들의 인정을 기반으로 진주에 정착하면서 반제국주의 한일연대론을 지속적으로 고민했었다. 석방 후 진주에서 죠코의 생활을 히구치 유이치는 다음과 같이 설명하고 있다.

---

40 국사편찬위원회 편, 1990, 『한민족독립운동사 8』, 국사편찬위원회, 309쪽.

진주에는 죠코의 지인들도 많았지만 그중에는 같이 구속된 제자인 조판출도 있었다고 생각된다. 조판출은 부산에서도 같이 일하고 행동도 함께하였다. 같이 행동한 사람과 떨어지지 않았던 것이다. 만일 죠코가 전향하여, 조선 통치에 찬성하는 것 같았으면 조판출과도 함께 행동하지 않았을 것이다.[41]

이처럼 죠코가 이론적으로 사회주의에 대해 인지한 것은 일본인 사회주의자가 아니라 조선인 사회주의자의 영향이었음이 분명하다. 이러한 조선인들과의 교류는 죠코가 주창한 민족우월감을 넘어 민족 간 연대를 중시하는 반제국주의 한일연대론의 필요성을 자각하는 계기가 되었다.

둘째, 식민지 정책에 대한 의문이다. 죠코는 1928년 28살이 되던 해 후미코와 결혼하고도 일제 식민지 정책에 대한 의문은 더욱 깊어져갔다. 앞에서 언급했듯이, 이 시기부터 죠코는 본격적으로 교육노동운동에 몰두하게 되었다. 1929년 광주학생운동 이후 얼마 되지 않아 터져 나온 반제국주의 투쟁은 식민지 조선에서 학생이 아니라 교육자 중심의 최초 교육노동조합 결성을 시도하게 하였다. 죠코는 비참한 농촌의 현실에 고통스러워하면서 그 원인과 해결책을 찾기 위해 여러 서적을 탐독하며 일제의 식민지 정책에 대한 비판적 관점을 기르고 교육노동운동을 통해 반제국주의 한일연대론의 실행을 구체화시켰다. 죠코는 사회 변혁의 필요성을 주창했다. 즉 조선이 독립하지 않으면 조선인의 행복은 있을 수 없으며, 조선의 독립을 위해서는 조선인과 일본의 노동자와 농민과의

41　樋口雄一, 2010, 「上甲米太郎の問いかけるもの」, 『植民地・朝鮮の子どもたちと生きた教師上甲米太郎』, 大明書店, 109쪽.

연대를 통해 투쟁해야 한다는 결론에 도달했다.[42] 이 무렵부터 쿄코는 소극적인 단계에서 벗어나 보다 적극적으로 한일연대를 통해 조직적으로 교육노동운동을 실천하려고 하였다. 여기에 머물지 않고 쿄코는 교원노동조합을 통해 제국주의 교육을 부정하고 청소년을 새로운 미래의 주역으로 길러내는 것을 목적으로 하는 신흥교육을 실시하여 반제국주의 한일연대론을 공고히 하고 일제의 식민지 정책의 불법성을 알리기도 했다. 더욱이 쿄코는 조선 독립의 주역을 청소년으로 보고 이들을 교육하는 것을 목적으로 하여 조선의 젊은 교사들과 함께 교원노동조합을 조직하고자 했다. 이처럼 쿄코의 반제국주의 한일연대론은 일제 식민지 정책에 대한 의문에서 비롯되었다.

셋째, '김희로 사건' 재판 증언이다.[43] 1971년 쿄코가 69세를 맞이했을 때 주변의 반대에도 불구하고 김희로 사건의 증인으로 나서 일제강점기의 일본 제국주의와 일본 사회의 한국인 멸시관 및 조선인이 직면한 궁핍하고 가혹한 현실에 대해 폭로했다.[44] 게다가 전후 회고록을 통해 예전 일본 체제를 정당화시키는 일본인과 조선 식민지 시대를 동경하는 일본 내부의 분위기를 우려했다. 그는 재판에서 일제의 조선 수탈과 일제의 침략 역사를 증언하면서, 전쟁 책임 문제를 제기했었다.[45] 특히 쿄코는 교사로, 조선인 관리인으로 일본 식민지 제국주의에 협력한 일원이

42　上甲米太郎, 1976, 「春窮の農村から: 植民地・朝鮮でのたたかい」, 『いばらの道をふみこえて: 治安維持法と教育』, 民衆社, 48쪽.
43　김희로(金嬉老)라는 재일조선인이 시즈오카에서 빚 독촉을 하는 야쿠자를 총으로 사살하고 인질극을 벌이며 재일조선인에 대한 차별에 항의했던 사건이다.
44　上甲まち子・李俊植・辻弘範・樋口雄一, 2010, 135쪽.
45　金嬉老公判對策委員會, 1972, 12~14쪽.

었음을 스스로 인정하면서 다음과 같이 김희로 재판에서 증언했다.

> 저는 어떻게든 보답해야 된다고, 일본의 침략 역사를 주변에 알리는 것이 도리라고 생각하여 '조선화보'를 주변에 배부하거나 그리고 기독교 교회에 가입하거나 이러한 것에 대해 노력하기도 했고, (중략) 의뢰받고 조선어를 가르치거나 했습니다. 할 수 있으면 더 하고 싶은데 본인의 생활도 있기 때문에 (중략) 부족하지만 본인 나름대로의 보답을 실천 중입니다.[46]

이처럼 죠코는 조선인들에게 자기가 할 수 있는 보답을 실천했다. 김희로 사건 당시 죠코의 증언에는 그 자신의 사상인 반제국주의 한일연대론이 담겨져 있다. 죠코의 사상에 대한 평가 및 분석을 시도할 때 김희로 재판의 증언은 매우 중요한 자료라 할 수 있다. 평생을 조선인과 함께한 죠코 요네타로는 '조선의 친구'로 살다가 1987년 86세의 나이로 그 생을 마감했다. 이러한 죠코의 반제국주의 한일연대론은 사후에 더욱더 높이 평가받았다. 2011년 죠코 요네타로 현창회(上甲米太郎顯彰會)는 에히메현 야하타하마시에 '일조우호에 생애를 바친 사람 죠코 요네타로'라고 기록한 현창비를 건립하였다.

이상에서 살펴본 바와 같이, 죠코의 반제국주의 한일연대론은 모든 차별의 극복과 연대의 획득이란 맥락에서 최악의 한일관계를 맞이한 오늘날 우리에게도 시사하는 바가 크다. 특히 '위안부' 문제, 강제징용 문제, 수출규제 문제, 지소미아 파기 문제 등으로 극도로 경색된 한일관계를

---

[46] 金嬉老公判對策委員會, 1972, 14쪽.

풀기 위해 양국 시민사회가 연대하여 관계를 정상화하려는 움직임을 보이는 것 역시 죠코의 한일연대론과도 밀접한 관련이 있다. 일본에서 중국 강제연행 피해자와 일본 기업과의 화해 성립에 힘쓴 우치다 마사토시(內田雅敏) 변호사는 식민 지배에 대해 일본 사회가 제대로 마주해야 한일 우호를 쌓아나갈 수 있다고 지적하면서 '민간 교류가 필요하다'고 강조했다.[47] 이런 차원에서 우치다 변호사를 비롯한 일본 사회운동가들은 최근 '한국은 적인가'라는 서명운동을 시작했다. 지금은 별 관심이 없지만 한국이 결코 적이 아니라는 인식이 시민사회로 확산되면 양국 관계가 얼어붙은 이유가 궁금할 것이고, 정보 교류를 통해 오래전부터 이어진 오해가 풀릴 수 있을 것이라고 언급했다. 다시 말하면 죠코의 반제국주의 한일연대론은 극도로 냉각된 한국과 일본의 관계를 미래 지향적으로 복원할 수 있는 과거의 교훈이자 현재에 적용 가능한 접근일 것이다.

V. 맺음말

이 글은 일제강점기에 재조일본인으로서 민족의 우월감을 넘어 민족 간 연대를 주창한 죠코 요네타로의 생애와 그의 반제국주의 한일연대론을 살펴보고자 했다. 죠코는 철저하게 반제국주의와 대결한 일본 사회주의자 혹은 아나키스트의 중간 위치로 자신의 정치적 성향을 나타냈다고 평가할 수 있을 것이다. 비록 일제가 패전한 이후 죠코의 반제국주의 투쟁은 관념에서 벗어나 실천하는 단계로 나아가 조선인과 연대하는 모

---

47 『중앙일보』, 2019. 7. 31 참조.

습을 보였지만, 일제강점기 죠코의 조선인 인식은 어중간한 입장에서 사회주의적 관념에 머물러 있었다는 한계를 지적하지 않을 수 없다. 이러한 사실은 죠코를 과대 평가하는 입장에서 벗어나 객관적 입장에서 그의 반제국주의 한일연대론의 실체를 명확하게 평가해야 할 필요성을 제기한다.

일본 제국주의에 협력한 재조일본인들과 다른 길을 걸었던 죠코에 대한 '과대 평가'는 구체적인 죠코의 조선인 인식 변화와 그 의미를 간과한 결과로 보인다. 죠코의 조선인 인식은 일정한 변화의 형태를 나타냈다. 그의 『일기』와 '김희로 사건 재판기록'에서 드러났듯이, 확고한 사상의 영향에 따른 조선인에 대한 인식 변화라기보다는 조선의 현실과 일제 식민지 정책의 본질을 통찰하면서 점차 사회주의에 관심을 보였다. 죠코의 조선 이주와 교육 활동에 대해 살펴보면, 이주는 경제적인 이유로 가족이 조선으로 건너온 것이 결정적인 원인이 되었다. 그는 이주 초기에는 보통의 재조일본인들과 같이 '조선 멸시관'에 젖어 있었으며 천황제를 지지하였다. 하시만 교사로 근무하면서 조선의 문화와 조선인을 이해하게 되었고 조선의 비참한 현실에 눈을 돌렸다. 결국 그 원인이 일제의 조선 침략에 따른 식민지 정책에서 비롯되었다는 사실을 깨닫고 제자들을 포함한 조선인들과의 교류를 통해 구체적인 해결책을 반제국주의 한일연대론에서 찾기 시작했다.

무엇보다도 이 글은 죠코의 『일기』를 통해 당시 식민지 구조의 일상을 들여다볼 수 있었다. 『일기』에서는 죠코의 내면적 모순과 갈등을 미시적으로 엿볼 수 있었고, 당시 일제의 식민지 정책에 대한 그의 모순적 사고와 행동, 내적 갈등과 균열이 반복되는 내면적 세계와 조선인 인식의 다층성을 극명하게 분석할 수 있었다. 특히 조선에 건너온 죠코는 기독교 사상을 바탕으로 조선인을 대했지만, 기본적으로 보통의 재조일본인의 조선관에서 크게 벗어나지 못했다. 이후 교사가 되어 조선인들과의 교류를 통해 조선의 참혹한 현실을 목도하고 근본 해결책을 사회주의 이론에서 찾았고, 그 방법으로 반제국주의 한일연대론을 지지한 것으로 파악된다. 이러한 죠코의 조선관에 대한 변화는 조판출·김재용 등 조선인 학생들과의 교류에서 비롯되어 조선 사회주의자 테이 등의 영향이 결정적이었다고 판단된다.

하지만 실제로 죠코가 식민지 조선의 교육과 사회운동에 미친 영향은 크지 않았으며, 그만큼 그의 시도는 고립적이고 단발적이었다. 왜냐하면 죠코는 주도면밀하고 조직적인 혁명가는 아니었기 때문이다. '교육노동조합준비회 사건'으로 치안유지법 위반의 혐의로 재판에 회부된 인물이 모두 다섯 명에 지나지 않았고 사건의 내용도 조합 결성에까지 이른 것이 아니라 결성 모의 수준에 그쳤다는 점을 살펴볼 때 오히려 일제의 특별고등경찰이 사건을 사실 이상으로 지나치게 침소봉대하고 과대 포장한 측면도 없지 않아 있다고 생각된다. 그럼에도 불구하고 우리는 죠코 요네타로의 반제국주의 한일연대론을 가볍게 치지도외(置之度外)할 수 있는 것이 아니다. 죠코가 식민지 지배자인 일본과 피지배자인 조선 사이에 가로놓인 거대한 억압과 차별의 장벽을 넘어 민족 간 연대감을 중요시하며 반제국주의 한일연대론을 주창했다는 점은 현재의 경색된 한일관계를 풀어내는 데 큰 시사점을 줄 것이다.

참고문헌

국내 논저

고케츠 아츠시, 박현주 역, 2010, 『쇼와 천황과 일본 패전』, 재이앤씨.
국사편찬위원회 편, 1990, 『한민족독립운동사 8』, 국사편찬위원회.
박경민, 2017, 「1945년 패전 후 재조일본인의 귀결-경성 일본인 세화회의 재산 문제와 식민지 지배 인식을 중심으로」, 『일본공간』 21.
신승모, 2018, 『재조일본인 2세의 문학과 정체성』, 아연출판부.
이규수, 2013, 「재조일본인의 추세와 존재형태」, 『역사교육』 125.
이준식, 2006, 「재조일본인 교사 죠코의 반제국주의 교육노동운동」, 『한국민족사운동사연구』 49.
이형식, 2013, 『재조일본인 연구의 현황과 과제』, 보고사.
전성현, 2015, 「식민지와 식민지민 사이: 재조일본인 연구의 동향과 쟁점」, 『역사와 세계』 48.
최혜주, 2010, 『근대 재조선 일본인의 한국사 왜곡과 식민통치론』, 경인문화사.
_____ 엮음, 2018, 『일제의 식민지배와 재조일본인 엘리트』, 어문학사.

국외 논저

梶村秀樹, 1990, 『排外主義克服のための朝鮮史』, 青年アジア研究會.
高吉嬉, 2001, 『[在日本人二世]のアイデンティティ形成-旗田巍と朝鮮・日本』, 桐書房.
キリスト教新聞社, 1991, 『資料集[賀川豊彦全集]と部落差別』, キリスト教新聞社.
木村健二, 1989, 『在朝日本人の社會史』, 未來社.
木村光彦, 2018, 『日本統治下の朝鮮: 統計と実証研究は何を語るか』, 中公新書.
金嬉老公判對策委員會, 1972, 『金嬉老問題資料集7 証言集3 証人 上甲米太郎 生協事務員』, 静岡地方裁判所刑事部 裁判所速記官 油井幹雄.
日本コリア協會・愛媛, 2011, 『植民地朝鮮と愛媛の人ひと』, 愛媛新聞社.
森谷清, 1970, 「教育勞動運動と教育研究運動: 新興教育研究所の創立と日本教育勞動者組合の結成」, 『教育勞動運動の歷史(勞動運動史研究52號』, 勞動旬報社.
森田芳夫, 1964, 『朝鮮終戰の記錄: 米ソ兩軍の進駐と日本人の引揚』, 巖南堂書店.
園部裕之, 1989, 「在朝日本人の參加した共産主義運動: 1930年代における」, 『朝鮮史研

究會論文集』26.

城本悠一・木村健二, 2007, 『近代植民地都市釜山』, 櫻井書店.

新藤東洋男・池上親春, 1966, 『日本帝國主義の植民地教育と闘った在朝日本人教師の闘いの記録: 上甲米太郎と「新興教育」教育者労働組合運動事件(1930)』, 人権民族問題研究會.

青木敦子, 2006, 「ある日本人の朝鮮体験: [上甲米太郎日記]史料紹介」, 『東洋文化研究』14.

吉沢佳世子, 2004, 「在朝日本人教師・上甲米太郎の日記と関連史料」, 『日本植民地研究』16.

磯田一雄, 1997, 「日本の植民地教育による教師と子とも」, 『コミュニケーション紀要』11.

_____, 2010, 「上甲米太郎の問いかけるもの」, 『植民地・朝鮮の子どもたちと生きた教師上甲米太郎』, 大明書店.

_____, 2011, 「植民地教育と闘った日本人教師・上甲米太郎」, 『植民地朝鮮と愛媛の人々』, 愛媛新聞社.

井野川潔・森谷清・柿沼肇, 1971, 『風の中の教育: 1930年代教育運動』, 新日本出版社.

上甲まち子・李俊植・辻弘範・樋口雄一, 2010, 『植民地・朝鮮の子どもたちと生きた教師-上甲米太郎』, 大月書店.

上甲米太郎, 1930, 「朝鮮一向志, 朝鮮の一教師より」, 『新興教育』3.

_____, 1969, 「昭和教育史への証言: 第四回"春窮"下の闘い民族教育の黎明のために」, 『教育評論』4月號.

_____, 1976, 「春窮の農村から: 植民地・朝鮮でのただかい」, 『いばらの道をふみこえて: 治安維持法と教育』, 民衆社.

上甲伊利一, 1989, 「在朝日本人の参加した共産主義運動: 1930年代における」, 『朝鮮史研究會論文集』第26.

_____, 2004, 「半植民地教育運動家として治安維持法に問われた若き在朝鮮日本人教師」, 『治安維持法と現代』春李號.

辻大和・富澤萌未, 2015, 「植民地朝鮮での教員の日記」, 『東洋文化研究』17.

高崎宗司, 2002, 『植民地朝鮮の日本人』, 岩波新書.

旗田巍, 1996, 「書評: 上甲先生の健在をよろこぶ-[在朝日本人教師の闘いの記録]をよんで」, 『朝鮮研究』55.

樋口雄一, 2009, 「朝鮮人民衆と共に歩んだ日本人-布施辰治・上甲米太郎の一生から」, 『地歴・公民科資料』 68.

Uchida, Jun, 2005, "Brokers of empire"; *Japanese Settler Colonialism in Korea, 1910-1937*, Cambridge, Massachusetts: Harvard University.

_____, 2011, "A sentimental journey: mapping the interior frontier of Japanese settlers in colonial Korea", *The Journal of Asian Studies*, vol. 70, no. 3.

7장

박노학의 생애와 사할린한인 귀환운동에 관한 연구

오일환
중앙대학교대학원 동북아학과 겸임교수, ARGO인문사회연구소 대표 연구위원

I. 머리말

해방 이후 사할린 지역에 남겨진 한인들이 귀환하는 데는 반세기 이상의 세월이 소요되었다. 1990년 한·소 수교 이후 모국방문과 영주귀국이 실현된 지 30년이 되었지만 미결 과제가 아직 많은 가운데, 학계에서도 사할린한인의 역사와 귀환운동에 관한 조사와 연구가 미진한 상황이다.

국내에서 사할린한인에 관한 연구가 등장한 시기는 1970년대 초반이다.[1] 이들 연구의 중점은 주로 사할린한인 귀환의 책임에 관한 것으로, 소련과 러시아, 그리고 국내 사료의 공개와 접근이 제한적인 가운데 주로 일본에서 소수의 연구가 진행되었다. 일본 정부의 무책임한 태도를 비판하며 귀환운동의 전개 과정을 다룬 미타 히데아키(三田英彬)[2], 일본 정부의 전후 책임을 지적한 오누마 야스아키(大沼保昭)[3] 등의 연구 성과가 대표적이다. 러시아에서도 '일본 정부는 한인을 버리고서 자국민인 일본인만 데려갔다'고 비판한 복지고우(Бок Зи Коу)와 쿠진(Кузин А.Т), 그리고 사할린한인 연구자 박승의 등도 일본의 책임을 1차적 원인이라

---

* 이 논문은 동북아역사재단의 연구용역 사업으로 수행한 연구결과(NAHF-2019-기획연구-34) 중에서 일부를 발췌·수정·보완한 것이다. 또한 이 논문을 작성하기까지 방일권 교수는 중요한 자료들을 제공해주었으며 많은 영감을 주었다.

1 사할린한인사에 관한 국내 연구와 주요 성과는 방일권, 2012, 「한국과 러시아의 사할린한인 연구-연구사의 검토」, 『동북아역사논총』 38호, 363~413쪽, 특히 370~387쪽의 '이주와 귀환문제'에 대한 검토를 참조할 것.

2 三田英彬, 1981, 『棄てられた四万三千人: 樺太朝鮮人の長く苦しい帰還の道』, 三一書房.

3 大沼保昭, 1992, 『サハリン棄民: 戦後責任の点景』, 中央公論社.

고 강조한 바 있다.[4]

국내에서는 '일제강점하강제동원피해진상규명위원회'[5]에 의해 사할린 한인의 강제동원 피해 실태와 학살에 관한 몇몇 조사가 이루어졌고[6], 역사학, 사회학, 보건의료학 분야에서 영주귀국자의 생활환경과 요구사항, 정신건강 등에 관한 구술조사와 연구가 진행된 바 있지만, 사할린한인에 관한 다양한 학문 분야의 본격적인 연구는 아직 미진한 형편이다.[7] 최근에 소련과 한국, 일본 정부의 외교문서 등을 분석한 玄武岩과 한혜

---

4 이연식·방일권·오일환, 2018, 『책임과 변명의 인질극 : 사할린한인 문제를 둘러싼 한·러·일 3국의 외교협상』, 채륜의 77쪽 설명과 121쪽의 참고문헌을 참고할 것.

5 2004년 '일제강점하강제동원피해진상규명위원회'가 발족되어, 2010년 '대일항쟁기강제동원피해조사및국외강제동원희생자등지원위원회'로 통합되었다. 이하 본고에서는 모두 '강제동원위원회'로 약칭한다.

6 일제강점하강제동원피해진상규명위원회, 2007, 『사할린 '이중징용' 피해진상조사』; 방일권, 2007, 『지독한 이별 : 사할린 이중징용 진상조사 구술기록』, 일제강점하강제동원피해진상규명위원회; 일제강점하강제동원피해진상규명위원회, 2007, 『사할린 가미시스카(上敷香) 조선인 학살사건 진상조사』; 방일권, 2008, 『사할린 미즈호(瑞穗) 조선인 학살사건 진상조사』, 일제강점하강제동원피해진상규명위원회; 김명환, 2011, 『사할린 강제동원 조선인들의 실태 및 귀환』, 대일항쟁기강제동원피해조사및국외강제동원희생자등지원위원회.

7 구술과 사회학 분야에서는 다음의 성과들이 있다. 방일권, 2015, 『사할린 한인의 동원·억류·귀환 경험』, 국사편찬위원회 광복70주년 기념 구술사료선집 22; 박경용, 2014, 『사할린 한인 디아스포라 구술생애사』, 경북대SSK 다문화와 디아스포라연구단, 책과 세계; 박봉수, 2016, 「영주귀국 사할린 한인의 통과의례 내러티브 탐구」, 인하대학교대학원 박사학위논문. 생활환경과 보건의료 분야에서는 다음의 성과들이 있다. 임채완·이소영, 2015, 「영주귀국 사할린 한인의 생활환경과 정책적 요구」, 『세계지역연구논총』 Vol 33 No.1; 배수한, 2010, 「영주귀국 사할린동포 거주실태와 개선방향: 부산 정관 신도시 이주자 대상으로」, 『국제정치연구』 Vol.13 No.2; 이미애, 2012, 「영주귀국 사할린 한인 노인과 국내 노인의 구강건강 상태와 삶의 질 비교」, 단국대 행정법무대학원 석사논문; 홍희정, 1996, 「사할린 한인 교포의 스트레스 생활사건에 관한 연구」, 이화여자대학교 석사논문.

인의 연구,[8] 그리고 이연식·방일권·오일환의 연구[9]가 진행 중인데, 그 시기가 각각 1970년대와 1980년대로 분산되어 있는 점이 아쉽다.

이 중에서 사할린한인 귀환운동의 역사와 주요 쟁점, 인물, 단체 등에 관한 연구는 다른 분야의 토대가 되는 기본적인 연구임에도 불구하고 국내에서는 사할린한인 귀환운동에 관한 요약과 토론회 등의 발표문, 그리고 일본인 활동가들의 단행본이 소수 존재할 뿐이다. 특히 사할린한인 귀환운동의 선구자로 손꼽히는 박노학 개인에 관한 연구는 전무한 실정이다.

박노학은 일제강점기 사할린에 강제동원되었다가 해방 직후 일본인 부인 때문에 일본으로 귀환한 피해자이자 1988년 타계하기까지 두 부부가 평생 동안 사할린한인 귀환운동에 헌신한 핵심적인 활동가이다.

흔히 박노학의 주요 공로로 '화태귀환억류한국인회'의 결성과 활동, 그리고 소위 '박노학 편지'의 중계와 '박노학 명부'가 손꼽히고 있다.[10] 한국과 일본의 정치인과 관료, 언론, 시민단체 등에게 사할린한인 문제를 널리 인식시키는 것도 박노학의 기여 중 하나이나.

그렇지만 박노학에 관한 기본적인 생애나 '박노학 명부' 작성의 경위는 물론이고 사할린한인 귀환운동의 주요 국면에서 보여준 그의 역할과

---

8 玄武岩, 2010, 「サハリン殘留韓國·朝鮮人の歸還をめぐる日韓の對應と認識 -1950~70年代の交渉過程を中心に」, 『時代史研究』, 同時代史學會同; 한혜인, 2011. 6, 「사할린 한인 귀환을 둘러싼 배제와 포섭의 정치, 해방 후~1970년대 중반까지의 사할린 한인 귀환 움직임을 중심으로」, 『史學研究』 第102號.

9 이는 당시 소련·한국·일본의 외교 사료가 모두 공개되지 않은 사정에 기인한다. 관련 정부의 입장과 대응, 외교협상에 관해서는 다음을 참조할 것. 이연식·방일권·오일환, 2018.

10 '박노학 명부'의 한국, 일본, 소련 정부 전달 및 활용은 외무부 문서를 통해 확인된다. 外務部, 1981. 6, 『樺太僑胞關係資料』; 外務部, 1983. 1, 『樺太僑胞關係資料』.

활동에 관해서는 거의 알려진 바가 없다.

특히 사할린한인 귀국 문제가 1990년대 이후 본격화되는 '영주귀국'에만 초점이 맞춰져 있다 보니, 그것이 가능해지기까지 거쳐야만 했던 여러 단계의 일시방문과 모국방문 사업에 헌신한 박노학의 노력과 활약에 관해서는 거의 알려져 있지 않다. 또한 박노학이 일본 정부와 관계 기관, 정당과 정치인을 상대로 전개한 사할린한인 귀환운동의 구체적 내용과 단계별 전략, 전술의 변화, 그밖에 박노학이 일본 내에서 다양한 시민사회단체와 연대하고 이들의 자발적 노력과 활동을 이끌어내기까지의 노력과 그 구체적 과정에 대한 연구도 전무하다.

이에 이 글에서는 박노학의 친필 이력서와 진정서 및 탄원서, 자료와 사진, 사할린한인 귀국운동에 관계된 일본인 활동가들의 기록물 등을 검토하여 그의 생애와 인적 네트워크, 활동을 추적하였다. 그리고 유족인 아들 박창규와 실제 사할린한인 유족의 구술면담을 통해 '박노학 편지'의 정확한 전달 경위를 처음으로 확증하였다. 또한 박노학이 일본의 주요 정치인과 관료, 시민단체 등과 긴밀히 협조하는 과정과 내용을 규명하였다.

특히 이 글에서는 기존의 '일시방문'과 '모국방문' 단계를 세분화하고 각 단계별 경위와 과정, 박노학의 개입 여부 등을 분석하였다. 이는 사할린한인 영주귀국 이전의 각 단계별 경위와 이행 과정에 주목한 최초의 시도인 셈이다.

박노학의 사할린한인 귀환운동의 시기는 크게 세 단계로 구분할 수 있다. 첫째는 그가 일제강점기 사할린으로 강제동원되기 전까지의 시기와 사할린으로 강제동원되어 해방 직후 억류되는 시기이다. 둘째는 1958년 일본인 처자와 함께 일본으로 귀환하여 1960년대까지 탄원서를 제출하고, 사할린에서 온 편지를 전달하고, '박노학 명부'를 작성하는 등 초기 사할린한인 귀환운동을 전개하는 시기이다. 셋째는 1988년 박노학 사망 직전까지 일본의 정관계, 시민단체 등과 협력하며 '일시 일본 방문 및 가족상봉'과 '일본경유 일시 모국방문' 등을 추진하는 시기이다.

이 글에서는 박노학의 활동을 소개한 일본인 활동가들이 저술한 단행본과 한국과 일본 정부의 대응에 관한 외교 사료와 연구서를 주로 참조하고, 처음으로 박노학의 자필 이력서와 노트, 청원서 등 유물 기록과 사진을 참고하였다. 아울러 박노학의 장남이자 조력자였던 박창규와의 구술면담,[11] 소위 '박노학 편지'를 통해 사할린에 억류 중인 아버지의 편지를 전달받았던 국내 유족 류연상과의 구술면담 증언 등을 참고하였다.

II. 일제강점기 박노학의 생애와 사할린 강제동원

현재까지 박노학의 생애와 사할린 강제동원 경위, 사할린과 일본 귀환 후 사할린한인 귀환운동의 구체적인 과정 등은 명확히 정리된 적이 없다. 필자는 박노학의 장남인 박창규와 구술면담을 통해 박노학의 생애와 활동을 청취하였다. 또한 그가 보관하고 있는 박노학의 유품에 포함된 자필 이력서를 비롯해 '한국인회'의 규약서, 사할린한인 귀환운동에 관한 수많은 진정서와 탄원서, 연락서신, 사진, 신문기사, 그리고 박노학의 측근이자 후계자인 이희팔 기증 자료[12] 등을 열람하고, 사본을

---

11   박창규 구술면담(2019. 5. 21), ARGO인문사회연구소 회의실에서 진행.
12   소위 '이희팔 기증 자료'는 2012년 국가기록원에 '재일한인역사자료관 소장 사할린 관련 기록(이희팔 기증 기록) 20,000여 매'로 분류, 소장되어 있다. 이 기록물에는 박

확보하여 분석하였다.[13]

이 장에서는 일제강점기 박노학의 생애와 사할린 강제동원 경위를 정리하였다.

1. 사할린 이전의 박노학

박노학은 1914년 6월 12일 충청북도 충주시 칠금동에서 2남 2녀의 장남으로 출생했다. 그의 집안은 농사를 지었고 중농 이상의 가정이었다.[14] 박노학의 학력은 충주공립보통학교(현재의 교현초등학교) 졸업에 그쳤지만, 숙부에게 한학을 익히며 사숙을 했다. 전후 박노학이 한문과 러시아어, 일본어, 한글로 수많은 탄원서와 진정서, 공문서 등을 직접 작성하고 명부를 기록하게 된 지적 배경을 짐작할 수 있다.[15]

박노학은 보통학교를 졸업한 직후 15세 되던 1929년 5월 충주시의 '대성(大成)이발관'에 견습생으로 들어갔다. 그리고 3년 뒤 18세 나이에 충주 시내의 모 이발관에 정식 직원으로 취업하였다. 이용(理容) 기술과 이발사라는 직업은 그의 젊은 시절과 결혼 직후, 그리고 해방 직후 사할린에서 생계를 잇는 유용한 수단이 되었다.

노학의 친필 이력서(일본어), 이희팔의 수기, '화태억류귀환한국인회'의 활동기록, 회원명부, 탄원서 및 진정서 등이 포함되어 있다.
13 박노학, 「자필이력서」, 1978. 3. 8. '박노학 유품(박창규 제공)' 중에서.
14 박창규 구술면담(2019. 5. 21).
15 일본어와 국문 탄원서 등에 사용된 어휘와 문장, 예법, 서체로 미루어볼 때, 박노학의 지적 수준은 평균 이상인 것으로 짐작된다.

1934년 박노학은 고순자[16]라는 여인과 결혼하였다.[17] 이후 1936년 박노학의 장남 박창규를 비롯해 모두 2남 2녀의 자녀를 두었다.

박노학은 1936년 단신으로 함경남도 장진군의 대동광업(大同鑛業)주식회사 제철장 기계부에 취업하였다.[18] 이때 배운 기계 관련 기술이 사할린에서 탄광의 기계류를 다루는 업무에 배치되는 배경이 되었다. 장진에는 거대한 댐과 수력발전소가 있고, 배후에는 함흥, 흥남의 신흥 도시들이 있다. 박노학은 이 무렵 개성, 함흥, 장진 등의 지역을 전전하며 기술직, 이발소, 무역업 등에 종사했다.[19]

그 후 박노학은 20대 후반인 1942년 7월 무렵 다시 충주로 내려와 이발관에 취업한다. 연로하신 부모님을 부양하기 위해서였다고 한다.[20]

2. 사할린 입도와 강제노동

1942년 가을 박노학은 충주로 내려온 지 불과 몇 달 만에 사할린행

---

16 고순자는 당시 충주시의 유지인 고내순의 장녀였다.
17 박노학은 사할린에서 일본인 호리에 가즈코(堀江和子)와 중혼(重婚)하였다. 일본으로 귀환 후 그와 호리에 부인은 이따금 한국의 첫 번째 부인과 자녀들을 방문하였다. 사할린한인 귀환운동을 계기로 일본과 한국의 두 부인과 가족은 비교적 우호적인 관계를 유지했다. 특히 장남 박창규는 두 어머니와 두 집안 형제들의 장남으로서 비교적 원만한 관계를 유지했다고 증언했다. 박창규 구술면담(2019. 5. 21).
18 박노학 자필(일본어) 이력서. 이것은 1980년 10월 6일 일본어 자필로 작성한 것이다. 이 자료는 현재 국가기록원에 소장된 이희팔 기증 자료에 포함되어 있다. 일본 재일한인역사자료관(在日韓人歷史資料館, 이희팔 기타 자료, 사할린동포귀환운동 이희팔 기타자료(1988), 관리번호 DTA0014015, 국가기록원 나라기록관 소장).
19 아들 박창규의 증언에 따르면, 1942년까지 개성에서는 기계무역 관련 업종에 종사한 적도 있다. 박창규 구술면담(2019. 5. 21).
20 연로하신 부모님을 모시고, 남동생도 한집에 함께 살았다고 한다. 박창규 구술면담(2019. 5. 21).

을 결심한다. 박노학은 고향의 보통학교 동창에게 사할린 노무자 '응모'를 권유받게 된다. 당시 박노학은 이발관 근무만으로는 가족 부양이 힘들다며 고민하던 중이었다. 친구는 박노학에게 '어차피 한 집안에 남자 둘이면 한 사람은 징용 가야 한다.'[21] 어차피 갈 거면 빨리 지원하는 게 훨씬 낫다'고 설득했다.[22] 이에 박노학은 '어차피 응모해야 한다면 안전하고 수입이 많은 곳으로 가기로 했다('공장일 것으로 짐작'했다)'고 회고한다.[23] 박노학은 당시 이발소 수입이 '1일 2엔'에 불과했지만, 사할린의 인조석유회사에 가면 '1일 7엔'을 받을 수 있다고 기록했다.[24]

정혜경은 나가사와 시게루(長澤秀)와 김민영의 연구, 그리고 조선총독부의 자료 등을 인용하여, 1939~1943년을 전후하여 사할린으로의 '할당모집'과 사할린에서의 '현원징용' 등의 방식으로 강제동원이 이루어졌다고 밝힌 바 있다.[25]

마침내 박노학은 11월 28일 화태인조석유주식회사(樺太人造石油株式會社) 노무자에 응모하여 사할린으로 향했다. 박노학을 태운 배는 일본을 경유하여 1943년 12월 6일 사할린의 오도마리(大泊, 코르사코프)에 도착했다. 박노학이 도착한 작업장은 니시나이부치(西內淵)탄광[26]이었는

---

21 박노학, 「자필이력서」, 1978. 3. 8. '박노학 유품(박창규 제공)' (이하 생략)
22 박창규는 아버지 박노학에게 이 이야기를 누차 들었다고 증언했다. 박창규 구술면담 (2019. 5. 21).
23 박노학, 「자필이력서」, 1978. 3. 8.
24 박노학, 「자필이력서」, 1978. 3. 8; 박노학, 「자필이력서(일본어)」, 1980. 10. 6.
25 長澤秀, 1986, 「戰時下南樺太の被强制連行朝鮮人炭鑛夫について」, 『在日朝鮮人史研究』 16; 김민영, 2000, 「사할린 한인의 이주와 노동 1939~1945」, 『국제지역연구』 4-1; 정혜경, 2011, 『일본 제국과 조선인 노무자 공출, 조선인 강제연행·강제노동연구Ⅱ』, 도서출판 선인, 235~236쪽.
26 방일권 교수의 조사에 따르면, 정확한 명칭은 '니시나이부치(西內淵) 나이부치탄광'

데, 1944년에 명칭이 '제국연료주식회사 나이부치탄광 제2사업소'로 바뀌었다. 이곳에서 박노학은 '갱내 기계부'에 배속되었다. 채탄 관련 기계와 장비를 대여하고 수리하는 일이었다. 12시간 교대제로 근무했으며, 숙소에 돌아오면 자유로운 출입이 금지되고 감시가 삼엄했다. 식사는 대개 쌀과 콩이 반반인 밥 또는 다시마 얹은 우동이었다. 조선에서 응모할 당시 1일 임금계약이 '7엔'이라고 하더니, 막상 가족들에게 송금된 금액은 '2엔 50전'이었다.[27]

전쟁 막바지인 1945년 6월 무렵 작업장 책임자인 다나카 노무과장과 시라카와(白川) 헌병중대장이 조선인 노무자들을 집합시켜 다음과 같이 훈시하였다.

> 전쟁이 격렬해졌다. 너희 중에 노무계약 기한이 지난 자도 있고 얼마 남지 않은 자도 있지만, 대동아전쟁을 끝낼 때까지는 고향에 돌아갈 수 없다. 전쟁이 끝나면 너희들 희망대로 보내줄 테니 열심히 노력해 주기 바란다.[28]

이른바 '현원징용'인 것이다. 이에 대해 박노학은 다음과 같은 감상을 적어두었다.

> 여기에 반항할 수는 없었다. 군대생활 그 자체였고 노무과와 헌병대

이라고 한다.
27 박노학, 「자필이력서」, 1978. 3. 8.
28 박노학, 「자필이력서」, 1978. 3. 8.

의 감시와 회초리가 무서웠기 때문이다.[29]

당시 박노학과 같은 처지이자 동료로서 일본에서 사할린한인 귀환운동을 펼치고 박노학 사후 '화태억류귀환한국인회'를 이끌었던 이희팔 역시 수많은 진정서와 자필 기록 등에서 사할린에서의 강제동원 실태를 기록해두었다.[30]

형식으로 보면, 박노학은 높은 보수 때문에 '응모'라는 형태로 사할린에 건너갔지만 실제와 현실은 기만이었으며, 현지에서 강제노동과 징용을 당한 피해자였다. 이러한 '모집' 또는 '관알선' 역시 일제강점기 국가총동원체제하에서 이루어진 조직적인 '동원'이었으며 더욱이 국민징용령 개정에 따른 '현원징용'은 명백한 강제노동이었음이 이미 선행연구들을 통해 명백히 규명된 바 있다.[31]

---

29 박노학, 「자필이력서」, 1978. 3. 8.
30 이희팔, 「李義八氏①원고,수기」, 일본 재일한인역사자료관(在日韓人歷史資料館), 관리번호 DTA0014007, 국가기록원 나라기록관 소장.
31 사할린한인의 강제동원 피해와 강제성, 현원징용 등에 관해서는 다음을 참조하기 바란다. 정혜경, 2011, 『일본 제국과 조선인 노무자 공출』, 선인출판사; 정혜경, 2013, 『징용 공출 강제연행과 강제동원』, 선인출판사; 국무총리소속 대일항쟁기강제동원피해조사 및 국외강제동원희생자지원위원회, 2011, 「사할린 강제동원 조선인들의 실태 및 귀환」; 방일권, 2015, 「이루어지지 못한 귀환 : 소련의 귀환정책과 사할린 한인」, 『동북아연구논총』 48; 한일민족문제학회 강제연행문제연구분과, 2005, 『강제연행 강제노동 연구 길라잡이』. 본고의 초점은 박노학의 사할린 강제동원 피해와 강제성을 논증하는 데 있지 않으며 지면의 제약 때문에 이에 관한 상세한 설명은 다음 기회로 유보한다.

III. 일본으로의 귀환과 사할린한인 귀환운동의 시작

1. 사할린 억류와 일본으로의 귀환

1945년 8월 15일 사할린에서는 해방을 맞이한 조선인들은 그대로 방치되었다. 해방 소식을 접한 조선인들은 집에 돌아갈 수 있으리라는 기쁨에 들떴지만, 회사와 일본인 관리자가 아무런 대응을 하지 않자 각자 뿔뿔이 흩어져 남쪽의 코르사코프 항구로 몰려갔다.

소련군 연안경비대의 감시와 횡포 때문에 사할린한인들은 코르사코프에서 발이 묶여버렸다. 추위가 닥쳐오자 대부분의 사할린한인들은 생존과 생계를 위해 할 수 없이 원래 소속했던 작업장으로 다시 돌아갔다. 코르사코프와 인근 지역에 남은 사람들은 살기 위해 벌목장, 막노동판을 전전하며 하루하루를 버텼다.

이 무렵 박노학은 이희팔[32], 이문택과 함께 코르사코프와 브이코프 등 지역에서 막노동을 하며 공동생활을 했다. 그 사이 박노학과 주변의 조선인 몇 명은 '충북회'라는 모임과 오도마리(大泊)조선인거류민회[33]를 만들었는데, 당시 모임은 각자 생계 유지와 귀환에 관한 소식을 주고받는 것이 최우선이었기 때문에 친목과 정보 교환의 성격이 강했다고 할 수

---

32 이희팔은 박노학과 평생의 동지로서, 코르사코프에서 함께 생활하고 일본인 부인과 결혼한 처지도 같고 일본으로 함께 귀환한 이래 박노학을 도와 사할린한인 귀환운동에 헌신하였으며, 박노학 사후에 '한국인회'를 이끌었다.
33 오도마리(大泊)는 '코르사코프'의 일본식 지명이다. 박노학은 항상 모임의 '사무' 또는 '총무' 역할을 맡아 사실상 모임을 이끌었다.

있다.[34]

이때 박노학 등은 향우회 외에 도만상, 김영배 등과 교우하는데, 나중에 박노학이 일본에서 사할린한인 귀환활동을 전개할 때 사할린에 남겨진 도만상, 김영배의 적극적인 협조는 매우 중요한 역할을 했다.[35]

이런 가운데 1947년 9월 무렵 박노학은 지인의 소개로 일본인 여성 호리에 가즈코(堀江和子)와 결혼을 한다. 당시 사할린한인 남성들은 조선에서 건너온 지 4~5년 이상이 되었지만 고향으로 귀환이 불확실해짐에 따라 일본인 여성과 결혼하는 사례가 많았다. 박노학과 이희팔 등은 조선에서 이미 결혼한 기혼자였지만, 귀환 가능성이 희박해짐에 따라 기혼 사실을 숨기고 일본인 여성과 중혼한 것이다. 결혼 직후 박노학은 코르사코프의 한 이발관에 취업했다.

1950년 한국전쟁이 발발하자 사할린한인들의 귀환길도 완전히 막혔다. 그 사이 박노학과 호리에 사이에는 3남매가 태어났고 이발관 수입만으로는 부족하여 박노학은 다시 노동현장에 뛰어들었다.

이런 가운데, 1956년 일소공동선언[36]에 따라 일본과 소련의 국교가 회복되자, 사할린잔류 일본인의 귀환이 추진되었다. 이때 한국인 남편의 동반 귀환이 예외적으로 허용되었다. 이로써 박노학, 이희팔 등 일본인 아내를 둔 한국인의 일본 귀환이 이루어졌다.

---

34 박창규는, '소련 사람들이 그걸 싫어해. 그래서 1년인가 2년 있다가 해체됐어'라고 증언했다. 박창규 구술면담(2019. 5. 21).
35 사할린에서 한인 귀환운동을 전개한 도만상 일가족은 1977년 북한으로 추방되었다. 도만상, 김영배와의 협조에 관해서는 방일권 교수에게 자문을 받았다.
36 연합국 일원이었던 소련은 1952년 샌프란시스코강화협정에 조인하지 않았다. 1956년의 일소공동선언으로 양국 간 국교는 회복되었지만, 쿠릴 4개 섬(북방영토) 등을 포함한 양국 간 평화협정은 아직 체결되지 않고 있다.

1958년 1월 12일 박노학과 호리에 가즈코, 그리고 자녀 3남매는 사할린 코르사코프를 떠났다. 코르사코프를 떠날 때, 사할린에 남겨진 지인과 친구들은 추운 새벽까지 환송을 나와 눈물을 흘리며 이별을 슬퍼했다. 박노학은 '귀국하면 한일 양 정부에 여기 동포들이 귀환하기를 바란다고 꼭 전해달라고 신신당부 애원하는 친구들의 모습을 잊을 수 없다'고 회고했다.[37]

이에 박노학은 귀환선에서 이희팔 등과 함께 이승만 대통령에게 보낼 탄원서를 썼다. 이때의 심경을 박노학은 훗날 가족들에게 고백하기를, "(두 명의 아내를 가진) 자신이 죄많은 인간이다. 조금이나마 죄를 씻기 위해 (사할린에 남아 있는) 한국인을 구해내야겠다고 다짐했다"고 밝혔다.[38]

도쿄 아다치구(足立区)에 정착한 직후 박노학은 곧바로 1월 25일 주일한국대표부를 찾아가 최규하 참사관에게 귀환선에서 작성한 탄원서를 전달했다. 그리고 2월 4일 함께 귀환한 이희팔 등 한인들과 함께 '화태억류귀환한국인회'(이하 '한국인회')[39]를 결성하고 회장에 추대되었다.

이후 박노학과 '한국인회' 회원들은 생계도 어려운 형편에 각자 사비를 털어 탄원서와 진정서를 작성하여 관계 기관에 제출하는 활동을 전개했다. 당시 박노학의 다섯 식구는 다다미 6~7조 단칸방($14m^2$)에 기거했는데, 이 집은 '한국인회' 활동의 거점이 되었다. 박노학은 토목인부와

---

37 박노학, 「자필이력서」, 1978. 3. 8; 박노학, 「자필이력서(일본어)」, 1980. 10. 6.
38 産経新聞「凛として」取材班, 2005, 『凛として-日本人の生き方』, 184쪽.
39 단체의 명칭은 몇 차례 변경되어 최종적으로 '사할린귀환재일한인회'가 되었다. 본고에서는 편의상 모두 '한국인회'로 통칭한다.

야간경비[40] 등의 막노동을 했는데, 당시 일당 500엔[41]가량을 받았다. 호리에 가즈코는 장난감 끈 달기 등 가내수공업으로 일당 200엔[42]가량을 벌었다.[43]

탄원서와 진정서를 작성하고 제출하는 활동에 몇몇 단체가 후원금을 제공하기도 했지만, 우표값에도 미치지 못했다.[44] 박노학을 아는 모든 사람들은 그에 대해 '청렴한 사람이었다'고 회고했다. 귀환운동에 감동한 어느 독지가가 1,000만 엔 단위의 후원금을 제공하려고 하자, 박노학은 '동포들을 위해 좋지 않다'며 거절한 적도 있다. 그는 최소한의 후원금만 받으며,[45] 대부분 자신과 회원들이 갹출한 돈으로 힘들게 귀환운동을 벌여나갔다.

2. 사할린에서 온 편지와 명부 작성

1965년 사할린 당국이 '일본이 입국을 허가하면 무국적인 사할린한인은 일본에 돌아갈 수 있다'고 했다는 소식이 사할린한인들에게 알려지자,[46] 이때부터 일본에 있는 박노학에게 귀환을 희망하는 사할린한인

---

40 産経新聞「凜として」取材班, 2005, 191쪽.
41 産経新聞「凜として」取材班, 2005, 186쪽.
42 産経新聞「凜として」取材班, 2005, 186쪽.
43 나중에는 빵집과 구멍가게를 운영하기도 했다. 産経新聞「凜として」取材班, 2005, 191쪽.
44 産経新聞「凜として」取材班, 2005, 191쪽.
45 産経新聞「凜として」取材班, 2005, 202쪽. 그밖에 주일한국대표부(주일한국대사관), 재일민단 등에게 약간의 후원금을 받았다.
46 당시 사할린한인 '허조'가 1962년 토마리 지역에서, 그리고 코르사코프의 '김영배'가 코르사코프 지역에서 당국으로부터 일본으로의 출국허가에 관한 답변을 들었다고

들의 편지가 속속 날아들기 시작했다.[47]

이때부터 박노학은 편지 내용을 정리하고, 명부를 작성해나갔다. 더구나 1965년 한일 국교정상화와 한일협정의 체결을 앞둔 상황에서 박노학과 '화태귀환억류한국인회'는 한일회담에서 우리 정부가 사할린한인 귀환문제를 다루어줄 것을 여러 차례 호소·탄원하는 과정에서 사할린한인의 실체와 귀환의 염원을 입증하는 데 사할린에서 온 편지와 이를 바탕으로 작성한 명부가 매우 중요한 역할을 하리라는 점을 염두에 두었다.[48]

마침내 1966~1967년 무렵 소위 '박노학 명부'라는 것이 작성됨으로써 한국, 일본, 러시아 정부는 사할린한인의 실체와 귀환 문제에 관심을 기울이기 시작했다.

1966년 6월 1차로 완성된 명부를 박노학과 한국인회는 한국과 일본 양국 정부에 제출하고, 국제적십자위원회(ICRC)에도 보냈다.[49] 초기 작성된 명부의 내용을 살펴보면 〈표 1〉, 〈표2〉와 같다.[50]

한국으로의 귀국을 희망하는 사람이 약 5,000명가량이며, 일본으로의 영주 희망자가 약 800여 명인 것을 알 수 있다. 이후 박노학에게 더 많은 편지가 도착하였고, 1967년 무렵 한국과 일본으로의 귀국 희망자가

증언한다. 三田英彬 著·김종필 譯, 1982, 『사할린의 恨, 나의 조국 日本을 고발한다』, 도서출판 인간, 156쪽; 오오누마 야스아키, 이종원 옮김, 1993, 『사할린에 버려진 사람들』, 청계연구소, 59쪽.

47 大沼保昭, 1992, 75쪽.
48 이연식·방일권·오일환, 2018, 147쪽.
49 박노학, 「주요 활동요지」(1978. 3. 8. 작성). '박노학 유품(박창규 제공)'
50 초기 작성된 '박노학 명부'의 내용은 1967년 1월 17일 『동아일보』에 게재되었고, 대한적십자사 문서철에 그 흔적이 남아 있다. 대한적십자사, 2008, 『사할린한인 영주귀국 사업 문서철』(1974~2008년).

⟨표 1⟩ 박노학 명부의 수록 인원(1966년 6월 작성 기준)

국적 거주 희망국	무국적자	북조선국적	소련국적	국적 무기입자	소계(단위: 명)	
					세대	인원
일 본	69	54	17	51	191	848
한 국	271	586	140	292	1,298	4,982
합 계	340	640	157	343	1,480	5,830

⟨표 2⟩ 박노학 명부의 수록 인원(1967년 작성 기준)

구 분	세대	인원(단위: 명)
한국 영주희망자	1,410	5,348
일본 영주희망자	334	1,576
합 계	1,744	6,924

약 7,000명[51]에 달하였다.

이후 박노학은 '박노학 명부'를 한국 정부에 재차 제출하고, 1969년 8월, 한국 정부는 이를 일본 정부에 전달하며 사할린한인 귀환에 관한 대소 협상을 촉구했다. 일본 정부도 이 '박노학 명부'를 주소련일본대사관에 전달하고, 출국 희망자 실태를 조사하도록 지시했다.[52]

이후 '박노학 명부'는 한국으로의 귀환을 희망하는 사할린한인의 존재를 부인하던 소련의 입장을 반박하는 결정적인 증거이자 일본과 한국의 정부와 국민들에게 사할린한인의 귀환 의지를 널리 알리고 국제사회의 관심을 환기시키는 데 기여하였다. 또한 '박노학 명부'는 1980년대

---

51 1967년 작성된 원본의 사본(대한적십자사 소장)에서 필자가 발췌. 이연식·방일권·오일환, 2018, 149쪽.

52 大沼保昭, 1992, 『サハリン棄民 : 戰後責任の点景』, 中央公論社, 75~76쪽에서 필자가 발췌, 정리함.

후반 일본으로의 일시방문, 한국으로의 일시방문, 그리고 영주귀국을 추진하는 대상을 우선적으로 입증하고 선별하는 기준이 되었다.[53] '박노학 수신 편지'와 '박노학 명부'는 해방 이후 수십 년간 연락이 두절되고 존재 자체가 베일에 가려져 있던 사할린한인의 존재를 세상에 널리 알린 '1차 사료'이자 이들의 귀환을 실현시키는 기준 명부로서의 기능을 수행했다고 할 수 있다.

3. '박노학 편지'의 전달 경위

'박노학 편지'를 통해 사할린한인과 국내 가족 간에 수십 년 만에 생사를 확인하고 편지로 소식을 주고받게 된 당사자와 가족들의 절절한 사연은 비교적 여러 기록들에 나타나고 있지만,[54] 정작 '박노학 편지'가 국내와 사할린에 전달되는 경위는 지금까지 명확하게 밝혀진 적이 없었다. 이에 필자는 대한적십자사에 보관된 사할린한인들의 편지 사본[55], 박노학의 자필 기록과 진정서·탄원서, 그리고 박노학의 장남 박창규의 증언, 그리고 실제로 당시 편지를 받았던 국내 유가족의 증언 등을 교차검

---

[53] '박노학 명부'는 일찍이 대한적십자사와 KBS에 기증되어 보관되고 있고, 소위 이희팔 기증 자료(일본 재일한인역사자료관 기증 자료)로서 국가기록원에 소장되어 있다.

[54] 사할린대학 교수를 역임했던 영주귀국자 박승의, 그리고 성점모, 전학문 등은 '박노학' 씨를 통해 국내 가족과 연락을 주고받았으며 박노학 사후에는 이희팔 씨를 통해 가족에게 온 편지를 처음 받았다고 증언했다. 방일권, 2015, 『사할린 한인의 동원·억류·귀환 경험』, 국사편찬위원회 광복70주년 기념 구술사료선집 22.

[55] 2013년 필자는 '강제동원위원회'에서 대한적십자사에 보관된 사할린한인 관련 기록과 문서를 모두 사본화하는 작업을 추진한 바 있다. 대한적십자사에는 사할린한인들이 1960~1990년경 박노학을 통해 대한민국 정부와 가족들에게 보내온 편지 중 상당 수가 보관되어 있다.

증하여 '박노학 편지'의 전달 경위를 규명하였다.

일단 사할린의 지인들이 일본의 박노학에게 보낸 편지에는, 박노학에게 하소연하는 내용과 별개로 국내의 가족들에게 대신 보내달라고 하는 소식과 편지가 포함되어 있었다. 초기 박노학은 사할린한인들이 가족들에게 보내는 편지를 별도의 편지봉투에 넣어서 이것을 국내에 있는 아들 박창규에게 보내어 이를 국내의 가족들에게 다시 발송하도록 지시했다. 그리고 해당 가족들의 답장이 아들 박창규에게 도착하면 박창규는 이를 다시 일본에 있는 부친 박노학에게 보내고, 이를 박노학이 받아서 다시 사할린에 보내는 방식이었다.

또한 박노학은 가끔씩 국내에 들어와 청주에 거주하는 자신의 가족들과 상봉하는 계기에 사할린에서 온 편지를 국내의 사할린한인 가족들에게 직접 전달하였다. 박노학이 고향을 방문하거나 사할린에서 온 편지를 직접 가져올 때마다 아들 박창규는 국내의 사할린한인 가족들에게 미리 연락을 취하여 부친이 귀국할 예정이니 청주로 오라고 연락을 하는 식이었다. 연락을 받은 가족들은 박노학의 집으로 달려와 박노학을 만나 자신의 남편과 부친, 형제 등이 보내온 편지를 전달받거나 가족의 소식을 물었다. 비좁은 방에서 여러 명의 가족들이 박노학에게 남편과 부친. 형제 등의 소식을 묻고 답하는 동안 박노학의 가족들은 물론이고 전국 각지에서 달려온 다른 사할린한인 가족들 모두 함께 울고 흐느끼며 하소연하는 장면이 반복되었다.

이후 박노학은 사할린 편지를 아들 박창규에게만 맡길 수 없다고 판단하여 한영상, 이두훈 등을 설득하여 '화태억류교포귀환촉진회'('중소이산가족회'의 전신)를 결성하도록 추동하였다.[56] 이후 한영상은 일본의 박노학에게 편지를 받아서 국내 가족에게 발송하고 국내 가족의 편지를 박노학에게 전달하는 한편, 국내 가족들을 규합하고 사할린한인 귀환을 촉진하는 활동을 전개하였다.

이때 박노학 아들 박창규는 한영상과 역할 분담을 하였다. 사할린한인이 국내 가족들에게 보내온 편지의 주소지는 해방 이전의 본적지와 구 주소지였기 때문에, 가족들이 본적지를 떠나 이사를 한 경우에는 편지가 대구의 '화태억류교포귀환촉진회'로 되돌아왔다. 이 경우 아들 박창규는 본적지의 읍면동 사무소와 시군청 등을 찾아다니며 가족들의 현 주소지를 수배하여 편지를 다시 보내는 역할을 했다. 연락을 받은 가족들은 놀란 가슴에 대구의 중소이산가족회 한영상 회장을 찾아가 편지가 오게 된 경위를 확인하고 한영상 회장을 경유해 일본의 박노학에게 답장을 보냈다고 한다.[57]

이러한 편지 전달 경위는 유족에 의해서도 확인된다. 사할린에 강제동원되었다가 억류된 류흥준은 1976년 박노학에게 편지를 보냈고, 이에 박노학은 편지를 대구의 '화태억류교포귀한촉진회' 한영상 회장에게 보냈다. 한영상은 류흥준이 보내온 '전북 완주군'의 본적지로 편지를 보냈지만 아들 류연상과 가족은 서울로 이사를 하여 편지가 되돌아왔다. 이에 아들 박창규가 해당 주소지의 관공서를 수소문하여 서울로 이사한 류연상의 주소를 알아냈다. 이렇게 해서 아들 류연상은 대구의 '화태억류교포귀한촉진회'를 찾아가 한영상 회장으로부터 아버지가 보내온

---

56 박창규의 증언에 따르면, '아버지가 한영상 씨에게 만들도록 했다'고 한다. 박창규 구술면담(2019. 5. 21).
57 박창규 구술면담(2019. 5. 21).

편지를 전달받을 수 있었다.[58] 이후 2008년 '강제동원위원회'의 조사를 통해 고 류흥준의 묘가 발견되었고, 2012년 사할린한인 묘지 발굴 1차 대상자로 선정되어 유해가 국내로 봉환되었다.

이상에서 살펴본 바와 같이, '박노학 편지'를 직접 전달하고 전달받았던 생존자들의 일치된 증언과 진술을 통해 '박노학 편지'의 전달 과정을 최초로 규명하고, '화태억류교포귀환촉진회'의 발족 배경에서 박노학의 역할이 확인되었다.

IV. 사할린한인 귀환운동의 인적 네트워크와 협력

다음에서는 박노학이 일본으로 귀환한 이후 '한국인회'를 조직한 경위, '한국인회'의 주요 활동 내용, 박노학이 일본 정관계 및 시민사회와 연대하는 과정과 사례에 대해 살펴본다.

---

[58] 류흥준은 1975~1976년간 한영상 회장이 보내온 우편엽서를 받은 직후 대구의 화태억류교포귀한촉진회를 찾아가 한영상 회장을 만났고, '박노학'에 관한 이야기를 들었다는 것을 정확하게 증언했다. 그리고 박노학의 아들 박창규 역시 류흥준과 류연상의 이름을 기억하고 당시 바뀐 주소지를 찾아야 했던 상황을 정확히 기억하고 진술했다. 박창규 구술면담(2019. 5. 21); 류흥준의 구술면담(2019. 5. 16), ARGO인문사회연구소 회의실(서울 서초구 서초중앙로 114)에서 진행. 그밖에 류흥준은 자신의 자전 에세이에 당시 상황을 기록했다. 류연상, 2009, 『아버님 전에 고하옵니다.』, 한솜.

1. 진정서·탄원서 제출 활동

일본으로 귀환한 직후 박노학의 사할린한인 귀환활동은 주로 진정서와 탄원서 등을 관계 당국에 제출하는 데 맞추어져 있다. 이후 이러한 활동은 민원 제기 차원을 넘어서, 해당 기관을 움직일 수 있는 주요 정치인과의 접촉, 국회에서의 대정부 질의, 장관과 총리 등 정부 요인 추동으로 점차 발전해나갔다. 이는 단순히 사할린한인의 귀환에 영향력 있는 정관계 인사를 접촉하는 데 그치지 않고, 사할린한인 문제에 대한 이들의 인식과 태도를 변화시키고 장기적으로 사할린한인 귀환 문제를 해결하는 데 중대한 영향을 미쳤다고 할 수 있다.

박노학은 1958년 1월 사할린에서 가족들과 함께 일본으로 귀환하는 배 안에서 사할린한인의 귀환을 촉구하는 진정서를 작성했다. 일본에 도착한 직후 주일한국대표를 비롯한 관계 기관에 제출하게 될 진정·탄원서 제출 운동의 시작이었다.

이후 박노학과 이희팔 등 '화태억류귀환한국인회'는 한국·일본·소련의 정부기관과 각국 적십자사, 그리고 국제적십자위원회 등 관계 기관에 수없이 많은 진정서와 탄원서, 편지, 명부 등을 제출하는 활동을 전개하였다.

이 무렵 박노학 등 '화태억류귀환한국인회'가 탄원서와 진정서 등을 제출하고 방문했던 기관들을 박노학의 유품과 이희팔 자료에서 발견된 진정서와 청원서를 중심으로 살펴보면 다음과 같다.

박노학은 이상의 기관과 기관장들에게 여러 차례에 걸쳐 청원서와 진정서를 발송했으며, 심지어 그는 장관, 대사, 그리고 기관장이 바뀔 때마다 진정서를 새로 만들어 제출했다.

〈표 3〉 '화태억류귀환한국인회'의 탄원서·진정서 등 발신처

국가별	정부 책임자 및 기관	정치인	기타
일본	총리 외무성(대신) 법무성(대신) 후생성(대신)59 주한일본대사관(대사) 도쿄도(지사)	참의원(의장) 자유민주당(총재)60 각 정당, 국회의원	일본적십자사(총재) 산케이신문사(사장) 산케이신문·도쿄타임즈· 아사히신문·마이니치신문 사 편집국 일본변호사연합회 인권옹 호위원회 인양촉진위원회(위원장) 사회노동위원회(위원장)
한국	외무부장관 주일한국대사관(대사)61	국회(의장)	민단 중앙본부(의장) 대한변호사협회(회장)
국제기관			국제적십자위원회 총재

* 박노학의 유품과 이희팔 기증자료에서 필자가 정리

　나아가 박노학은 진정서와 청원서를 제출하는 데 그치지 않고 기관을 직접 방문하고 기관장을 만나 하소연하기를 반복했다. 박노학을 접촉한 수많은 기관장과 정관계 인사들은 박노학과 지속적인 인간관계를 유지했다. 이는 사할린한인의 고통과 사연에 공감한 것도 있겠지만, 박노학의 진심 어린 노력과 끈기, 인간성에 감복한 측면이 컸다고 할 수 있다. 1988년 3월 15일 박노학의 장례식에 일본의 전현직 국회의원, 각국 대사관, 정부 부처 고위관계자들이 대거 참석하는 바람에 조문객들이 서로 놀랐다는 증언이 있을 정도이다.[62] 이는 그가 일본의 수많은 조

59　후생대신에게 제출한 2건의 탄원서와 청원서는 '제2차대전시 한국인 희생자 연락회(대표 박노학 외 11명)'라는 명의로 되어 있다. 맨 뒷장의 연명서에는 박노학의 부인인 호리에 가즈코를 비롯해 총 5명의 일본인 여성이 포함되어 있다.
60　당시 자민당 총재는 다나카 가쿠에이(田中角栄)였다.
61　당시 주일한국대사는 '이후락'이었다.
62　産経新聞「凜として」取材班, 2005, 198쪽.

야 인사들과 깊은 관계를 맺음으로써, 사할린한인 귀환 문제를 국가와 체제, 정치 문제가 아닌 '인간의 고통'이라는 측면으로 설득하고 진정 어린 인간관계를 형성했기 때문으로 풀이할 수 있다. 특히 보통학교 졸업에 불과한 그의 학력과 사할린에서 일본으로 귀환한 이방인이라는 배경을 고려할 때, 일본 유력인들과의 인연은 더욱 각별하다고 할 수 있다.

2. 정관계 인사와의 인적 네트워크

박노학의 귀환운동을 이해하기 위해서는 그의 각별한 인간관계를 먼저 살펴볼 필요가 있다. 이에 필자는 박노학의 인적 네트워크 형성 과정과 귀환활동의 연관성을 처음으로 확인하였다.

1) '재일대한민국민단'과의 관계

사할린에서 귀환하여 정착한 박노학이 일본 사회에서 다양한 인적 네트워크를 형성할 수 있었던 계기는 '제일대한민국민단'(이하 '재일민단')과의 관계에서 시작되었다. 박노학은 진정서와 탄원서를 제출하기 위해 주일한국대표부(이후 주일한국대사관)와 근처에 있는 '재일민단 중앙본부'를 자주 방문하였다. 1970년 이후락 주일한국대사에게 보내는 탄원서의 표지에 '재일대한민국거류민단 중앙본부 민생국 소속 화태억류귀환한국인회'[63]라고 명시한 데에서 알 수 있듯이 박노학은 재일민단과 긴밀한 관계를 맺고 있었다. 그는 재일민단에게 약간의 보조금 외에 사할린

---

63 1970년 주일한국대사 이후락에게 전달한 탄원서 표지에 '재일대한민국거류민단 중앙본부 민생국 소속 화태억류귀환한국인회'라고 명시되어 있다. 華太抑留歸還韓國人會, 1970년(월일 미상), 「歎願書」, '박노학 유품(박창규 제공)'에서.

한인 귀환활동에 도움이 될 만한 후원자를 소개받기도 했다.

재일한인 중 아다치구(足立区)에서 병원을 운영하는 김주봉(金周奉) 이사장을 소개받은 것도 재일민단을 통해서였다. 이후 김주봉 이사장은 박노학과 '한국인회'의 후원자가 되었는데, 무엇보다 중요한 그의 역할은 일본의 유력인사와 박노학을 연결시켜주는 것이었다.[64]

2) 일본인 유력인사와의 관계

김주봉이 소개한 가장 중요한 일본인 유력자는 자민당 고문인 호시시마 니로(星島二朗) 전 의원이었다. 호시시마 니로는 변호사로서 1920년 정계에 투신하였고, 전후 상공대신과 샌프란시스코강화회담 전권위원을 역임하고 자민당 소속 의원으로서 중의원의장을 거쳐 1966년 정계를 은퇴한 원로였다. 특히 자유주의자로서 보통선거권과 여성참정권 확대를 주장하고 공창(公娼)의 폐지에 앞장서는 등 진보적 태도를 견지하면서도 여야를 막론하고 자민당 내에서도 존경받는 원로였다. 그는 자민당 출신 정치인으로서 조선의 식민지배와 강제동원 피해 문제에 적지 않은 관심과 연민을 가졌던 몇 안 되는 정치인이었다.

박노학을 통해 사할린한인의 처지와 자초지종을 알게 된 호시시마 전 의원은 외무성 등 정부 부처의 장관들은 물론이고 여러 국회의원들에게 박노학을 소개하고 전화를 직접 걸거나 함께 방문하여 '박노학의 얘기를 잘 들어보라'는 식으로 적극 지원하였다. 또한 외무성, 법무성, 일본적십자사, 국제적십자위원회 등에 보내는 진정서와 탄원서에 화태

---

[64] 大沼保昭, 1992, 『サハリン棄民-戦後責任の点景』, 86쪽.

억류귀환한국인회의 '고문'으로서 연명(連名)해주었다.[65]

호시시마의 가장 결정적인 역할은 후쿠다 다케오(福田赳夫) 외상과 다나카 가쿠에이(田中角榮) 수상에게 사할린한인 귀환 문제를 적극 설명하고 소련 방문 시 이 문제의 해결을 위해 노력해줄 것을 당부한 데 있다.[66] 1972년 1월 소련의 그로미코 외상이 전후 최초로 일본을 방문했을 때 후쿠다 다케오 외상은 사할린한인의 귀환 문제에 '호의적 검토'를 적극 요청했다.

1973년 10월 소련을 방문한 다나카 가쿠에이 수상은 브레즈네프(И. Брежнев) 서기장과의 회담에서 북방영토 문제 외에 사할린한인의 귀환 문제의 해결을 요구해서 소련 측을 놀라게 했다.[67] 당시 다나카 수상은 브레즈네프 서기장 외에 코시긴(Н. Косыгин) 수상, 그로미코(А. Грамыка) 외상 등 소련 수뇌부를 상대로 모두 네 번의 회담 기회 때마다 사할린한인 문제를 제기했다. 이는 한국 정부의 요구를 충족시키기 위해 소련 측과 협의할 때 의례적으로 한 번 언급하고 마는 정도의 관행과는 다른 매우 이례적인 태도였다. 다나카 수상이 사할린한인 문제에 진지하게 임했다는 것을 보여주는 대목이다.[68]

다나카 수상이 사할린한인 문제에 각별한 관심을 갖게 된 배경에는

65　樺太帰還韓國人會, 1977. 4. 11, 「サハリン韓國人帰還促進に関する請願書」, '박노학 유품(박창규 제공)'에서
66　大沼保昭, 1992, 『サハリン棄民-戰後責任の点景』, 86~40쪽.
67　大沼保昭, 1992, 『サハリン棄民-戰後責任の点景』, 88쪽.
68　다나카는 회고록에서, 브레즈네프 서기장과의 공동성명에 '제2차 대전 때부터 해결을 보지 못한 여러 문제(북방 영토의 문제 등을 포함함) 해결…'을 명시하는 데 큰 목적이 있다고 밝혔다. 戶川猪佐武 著, 편집부 驛, 1985, 『世界大統領·首相大回顧錄 10 다나까 가꾸에이』, 대한서적공사, 193쪽. 1970년대 한일 정부 간 협의와 다나카 정부의 대응 등에 관해서는 다음 참조. 이연식·방일권·오일환, 2018, 209~215쪽.

호시시마를 비롯한 박노학의 보이지 않는 노력이 작용했다고 할 수 있다.[69] 일소 정상회담이 있기 전인 1972년부터 이미 다나카 수상은 호시시마 고문과 민사당의 다부치(田渕哲也) 의원, 그리고 한국 정부로부터 이 문제의 해결에 대한 요청을 받고 있었는데,[70] 그 뒤에는 박노학의 적극적인 호소와 로비가 있었다. 소련을 방문하기 두어 달 전인 1973년 여름 무렵, 다나카 수상은 이례적으로 외무성, 법무성, 후생성, 경찰청의 각 실무자에게 사할린한인 문제의 검토와 일소회담에서의 대응에 관해 조사하고 검토할 것을 지시했다. 또한 정부 2인자인 니카이도 스스무(二階堂進) 관방장관을 포함한 연구회를 수상이 직접 주관함으로써 사할린한인 문제 해결에 적극적인 의욕을 나타내기도 했다.[71]

그밖에 박노학을 만나게 됨으로써 사할린한인 귀환 문제에 지대한 관심을 갖기 시작하여 그와 함께 이 문제 해결에 정치적 노력을 기울인 정치인들이 다수 있다.

민사당의 다부치 테츠야(田渕哲也) 의원이 대표적이다. 다부치 의원은 여러 차례에 걸쳐 대정부질문을 통해 일본 정부가 사할린한인 귀환에 적극 나설 것을 촉구했다. 같은 민사당의 우케다 신키치(受田新吉) 의원 역시 1972년 대정부 질문을 통해 다나카 수상의 답변을 이끌어내기도 했다.

공명당의 부대표인 쿠사가와 쇼조(草川昭三) 참의원의원도 적극적이었다. 그는 평소 박노학을 통해 사할린한인 문제에 큰 관심을 보였으며,

---

69 大沼保昭, 1992, 『サハリン棄民-戦後責任の点景』, 86~40쪽.
70 大沼保昭, 1992, 『サハリン棄民-戦後責任の点景』, 89쪽.
71 이런 배경에는 그해 8월 13일에 폭로된 김대중 납치 사건이 있다는 분석도 있다. 오누마는 그의 책에서, 당시 김대중 납치 사건으로 인해 한일관계가 악화일로로 확대되는 가운데 다나카 수상이 사할린한인 문제를 해결함으로써 한일관계를 호전시키려 했다고 지적했다. 大沼保昭, 1992, 『サハリン棄民-戦後責任の点景』, 90쪽.

1984년 9월의 '일본 일시방문 및 가족상봉'을 성사시키는 데 결정적인 역할을 한 인물이다. 여기에도 박노학과 한국인회의 활약이 있었다. 이에 관해서는 다음 장에서 다시 설명한다.

그밖에 사할린한인 귀환운동에 크게 기여한 '사할린잔류 한국·조선인 문제 의원간담회'의 조직과 활동에도 박노학이 처음부터 깊숙이 관여했는데, 이에 관해서는 다음 장에서 별도로 다루도록 한다.

이처럼 박노학은 민단을 통해 일본의 주요 정치인들을 소개받고, 이들을 통해 다나카 가쿠에이 수상을 비롯한 주요 정관계 인사들을 움직이고, 직접 소련 당국과 협상을 전개함으로써 사할린한인 문제 해결에 물꼬를 텄다. 또한 일본의 정관계 인사들이 사할린한인 귀환 문제 해결에 나서게 된 데에는 박노학의 인적 네트워크와 이를 활용한 그의 노력과 끈기, 지혜가 있었기 때문이라고 할 수 있다.

3. 일본 정부, 정치계와의 협력

박노학과 '한국인회'의 진정·청원 노력을 무시하거나 부담스러워했던 일본 정부는 점차 의회와 여야 정치인들이 이 문제에 관심을 기울이기 시작함에 따라 전향적 태도로 바뀌었다. 그리고 마침내 1970년대에 접어들어 사할린한인의 출국과 일시 일본 방문이 성사되는 중대 고비마다 일본 정부는 박노학과 긴밀하게 협력하지 않을 수 없는 상황에 이르렀다. 몇 가지 사례를 들면 다음과 같다.

1) 일본 외무성과의 협조

1973년 초 박노학은 사할린의 소식통을 통해 '유즈노사할린스크 출입국사무소가 밝히기를, 일본이 입국을 허용하면 소련도 잔류한인의 출국을 허가하겠다고 했다'는 정보를 입수한 직후 이를 외무성에 알리고 일본 정부의 대응을 촉구하였다. 이는 그동안 사할린한인의 출국을 허용하지 않았던 소련 당국이 처음으로 일본으로의 출국을 허가하겠다고 밝힌 매우 중대한 신호였다.

박노학의 전언을 접한 외무성 당국자는 깜짝 놀라며, 소련적십자사 총재와 회담이 예정된 일본적십자사의 아즈마(東龍太郎) 대표에게 진위 여부를 타진해보도록 지시했다. 이에 1973년 5월 소련적십자사 총재를 만난 아즈마 대표는 이 사실을 확인하고 외무성에 면담 결과와 해당 내용을 통보해주었다. 1973년 9월 일소우호의원연맹이 소련을 방문했을 때에도 소련 정부 관계자가 이 같은 내용을 확인해주었다. 이때는 다나카 수상이 10월에 소련을 방문하기 직전이었는데, 외무성과 다나카 수상은 소련 측의 이러한 변화 조짐과 정황을 사전에 파악하고 사할린한인 문제를 더욱 적극적으로 요구했을 가능성이 있다.[72]

결국 이러한 변화의 조짐을 가장 먼저 입수하고 일본 정부에 알려줌으로써 일소 정상회담까지 정부 대응을 추동한 데에는 박노학의 전언이 있었고, 외무성과 박노학은 중요 정보를 상호 공유함으로써 문제 해결을 위한 협조 관계를 유지했다고 할 수 있다.

위기 시에도 일본 정부와 박노학은 협조했다. '나홋트카 4인 사건'의 사례가 대표적이다. 소위 '다나카 답변서'[73]에 의해 일본인의 보증이 있

72　大沼保昭 著, 1992, 『サハリン棄民-戰後責任の点景』, 89~90쪽.
73　1972년 7월 18일 민사당 우케다 신키치(受田新吉)의원의 질의에 대한 다나카 수상의 답변으로서, 사할린한인의 '한국 귀환을 조건부로 하는 일본 통과 허용', '관련 비용의 한국 측 부담' 원칙 등이 담겨 있다.

을 경우 일본으로의 출국을 허가한다는 방침에 따라, 1975~1976년 무렵 소련 당국의 탄압에도 불구하고 줄기차게 출국을 시도했던 극소수 사할린한인에게 일본으로의 출국이 허가되었다. 이 중에서 '황인갑 등 4인'[74]은 출국 허가를 받고 사할린의 가산을 모두 정리하고 도항을 위해 나홋트카로 이동하였다. 나홋트카에 일본영사관이 있기 때문이다. 이곳에서 일본의 입국허가를 받아 일본으로 도항할 예정이었다. 그런데 당시 '다나카 답변서'에서 밝힌 '한국 정부의 입국 보증' 조건을 명분으로 영사관의 입국허가가 지연되었다. 당시 외무성은 한국 정부에 4인의 입국 보증을 문서로 요구한 상태였는데,[75] 한국 정부가 이에 대한 보증을 확약하지 않으며 시간을 끌자, 어느덧 '나홋트카 4인'의 출국허가 기간이 만료되고 말았다.[76] 7월 초 네 사람은 눈물을 머금고 사할린으로 되돌아가야만 했다.

이 무렵 외무성과 박노학은 '나홋트카 4인'의 출국을 위해 서로 바삐 움직이며 협력했다.

1976년 6월 '나홋트카 4인'이 입국 신청을 제출차자 일본 정부는 한국 정부에 이를 전달하고 한국 정부가 '입국을 보증'하면 일본 정부는 즉시 일본 경유 한국 도항을 위한 통과사증(입국허가)을 발급하겠다고 했다. 이후에도 외무성은 한국 정부에 여러 차례 독촉을 했지만 한국 정

---

74 '나홋트카 4인'은 황인갑, 백낙도, 안태석, 강명수이다. "사할린 교포 22명에 日서 입국비자", 『중앙일보』, 1976. 10. 15.

75 일본 외무성 中江 아주국장이 한국 측에 수교한 talking paper(1976. 7. 5); 外務部, 1983. 1, 『樺太僑胞關係資料』, 95~97쪽.

76 이 무렵 사할린한인의 한국 입국 보장과 관련하여 한일 정부 간의 외교문서와 갈등은 다음을 참조할 것. 이연식·방일권·오일환, 2018, 164~173쪽; 外務部, 1981. 6, 『樺太僑胞關係資料』; 外務部, 1983. 1, 『樺太僑胞關係資料』.

부의 대응이 늦어지자, 6월 하순 외무성 담당자는 박노학에게 긴급히 연락을 해서, 한국 정부의 '입국허가 보증'이 나올 동안 일본의 통과사증 발급에 필요한 '신원보증인'의 주선을 의뢰했다.

이에 박노학 자신은 신원보증에 필요한 납세 요건 등이 부족[77]해서 나서지 못하자 후원자인 김주봉 이사장에게 신원보증을 부탁하였다. 이로써 한국 정부의 '입국허가 보증'만 나오면 외무성의 지시로 영사관이 '나홋트카 4인'에게 일본 입국허가서를 발급할 수 있는 준비를 마친 셈이다. 그러나 시기상 '나홋트카 4인'의 출국허가(여행) 기간이 도과되어 이미 4인은 사할린으로 돌아간 다음이었다.[78]

이 사실이 일본과 한국에 알려지자 박정희 대통령이 대노하여 사할린 한인의 귀환에 문제가 없도록 기존의 방침을 재검토하라는 지시가 내려졌고, 이후 한국 정부는 사실상 일본 정부의 주장을 받아들이는 방식으로 태도를 바꾸었다.[79]

비록 '나홋트카 4인'의 귀환은 실패로 끝났지만, 이 사건을 계기로 절정에 달한 외무성과 박노학의 정보 공조와 협조 관계는 이후 전개될 사할린한인의 '일시 일본 방문' 성사에 새로운 발판이 되었다.

2) 의원간담회와의 협력

1980년대 후반 일본과 소련, 한국과 소련 간 긴장관계가 완화됨에 따라 사할린한인의 '일시 일본방문 및 가족상봉', '일본방문 중(일본 경

---

[77] '전전부터 일본에 거주하던 자'라는 요건도 있다.
[78] 大沼保昭, 1992, 『サハリン棄民-戰後責任の点景』, 108~109쪽.
[79] 이연식·방일권·오일환, 2018, 164~173쪽; 外務部, 1981. 6, 『樺太僑胞關係資料』; 外務部, 1983. 1, 『樺太僑胞關係資料』.

유) 일시 모국방문', 사할린에서 한국으로 직행하는 '일시 모국방문', 나아가 '영주귀국' 사업이 차례대로 진행될 수 있었던 것은 한국과 일본 정부의 협조와 대소 외교가 있었지만, 그 배경에는 일본의 여야 국회의원들로 구성된 '사할린잔류 한국·조선인 문제 의원간담회'(이하 '의원간담회')의 결성과 활동, 소련 방문이 지대한 영향을 미쳤다는 점은 주지의 사실이다.[80]

의원간담회에는 여당인 자민당의 거물급 정치인들이 참여했을 뿐만 아니라 소련과 북한과도 연계되는 사회당, 공산당 의원들이 두루 참여했다. 이들은 일본 정부에 사할린한인 문제 해결을 위한 방안을 촉구하고, 지원예산을 마련하고, 한국의 국회의원들과 교류하며 한일 정부 간 협력을 강화하고, 의원간담회가 직접 1988년 6월 소련을 방문하여 사할린한인의 '일시 일본 방문 중 한국 방문'(='일본 경유 일시 모국방문')이 가능하도록 하고, 북한과의 물밑 교섭을 통해 적극적인 반대를 상쇄함으로써 귀환운동에 커다란 전기를 마련하였다.[81]

이처럼 의원간담회가 발족하고 전략적인 활동을 전개할 수 있었던 배경에는 역시 박노학과 오누마 야스아키(大沼保昭), 다카기 겐이치(高木健一) 등의 협력과 노력이 있었다.

박노학과 미하라 레이(三原令), 그리고 '아시아에 대한 전후책임을 생각하는 모임'을 이끄는 오누마 등은 오래전부터 사할린한인 귀환운동을

---

80 사할린잔류 한국·조선인 문제 의원간담회 편, 고려대학교 아세아문제연구소 편역, 1994, 『사할린 잔류 한국조선인 문제와 일본의 정치』, 고려대학교 출판부.
81 의원간담회가 소련을 공식 방문하기 3개월 전인 1988년 3월 박노학이 사망하였다. 비록 박노학은 의원간담회의 소련 방문을 지켜보지 못했지만, 의원간담회의 발족과 활동에 미친 그의 영향력은 지대했다.

결정적으로 추동하기 위해서는 국회의원들의 연합체, 특히 여당인 자민당 소속 의원들이 참여하는 네트워크가 필요하다는 인식을 갖고 있었다. 이에 이들은 1986년부터 의원 선정 및 섭외 작업에 착수해, 자민당의 아베 신타로(安倍晋太郎)[82] 총무회장과 접촉하여 동참을 이끌어냈다. 이후 이들은 폭넓은 인맥을 자랑하는 하라 붐베에(原文兵衛)를 비롯해, 사회당의 이가라시 고조(五十嵐廣三), 도이 다카코(土井たか子), 사민련의 에다 사츠키(江田五月) 등 거물급 여야 국회의원 138명이 참여하는 '의원간담회'를 결성하는 데 성공하였다.

의원간담회의 활동의 주요 성과는 의원간담회의 모스크바 방문을 통한 '일본 경유 일시 모국방문' 성사, 그리고 일시귀국자에 대한 일본 정부의 보조금 지급 개시이다. '일본 경유 일시 모국방문'의 경위와 의미는 후술할 것이다. 일시귀국자에 대한 일본 정부의 보조금 지급은 매년 1억 엔으로 책정되어 1994년경 무라야마 내각에서 3억 엔으로, 2007년에는 7억 엔까지 증가했다.

의원간담회의 결성과 활동, 그리고 그 영향력은 일본 정부는 물론이고 한국과 소련의 관계 당국과 시민사회, 여론 나아가 북한에까지 전방위로 미쳤기 때문에 사할린한인 귀환운동에 커다란 기폭제가 될 수 있었다. 의원간담회의 주요 활동 방침과 세부적인 운영 전략, 대정부 질의 등은 당연히 박노학과 미하라, 오누마, 다카기 등이 긴밀하게 협의하여 의원간담회에 제공한 것이었다.[83]

---

82 아베 신조(安倍晋三) 전 총리의 부친이다.
83 サハリン殘留韓國・朝鮮人問題議員懇談會 編, 1994. 2, 『サハリン殘留韓國・朝鮮人問題と日本の政治 議員懇談會の七年』.

4. 시민사회와의 연대

박노학과 '한국인회'의 귀환운동은 한일 정부에 대한 진정뿐만 아니라 국내와 일본 사회에 사할린한인 문제를 널리 알리고 귀환을 촉진시키는 시민운동으로까지 확대되었다.

박노학 등의 노력으로 사할린한인 귀환 문제는 한일 양국 정부와 정치인들만의 과제가 아니라 사회 문제로 인식되기 시작했다. 자발적인 시민사회 단체들이 결성되어 소송운동이 전개되는 한편 한국과 일본의 시민사회가 연대하고 사할린한인 문제를 다룬 다큐영화가 제작되고 유럽 언론에까지 알려지는 등 사회적 이슈로 자리잡아갔다.

이렇게 되기까지에는 박노학과 '한국인회'가 일본과 국내의 시민사회를 추동하고 상호 연대하는 등 활발한 시민사회 운동을 전개한 배경이 작용했다고 할 수 있다.

이하에서는 박노학과 '한국인회'가 일본의 시민사회와 연대하는 데 결정적인 역할을 한 미하라 레이(三原令)와의 인연, '화태잔류자귀환 청구 소송'(이하 '귀환소송')의 발단, 그리고 대구의 '사할린귀환동포회'(중소이산가족회)와의 협조체제에 대해 살펴본다.

1) 미하라 레이와 '부인들의 모임'

박노학과 '한국인회'가 일본 시민사회와 연대하여 활동의 외연을 확장한 데에는 결정적으로 '화태억류귀환한국인회에 협력하는 부인들의 모임'(이하 '부인들의 모임')이 결성되고, 일본변호사연합회의 '사할린재판'이 가장 중요한 역할을 했다고 할 수 있는데, 이 두 단체의 연결고리로

서 미하라 레이라는 인물에 주목할 필요가 있다.[84]

미하라 레이는 평범한 주부로서, 1970년대 초까지 생활협동조합 운동, 입국관리법 반대운동에 참여하는 평범한 시민운동가였다. 미하라에 대한 오누마의 평가는 '서민적인 정의감과 왕성한 호기심, 풍부한 아이디어와 자기중심적인 정치지향, 발군의 행동력과 치명적인 경솔함으로 집약되는 여성'이었다.[85]

미하라가 사할린한인 문제에 관심을 갖게 된 계기는 1973년 봄이었다. 한국인 밀입국자인 김무근(金武根)[86] 학생 구명운동을 벌이던 미하라는 김무근의 신원보증인 중 한 명이었던 오미야(大宮)의 재일동포 택시회사 사장에게 '사할린한인 귀환운동을 도와달라'는 제안을 받았다.[87]

이에 미하라는 직접 박노학 회장을 찾아가서 사할린한인에 관한 이야기를 듣고 큰 충격과 감명을 받았다. 이후 미하라는 특유의 열의를 발휘해 한국인회 회원들의 일본인 아내들과 함께 모임을 만들었다.[88]

1973년 8월 미하라는 '화태억류귀환한국인회에 협력하는 부인들의 모임(樺太抑留帰還韓國人會に協力する妻の會)'을 결성하고, 모임의 기관지인 『妻』를 발행하면서 본격적인 활동을 시작했다. 여기에 박노학의 아

84　村田豊明, 1984. 8, 『わたし'ただの主婦です : 三原令さんの記』, 新泉社.
85　大沼保昭, 1992, 『サハリン棄民-戦後責任の点景』, 116쪽.
86　1947년 제주도 태생의 김무근이 1967년 일본에 밀입국하여 사이타마(埼玉)의 마을 공장에서 근무 중 체포되었는데, 이후 우라와(浦和) 지방재판소에서 재판을 받는 과정에서 미하라 등 일본인과 한국인 단체가 김무근의 석방을 후원하였다. 1972년 2월 집행유예를 선고받아 석방된 김무근은 다시 오무라수용소에 수용된 후 그해 9월 한국으로 귀국(사실상 추방)하였다. 村田豊明, 1984. 8, 190~110쪽; 三原令, 1971, 「金武根と浦和の主婦たち」, 『朝鮮研究』 108號, 15~25쪽.
87　村田豊明, 1984. 8, 135쪽.
88　村田豊明, 1984. 8, 135~136쪽.

내인 호리에 가즈코를 비롯한 '한국인회'의 일본인 아내들이 참여한 것은 물론이고 일본의 평범한 학생, 여성, 주부 들도 가입했다. 또한 미하라는 우라와시(浦和市)에서 과거 학생운동을 했던 청년들과 함께 사할린한인 귀환운동을 적극 추진하기 시작했다.

미하라의 풍부한 아이디어와 뛰어난 행동력, 지지자들의 참여를 통해 '부인들의 모임'은 그 이전까지 '한국인회'가 엄두를 내지 못한 다채로운 활동을 전개해나갔다. 미하라가 이끄는 '부인들의 모임'은 긴자(銀座) 한가운데에서 전단지를 배포하고, 대학 축제에 참가하여 호소 운동을 전개하고, 전국의 다양한 시민운동 단체들에게 기관지와 자료들을 우송하여 연대의 저변을 확대했다. 미하라는 개인적으로 신좌익계 잡지와 팸플릿 등에 사할린한인 문제에 관한 기사를 투고하고 강연을 다니며 기회가 있을 때마다 일본 시민사회에 동참을 촉구했다.[89]

미하라와 '부인들의 모임'의 활동은 일본 조야에 사할린한인 문제를 널리 인식시키고 언론과 지식인, 종교인, 청년, 학생 들의 지지와 동참을 이끌어냄으로써 운동의 저변을 확대했을 뿐만 아니라, 실제로 '귀환소송'의 전개와 일본과 소련, 그리고 한국 정부의 전향적인 태도 변화를 추동하는 데 커다란 밑거름이 되었다.

게다가 사할린한인 귀환운동에 큰 전기를 마련한 '사할린잔류자 귀환청구소송', 즉 '사할린재판'의 발단 역시 미하라의 행동력에서 비롯되었다. 박노학은 당시 2년차의 신참 변호사였던 다카키 켄이치(高木健一)와 이미 접촉 중이었지만 사할린한인 문제는 일본 정부를 상대로 한 버거운 소송이었기 때문에 중견 또는 거물급 변호사가 필요한 상황이었다.

---

89 大沼保昭, 1992, 『サハリン棄民-戦後責任の点景』, 116~117쪽.

이때 망설이고 있던 중견 변호사 아리가 마사아키(有賀正明)를 직접 찾아간 것이 바로 미하라였다. 1975년 5월 미하라는 아리가 변호사를 찾아갔다. 미하라의 열정과 호소에 감복한 아리가 변호사는 즉석에서 무보수 변론을 약속했고, 이후 다카키 변호사와 함께 귀환청구소송을 이끌었다.[90]

1970년대 이후 일본 사회는 기존의 친소련, 사회주의 노선에 반발하여 반전과 반핵, 평화운동, 환경운동, 차별과 인권 문제에 관심을 나타내는 신좌익, 시민사회 운동이 활발하게 전개되고 있었다. 이들의 공통분모 중 하나는 일본의 전쟁 책임과 식민지 지배에 대한 책임의식을 자각하고 식민 지배의 역사 청산에 관심이 많다는 것이다. 사할린한인 문제도 그중 하나였다.

이러한 시대적, 사회적 변화와 맞물려서 박노학과 '한국인회'의 활동은 일본 시민사회와의 연대를 통해 비약적으로 성장했다고 할 수 있다.[91]

2) '사할린재판'

일본 사회에 사할린한인의 귀환 문제가 본격적인 사회 문제로 대두된 데에는 '화태잔류자귀환청구소송', 소위 '사할린재판'의 영향이 매우 컸다. 1975년 다카기 겐이치(高木健一) 등 일본변호사협의회 소속 변호사들이 '재사할린 한국인 귀환소송 변호인단'을 결성하고 사할린한인 4명을 원고로 내세워 일본 국가를 상대로 소송을 제기하였다. 1989년까지 계속된 '사할린재판'은 원고들이 모두 사망함으로써 최종적인 판결에 이

90　村田豊明, 1984. 8, 143쪽. 당시 상황을 지켜본 한 청년은 '그때 미하라 씨의 박력은 굉장했다'고 회고했다.
91　村田豊明, 1984. 8, 118쪽.

르지 못하고 종료되었다. 하지만 64회에 걸친 구두 변론과 재판 과정을 통해 사할린한인의 존재와 귀환의 시급성이 일본 사회는 물론 국제사회에까지 널리 알려지는 중요한 계기가 되었다.[92]

'사할린재판' 역시 박노학과 '한국인회', 그리고 미하라 레이에서 비롯되었다.

1975년 3월 무렵부터 다카기 변호사는 박노학을 만나 소송을 타진하던 중 선배이자 중견 변호사인 아리가 변호사의 권유로 소송을 이끌게 되었다.[93] 앞에서 설명한 바와 같이 아리가 변호사가 변론을 결심한 계기는 미하라의 강력한 호소 때문이었다. 이렇게 해서 다카기 변호사는 아리가 변호사와 함께 가시와기(柏木博) 일본변호사협의회 회장을 단장으로 하는 21명의 변호인단을 구성할 수 있었다.

소송을 준비하는 과정 역시 변호인단뿐만 아니라 한일 양측의 시민단체가 함께 협력했다.

가장 중요한 원고단의 확보는 박노학이 맡았다. 박노학은 귀환 의사를 밝힌 사할린한인들 약 100명에게 연락을 취하여 이 중 64명에게 소송위임을 받아냈다. 그리고 5월에 박노학과 '한국인회'는 일본변호사연합회에 공식적으로 사할린한인 귀환에 관한 일본 정부의 책임을 명확히 하고 그 귀환을 실현할 방법을 밝혀달라는 요망서를 제출하여, 일본변호사협의회가 조사에 착수했다. 이로써 '한국인회'와 변호인단은 재판준비위원회를 결성하고 7월에 변호인단을 정식으로 발족시켰다.

---

92 新井佐和子, 1997, 『サハリンの韓国人はなぜ帰れなかったのか-帰還運動にかけたある夫婦の四十年』, 草思社; 金敬得, 1983. 7, 「日本에서의 在사할린韓國人 歸還運動의 經緯와 現段階」, 『大韓辯護士協會誌』 88호, 14~18쪽.
93 大沼保昭, 1992, 『サハリン棄民-戦後責任の点景』, 120쪽.

그 사이 미하라와 '부인들의 모임'은 소송을 지원하는 활동을 전개했다. 이들은 소송과 재판에 필요한 자금을 모금하고, 자료를 수집하고, 일반 시민과 매스컴에 호소하기, 전단지 배포, 집회와 공부회 개최, 노조 단체에 협력 의뢰하기, 외무성 등 관계 기관에 청원서 보내기 등의 활동을 전개해나갔다. 또한 미하라는 11월에 '화태억류한국인귀환청구소송 실행위원회'를 결성하여 소식지를 발행하고 배포하는 활동을 펼쳤다.

이렇게 해서 마침내 1975년 12월 1일 도쿄지방재판소 민사3부에 '화태잔류자귀환청구소송'이 제기됨으로써 1989년까지 무려 14년에 걸친 소송이 시작되었다.

재판이 진행되는 동안에도 박노학은 다부치 의원을 비롯해 화태재판 실행위 멤버들과 함께 외무성의 북동아시아 과장을 방문하여 정부의 입장을 추궁하고 압박하는 활동을 전개했다.[94] 그리고 다부치 의원은 의회에서 대정부 질의를 통해 일본 정부를 압박했는데, 이러한 대정부 질의의 내용과 전략은 모두 박노학과 화태재판실행위, 변호인단과의 긴밀한 협의를 통해 마련되었다. 그야말로 한일 양국의 시민들이 연대하여 일본 정부에 압력을 행사하는 압력단체로 기능한 것이다.

이러한 시민연대는 위기 시에도 그 빛을 발휘했다. 소송을 제기한 이듬해인 1976년 9월의 미그기 망명 사건 이후 일본과 소련 관계가 급속히 냉각되고, 소송이 오랜 기간 지속됨에 따라 내부에서 의견과 노선이 충돌하고 때로 반목이 생기기도 하고, 일본 내에서도 진보혁신파 간의 분열이 증대되고 서로를 공격하는 현상이 발생함에 따라 '사할린재판'은 침체에 빠졌다.

---

94 大沼保昭, 1992, 『サハリン棄民-戦後責任の点景』, 120~128쪽.

특히 재일한인 작가 이회성(李恢成)이 1982년 『사할린으로의 여로(サハリンへの旅)』라는 책에서 귀환운동과 소송파를 '반공·친한적 정치활동'이라고 맹비난하자 일본 시민들과 재일한인 내에서조차 귀환운동과 '사할린재판'을 비판하는 목소리가 높아졌다. 이러한 분위기는 1983~1984년에 절정에 달했는데, 이 무렵 '사할린재판'은 좌초될 위기에 빠졌다고 해도 과언이 아니다.

이때 박노학과 한일 양측의 시민들이 지혜를 모은 방법이 국제인권위원회의 제소와 국제심포지엄의 개최였다.

1983년 초 일본의 식민지배 책임과 조선·한국인, 중국인 등 아시아인의 전쟁피해 보상 문제에 관심을 지닌 학자, 변호사, 활동가 들이 모여 4월에 '아시아에 대한 전후책임을 생각하는 모임'(이하 '전후책임 모임')을 결성하였다.

'전후책임 모임'은 '귀환소송'이 침체와 위기에 빠진 상황에서 이 문제를 국제사회에 환기시키는 방법을 모색하였다. 그해 6월 '전후책임 모임'은 사할린한인 문제를 유엔의 인권위원회에 정식으로 통보하였다. 이에 8월에는 하라고(原後山治) 변호사가 차별방지소수자보호 소위원회에서 사할린한인 문제에 관해 발언하고, 이 문제의 조사를 촉구하는 결의안도 제출하였다.

또한 '전후책임 모임'은 1984년 8월 국제심포지엄을 개최하여 일본에서 커다란 반향을 불러일으켰다. 국제심포지엄의 개최 필요성과 패널 구성, 언론 홍보, 자금 모집 등에서 박노학과 변호인단, 그리고 '전후책임 모임'에 참가한 지식인, 언론인 등은 반소, 반일 정서를 불식하는 한편, 사할린한인들의 절절한 사연과 국제사회의 관심이 필요한 점을 국내외에 알리는 데 주력하였다. 여기에 한국의 '중소이산가족회'의 이두훈 회장과 배재식 서울대 교수, 함정호 변호사 등 9명이 참석하여 발표하는 등 한일 시민사회의 연대를 보여주었다.[95]

국제심포지엄이 일본과 국내 언론에 크게 보도됨으로써 사할린한인 귀환운동이 반공·친한적인 정치운동이 아닌 고향에 돌아가고자 하는 인권의 문제로서 정부와 사회가 적극 나서야 한다는 여론을 조성하는 데 크게 기여하였다. 이를 계기로 '사할린재판'에 대한 부정적인 여론은 잦아들었고, 사할린한인 귀환운동은 가속화되었다.

V. 현실적 대안 제시, '일시 모국방문'의 길을 열다

다음에서는 사할린한인의 영주귀국이 실현되기까지 점진적으로 이루어진 단계별 귀환에서 박노학이 기여한 내막을 살펴본다. 다음의 사실 내용과 분석은 지금까지 학계에 보고된 적이 없으며 처음으로 시도되는 것이다.

필자는 우선 기존에 사용되고 있는 '일시방문', '모국방문', '영주귀국'이라는 중 '일시방문'과 '모국방문'의 단계를 세 단계로 세분화하였다. '일시 일본방문 및 가족상봉', '일본 경유 일시 모국방문', 사할린에서 직접 한국을 일시 방문하는 '일시 모국방문'이 그것이다[96](〈그림 1〉참조).

다음에서는 이 중에서 '일시 일본방문 및 가족상봉', '일본 경유 일시 모국방문'이 실현되기까지 박노학의 역할에 초점을 맞추어 살펴본다.

---

95 大沼保昭, 1992, 『サハリン棄民-戰後責任の点景』, 156~158쪽.
96 그밖에 나중에 '일본에서의 영주귀국', 그리고 '일시'가 아닌 2차례 이상 방문하는 '복수 모국방문'이 추가되는데, 두 가지는 본고에서는 논외로 한다.

⟨그림 1⟩ 사할린한인 '일시방문'과 '모국방문'의 세분화 개념

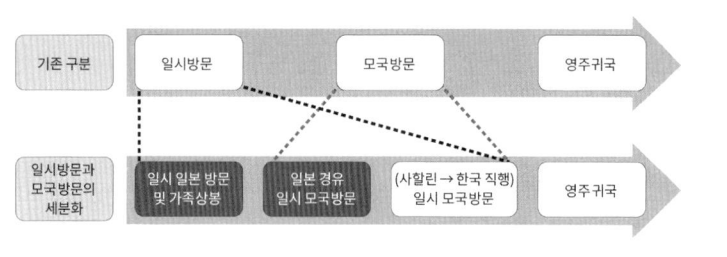

1. '일시 일본방문 및 가족상봉' 실현

그동안 사할린한인의 이른바 '모국방문'과 '영주귀국' 사업에 가려, '일시방문' 사업이 크게 주목받지 못했다. 하지만, '모국방문'과 '영주귀국'은 어느 날 갑자기 이루어진 것이 아니라, 1950년대부터 끊임없이 사할린한인의 귀환운동을 펼쳐온 박노학과 '한국인회'의 노력과 현실적인 대안 제시가 있었기 때문이다. 그것이 바로 '일시 일본방문 및 가족상봉', '일본 경유 일시 모국방문'인데, 그 밑바탕에는 박노학과 일본 정치인의 지혜, 그리고 한일 시민들의 헌신과 봉사, 협력이 있었다.

1983년 무렵 공명당의 부대표인 쿠사가와 쇼조(草川昭三)[97] 의원이 일본인의 사할린성묘단[98] 일원으로 사할린을 방문할 기회가 있었다. 이때 쿠사가와 의원은 사할린의 공산당 제1서기와 대면하는 계기에 사할

---

[97] 중의원과 참의원 모두 역임.

[98] 1956년 일소 국교정상화 이후, 사할린에서 태어났거나 부모 형제의 묘가 사할린에 있는 일본인들은 해마다 고향사할린위령성묘단(故郷樺太慰霊墓參団)을 구성하여 사할린을 방문하고 있다. 현재는 사단법인 '全國樺太聯盟'이 이 사업을 주관하고 있고 일본 정부는 지원금을 지급하고 있다.

린한인의 귀환 문제를 제기했다. 평소 쿠사가와 의원은 박노학과 연대하여 의회에서 사할린한인 귀환 문제를 제기해왔고 사할린에 가기 전 박노학으로부터 사할린한인 문제를 제기해달라는 부탁을 받았다. 처음 쿠사가와 의원은 제1서기로부터 '귀환하려는 사할린한인은 없다'며 면박을 당했지만, 이후에도 지속적으로 소련 당국자를 설득했다. 특히 쿠사가와 의원은 사할린한인의 완전한 귀환이 어렵다면, 우선 '<u>일본에서 가족과 상봉할 수 있도록 하자</u>'(밑줄은 필자)는 묘안을 제시했다. 이에 소련 당국자로부터 마침내 '해마다 10명 정도 일본에서 가족과 재회하는 정도라면 좋다. (중략) 단, 신뢰할 수 있는 일본인이 초청한다는 조건에서'라는 답변을 이끌어냈다.[99] 다시 말해, 1년에 10명에게 1회에 한 해 일본으로의 출국을 허용하여 가족을 만날 수 있도록 하겠다는 뜻이다. 물론 당사자는 일본에서 가족 상봉 후에 다시 사할린으로 귀환해야만 한다.

획기적인 답변을 이끌어낸 쿠사가와 의원은 귀국하는 즉시 박노학과 만났다. 그리고 두 사람은 사할린한인의 초청을 성사시키기 위한 작업에 착수하였는데, 쿠사가와는 박노학에게 초청할 사할린한인 10명의 선정을 부탁했다. 이는 평소 박노학과 쿠사가와 의원 간의 교류와 믿음이 없었다면 불가능한 일이다.

쿠사가와 의원의 '일시 일본방문 및 가족상봉' 제안은 일본 정부와 공명당 간의 협의에서 나온 것이 아니었다. 당시 공명당은 소련과 우호관계를 맺고 있었는데, 소련 당국이 공명당 본부에 '쿠사가와가 반(反)소련적 행동을 하지 못하게 하라'는 압력을 행사하기도 했다. '일시 일본방문

---

[99] 産経新聞「凜として」取材班, 2005, 193~194쪽.

및 가족상봉' 제안은 평소 쿠사가와 의원과 박노학이 일본인 성묘단의 사할린 방문 사례에서 착안하여 고안한 협상카드일 가능성이 높다. 당시 분위기로 볼 때 사할린한인의 출국이나 한국으로의 영주귀국은 불가능하더라도 '일시적인 일본 방문' 정도는 가능할 수 있다고 본 것이다.

그러나 1983년 9월 'KAL기 격추사건'이 발생하는 바람에 사할린한인의 '일시 일본방문'은 그해에 성사되지 못했다. 이런 험악한 분위기 속에서도, 이듬해인 1984년 9월 마침내 사할린한인 10명이 일본에 입국하여 한국에서 온 가족과 재회할 수 있었다. 이는 사할린한인에 대한 전후 최초의 출국 허가이자 향후 '일시 모국방문'과 '영주귀국'의 가능성을 열어준 획기적인 성과라고 할 수 있다.

이때 일본에 초청할 사할린한인을 선정하고 한국의 가족들을 수배한 것이 박노학이고, 10명에 대한 일본인 초청자 겸 보증인은 바로 쿠사가와 의원이었다.

이듬해인 1985년부터는 박노학의 아내인 호리에 가즈코를 초청인으로 하여 '일시 일본방문 및 가족상봉'이 계속해서 활발하게 이루어졌다. 이 과정에서 박노학은 사할린한인들이 도착하는 니가타(新潟) 공항에 마중을 나가고 신칸센으로 도쿄까지 데려와서 자신의 집에서 숙박을 하는 등 모든 편의와 비용을 부담했다. 심지어 한국에서 오는 가족들도 박노학의 좁은 집에서 함께 지냈다.[100]

1988년 3월 박노학 사후에는 '한국인회'의 2대 회장인 이희팔을 중심으로 이갑수, 쿠라모토(倉本フサ子) 부부와 재일한인 동포, 기독교 관계자 등이 '사할린잔류한국·조선인 원호회'를 조직하여 이 '일시 일본방문 및

---

[100] 産経新聞「凜として」取材班, 2005, 195쪽.

가족상봉' 사업을 지원했다. 그리고 박노학의 부인인 호리에 가즈코 외에 아라이 사와코(新井佐和子), 다키자와 다츠오(滝沢達夫) 등의 일본인 자원봉사자들은 '사할린재회 지원회'를 조직하여 이 사업을 지원했다.[101]

2. '일본 경유 일시 모국방문' 성사

이렇게 시작된 '일시 일본방문 및 가족상봉' 사업은 '일본 경유 모국 일시방문'의 실현으로 나아갔다. 해마다 '일시 일본 방문 및 가족상봉'이 정착되어가는 가운데, 박노학은 이들의 모국 방문 가능성을 꿈꾸었다. 기존에 진행 중인 '일시 일본방문 및 가족상봉' 방식은 한국의 가족들이 일본에 와야만 상봉이 이루어지는데, 가족들의 건강과 출국 수속, 여비 등의 현실적 장벽이 너무 많았다. 이에 박노학은 사할린한인이 일본까지 온 김에 역시 일시적이나마 일본에서 한국으로 건너가 가족과 상봉하고 사할린으로 돌아갈 수 있도록 소련이 허가해줄 것을 주장했다.

이 방법은 의원간담회의 발족과 활동을 통해 실현되었다. 전술한 바와 같이, 1987년 7월에 발족한 의원간담회는 주요 사업 중 하나로 사할린한인 본인과 박노학 등이 부담하는 '일시 일본방문 및 가족상봉' 사업의 비용을 정부 예산으로 부담할 것을 추진하는 한편, 의원간담회 소속 의원들의 소련 방문을 통해 '일본 방문 중 모국 방문'이 가능하도록 소련 측을 설득하는 방안을 모색했다. 이는 박노학의 요청 사항이었다.

비록 박노학은 의원간담회의 소련 방문이 성사되기 3개월 전인

---

101 大沼保昭, 1992, 『サハリン棄民-戦後責任の点景』, 196~197쪽; 新井佐和子, 1997, 『サハリンの韓國人はなぜ帰れなかったのか-帰還運動にかけたある夫婦の四十年』, 草思社.

1988년 3월 간암으로 타개하지만, 6월의 의원간담회 소련 방문 및 협의에서 의원들은 소련 측에 현재 진행 중인 일본으로의 일시방문 기간 중 한국으로의 일시방문을 허가해줄 것을 강력히 요청함으로써, 마침내 3개월 후 일본을 경유한 한국 고향 방문이 실현되기에 이르렀다.

이 방안과 제안은 평소 박노학의 간절한 소망을 의원간담회가 수용하여 관철한 결과였다.

의원간담회는 귀국 직후 외무성, 법무성 등 관계 당국을 상대로 사할린한인의 소련 출국, 일본 경유 한국 일시방문, 한국으로의 영주귀국 절차 간소화 마련과 소요 예산 부담 등을 검토하도록 했다.

의원간담회의 소련 방문 이후 소련 측의 태도도 전향적으로 바뀌어서, 1988년 8월 말 고령인 한원수(80세)에게 특별 영주귀국을 허가하고, 9월에 일본을 일시방문하는 김덕순에게 한국 방문을 허가하였다. 이는 김덕순의 노모가 고령에다 병환이 깊어 일본을 방문하지 못한다는 사정을 '한국인회'가 의원간담회를 통해 일본과 소련 당국을 열심히 설득한 결과 특례의 형태로 성사될 수 있었다.

이때의 특례는 이후의 '일본 경유 일시 모국방문'에 그대로 적용되어 그해에만 15명 이상의 사할린한인이 일본을 경유하여 한국을 방문할 수 있게 되었다. 10월에는 법무대신의 1년 체류허가(갱신 가능)를 통해 일본에서의 영주라는 길도 열렸다. '당분간 일본은 통과(경유)한다'는 내용의 '다나카 답변서'의 원칙으로부터 무려 16년이 걸렸다.

비록 1988년 말의 엄청난 상황 변화와 성과를 직접 목도하지는 못했지만, 이상의 '일시 일본방문 및 가족상봉', '일본 경유 일시 모국방문', '일본에서의 영주' 나아가 '일시 모국방문' 및 '영주귀국' 사업으로의 전개와 발전은 모두 박노학의 제안과 노력, 그리고 일본의 정치인, 시민사회의 긴밀한 협력이 없었다면 불가능한 일이었다.

3. 그밖의 사할린한인 귀환활동

탄원서와 진정서, '박노학 명부' 작성 및 제출 활동, 일시방문 사업 이외에 사할린한인 귀환을 위해 박노학과 '한국인회'가 벌인 기타 활동 중에서 주목할 만한 것은 일본 영주권 획득, 다큐영화 제작, 외신 매체 보도를 들 수 있다.

사할린에서 일본으로 귀환한 조선·한국인들은 영주권을 제한했는데, 박노학 등의 활동이 NHK 방송에 알려지고 1971년 6월 30일 사할린한인 영주권 문제가 집중적으로 보도되자, 그해 말인 11월 8일 마침내 사할린에서 귀환한 한인의 영주권 획득이 이루어졌다. 이로써 사할린에서 귀환한 한국인의 일본 영주가 법적으로 보장되었다.

박노학과 '한국인회' 활동이 일본 사회에 알려지자, 영화계에서도 이에 주목하여 1977년 말 주니치(中日)영화사의 쿠사카베 미사오(日下部水棹) 감독이 박노학을 찾아와 사할린한인 귀환운동의 촬영을 제의했다. 이후 몇 주간에 걸쳐 박노학과 한국인회의 활동을 촬영한 끝에 이듬해인 2월 1일 〈망각의 해협(忘却の海峽)〉이라는 다큐멘터리 영화가 극장에서 개봉하였다. 〈망각의 해협〉은 일본 사회에 사할린한인의 존재를 널리 알리는 수단이 되었다.

1978년 5월 31일 스웨덴의 주요 신문인 『다겐스 뉘헤테르(Dagens Nyheter)』의 특파원이 박노학과 '한국인회' 모임을 취재하여, 7월 17일자 신문에 크게 보도하였다. 일본의 비인도적인 처사를 주제로 한 기사였는데, 이 기사가 외신 매체에 큰 반향을 불러일으켰다. 그 영향으로

1979년 2월 22일 외신기자클럽에서 서독 TV협회 ZDF 동아시아지국 특파원인 기자가 오히라 마사요시(大平正芳) 수상에게 사할린억류 한국인의 사정에 관해 질의하자, 오히라 수상이 '이 문제를 잘 알고 있지만 아직 해결책이 없어서 유감'이라고 답변하기에 이르렀다. 이후 ZDF의 카메라맨 등이 박노학을 찾아와 인터뷰를 하고 촬영을 했으며 역시 ZDF 방송에 보도되었다. 이러한 외신들의 관심과 보도는 일본 정부가 사할린한인 문제에 관심을 기울이도록 환기시키는 역할을 했다.

VI. 맺음말

지금까지 국내에 알려진 박노학의 공로는 주로 '화태억류귀환재일한국인회'의 결성과 활동, 사할린한인과 국내 가족 간의 편지를 중계한 소위 '박노학 편지'와 영주귀국을 희망하는 수천 명의 사할린한인의 명부, 즉 '박노학 명부'의 작성에 맞추어졌다. 그러나 이러한 '박노학 편지'와 '박노학 명부'가 어떻게 만들어지고 어떤 경로로 전달되었는지 정확하게 규명되지 않았다. 이에 본고에서는 사할린한인들이 직접 작성하여 발송한 편지와 박노학이 작성한 기록들, 그리고 이에 관여한 가족과 사할린한인의 유족 및 증인의 면담 등을 통해 이를 처음으로 규명하였다.

또한 이 글에서는 처음으로 박노학의 생애와 그의 사할린한인 귀환운동 전반의 과정을 추적 조사함으로써, 그동안 주목받지 못했던 그의 활동 배경과 인적 네트워크, 일본 정치계와 시민사회와의 연대 및 협력관계를 새롭게 확인하고, 그의 노력과 기여를 재평가해야 할 점에 주목하였다.

박노학은 그의 일본인 아내인 호리에 가즈코와 함께 사할린에서부터 억류된 한국인과 일본인의 귀환 문제에 관심을 기울였으며, 1958년 일본으로 귀환한 이래 평생 동안 사할린한인의 귀환운동에 헌신했다. 특히 그의 운동 방식은, 평소 한일 양국의 관계 기관에 진정서와 탄원서를 끊임없이 제출하고 또한 직접 방문하여 설명하는 데 그치지 않고, 관계 당국의 담당자와 정치인들과 긴밀한 관계를 맺고 수시로 연락을 주고받으며 역할 분담을 통해 상호 협력하는 수준으로 발전했다. 또한 박노학은 일본 내 여야를 막론하고 유력 정치인들과 소통하며 이들이 의회에서 사할린한인 귀환 문제를 정부에 추궁하고 움직이도록 하는 한편, 일본 수상과 외상이 직접 소련 당국자에게 사할린한인 문제를 촉구하도록 하는 데까지 영향을 미쳤다.

그리고 박노학은 자신이 주도하는 '화태억류귀환한국인회'만이 아니라, 국내의 사할린한인 유가족들 단체인 '화태억류교포귀환촉진회'('중소이산가족회' 전신)의 결성과 활동을 견인하고, 일본에서는 시민단체와 변호사 모임 등이 자발적으로 모임을 결성하여 '한국인회'를 지원하고 소위 '사할린재판'을 추진하는 데 기여했다.

특히 박노학은 사할린한인의 귀환을 이루기 위해 시대와 상황에 맞게 점진적이며 현실적인 대안과 방안들을 끊임없이 제안하였다. 1990년대 한소 수교 이후에나 본격화되는 사할린한인의 모국방문과 영주귀국 사업이 시작되기 전에 이미 박노학은 일본 정치인들과 함께 '일시 일본방문 및 가족상봉'을 최초로 성사시켰으며, 이를 '일본 경유 일시 모국방문'으로 발전시키는 데 결정적인 역할을 했다. 이러한 성과는 '일본 영주'와 사할린에서 곧바로 한국을 방문하는 '일시 모국방문', 그리고 '영주귀국' 성취로 이어졌다. 현실 여건을 고려한 박노학의 단계적 접근 노력과 헌신이 없었다면 이러한 성과는 불가능했을 것이다.

박노학은 사할린한인의 '일본 일시방문 및 가족상봉'의 물꼬를 트고, '일본 경유 모국방문'이 성사되기 직전인 1988년 3월 간암으로 사망하였다. 그는 해방 이후 40여 년간, 그리고 일본으로 귀환한 이래 30년 동안 사할린한인의 귀환운동에 온 생애를 바쳤다. 그의 활동이 곧 사할린한인 귀환이었고, 사할린한인 귀환의 역사는 곧 박노학이 걸어온 길이었다.

박노학의 사할린한인 귀환운동은 한국과 일본 정부는 물론, 양국의 정치인과 시민사회를 견인하고 추동하는 놀라운 선구이자 과정이었다.

참고문헌

국내 논저

강정하, 2001, 「사할린 잔류 한인의 영주귀국을 둘러싼 한·일·러 교섭과정 연구」, 한림대학교 국제학대학원 석사학위논문.
三田英彬, 김종필 역, 1982, 『사할린의 恨, 나의 조국 日本을 고발한다』, 도서출판 인간.
박찬용, 2018, 「사할린 한인동포 귀환과 정착과제 연구」, 『在外韓人硏究』 Vol. 44.
배재식, 1983. 7, 「사할린 잔류 한국인의 법적지위의 본질」, 『대한변호사협회지』.
_____, 1990. 1, 「잃어버린 인권을 구제하는 길: 재사할린 교포의 송환문제」, 『교포정책자료』 32호.
사할린 잔류 한인·조선인 문제 의원간담회 편, 고려대학교 아세아문제연구소 편역, 1994, 『사할린 잔류 한국조선인 문제와 일본의 정치』, 고려대학교 출판부.
쓰노다 후사코(角田房子), 김은숙 역, 1995, 『슬픔의 섬 사할린의 한국인 : 전후책임의 배경』, 朝鮮日報社.
오오누마 야스아키(大沼保昭), 이종원 옮김, 1993, 『사할린에 버려진 사람들』, 청계연구소.
이연식·방일권·오일환, 2018, 『책임과 변명의 인질극 : 사할린한인 문제를 둘러싼 한·러·일 3국의 외교협상』, 채륜.
일제강점하강제동원피해진상규명위원회 편, 2009, 『강제동원명부해제집 1, 강제동원기록총서 1』.
장민구, 1976. 8, 「사하린의 한국인들」, 『북한』 56.
_____, 1977, 「사할린(화태)억류동포실태에 관한 연구」, 동국대학교 행정대학원 석사학위논문.
_____ 편저, 1976, 『사할린에서 온 편지』, 한국방송공사.
지정일, 1988. 12, 「사할린 거주 한인의 귀환(법적측면)」, 『해외동포』 30.
崔京玉, 2012, 「사할린 동포의 한국과 일본에 있어서의 법적지위」, 『憲法學硏究』 Vol.18 No.4.
戶川猪佐武, 편집부 역, 1985, 『世界大統領·首相大回顧錄 10 다나까 가꾸에이』, 대한서적공사.
한혜인, 2011. 6, 「사할린 한인 귀환을 둘러싼 배제와 포섭의 정치, 해방 후~1970년대 중반까지의 사할린 한인 귀환 움직임을 중심으로」, 『史學硏究』 第102號.
홍석조, 1988. 3, 「사할린잔류 한인귀환에 관련된 제문제점과 대책」, 『정우』 70.

국외 논저

村田豊明, 1984. 8, 『わたし'ただの主婦です：三原令さんの記』, 新泉社.

産経新聞「凜として」取材班, 2005, 『凜としての日本人の生き方』.

宣一九, 1990. 8, 『サハリンの空に流れる歷史の木霊』, 韓日問題研究所·出版會.

新井佐和子, 2016. 4, 『サハリンの韓國人はなぜ帰れなかったのか：帰還運動にかけたある夫婦の四十年』, 草思社.

大沼保昭, 1992, 『サハリン棄民-戰後責任の点景』, 中央親書.

_____, 1993. 8, 『サハリンに棄てられた人々』, 政界研究社.

玄武岩, 2010, 「サハリン殘留韓國·朝鮮人の帰還をめぐる日韓の対応と認識-1950~70年代の交涉過程を中心に」, 『時代史硏究』, 同時代史學會.

기타 자료

대한적십자사, 1990, 「사할린 관련 일반문서철(社外)」(1985. 1~1990. 12).

_____, 2008, 「사할린한인 영주귀국 사업 문서철」(1974~2008).

박노학, 「자필이력서」, 1978. 3. 8, 박창규 소장.

_____, 「주요 활동요지」 1978. 3. 8 작성, 박창규 소장.

박노학의 장남 박창규의 구술면담 기록(2019. 5. 21).

사할린주 한인 이중징용광부 유가족회 편, 2002, 『사할린주 한인 이중징용광부 피해자 유가족회보』.

사할린한인 유족 류홍준의 구술면담 기록(2019. 5. 16).

외무부 동북아1과, 1969, 「1969년, 제3차 한일각료회의」(미공개 자료).

外務部, 1981. 6, 『樺太僑胞關係資料』.

_____, 1983. 1, 『樺太僑胞關係資料』.

일본 재일한인역사자료관(在日韓人歷史資料館), 「이희팔 기타 자료」, 사할린동포귀환운동 이희팔 기타자료(1988), 관리번호 DTA0014015, 국가기록원 나라기록관 소장.

일제강점하강제동원피해진상규명위원회, 2006, 『韓·日 遺骨政策資料集』.

화태억류귀환한국인회, 「규약서」, 박창규 소장.

_____, 「사진 등 관련 문서 기록 모음」, 박창규 소장.

_____, 「진정서, 탄원서 등 모음」, 박창규 소장.

8장

양심적 지한파 언론인, 와카미야 요시부미

신정화
동서대학교 국제관계학과 교수

I. 머리말

2019년 현재, 한국과 일본 관계는 1965년 국교정상화 이래 최악이라고 평가되고 있다. 2000년대 들어와 종군위안부 문제가 상징하는 역사 문제를 둘러싸고 전개되어온 대립이 역사 문제를 넘어 경제 문제, 군사 문제로까지 확대되었기 때문이다. 이에 더해 정부 간 대립이 국민 간 대립으로 확산되면서, 한국에서는 반일이 일본에서는 혐한이 그 위력을 확장시켜가고 있다. 돌이켜보면, 1952년부터 시작된 국교정상화 협상 과정에서는 물론, 1965년 국교가 정상화된 이후에도 한일은 역사 문제를 둘러싸고 반목을 거듭해왔다. 그럼에도 1998년 김대중 대통령과 오부치 게이조(小渕 恵三) 일본 총리가 발표한 '21세기 한일 파트너십 공동선언'이 상징하듯이 "과거의 불행한 역사를 극복하고 화해와 선린우호 협력에 입각한 미래지향적인 관계를 발전시키"려는 노력도 끊임없이 이루어져왔다. 그러나 여전히 한국과 일본의 역사 문제에 대한 인식에는 근본적인 차이가 존재하며, 이러한 차이가 문재인 정부와 아베 신조(安倍 晋三) 내각의 상이한 국가 진로와 상호 결합하면서 대립이 확산되어 온 것이다. 따라서 한일 역사 화해에 힘쓴 일본 측 인물을 택해 그의 주장과 활동을 알아보는 작업은 양국의 역사 인식의 거리를 좁히는 실마리를 찾을 수 있다는 점에서 그 어느 시기보다도 의미 있는 일이라고 할 수 있을 것이다.

이 글은 일본의 대표적인 진보 언론으로 꼽히는 『아사히신문(朝日新聞)』의 정치부기자, 정치부장, 논설주간을 역임하면서 한일 역사 화해를 추진한 와카미야 요시부미(若宮啓文, 1948~2016)의 주요 주장과 활동을 분석한다.

와카미야는 자신과 한반도와의 만남을 다음과 같이 서술한다.[1]

1970년 기자가 됐고 1979년 박정희 대통령 서거 직전 방위청 장관과 동행해 처음 한국을 방문했다. 판문점에서 북한이 판 제3땅굴을 보고 긴장감 속에 일본은 평화로워 다행이라고 생각했다. 한편으로 그 평화는 많은 희생 위에 유지되고 있다는 점을 실감했다. 다음 해인 1980년에는 자민당 의원들과 함께 북한을 방문할 기회가 있었다. 그때도 북쪽에서 판문점에 가 정반대의 긴장을 느꼈다. 두 가지 경험을 하고 한반도 문제는 내 운명이라는 생각이 들었다. (중략) 유학을 결심하고 1981년 9월 서울에 갔다. 이듬해에 일본 역사교과서 파동으로 엄청난 반일 분위기가 생겼다. 그 속에서 일본을 생각했고, 한국을 생각했다. 그때부터 오늘까지 30년 이상 세월이 흘렀다. 43년간의 신문기자 생활에서 4분의 3은 어떤 형태로든 한반도와 인연을 맺어왔다.

---

1 "한일최근 내셔널리즘 충돌 위험 고조 언론 균형추 역할 중요", 『동아일보』(2013. 01. 26). http://www.donga.com/jp/article/all/20130126/420283/.

한편 와카미야는 전후 일본 정치에서 나타나는 아시아관의 특징을 다음과 같이 분석한다.[2]

'탈아입구(脫亞入歐)'라는 전통 관념이 맥을 유지하고 있는 한편, '대동아공영권(大東亞共榮圈)'과 '대아시아'에 대한 환상 또는 동경도 사라지지 않았다. 아시아 멸시의 체질을 끌고 가면서 일본이 아시아에 남긴 깊은 상흔으로부터 눈을 돌리려는, 또 다른 한편으로는 아시아에 빚을 졌다는 느낌, 또는 로망을 추구해왔던 것이 일본의 전후정치가 아닐까.

이와 같은 시점에 입각해 와카미야는 집권정당인 보수정치세력 자민당의 아시아 및 한반도 인식, 한일 우호 관계 그리고 한중일 우호 관계 수립과 관련한 수많은 기사와 칼럼, 또 여러 권의 저서를 집필했다. 특히 논설주간을 역임했던 2002년 9월부터 2008년 3월까지의 약 6년 동안은 고이즈미 내각과 아베 내각(제1차)이 주도하는 일본의 보수우경화를 비판하는 것을 통해, 일본과 한국, 더 나아가 일본과 아시아 국가들과의 관계 악화를 저지하고자 했다. 그리고 2010년부터는 일본 언론인으로서는 처음으로 『동아일보』에 「와카미야의 도쿄소고(東京小考)」 칼럼을 장기간 연재해 한일관계의 중요성과 역사 화해의 필요성을 강조했다. 이 기간 중 와카미야는 『한국과 일본국(韓國と日本國)』, 『일한의 미래를 만든다(日韓の未来をつくる)』 등으로 대표되는 한일 관련 저서도 발표했다.

2013년 1월 아사히신문사 퇴임 후 2016년 4월 한중일 국제회의 출

2　若宮啓文, 1995, 『戰後保守のアジア觀』(朝日選書 541), 4쪽.

석차 방문한 중국 베이징에서 사망할 때까지의 마지막 3년 동안은 서강대학교, 동서대학교 등 한국의 대학에서 한일관계를 테마로 강의를 하는 한편, 각종 국제회의에서 아시아 평화를 위한 한중일의 협력 필요성을 강조했다. 와카미야 사후 한국의 지인들은 그를 '한일 우호관계를 추진한 우정에 찬 지한(知韓)파 인사'라고 평가했다. 그리고 한국 정부는 '지한파' 언론인으로 한일관계 발전에 공헌한 업적을 기리면서 그에게 수교훈장 흥인장을 수여했다. 한마디로 말해, 와카미야는 일본 국내 차원에서는 보수 우익화 저지를, 대외 차원에서는 한국과의 역사 화해를 선봉적으로 이끌었던 양심적 진보 언론인이었던 것이다.

이 글은 이상과 같은 와카미야의 주요 활동을 다음과 같은 구성을 통해 설명한다. 먼저 제Ⅰ장에서는 와카미야를 한일 역사 화해 활동을 행한 주요 인물로 택한 이유를 설명한다. 제Ⅱ장에서는 와카미야의 주요 경력 및 대표적인 활동을 알아본다. 제Ⅲ장에서는 전후 일본 정치의 모순과 역사 인식과의 상관관계에 대한 분석 그리고 2000년대 고이즈미 내각과 아베 내각이 추진하는 야스쿠니신사 참배, 자위대의 강화와 활동 영역의 확대, 평화헌법 개정 시도가 상징하는 일련의 보수우경화 정책에 대한 와카미야의 비판을 제시한다. 제Ⅳ장에서는 '화해'와 '반발' 사이를 아시아 관계, 「무라야마 담화」와 '한일파트너십 공동선언'이 상징하는 1990년대의 한일 우호 시기에 대한 와카미야의 분석 그리고 월드컵 한일공동개최 제안과 '독도를 우정의 섬'으로 제안 등을 통해 그가 이룩하고자 한 한일 우호 관계의 모습을 제시한다. 제Ⅴ장에서는 제Ⅱ·Ⅲ장의 내용을 요약한 뒤, 한일 양국의 우호 관계 구축과 관련한 와카미야의 주장과 활동에 대한 일본과 한국 국내의 평가를 제시한다.

II. 주요 경력 및 활동

1. 출생~대학 시절(1948~1970)

와카미야는 1948년 1월 16일 도쿄에서 출생했다. 그의 부친은 아사히신문(朝日新聞) 정치부 기자를 지내다 하토야마 이치로(鳩山一郞) 수상의 비서관을 역임한 와카미야 고타로(若宮小太郞)였다. 와카미야는 도쿄 소재 유수의 명문사학인 아자부(麻布)고등학교를 졸업하고, 일본 최고의 수재들이 모이는 도쿄대학교 법학부에 입학했다.

와카미야가 대학에 입학한 1960년대 일본은 패전국에서 세계 제3위의 경제대국으로 국제사회에 화려하게 복귀했다. 그리고 이를 상징적으로 표현한 것이 1956년도 『경제백서』의 "이미 전후가 아니다(もはや戰後ではない)"라는 문장이었다. 그러나 '도쿄대학 야스다강당 사건(東大安田講堂事件)'[3], 나리타(成田) 공항 건설 반대운동[4]에서 볼 수 있듯이, 아직 패전 후의 사회주의적 혁명 분위기가 일본 사회의 곳곳에 남아 있었다. 이에 더해 경제성장의 부정적 현상으로 수은병, 요카이치(四日市)천식 등

---

[3] 1968년에서 1969년까지의 약 2년간 진행된 '도쿄대학 야스다 강당사건'의 자세한 내용은 佐々淳行, 1996, 『東大落城-安田講堂攻防七十二時間』(文春文庫), 文藝春秋; 島泰三, 2005, 『安田講堂 1968-1969』(中公新書), 中央公論新社 참조.

[4] 1960년대에 들어와 고도 경제 성장으로 매년 증대하는 국제우송 요구에 대응하기 위해 일본 정부는 기존의 하네다 공항에 더해 도쿄만 치바현(千葉縣)에 제2의 국제공항의 건설을 시작했다. 그러나 지역주민들은 공항 건설이 수반할 사유지 취득 문제와 소음 문제 등을 이유로 반대했다. 여기에 '혁명'을 지향하는 신좌익세력(일본 혁명적 공산주의자 동맹)이 합류함으로서 반대운동은 폭력화되어갔다. 결국 국민들이 폭력운동에 거부감을 나타냄에 따라 반대운동은 힘을 잃게 되고 공항이 무사히 건설된다.

공해병이 발생하는 등 새로운 문제도 발생하고 있었다.

와카미야는 단카이세대(團塊世代)[5]였다. 단카이세대는 부모와 선생님으로부터 가혹했던 전전의 군국주의와 비참했던 전쟁 체험을 들으면서 성장했으며, 대학 개혁을 목적으로 한 학생운동, 일본의 전쟁에의 연루를 반대하는 안보투쟁과 베트남 전쟁 반대운동 같은 반전운동을 주도하면서 일본 일국 평화주의를 추구했다. 당연히 와카미야는 전전 일본의 군국주의를 상징하는 국가, 권력, 권위에 부정적이었으며, 또 대학 시절 직접 목격한 '도쿄대학 야스다 강당사건'을 통해 평화를 중요시했다. 한마디로 말해, 와카미야는 단카이세대 진보적 지식인의 전형이었던 것이다. 그리고 도쿄대학 학생으로 직접 목격한 '도쿄대학 야스다강당 사건'은 와카미야로 하여금 평화의 중요성을 한층 더 실감하게 했다.

2. 아사히신문 시절(1970~2013)

대학 졸업 후, 1970년 4월 와카미야는 당시 일본의 일간지 가운데 가장 진보적이며 또 가장 큰 사회적 영향력을 발휘하고 있던 아사히신문사에 정치부 기자로 입사했다. 와카미야가 기자를 직업으로 택한 이유는 기자였던 부친의 영향도 컸지만, 패전 후 급속한 재건이 이루어지는 가운데 과거의 모순과 새로운 모순이 착종하는 일본 사회의 모습을 본인이 "직접 눈으로 확인하고 전달하고 싶다"는 욕구 때문이었다.[6]

5　단카이세대란 일본에서 제1차 베이비붐 시대(1947~1949)에 탄생한 세대를 뜻한다. 문화적인 면이나 사상적인 면에서 공통된 점을 가진 전후세대로, 고도성장기, 버블 등을 경험했다. 해당 3년간의 출생자 수는 약 806만 명에 이른다.
6　若宮啓文, 2013, 『新聞記者:現代史を記録する』(ちくまプリマ-新書 202), 筑摩書房,

와카미야가 아사히신문사에 입사하기 하루 전인 1970년 3월 31일에 발생한 것이 바로 '요도호 납치사건'이었다. 이 사건은 도쿄 하네다공항에서 후쿠오카공항으로 향하던 일본항공기(JAL) 351편 요도호를 적군파를 자칭하는 대학생 9명이 북한으로 망명하기 위해 납치한 사건이다.[7] 『아사히신문』을 비롯한 전국의 신문들이 요도호 납치사건을 연일 대서특필하였다. 와카미야는 2013년 출판한 저서 『신문기자: 현대사를 기록하다』에서 "신문기자로서 첫발을 내디디자마자 일본, 한국(서울), 북한(평양)을 무대로 발생한 '요도호 납치사건'이 나의 일본과 한반도(남북한)와의 인연을 암시하는 사건이었는지도 모르겠다"고 회상하였다.[8]

입사 후 와카미야는 약 5년간 2개의 지국에서 근무하도록 되어 있는 사내 규정에 따라 요코하마 지국에 근무한 후, 나가노(長野) 지국으로 이동했다. 나가노 지국에서 와카미야가 힘을 기울인 것은 일본의 주요 인권 문제인 '부락 문제', 즉 '피차별 부락 문제'였다. 와카미야는 1973년 9월부터 다음 해 5월까지의 9개월 동안 160회에 걸쳐 『아사히신문』 나가노판에 「르포 현대의 부락」이라는 기사를 게재했다. 그리고 1974년 아사히신문사는 이 기사를 단행본 『르포 현대의 피차별 부락(ルポ 現代の被差別部落)』으로 출판했다.[9]

1975년 도쿄 본사로 이동한 후 와카미야는 정치부 기자로 총리를 담

10쪽.

7 이 사건은 도쿄 하네다공항에서 후쿠오카공항으로 향하던 일본항공기(JAL) 351편 요도호를 적군파를 자칭하는 일본인 학생 등 9명이 북한의 평양으로 가기 위해 납치한 사건이다.
8 若宮啓文, 2013. 7쪽.
9 若宮啓文, 1988, 『ルポ 現代の被差別部落』(朝日文庫), 朝日新聞社.

당하는 '총리반'에 배치되었다. 언론의 주요 임무의 하나인 "권력을 감시하는 일"을 수행하기 시작한 것이다. 와카미야가 담당한 대표적인 사건은 첫째, 로키드사건[10]으로 시작한 정치부패와 스캔들, 둘째, 국민들이 싫어하는 증세, 특히 소비세의 도입과 인상, 셋째, 동서냉전의 종료였다. 와카미야의 논조는 집권여당 자유민주당에 대해 비판적이었으며, 자민당 내에서 리버럴로 평가된 고치카이(宏池會)[11]와 가까웠다. 당시 『아사히신문』의 사풍이 그대로 반영되어 있었던 것이다.

1978년 8월 와카미야는 『아사히신문』 정치부 기자의 자격으로 야마시다 간리(山下元利) 방위청 장관의 한국 방문에 동행했다. 와카미야에게는 첫 번째 한국 방문이자, 첫 번째 아시아 방문이었다. 그리고 다음 해 1980년 9월 자민당 의원들로 구성된 아시아·아프리카연구회 방북 대표단의 취재기자로서 북한을 방문해, 방북대표단과 김일성과의 회담을 취재했다. 겨우 1년 동안에 한국과 북한 양쪽을 방문하는 기회를 가진 것이다. 후일 와카미야는 이것을 자신과 한반도와의 운명이었다고 회상하기도 했다.[12] 박정희 대통령 사후 일시적으로 민주주의가 실현된, 이른바 '서울의 봄' 시기, 한국의 민주주의에 대한 관심에서 한국 특파원을 원했으나 실현되지 않았다. 결국, 전두환 정권기인 1981년 9월부터

---

10 로키드사건은 미국 록히드사의 발주를 둘러싸고 1976년에 밝혀진 대규모 부패사건으로 일본에서는 이와 관련해 다나카 가쿠에이(田中角栄) 전 총리와 행동파 우익의 거물이자 폭력단이나 CIA와도 깊은 관계를 가졌던 고다마 요시오(児玉譽士夫) 등 다수가 체포되었다.
11 고치카이(宏池會)는 자민당 내에서 가장 오래된 파벌로, 현재 명칭은 기시다파이다. 정책에 밝으나 정쟁에 서툴다는 평을 받는다. 자민당 내 중도파로 분류되며, 미일관계를 중시하는 가운데 비둘기파적인 면모를 보인다.
12 若宮啓文, 1995, 『戰後保守のアジア観』(朝日選書 541), 朝日新聞社, 7쪽.

1년간 그는 한국을 방문해 서강대학교에서 한국어를 배웠다. 한국을 제대로 알기 위해서였다.

그러나 와카미야 자신이 말하고 있듯이, 일본에서의 기자 활동을 하는 가운데서도 한국은 물론 중국 등 아시아와의 인연이 끊이지 않았다. 천황의 발언('お言葉')이 초점이 되었던 1984년 전두환 대통령의 일본 공식 방일, 1985년 한국과 중국으로부터 항의를 받았던 나카소네 수상의 야스쿠니신사 공식 참배, 1986년 문부과학상인 후지오 마사유키(藤尾正行)가 한일병합 정당화 견해를 표명해 파면된 사건 등 한일관계는 물론 중일관계에 획을 그은 중요한 사건들을 취재하고 보도했다. 이와 같은 경험을 토대로 와카미야는 일본의 정치에 있어서 아시아는 무엇인가 하는 문제를 고민했다. 그리고 그에 대한 와카미야의 답이 1995년에 아사히신문사에서 출판한 『전후 보수의 아시아관(戦後保守のアジア観)』이었다.

와카미야가 한국과 다시 인연을 맺게 된 계기는 한국과 일본 간의 지적 교류 및 커뮤니케이션의 증진을 목적으로 1999년에 발족한 '한일포럼'에 참가하면서부터였다. 2002년 9월부터 2008년 3월까지 6년 가까이 논설주간으로 『아사히신문』의 사설, 논조를 주도했다. 그 기간 일본의 내각은 고이즈미 준이치로(小泉純一郎) 내각, 아베 신조 내각, 후쿠다 야스오(福田康夫) 내각이었다.[13] 특히 와카미야는 고이즈미 정권과 아베 정권이 추진하는 일련의 보수우익화 정책을 비판하면서, 역사문제에 대한 바른 인식에 기초해 한국 등 주변국과의 우호관계를 구축해야 한다고 지속적으로 주장했다. 이 과정에서 보수신문인 『요미우리신문(読売新

---

[13] 각 내각의 존속기간은 다음과 같다. 고이즈미 내각: 제1차 내각-2001. 4~2003. 11, 제2차 내각-2003. 11~2005. 9, 제3차 내각-2005. 9~2006. 9. 아베 제1차 내각-2006. 9.~2007. 9, 후쿠다 내각-2007. 9~2008. 9.

聞)』,『산케이신문(産経新聞)』 등과 논쟁을 거듭하기도 했다.[14]

또 2007년 5월 3일 헌법기념일에는 「제언 일본의 신전략-사설21」이라는 제목하에 일본의 바람직한 국가상으로 "지구공헌국가"를 제창했다. 뿐만 아니라, 헌법 9조 개정을 반대하는 호헌의 입장을 선명히 하고, 평화안전보장기본법(가칭)으로 자위대의 존재와 역할을 규정할 것을 주장했다.

한편, 한일관계와 관련해서는 2002년 월드컵 한일 공동개최를 제안했으며, 2005년 일본 야마네현의 '다케시마의 날' 제정을 계기로 독도를 둘러싼 한일 간의 공방이 가열되는 가운데, 「다케시마와 독도를 '우정의 섬'으로...라는 몽상(竹島と独島 これを'友情島'に…の夢想)」이라는 제목으로 "독도를 (일본은 한국에) 양보하고, 한국은 독도를 '우정의 섬'으로 하"자는 제안을 발표하기도 했다. 또 2012년에는 당시 한일 간의 주요 현안으로 재삼 부상한 일본군 '위안부' 문제의 해결 방안으로 노다 요시히코(野田佳彦) 수상의 사죄를 제안하기도 했다.

3. 한일의 교량 시절(2013~2016)

2013년, 43년간 근무한 아사히신문사를 퇴사한 후에는 한국의 서강대학교에서 한국어를 다시 배웠다. 특히 일본국제교류센터의 시니어 펠로우에 취임해 일본과 아시아 국가들의 교류 증진에 전력을 기울였다. 또 도쿄대학(東京大學), 게이오대학(慶應義塾大學), 쿠마타니대학(龍谷大

---

14 若宮啓文, 2008,『闘う社説 朝日新聞論説委員室 2000日の記録』, 講談社, 283~284쪽.

學)에서 각각 객원 교수를 하는 한편, 한국 동서대학의 객원교수, 서울대학교 일본연구소 객원연구원을 역임하면서 학생 지도 및 한일 우호 증진을 위한 활동을 전개했다. 다수의 저서 가운데, 2015년에 출간한 『전후 70년 보수의 아시아관(戰後70年 保守のアジア観)』이 이시바시 단잔(石橋湛山) 상을 수상했다. 그리고 2016년 4월 한중일 국제회의 출석차 중국 베이징을 방문 중 호텔에서 사망했다.

III. 일본 사회의 민주화와 보수우경화 경계

1. 신문의 사회적 역할: 보도의 원점과 피차별 부락 문제

와카미야는 신문이 보도와 언론이라는 크게 두 가지의 역할을 가진다고 본다. 먼저 보도의 원점을 다음과 같이 지적한다.[15]

'신문'은 문자 그대로 '새롭게 들은' 일을 보도하는 것에 의미가 있다. (중략) 그러나 신문 기사가 새롭기만 하면 된다는 것은 아니다. 거기에는 무엇보다도 '정확함'이 요구된다. 사회에서 일어나고 있는 일을 재빠르게 정확히 전달하는 것. 그것이 보도의 가나다라고 할 수 있다. 신문의 신용성은 먼저 거기에 있다.

다음으로 언론의 중심적인 역할을 행하는 것은 사설이며, 신문사의 보

---

15 若宮啓文, 2013, 12쪽.

도 태도를 상징하는 것이 사설이기에 정치와 거리를 둔 논조가 필요함을 주장한다. 특히 『아사히신문』은 전전의 침략전쟁을 지지한 데 대한 반성으로, 전후에는 '반전'과 '평화'를 중심에 둔 사설을 추구하고 있었다.[16]

와카미야의 첫 근무지는 요코하마였다. 당시 요코하마는 사회당 위원장을 역임하는 등 혁신 단체장의 수장으로 평가되고 있던 아스카다 이치오(飛鳥田一雄)가 시장을 역임하고 있던 일본을 대표하는 혁신 자치시였다.[17] 아스카다 시장은 주민 참여의 직접 민주주의를 구현하고자 애쓰는 한편, 일본 일국 평화주의 운동도 추진했다. 1972년 8월 '베트남행 미군 전차 중지 사건'이 발생했다. 이는 당시 최고조에 달하고 있던 베트남 전쟁에 일본이 연루되는 것을 저지하고자 사회주의 계열 정치세력이 전개한 반전반미운동이었다.[18] 와카미야는 햇병아리 기자로서 베트남 전쟁을 둘러싼 일본 사회의 갈등을 "직접 눈으로 확인"했다. 그리고 기사로 "전달"했다. 기자로서의 활동이 냉전기 일본 정치의 최대 현안인 '반전'과 '평화'로 시작된 것이다. 그리고 '반전'과 '평화'는 『아사히신문』이 추구하는 주요 가치였다.

1972년 9월 요코하마 지국에서 나가노 지국으로 이동한 와카미야는 일본 사회의 고질적인 차별 문제인 부락 문제를 집중적으로 취재했다.

---

16 若宮啓文, 2008, 278~279쪽.
17 아스카다 이치오(飛鳥田一雄)는 일본 중의원 의원, 일본사회당 위원장, 요코하마 시장 등을 역임했다. 요코하마 시장 시절에는 반전·반기지 운동을 펼쳤으며, 다수의 공공사업을 통해 요코하마 시의 기초를 구축했다. 그러나 사회당 위원장을 역임했을 당시 북한을 찬미했다는 이유로 비판받기도 했다.
18 베트남행 미군 전차 중지 사건이란 1972년 8월 4일, 아스카다 이치오 요코하마 시장 등 수명이 도로에 앉아 요코하마항으로부터 베트남에 수송될 예정이던 미군 전차의 운반을 저지한 사건이다.

와카미야는 부락해방동맹 나가노연합회의 협력을 얻어, 부락민들과 교류하면서 피차별자의 심층 심리에 대한 이해와 공감에 근거해 「르포 현대의 피차별 부락」을 약 15년간 『아사히신문』 나가노판에 연재했다. 와카미야는 "피차별 부락에서 태어난 것은 전혀 수치스러운 일이 아니다. 가슴을 펴야 한다"고 생각한다며 "차별 문제를 감추는 것이 아니라, 당당하게 제기해 차별을 없게 해야 한다"고 주장했다. 구체적인 주장은 다음과 같았다.[19]

> 차별을 넘어서지 않으면 언제까지도 차별은 없어지지 않는다. '부락'을 배우지 않고 자란 아이들은 후에 심각한 차별 현실에 직면해 엄청난 충격을 받는 경우가 많았다. 그렇기 때문에 제대로 알고 저항력을 키워두지 않으면 위험하다. '가만히 두면 차별은 없어지니까 자는 아이를 깨우지 말라'라는 태도는 올바르지 않다. 이것은 해방동맹의 논리이기도 하지만 나의 논리이기도 하다.

이와 같은 와카미야의 주장은 피차별 부락 해방동맹의 논리와 같았다. 와카미야의 피차별 부락 문제에 대한 문제제기 그리고 그의 해결을 위한 노력 등은 일본인들이 피차별 부락 문제에 관심을 갖게 되는 계기가 되었으며, 그것의 해결을 추진하는 피차별 부락민을 비롯한 관련단체에게 많은 힘이 되었다. 부락 해방을 국민적 과제로 끌어올린 것이다. 연재 기사 「르포 현대의 피차별 부락」은 1988년 아사히신문사에서 단행본 『르포 현대의 피차별 부락』로 간행되어, 동화 교육과 인권 계발의

---

19 若宮啓文, 1988.

살아있는 교재로 활용되어왔다.

2. 정치의 보수우경화 견제: 고이즈미 정권, 아베 정권(제1차 내각)

전후 일본 정치의 특징을 와카미야는 "오른손에 기미가요, 왼손에 헌법"이 놓여져 있는 모순된 상황이라고 해석한다. 오른손의 기미가요가 일본의 민족주의를 상징한다면, 왼손의 헌법은 전쟁에 대한 반성과 아시아와의 화해를 상징한다는 것이다.[20]

> 일반적으로 국가에는 4개의 정치적 상징이 있다. 국기, 국가, 원수, 그리고 헌법이다. 이것들의 본래 모습은 상호 조화이다. 그러나 일본의 경우는 특수하다. 국기인 히노마루, 국가인 기미가요, 그리고 천황의 3개는 전전부터의 일본의 전통과 역사, 문화를 상징하는 것이다. 헌법만이 전후에 태어나, 자유와 민주주의, 인권과 같은 근대의 보편적 가치를 주장하고 있으며, 특히 평화를 강조하고 있다. 이렇듯 오른손에는 고래(古來)의 상징을, 왼손에는 새로운 상징을 들고 있는 것이 전후 일본이다. 양손의 균형을 위해 애쓰는 천황을 별도로 하면, 양손이 서로 반발해온 것이 전후의 일본 정치라고 생각된다.

이상과 같이, 와카미야는 침략전쟁으로 이어진 일본적 전통과 패전 이후 일본 사회의 민주주의의 초석으로 기능해온 헌법 사이에는 늘 긴

---

20 若宮啓文, 2007, 『右手に君が代 左手に憲法-漂流する日本政治』, 朝日新聞社, 7~8쪽.

장이 존재한다고 본다. 그리고 이 긴장관계에 나름대로 균형감 있게 대처하면서 주변국과의 우호 협력 관계 구축을 위해 필요한 것이 과거사 청산이며, 이에 나름대로 힘을 기울여온 것이 1990년대 자민당 내의 비둘기파인 고치가이(宏池会)에 속한 수상들이라고 평가한다.[21]

> 1990년대 총리들의 배려를 주목할 필요가 있다. 예를 들어 미야자와 정권은 역사상 처음 자위대를 캄보디아 PKO에 파견한 1992년 가을, 우파의 반대를 누르고 일왕의 중국 방문을 성사시켜, 일본의 중국 침략이라는 과거를 매듭짓고자 했다. 다음 해 호소가와 수상은 한국에서 '창씨개명' 등을 열거하면서 식민지 지배를 사죄했다. 그리고 무라야마 수상은 전후 50년에 해당하는 1995년 8월 15일,「수상담화」를 발표해 식민지 지배와 침략을 "국책의 잘못"이라고 단언했다. 아시아에 대한 '반성'과 '사죄'를 최초로 확실히 표명한 것이다. 1998년 한일 공동선언에 동일한 표현이 기재되었으며, 김대중 대통령으로부터 "화해"라는 단어를 이끌어낸 것은 오부치 수상이었다.

즉, 미야자와 기이치(宮沢 喜一), 호소가와 모리히로(細川 護熙), 무라야마 도시미치(村山 富市)로 이어지는 이른바 '진보'성향의 수상들은 과거사 문제에 대한 사죄를 통하여 아시아 국가들과의 화해를 추진했다. 특히 전후 50년에 해당하는 1995년 8월 15일 무라야마 수상은 「전후 50주년의 종전기념일에 즈음하여」(「무라야마 담화」)를 발표했다. 이것이 계기가 되어 한국이 일본의 과거사에 대한 반성을 인정하고 미래지향

---

21 若宮啓文, 2007, 10~13쪽.

적 관계 구축의 필요성에 합의한 1998년 10월의 '21세기 새로운 한·일 파트너십 공동선언'이 탄생할 수 있었다고 평가한다.[22] 즉 1990년대의 '진보'성향 내각들은 역사반성을 통해 아시아와의 '화해'와 내셔널리즘 간의 미묘한 균형을 유지해온 것이다.

그러나 「무라야마 담화」로 상징되는 사죄를 '자학의 극치'로 받아들이는 국회의원들도 있었다. 이들은 일본의 침략전쟁을 서구로부터 아시아를 해방시키기 위해 했던 전쟁이라는 지론을 공공연하게 강조하기 시작했다. 이렇듯 전후 50년에 해당하는 1995년은 「무라야마 담화」로 대표되는 '화해'와 '반발의 내셔널리즘'의 뿌리 깊은 대립이 현재화한 해였다.[23]

또한 2001년 고이즈미 준이치로(小泉純一郎)의 수상 취임은 일본의 변화를 알리는 신호였다. 고이즈미는 야스쿠니신사 참배가 상징하듯이, 「무라야마 담화」로 대표되는 '화해'가 아니라, '반발의 내셔널리즘'에 가까운 태도를 견지한 인물이다. 그리고 이와 같은 수상의 야스쿠니신사 참배를 국민의 절반이 지지를 표명했다. 일본 사회가 전체적으로 보수화되고 있었던 것이다. 2000년대 들어와 일본 사회가 보수화한 이유는 다음과 같았다. 먼저, 일본이 과거사를 반성해도 아시아 국가들은 계속해서 일본에 반성을 요구한다. 즉 반성 피로감이 발생하기 시작했다. 둘째, 일본이 아시아에서 유일한 경제대국이었으나, 중국의 경제대국화로 인해 그 지위가 위협받고 있으며, 중국이 경제를 배경으로 군사대국화까지를 추구하고 있다. 셋째, 빈곤국가인 북한조차도 노동, 대포동 등의

---

22 「21세기 새로운 한·일 파트너십 공동선언」(전문). http://www.korea.kr/news/policyNewsView.do?newsId=148746505
23 若宮啓文, 2006, 『和解とナショナリズム 新版·戦後保守のアジア観』(朝日選書), 朝日新聞社, 4~5쪽.

탄도미사일을 발사하고, 핵 개발을 시도하는 등 일본이 위협을 받고 있다고 생각하기 시작했기 때문이다.

일본 사회가 보수적으로 변화되는 시기, 와카미야는 『아사히신문』 논설주간에 취임했다. 그리고 그가 논설주간으로 재임했던 2002년 9월부터 2008년 3월까지의 일본은 고이즈미 제1차 내각(2001년 4월~2003년 11월), 제2차 내각(2003년 11월~2005년 9월), 제3차 내각(2005년 9월~2006년 9월), 아베 제1차 내각(2006년 9월~2007년 9월), 그리고 후쿠다 내각(2007년 9월~2008년 9월)이다. 와카미야의 『아사히신문』은 고이즈미 정권과 아베 정권이 내셔널리즘의 강화를 추진하는 일련의 보수화 정책을 앞장서서 비판했다. 일본이 식민지 지배와 침략을 행한 아시아 국가들과의 '화해'와 '내셔널리즘'의 균형이 이루어질 때, 일본도 아시아도 안정과 평화를 유지할 수 있다고 생각했기 때문이다.

2001년 4월 26일 수상에 취임한 고이즈미는 자민당 총재 선거에 앞서 개최된 일본기자클럽에서, "수상에 취임하면 8월 15일 어떠한 비판이 있더라도 꼭 참배한다"고 하여 야스쿠니신사 참배의 의지를 당당히 밝혔다. 그리고 수상에 취임하기 직전에는 가고시마현(鹿兒島県)의 지란(知覽)특공 평화회관을 방문했다. 이에 대해 『아사히신문』은 다음과 같이 논평했다.

"야스쿠니 참배: 특공대와 '민족화해'의 사이", 「풍고계(風考計)」 (2004. 1. 25.)[24]

---

[24] 若宮啓文, 2007, 『右手に君が代 左手に憲法-漂流する日本政治』, 朝日新聞社, 34~37쪽.

2001년 가고시마현의 지란특공 평화회관을 방문한 고이즈미 수상은 특공대원의 영정 앞에서 눈물을 흘렸다. 나라를 위해 순국한 젊은이에 대한 마음이 누구보다도 강하다. 그런 마음은 야스쿠니신사 참배 고집에서도 나타나고 있다. 전쟁 희생자를 추모하는 것을 통해 '일본의 평화와 번영을 기원한다'는 것이다.

야스쿠니신사의 경내에는 '류슈칸(遊就舘, 전쟁전시관)'이 있다. 메이지 이후의 일본군 및 전쟁 역사를 전시하고 있는 자료관이다. 거기에도 특공대원 즉 '야스쿠니의 신들'의 영정 및 유서, 유품이 전시되어 있다. 전사자들의 약속이 '야스쿠니에서 만나자'였다며 참배를 고집하는 고이즈미 수상의 기분을 이해 못하는 것은 아니다. 그러나 장래 유망한 젊은이들을 특공대원으로 내모는 무모한 전쟁을 강요한 군부와 국가지도자의 과오를 지적하지 않는다면, 특공대 등의 전사자를 추모하고 평화를 기원하는 행위라고 할 수 없다. 유도관에는 군국주의를 문제시하는 시각도, 자책의 마음도 없다. 관내에서는 '조국 일본의 방위를 위한 옥쇄'라고 특공대를 설명하는 기록영화가 상영되고 있으며, 또 전쟁책임을 물은 도쿄 재판을 "일방적으로 '전쟁범죄인'이라는 누명을 씌워, 무참하게 생명을 빼앗았다"라는 입장에 입각해 A급 전범의 합사(78년)도 당연시하고 있다. 따라서 외국에서는 야스쿠니를 군국주의의 상징으로 보고 있다. 그렇기 때문에 수상이 야스쿠니를 참배하는 것은 문제이다. 따라서 고이즈미 수상은 아시아의 반발을 부르는 야스쿠니를 고집하기보다는 민족 화해로 이어지는 추도 방법을 찾는 것이 필요하다. 국가신도를 부정하고, 야스쿠니신사를 민간시설로 변경하는 것도 한 방법이다.

이렇듯 『아사히신문』은 고이즈미 수상이 나라를 위해 목숨을 바친 젊은이들을 기억하고자 하는 마음은 이해하나, 군국주의를 미화하고 있는 야스쿠니신사 참배는 문제라고 지적하고 있다. 고이즈미 총리의 주장처럼 참배가 전사자들을 추모하고 평화를 기원하는 행위로 인정받기 위해서는 전쟁을 일으킨 군부와 국가지도자의 잘못을 지적하는 것이 병행되어야 하고, 아시아 국가들과 화해가 이루어질 수 있는 추도 방법을 모색해야 한다고 제언하고 있다.

그러나 고이즈미 총리는 계속해서 야스쿠니신사를 참배했다. 『아사히신문』 또한 계속해서 총리의 신사 참배의 문제점을 군부와의 관계, A급 전범 합사 문제, 한국과 중국의 이의 제기 등을 꾸준히 지적했다.

"수상의 야스쿠니 참배에의 찬부", 「사설」(2005. 6. 4.)[25]

2001년 4월 26일 제87대 수상에 취임한 고이즈미 준이치로가 2001년에 시작한 야스쿠니신사 참배는 올해 간단한 참배까지 합치면 모두 6회에 이른다. 이것이 아시아 외교에 커다란 문제를 만들고 있는 것은 말할 필요도 없다. 수상의 야스쿠니 참배는 헌법이 정한 정교분리 원칙과 관련되어 오랫동안 논의를 초래해왔다. 또 야스쿠니신사에는 커다란 문제가 있다. 전전·전중에는 육·해군성이 소관했으며, 천황에게 목숨을 바친 군인과 군속 등을 '신'으로 숭배하는 '국가신도'의 중핵적인 존재였다. 전후는 하나의 종교법인화했으나, 78년에는 도죠 히데키 전 수상 등 태평양전쟁 A급 전범이 '쇼와 순국자'로서 합사되었다. 여기에 대해서는 국내에서 비판이 있었을 뿐 아니라, 한국

---

25 若宮啓文, 2008, 139~146쪽.

과 중국으로부터도 "전쟁책임자가 합사된 신사에 수상이 참배하는 것은 침략의 긍정이다"라는 반발을 불러일으켰다. 이와 같은 경위에서 나카소네 전 수상은 A급 전범을 분사하도록 야스쿠니신사에 요구했으나, 신사가 응하지 않았다. 이대로 고이즈미 수상이 매해 야스쿠니신사를 참배한다면 국내 여론의 이분화는 물론 중국, 한국과 그동안 쌓아온 신뢰관계가 무너지게 될 것이다.

그러나 2006년 8월 15일 아침, 고이즈미 총리는 야스쿠니신사를 참배했다. 패전기념일(일본: 종전기념일) 참배는 21년 만이었다. 일본 국내 여론도 찬성과 반대로 양분되었다. 한국과 중국이 연달아 이를 비판했다. 고이즈미 총리의 참배 고집을 다음과 같이 분석했다.

"8월 15일의 참배"[26]
고이즈미 총리가 2006년 8월 15일에 야스쿠니신사를 참배함에 따라, 한국과 중국이 연달아 비판을 행했다. 그러나 이번에는 분노보다는, 어이가 없다는 반응이 많았다. 이 이상 고이즈미 수상에게 항의해도 의미가 없으며, 악화된 관계를 타개하기 위해서는 다음 총리에게 기대를 걸 수밖에 없다는 분위기였다. 과거 '전후 정치의 총결산'이라는 구호를 내세운 나카소네 전 총리는 불타오르는 정열에 가득 차올라 고이즈미 총리 이상의 국가의식을 내보인 바 있다. 그러나 "국제관계는 일방통행이 아니다"라고 단념한 나카소네 전 총리와 달리, 고이즈미는 '일방통행'을 계속했다. 쇼와 일왕의 메모가 발견됨에 따라 A급 전범

---

26   若宮啓文, 2006, 14~15쪽.

의 야스쿠니신사 합사 및 총리의 참배가 가지는 정당성에 의문이 제기되기 시작했다. 그러나 고이즈미 전 총리는 이를 신경쓰지 않고 자신의 '마음'을 고집하며 참배를 그만두지 않았다. 매우 극렬한 우파 정치가가 아니며, '반중국'도 '반한국'도 아닌 고이즈미 총리였으나, '외국으로부터의 압력'을 수단으로 인기를 얻는 수법은 포퓰리즘과 내셔널리즘이 혼재한 시대를 열었다. 만주사변으로부터 15년에 걸친 전쟁을 '아시아 해방'이나 '자존자위(自存自衛)'를 위한 전쟁이었다고 하는 역사관이 재차 부끄러움 없이 논의되기 시작했다. 이와 같은 언동이 한국과 중국의 반일감정을 자극해, 재차 일본이 영향을 받는 방식으로 동아시아에 전개된 내셔널리즘의 악순환은 고이즈미 시대의 산물이다.

이렇듯 '전후정치의 총결산'을 내걸고 민족주의를 강조한 나카소네 전 총리가 야스쿠니신사 참배를 포기한 것은 한국, 중국과의 관계를 고려했기 때문이었다. 그러나 반중도 반한도 아닌 고이즈미 수상이 야스쿠니신사 참배를 고수하는 이유는 중국, 한국과의 우호적인 관계보다 '외국으로부터의 압력'이 정치적 지지를 확보하는 데 있어 효율적 수단이기 때문이라고 분석했다. 즉 와카미야는 고이즈미의 포퓰리즘이 한국과 중국의 민족주의를 자극하고, 이것이 다시 일본의 민족주의를 자극해 동아시아의 국가관계가 협력과 우호보다는 대립과 갈등으로 변질되고 있다고 지적하고 있었다.

고이즈미 총리의 야스쿠니신사 참배를 둘러싸고 일본의 주요 언론들의 입장도 찬반으로 양분되었다. 우선, 총리의 참배 선언을 열렬히 지지한 것은 『산케이신문』이었다. 고이즈미 내각이 발족한 다음 날, 「초심을 담대하게 유지하라」는 사설(4월 27일)을 통해 "국정 최고책임자가 국가를 위해 스러진 영령을 제사지내는 야스쿠니신사를 공식적으로 참배하는 것은 당연한 일로, 외국을 신경 쓸 필요는 어디에도 없다"고 재빠르게 격려했다. 「위령하는 것은 국가의 의무」(5월 16일)라는 사설에서 "지금 혹시라도 전사자의 위령을 소홀히 한다면 이후 국난을 맞이할 경우 누가 위험을 무릅쓰고 국가에 헌신할 것인가"라고 썼다. 또 『요미우리신문』은 『산케이신문』 정도로 강력하지는 않았으나, 탕자쉬안 중국 외교부장(당시)이 강고한 표현으로 참배를 중지하도록 요구한 것을 계기로 「총리는 이제 참배를 중지할 수 없다」(8월 9일)는 사설을 게재했다. 그 주요 내용은 "이런 전개가 된 이상 이제 고이즈미 총리는 야스쿠니 참배를 그만둘 수 없을 것이다. 지금 그만둔다면 자민당 총재선거 당시로부터 단호히 제창해온 '신조'를 외국의 압력에 굴해 굽혔다는 형태가 된다"는 논리였다.

한편, 『마이니치신문』은 『아사히신문』과 같이 반대 입장을 취했다. 7월 12일의 사설에서는 중국이 "야스쿠니신사에 일부러 총리가 참배하는 것은 A급 전범의 명예를 회복하고 싶다는 일본의 국가의사"라 받아들이는 것을 이해한다고 밝히고, "A급 전범을 일반 전몰자와 구별하고 전쟁 책임의 소재를 내외에 명백히 하는 것은 전쟁에서 패배한 일본이 짊어진 책임이다"라며 "총리는 참배를 중단해야 한다"고 명백히 서술했다. 또 『닛케이신문』도 유화적으로 반대 입장임을 표명했다. 8월 1일의 사설에서 "국론이 양분되어 있음에도 총리가 참배를 강행하는 것은 더욱 혼란을 초래한다"고 주장하며 야스쿠니신사 참배는 아시아에서 일본을 더욱 고립시킬 것이고 이를 수복하는 것이 용이하지 않을 것이라 주장했다.

이와 같은 상황에서 고이즈미는 일본기자클럽에서 개최된 참의원선거 당수토론회에서 A급 전범에 대해 질의를 받자 "일본인의 국민감정에 따르면 죽은 사람은 모두 부처가 된다. A급 전범들도 사형이라는 형벌을 받은 바 있다. 그리고 자신의 의도와 상관없이 전쟁터로 나아간 사람들이 압도적 다수이다. 그런 사람들에 대한 위령을 한 줌의 A급 전범이 합사되어 있다는 이유만으로 소홀히 할 수 있는가? 죽은 사람을 그렇게 선별해야 하는 것인가?"라고 발언했다. 이후 아시아의 감정을 이해하라는 『아사히신문』,『마이니치신문』,『닛케이신문』과 내정간섭에 굴하지 말라는 『요미우리신문』,『산케이신문』으로 전국 단위 일간지의 대립 구도가 한층 더 분명해졌다.[27]

『아사히신문』은 고이즈미 총리의 야스쿠니신사 참배를 반대하기 위한 논리의 하나로 쇼와 일왕의 야스쿠니신사 참배 거부를 제시했다. 즉, 쇼와 일왕은 A급 전범 합사 이후 야스쿠니신사를 참배하지 않았으나 A급 전범을 재판한 도쿄 재판은 일왕의 면책과 동일한 의미를 지니고 있다. 일왕이 염려한 것을 정확히 지적하자면, 국가의 명령으로 출정해 사망한 병사들을 위령하는 데 전쟁을 명령한 지도자를 합사한다면 일왕이 통감하는 전쟁에 대한 반성도 새로운 일본의 재출발이라는 의미도 유명무실해진다. 따라서 야스쿠니 신사에는 참배할 수 없다는 생각이었다. 그러나 고이즈미는 이와 같은 쇼와 일왕의 견해에 대해서도 "각자의 마음"이라고 주장했다. 이에 대해 와카미야는 고이즈미의 "증오로부터 화해로라는 생각을"이라는 발언이 "민족 화해"에 대한 희망을 전달한 것이라며, 아시아의 반발을 불러일으키는 야스쿠니신사 참배를 중단하고, 민족 화해로 이어지는 새로운 추모 방법을 찾아야 한다고 제안했다.

다음은 냉전체제 붕괴 이후 변화한 자위대 평가와 자위대의 역할 규

27　若宮啓文, 2008, 144~145쪽.

정에 대한 지적이다.

"양지의 자위대: 아시아에 대한 겸허함이 있어야", 「풍고계」(2003. 7. 20.)[28] 냉전이 끝나면서 시작된 헤이세이(平成) 시대에 들어와, 정치가, 관료, 은행, 대기업 등 많은 것들이 파탄했으나, 내년에 창립 50주년을 맞이하는 자위대는 다르다. 주변사태법[29]을 통해 미일 동맹의 범위가 확대되었으며, 드디어 유사법제(有事法制)[30]도 만들어졌다. 세계 각지의 유엔평화유지활동(PKO)에도 참가해, 해외에서의 실적도 쌓아가고 있다. 이러한 자위대의 활동들은 군국주의의 비참한 결과로부터 출발했던 '전후 일본'에서는 생각하기 어려웠던 것들뿐이다. 어느새 자위대가 음지에서 양지로 나온 것이다.

냉전이 붕괴한 후, 이라크 및 북한 등과 같은 위협적인 국가가 자위대를 음지에서 양지로 나오는 것을 뒷받침했다. 우리들의 사회를 지키기 위해, 유사시에는 생명을 던져야 하는 자위대가 그늘에 있을 수만은 없으나, 양지에 나왔다고 해서 다 좋은 것은 아니다. 전전의 일본군과 같은 폭주는 물론, 자위대가 세계 평화를 위협하는 존재가 되어서는 절대 안 된다. 따라서 초군사대국인 미국과의 협력 방식이 염려

---

28 若宮啓文, 2007, 10~13쪽.
29 주변사태법이란 '중요 영향 사태에서 우리나라의 평화 및 안전을 확보하기 위한 조치에 관한 법률'로, 1999년 5월 28일에 제정되었다. 중요한 영향을 미칠 것으로 예상되는 사태에 대응해 일본이 실시할 조치와 기타 사항을 제정하고 미일안보조약의 효과적인 운영에 기여하여 일본의 평화와 안전 확보에 기여하는 것이 목적이다. 2016년 개정됨에 따라 미일안보조약의 목적 달성에 기여하는 미군 이외의 외국 군대 등에도 지원활동을 전개할 수 있게 되었다.
30 유사법제의 구체적인 내용은 무력공격 사태 대처 관련 3법으로 개정안전보장회의설치법, 무력공격 사태 등에 있어서 국가의 평화와 독립 및 국민의 안전 확보에 관한 법률, 자위대법 및 방위청 직원의 급여 등에 관한 법률의 일부를 개정하는 법률이다.

되며, 또 구 일본군을 아직도 기억하고 있는 아시아 국가들의 부정적인 시선도 신경 쓰인다. 그러나 작금의 정치는 너무나도 무신경하다. 과거 역사를 둘러싼 일부 정치가의 조악한 발언은 논외로 두더라도, 모리 요시로(森 喜朗) 전 수상은 "신의 나라 일본"[31]이라는 발언을 하고, 고이즈미 수상은 야스쿠니신사 참배를 부활하고 "자위대는 군대"라는 발언을 했다. 그리고 방위청 장관은 북한에 대한 선제 공격론을 언급했다. 이와 같은 일련의 발언과 행동은 이웃 국가들로부터 불신을 사고 있다. 이 점과 관련해서 1990년대 총리들의 배려를 주목할 필요가 있다.

다음은 2004년 창립 50주년을 맞은 자위대의 바람직한 지위와 그에 대한 정부의 자세에 대한 제언이다.

"자위대의 해: '우려'의 현실화를 신경 쓰게 만드는 변화",「풍고계」(2004. 12. 26.)[32]
자위대 창립 50주년을 맞은 열병식에서 고이즈미 총리는 "자위대의 50년에 걸친 역사는 결코 평탄하지 않았다. 구 일본군의 부활이 아니냐는 비난을 계속해서 받아왔다. 자위대가 위헌이라는 판결, 자위관의 모집 작업을 거부하는 지자체, 대원의 야간대학에의 입학 거부 등이 있었다. 그러나 그것은 과거의 일이다. 자위대 대원을 인터뷰한 잡지 기사에서 알 수 있듯, 현재 상황은 다르다.

---

31 모리 요시로(森 喜朗)는 제85대와 86대 수상을 역임했으며, 2002년 5월 15일 "일본은 천황을 중심으로 한 나라"라고 발언해 큰 물의를 일으켰다.
32 若宮啓文, 2007, 78~80쪽.

자민당의 헌법개정안 기초위원장인 나카타니 겐(中谷元) 전 방위상에게 의뢰를 받아 현역 육상자위대 간부가 만든 헌법 개정 초안은 '자위대의 정식 군대화'를 강력히 주장하고 있다. 자위대가 명실 공히 군대가 되어 군인이라고 칭해지는 것이 자위관의 비원인가! 우리들은 국민들에게 겨우 우호적으로 받아들여지기 시작한 자위대가 군대로 되는 것은 플러스가 되지 않는다고 생각한다. 자위대 대원이 어떤 정치적 신념을 가지는지는 자유이나, 정치에 관여하는 것은 엄격히 금지되어야 한다. 이것은 기본적인 규칙이다. 군부가 정치를 좌우한 전전의 상황을 환기시키는 것은 과하겠지만, 자위대는 압도적인 군사조직이다. 따라서 엄격한 제약이 행해져야만 한다. (중략)

이후 국제정세가 변화하고 자위대에 대한 신뢰감이 향상됨에 따라 유사법제가 정돈되었다. 과거에는 반대했던 『아사히신문』조차 사설을 통해 기본적인 동의를 표했다. 큰 변화라 할 수 있다. 그렇다고 하더라도 시민단체에 속하는 3명이 방위청 관사 우편함에 자위대의 이라크 파견을 반대하는 유인물을 넣었다고 해, 이들을 체포해 구류한 사건은 이해되지 않는다. 주거침입이라 하더라도 선전광고가 넘치는 이 시대에 이를 구속하는 것은 상식으로 이해가 안 되는 행위이다. 또 이라크에서 인질이 된 일본인을 '반일분자'라 지칭한 자민당 의원도 있다. 인질이 자위대 파견에 반대했기 때문이다. 유사법제와 함께 이런 분위기까지 조성되는 것은 문제이다. 다행히 재판부는 유인물을 배포한 시민단체 구성원에 대해 무죄판결을 내리며 경찰의 과도한 제재를 문제시했다. 자위대가 중요시되는 이 시대에서 이와 같은 균형은 보다 중요하다. 유사시 국민이 자위대에 협력하는 이유는 전전과 같은 국가로 회귀하기 위함이 아니다. 자위대도 경찰도 강한 힘이나 권력을 가질수록 이를 잊지 말아야 한다. (후략)

냉전 붕괴 이후인 2003년 고이즈미 내각하에서 유사시(무력공격 및 침략을 당한 경우 등) 군대(자위대)의 행동을 규정한 유사법제가 성립되었다. 냉전 시기 『아사히신문』은 자위대의 강화에 반대하였으나, 냉전 붕괴 이후 입장을 변경해 유사법제에 기본적으로 동의를 표명했다. 그리고 유사시 목숨을 걸고 국가와 국민을 지켜야 하는 자위대에 대한 국민들의 평가가 호의적으로 변화한 것도 긍정적으로 평가했다. 그러나 자위대가 군대로 변경되는 것에는 동의하지 않으며, 정치와 자위대의 경계가 애매해지는 것, 자위대의 강화에 반대하는 시민사회의 움직임을 탄압하는 행위에는 반대했다. 또 과거 일본으로부터 침략과 식민지 지배를 당한 아시아 국가들의 우려를 해소하기 위해서는 정부가 과거사에 대해 보다 겸허한 자세를 보여야만 한다고 주장했다. 이와 같은 과정을 통해 일본이 아시아와 우호관계를 유지할 때, 미국으로부터도 일본의 가치를 제대로 인정받아, 일본이 국익을 최대한 실현시키는 것이 가능하다고 『아사히신문』은 생각하고 있었던 것이다.

일본 보수화의 상징으로 평가되는 국기(日の丸), 국가(君が代)의 법제화 및 그와 함께 강화되고 있는 국가주의에 우려를 표명하면서, 와카미야가 그 개선 방안으로 제시한 것은 헌법 정신의 강화였다.

"국기, 국가와 헌법-기미가요에 2절이 추가되었다면", 「풍고계」(2004. 3. 28.)[33]
자위대의 이라크 파견 등과 관련해 일장기와 기미가요가 주목받는 시기인 지금, 올해에도 여러 학교에서 국기 및 국가의 강요를 둘러싼 사

---

33 若宮啓文, 2007, 42~44쪽.

건이 발생했다. 뉴욕에서 9·11 테러가 발생했을 당시, 미국 전역에서는 성조기가 흘러 넘쳤으며 국가 또한 어느 곳에서나 흘러나왔다. 일본에서도 같은 일이 발생했을 때 똑같이 될 수 있을까? 이에 대해 거의 모든 일본인은 "그렇지 않을 것이다"라고 답변했다. (중략) 그 이유는 전후 60년 가까운 세월이 흘렀음에도 아직 국민들에게 전쟁 당시의 어두운 이미지가 잠재되어 있기 때문일 것이다. 성조기에 '민주주의'나 '자유'라는 이념을 겹쳐보는 승전국 미국과는 다르다.

법제화를 계기로 국가의 상징이라는 이유에서 일장기와 기미가요를 학교의 의식에서 중요시하자는 움직임이 전국에서 나타났다. 그러나 국가의 상징이 중요하다면 일본국 헌법은 어떤가. 일장기 및 기미가요와 관련해 가장 의견이 많은 도쿄도의 수장 이시하라 전 지사는 "헌법에 구속될 필요는 없다" 등 종종 도전적인 발언으로 헌법을 비하하고 있다. 개인의 호불호는 자유이다. 그러나 법제화 이전의 문제인, 법 위의 헌법이 매우 조악하게 다루어지고 있다.

국가에는 보통 4개의 정치적인 상징이 있다. 국기, 국가, 국가원수, 그리고 헌법이다. 일왕이 원수적인 존재라면 일본에서는 4개 가운데 3개가 과거로부터 계승되어온 것이며, 헌법만이 전후 재탄생했다. 3개가 일본의 전통, 역사 및 문화 등을 상징한다면 민주주의, 평화, 인권 등 전후적인 가치를 반영한 것이 헌법이다. 특히 전쟁을 포기한다는 제9조가 돋보이며, '평화헌법'이라 불린다. 즉, 오른손에 옛 상징을 들고 왼손에 새로운 상징을 든 것이 전후 일본의 모습이었다. 그리고 양손이 끊임없이 반발해왔다. '일본인'이라는 정체성의 형성이 발생하기 어려웠던 이유이다. (중략) 21세기에 들어서 일본도, 국제사회도 대폭 변화하였다. 새로운 일본의 정체성을 찾아야만 하는 시기에 들어선 것일 수도 있다. 이에 따라, 헌법에 대한 다양한 논의가 진행되는 가운데 오른손 측에도 유연함을 요구하고 싶다. 일장기와 기미가요 강제, 총리의 야스쿠니신사 참배 등 오른손을 더욱 오른쪽으로 가져가면 왼손 또한 쉽게 움직일 수 없을 것이다.

다음으로 2000년대에 들어와 자민당 내에서 본격화되고 있는 개헌과 호헌 움직임에 대해 『아사히신문』은 다음과 같은 입장을 표명했다.

"개헌과 호헌-이오지마에서 벌어진 승부의 행방은", 「풍고계」(2005. 02. 27.)[34]

자민당에서 새롭게 발족한 신헌법기초위원회 산하 '(헌법)전문과 관련된 소위원회'의 위원장에는 개헌파인 나카소네 전 총리가, '천황과 관련된 소위원회' 위원장에는 호헌파인 미야자와 전 총리가 취임했다. (중략) 1997년에 나카소네 전 총리는 미국 점령하에 맥아더 사령부가 골격을 만든 일본 헌법에 민족의 역사나 전통에 입각한 국가관이 결여되어 있으며, 헌법 9조로는 미군의 보호가 전제이기 때문에 자주성이 없어 시대에 맞는 헌법을 스스로 만들어야 한다고 주장했다. 반면 미야자와 총리는 일본이 과거 군대를 통해 큰 실패를 겪었고 9조에 입각한 행위는 자위대가 행할 수 있기 때문에, 이 이상 군대를 보유하거나 외국에서 무력을 행사하는 것은 어리석으며 전후 일본은 이 헌법을 소중히 따르는 것이 옳다고 주장했다.

1997년에 이루어진 양자 대담으로부터 8년이 지나 개헌이 현실적인

---

[34] 若宮啓文, 2007, 86~89쪽.

주제로 부상한 것은 일본 정치에 있어 큰 변화라 할 수 있다. 국회 양원에 헌법조사회가 생기고 5년이 지났으며, 자민당은 창당 50주년 당대회에서 헌법 개정안을 결정할 예정이다. (중략) 관심 대상인 9조를 다루는 소위원회의 장에 기용된 것은 후쿠다 전 관방장관이다. 온건한 균형파를 기용한 것에는 일정 부분의 배려가 느껴진다. 자민당 내부에서는 9조 개정론자가 압도적인 위치를 차지하고 있으나, 그 방식에는 각자 차이가 있다. 명실상부 군대라는 존재를 기술할 것인지, 자위대를 명확히 할 것인지. 외국에서의 무력행사에 대한 가능성을 열어놓을 것인지, 제동을 걸 것인지. 이를 통해 나카소네의 방식과 미야자와의 방식 간의 차이가 부각될 것이다. 그리고 자민당의 안이 완성되더라도 이후 각 정당과의 협의를 거쳐 의원투표와 국민투표를 거쳐야 한다.

『아사히신문』은 평화헌법을 전후 일본 민주주의의 초석으로 평가해왔다. 그러나 2000년대에 들어와 자민당은 헌법 개정을 중요하고도 시급한 정치적 과제로 부각시켰다. 이에 따라 신헌법기초위원회가 구성되고 개헌 그룹의 리더인 나카소네 전 총리가 위원장을 맡은 '(헌법)전문과 관련된 소위원회'가, 호헌 그룹의 리더인 미야자와 전 총리가 위원장을 맡은 '천황과 관련된 소위원회'가 구성되었다. 물론 와카미야의 헌법에 대한 생각은 호헌파인 미야자와 가깝다. 뿐만 아니라, "오른손에 기미가요, 왼손에 헌법"이 길항관계에 있는 것이 전후 일본의 정치이기 때문에 활발해지고 있는 오른손의 움직임과 균형을 맞추기 위해서는 왼손의 헌법이 더욱 강화되어야 한다는 입장이었다.

마지막으로 2006년 9월 26일, 5년 반에 걸친 고이즈미 정권이 막을 내리고, 후임 내각으로 성립한 제1차 아베 내각에 대한 평가와 우려이다.

아베는 자민당 출신 국회의원이었던 부친 아베 신타로(安部晋太郎)의 사망 후 실시된 제40회 중의원총선거에 부친의 선거구인 야마구치 1구(山口1区)에서 출마해 국회의원에 당선되었다. 이후 아베는 당내 우파 의원들이 결성한 '역사·검토위원회', '종전 50주년 국회의원 연맹', '밝은 일본 국회의원 모임', '일본의 전도(前途)와 역사교육을 생각하는 젊은 의원 모임' 등의 주요 구성원으로 활동하는 등 자민당 내에서도 소수였던 극우주의자로 행동해왔다. 이와 같은 아베가 대중정치가로서의 영향력을 확장시킬 수 있었던 주요 배경에는 고이즈미 정권 시기에 이루어진 자민당 온건 중도세력 누카가파(額賀派)와 기시다파(岸田派)의 몰락, 일본 경제의 상대적 쇠퇴로 인한 사회의 보수화, 그리고 일본을 둘러싼 안전보장 환경의 변화가 있었다.[35] 그중 가장 결정적 요인은 다름 아닌, 2002년 9월 전후 최초로 열린 고이즈미 총리와 김정일 국방위원장 간의 정상회담에서 부상된 납치 문제에 대한 강경한 자세였다.

아베는 "납치 문제에 대해 김정일이 일본이 만족할 만한 수준의 사과와 경위를 밝히지 않으면, 일본은 북한과의 공동선언에 조인하지 말고 회담장을 떠나야 한다고 고이즈미 총리에게 진언"했다고 주장했다. 또 자신이 "같은 해 10월 일본으로 일시 귀국한 납치피해자 5명의 북한으로의 귀환을 적극적으로 저지"했다고 주장했다. 물론 이와 같은 아베의 주장에 이의를 제기하는 관련자들도 있다.[36]

---

[35] 日本再建イニシアティブ, 2015, 『「戦後保守」は終わったのか-自民黨政治の危機』, 角川新書, 106~116쪽.

[36] 2002년 9월 일본에 귀국한 납치피해자 중 한 사람이며, 후일 납치피해자가족연락회의와 납치 문제 해결 방안을 둘러싸고 대립한 하스이케 도오루(蓮池透)는 아베의 발

그러나 확실한 것은 아베가 납치 문제를 통해 국민들의 지지를 얻었고, 이를 배경으로 자민당 간사장, 그리고 내각관방장관이라는 요직을 거쳐 총리의 자리에 올랐다는 사실이다. 한마디로 말해, 아베는 납치 문제가 만들어낸 일본의 '상처받은 민족주의'를 치유할 수 있는 정치가로 국민들의 기대를 받으면서, 2006년 9월 전후 태생 최연소 나이(52세)로 제90대 총리대신에 취임한 것이다.

와카미야는 먼저, 아베 내각의 출범에 즈음하여 아베가 제시하는 '전후체제의 탈피'가 갖는 문제점을 나카소네 전 총리의 '전후 정치의 총결산'과 비교하면서, 아베 내각에 대한 불안감을 다음과 같이 표명했다.

"아베 신 총재, 불안 가득한 출발", 「사설」(2006. 9. 21)[37]
전후 최연소, 최초 전후 태생인 총리가 탄생한다. (중략) 아베가 전면에 내세운 것은 '전후체제로부터의 탈피'이며, 외조부인 기시 전 총리로부터 물려받은 헌법 개정이었다. 전후 태생이 전후의 행보를 부정하는 것과 같은 수식어를 구사한다. 그런 부조화로부터는 복고의 기운이 느껴진다.
'전후체제의 탈피'라고 하면, 나카소네 전 총리의 '전후 정치의 총결산'이 떠오른다. 둘 다 열성적인 헌법개정론자이지만, 큰 차이 또한 보인

언이 거짓말이라고 지적하면서 아베 총리는 납치 문제를 '정치적으로 이용'하고 있다고 비판했다. 또 고이즈미 내각 시기 북일정상회담을 미스타 X라는 이름으로 성사시킨 다나카 히토시(田中均) 전 외무심의관 역시 정상회담을 중단하자는 의견은 아베 단독의 의견이 아니라, 당시 정부의 공통 의견이었다고 해 아베의 주장에 의문을 제시하고 있다. 蓮池透, 2015, 『拉致被害者たちを見殺しにした安倍晋三と冷血な面々』, 講談社; 青木理, 2011, 『ルポ 拉致と人々 救う会 公安警察 朝鮮総連』, 岩波書店, 13쪽.

37 若宮啓文, 2008, 204~207쪽.

다. 방위청 장관, 자민당 총무회장, 간사장 등을 역임한 나카소네 전 총리는 첫 당선으로부터 총리가 되기까지 35년이 걸렸으며, 30권에 이르는 노트에 정책이나 마음가짐을 정리했다.

한편 아베의 의원 역사는 겨우 13년으로, 선거용 '얼굴'로서 간사장에 기용되었을 뿐이며 각료 경험 또한 관방장관을 역임하는 것에 그쳤다. 아베를 위협하는 경쟁자가 나타나지 않고, 정책조차 발표하지 않은 단계에서 자민당 내 다수는 아베를 지지하겠다고 확정지었다. 자민당의 인재 고갈과 이로 인한 활력의 상실 등이 자민당의 총재 선출 방식을 완전히 바꾼 것이다. 인기는 아베 총리의 최대 강점인 동시에, 불안의 근원이다. 인기의 원천은 야스쿠니신사 참배문제나 납치문제에서 나타난 북한과 중국 등에 대한 강경한 자세이다. 널리 퍼진 내셔널리즘의 풍조에 편승한 것이다.

그 이전에는, 초선 의원일 때부터 역사교과서나 위안부, 역사 인식 문제 등을 놓고 정부나 당의 자세를 비판해온 과거가 있다. (중략) 역사 인식 등과 관련해 명확한 발언을 회피하는 "애매함 전략"은 총리가 되면 더 이상 통용되지 않을 것이다. (중략) 지위가 사람을 키운다는 말도 있다. 지혜를 모아 불안을 희망으로 변화시키는 시작이기를 바란다.

다음으로 1995년 8월 15일 전후 50년을 기념하여 당시의 무라야마 내각이 각의 결정한 수상담화인 「무라야마 담화」를 부정하고자 하는 아베 수상의 움직임을 경계했다. 「무라야마 담화」는 일본이 과거 한때, 식민지 지배와 침략으로 아시아 국가들에게 손해와 고통을 주었다는 사실을 인정하고 통절한 반성과 마음으로부터의 사죄를 표명하고 있었다.[38] 이후, 역대 내각들은 「무라야마 담화」의 역사 인식을 답습했다.

그러나 아베 수상은 과거 침략 역사에 대해 애매한 태도를 보였을 뿐만 아니라, 「무라야마 담화」를 부정한다고까지 표명했다. 이와 관련해 『아사히신문』은 아베의 「무라야마 담화」 부정이 가져올 아시아 외교에의 파장을 우려하는 비판 사설을 다음과 같이 발표했다.

"아베의 발언, 「무라야마 담화」를 장례지내지 마라", 「사설」(2006. 9. 8)[39]
'자학사관'을 비판하는 의원 그룹에서 활동해온 아베는, 과거 일본의 행위를 '침략'이라고 인정하거나 사과하는 것을 회피하고 싶을 수도 있다. 보다 애매한 표현인 「전후 50년 국회 결의」 채택 회의에도 아베는 결석했다. 그러나 그 전쟁, 특히 중국이나 동남아시아에서의 전쟁이 '침략'이었음은 많은 역사가를 포함한 일반적인 상식이 아닌가. 나카소네 총리 이후 침략을 인정하지 않은 총리는 없다. (중략) 본래 이 담화는 자민당도 포함한 3당 연립내각에서 각의 결정된 것이다. 이후 일본의 외교에서는 역사 인식을 제시하는 결정판으로 사용되어왔다. 예를 들어 1998년에는 오부치 전 총리가 김대중 전 대통령과 발표한 「한일공동선언」의 기초가 되었으며, 장쩌민 전 주석과 발표한 공동선언은 직접 「무라야마 담화」를 언급하고 이를 '준수'한다고 밝혔다. 이는 국가 간의 약속이다. (중략) 고이즈미 총리도 「북일평양선언」이나 지난 아시아·아프리카 정상회의에서의 연설 등 다양한 기회에 이 인식을 언급한 바 있다. 전후 60년인 작년의 종전기념일에는 거의 같은

---

38 村山内閣総理大臣談話, 「戦後50周年の終戦記念日にあたって」(いわゆる村山談話), https://www.mofa.go.jp/mofaj/press/danwa/07/dmu_0815.html.
39 若宮啓文, 2008, 207~208쪽.

내용의 총리 담화를 발표했다. 이런 기본적인 부분에서 애매한 인식만을 표명한다면, 아베 정권의 아시아 외교는 근본부터 흔들릴 것이다. 일본 외교가 고생해서 쌓아올린 신뢰를 한 번에 잃을 것임이 명백하다. 아베 정권의 외교가 매우 불안하다.

아베가 총리에 취임한 이래 행한 일련의 행동을 근거로 『아사히 신문』은 아베를 신보수주의자로 평가했다.[40] 아베는 과거 일본 군국주의의 상징인 야스쿠니신사에 대한 강력한 지지와 자유와 민주주의의 강조가 갖는 상호모순을 이해하지 못하고 있으며, 이 점이 그의 외조부 기시와 동일하다고 지적한다.

"아베는 일본의 신보수주의자인가"[41]
신보수주의가 제창하는 '자유와 민주주의'는 야스쿠니신사로 상징되는 과거의 일본 군국주의와 상극된다. 그러나 아베 총리는 그런 야스쿠니신사를 지지하고 A급 전범을 원호해왔다. '자유와 민주주의'를 제창하면서도 야스쿠니신사의 열성 신봉자라는 자기모순을 안고 있는 것이다. 이는 미국과 싸운 내셔널리스트이면서 전후 A급 전범 용의로 체포됨에도 불구하고 미국의 손으로 석방되어, 친미노선을 통해 수상에 오른 자신의 외조부 기시 전 총리에게도 동일하게 나타나는 모순이다. (중략) 아베 총리는 이와 같은 가치관을 가진 일본을 강조

---

40 신보수주의(Neoconservatism)란 구보수와 구별을 위해 사용된 용어로 1970년대부터 현저해진 미국의 정치사상이다. 국방면에서는 군사력의 강화, 경제면에서는 경쟁원리에 입각한 신자유주의 우선, 사회적으로는 기독교신앙으로의 복귀를 강조·강화하는 것을 통해 전통적인 가치관·사회규율의 부활을 지향한다.
41 若宮啓文, 2006, 44~47쪽.

해 중국에 대한 도덕적 우위성마저 내비추고 있다. 내셔널리즘이 이와 같은 가치관과 연결되어 있는 것이 아베의 특징이나, 야스쿠니를 지지하는 자신의 모순은 깨닫지 못한 모습이다.

결국 제1기 아베 정권(제1차 아베 내각)은 만주사변 이전의 메이지(明治) 시대를 모델로 하는 '새로운 나라, 일본'을 제시하고 역사수정주의에 입각한 정책을 추진하고자 했다. 그러나 아베수상의 건강문제로 1년도 채 안되어 내각이 붕괴함으로서 구체적인 성과는 내지 못하였다. 그러나 제1차 아베 정권 당시 『아사히신문』이 제기해온 여러 가지 우려들은 2012년 12월 수립되어 현재까지 이어지고 있는 제2기 아베 정권에서 그대로 현실화되었다.

2015년 8월 14일 아베 수상은 「전후 70년·담화」(이하 「아베 담화」)를 발표했다(安倍晋三, 2015. 8. 14).[42] '아베 담화'의 주요 내용은 다음과 같았다. 일본은 아시아에서 유일하게 근대화에 성공했으며, 러일전쟁에서의 승리를 통해 식민지였던 아시아에게 용기를 주었다. 그러나 만주사변부터 일본은 국제질서에 대한 도전자가 되었으며, 패전했다. 그 후 일본은 반성과 사죄를 거듭해왔다. 더 이상 후대들이 사과하도록 하지 않겠다. 일본은 자유, 민주주의, 인권 등 기본적 가치를 공유하는 국가들과 '적극적 평화주의'의 기치 아래 국제사회에 기여하겠다.

이처럼 1930년대 이후의 침략행위를 국제질서에 대한 협조와 이탈을 기준으로 일본사를 평가하는 국제주의에 입각한 '아베 담화'에는 1995년

---

42 「内閣総理大臣談話」(平成 27年 8月 14日) https://www.kantei.go.jp/jp/97_abe/discource/20150814danwa.html.

「무라야마 담화」와 2005년 「고이즈미 담화」에서 보였던 '가해자로서의 일본'이라는 인식도 없었다. 다시 말해, 일본의 제국주의 침략의 대표적 피해자인 한국, 중국이 아니라, 미국 주도의 국제사회를 대상으로 마지막 사과를 행하고, 미국 주도의 세계 평화와 번영에 일본이 기여하겠다는 의지를 표명한 것이다. 물론 '아베 담화'에 대한 한국의 평가는 부정적이었다.

IV. 한일 역사 화해와 우호 증진

1. 전후 일본과 아시아 관계: '화해'와 '반발'

와카미야는 1995년 『전후 보수의 아시아관(戰後 保守のアジア觀)』, 2006년 『화해와 내셔널리즘-신판 전후 보수의 아시아관(和解とナショナリズム- 新版·戰後保守のアジア觀)』, 그리고 2014년 『전후 70년 보수의 아시아관(戰後70年 保守のアジア觀)』을 출간했다.[43] 이들 저서를 통해 와카미야는 일관되게 전후 일본정치 보여지는 아시아문제에 대한 보수계열(자민당) 정치가들의 관점과 자세를 분석하면서 일본과 일본인들이 아시아와 아시아인들과 어떻게 마주해야 하는 가에 대한 해답을 제시하

---

43 『전후 70년 보수의 아시아관』은 1995년에 출간된 『전후 보수의 아시아관』(아사히신서)과 2006년에 출간된 『화해와 내셔널리즘-신판·전후 보수의 아시아관』(아사히신서)의 개정판이다. 20년간의 한일관계 및 중일관계의 변화에 따른 내용이 업데이트되었을 뿐만 아니라 구성도 전면적으로 바꾸어 새로운 저서로 탄생했다. 2015년 10월, 제36회 이시바시 단잔(石橋湛山) 상을 수상했다.

고자 한다.

우선 와카미야는 전후 보수정치세력, 즉 자민당의 아시아관을 수상을 중심으로 다음의 세가지로 분류한다. 먼저 '탈아', 즉 일본이 아시아로부터 벗어나 서양과 같은 국가가 되는 것을 목표로 한 요시다 시게루(吉田茂), 둘째, 전전 일본의 아시아 침략의 정치구호였던 '대(大)아시아주의'를 주장하는 기시 노부스케(岸信介), 셋째, 일본의 군비 확장을 경계하면서 '소(小)일본주의'를 제시한 이시바시 단잔(石橋湛山)이다. 와카미야는 이 3명의 전 총리의 사상을 원류(源流)로 보수정치인의 계보가 형성되고, 아시아 정책이 형성되었다고 주장했다.[44] 또한 전후 일본이 아시아 침략과 식민지에 대해 사죄와 반성을 표명하는 한편 그를 합리화하는 망언을 행함으로써 아시아와의 관계에서 화해와 긴장을 반복해왔다고 분석한다.

이와 같은 와카미야의 지적에서 특히 주목할 사실은 첫째, 일본의 보수정치가들이 행하는 아시아 침략과 식민지 지배 합리화 발언을 일본의 일반적인 표현인 '실언'이 아니라 한국의 표현이기도 한 '망언'으로 표현하고 있는 점, 둘째, 일본과 아시아의 관계 악화의 주원인이 일본의 '망언', 즉 식민지 지배와 침략전쟁의 합리화라고 확실히 지적하고 있는 점이다. 말을 바꾸면, 일본의 반성과 사죄가 아시아와 일본이 우호관계를 유지하기 위한 전제조건이라는 것이다.

일본이 아시아와 화해를 모색하면서도 망언을 하는 주요 이유를 와카미야는 한마디로 말해 "아시아에 졌다, 중국에 졌다"는 의식이 희박하기 때문이라고 지적한다. 그 이유는 먼저, 기시로 대표되듯이, 일본의 경

---

44 若宮啓文, 2006, 89~117쪽.

우 전쟁 책임자(전범)가 독일처럼 명확하게 처벌받지 않고 전후에 계속 살아남았을 뿐만 아니라, 국가 지도자로까지 부활했기 때문이다. 이에 더해 전범 부활의 책임은 냉전의 시작과 함께 일본 점령 정책을 완전한 민주화에서 반공의 방파제로 변경한 미국에게 상당부분 있다고 지적한다. 둘째, 일본이 아시아가 아니라, 미국을 선두로 하는 연합국에게 패배했기 때문이다. 이 결과 많은 일본인들은 전쟁 정당화 논리였던 '아시아 해방'이라는 전쟁관을 전후에도 유지하게 되었다. 셋째, 서구의 식민지였던 아시아 국가들이 전후 차례차례 독립을 달성한 것을 일본은 '일본의 전쟁 목적이 달성되었다'고 자신에게 유리하게 받아들였기 때문이다. 넷째, 일본이 전쟁에서 진 것은 중국 침략 등이 잘못되었기 때문이 아니라, 서구가 일본에 비해 압도적인 물량과 과학 기술을 소지했기 때문이다. 즉 서구에 비해 열등한 전력과 국력을 패배의 원인으로 생각한다는 것이다.[45] 이 결과, 전후 일본은 아시아 속의 일본이라는 자화상을 확실히 그리지 못한 채, 아시아에 대해 사죄와 반성을 행하는 '화해'와 아시아에 대한 사죄와 반성에 대한 '반발'로 침략과 전쟁을 합리화하는, 이른바 '화해'와 '반발' 사이를 진자처럼 움직여왔다고 지적한다.

이처럼 화해와 반발 사이를 진자처럼 이동한 일본이었으나, 냉전이 붕괴한 1990년대 일본은 아시아에 대한 반성과 사죄를 집중적으로 표명함으로써 아시아와의 화해를 본격적으로 추진했다. 태평양전쟁 개전 50주년인 1991년, 싱가포르를 방문한 가이후 도시키(海部俊樹) 전 총리의 '반성' 표명으로부터 시작되어, 천왕의 동남아시아 순방이 실현되었다. 이에 1992년, 미야자와 기이치(宮澤喜一) 전 총리는 우파세력의 격렬

---

45 若宮啓文, 2006, 118~119쪽.

한 반대를 무릅쓰고 천왕 부부의 중국 방문을 실현시켰다. 그리고 1993년에는 비자민당 정권인 호소가와 모리히로(細川護熙) 전 총리가 한국을 방문해 '창씨개명', '종군위안부', '지용' 등의 구체적 사례를 들면서 식민지 지배를 사과했다. 이와 같이 흐름이 2년 후인 1995년 「무라야마 담화」로 나타난 것이다.

한국의 김대중 대통령, 중국의 장쩌민 주석이 일본을 방문한 다음 해인 1999년, 일본에서는 일장기와 기미가요를 정식으로 국기와 국가로 삼는 법률이 제정되었다. 이로써 '사죄와 화해의 십 년'은 막을 내리게 된다. 그리고 1990년대 후반 「미일방위협력지침」을 통해 미국과 일본의 군사 협력이 보다 강화된다. 아시아에서 자신의 자리를 찾고자 해 온 일본이 미국과의 군사 연대에 적극적으로 나서기 시작한 것이다.

2000년대 고이즈미 총리와 아베 총리는 반성과 사죄보다는 전후 일본이 구축해온 '자유와 민주'를 수단으로 아시아와의 관계를 설정하고, 미국과의 협력관계를 강화해 국제사회에서 일본의 정치군사 역할을 확대시키고자 했다. 그러나 이와 같은 고이즈미 총리와 아베 총리의 움직임은 한국, 중국 등의 반발을 불러일으켰다. 한국과 중국이 일본에게 요구한 것은 '과거의 역사'에 대한 떳떳함, 즉 '도덕성'에 기초한 국제적 연대였다. 한마디로 말해, '자유와 민주'를 제창하기 전에 자신의 과거부터 정리하라는 논리다.

물론 와카미야는 이와 같은 한국과 중국의 입장과 주장에 동의를 표명한다. 그러나 그와 함께 전후 60년간 '가해자'로서 계속 책임을 요구받음에 따라, 요구당하는 측인 일본에서 발생하고 있는 '피해자의식'에도 주목한다. 이에 더해 전후 50년 이상이 지나면서 침략의 역사를 모르는 일본인이 점차 증가하는 상황, 그리고 북한의 '납치'와 '핵·미사일'

그리고 중국의 '영해 침범' 및 가스 유전의 일방적 채취 등에 의해 일본이 실제로 '피해'를 입게 되었다는 현실도 지적한다. 2000년대 들어와 일본이 아시아로부터 불만을 제기받는 '가해자'에서 불만을 제기할 수 있는 '피해자'로 변화하고 있으며, 그것이 그동안 억압되어왔던 내셔널리즘의 분출을 조장하고 있는 현상도 지적하고 있는 것이다.[46]

2. 일본과 한국의 역사 화해와 우호관계 추진

전후 일본의 아시아와의 관계를 '화해'와 '반발'이라는 두 개의 축으로 엮어낸 와카미야는 전후 한일관계를 다음과 같이 4시기로 구분한다. 1기는 이승만 대통령 시대로 국교가 없었던 시기다. 2기는 박정희 대통령 시대로 한일 간에 국교는 정상화되었으나, 일본에서 보면 한국은 군사독재로 일본의 전후 가치관과는 맞지 않는 체제였다. 한국에서 보면 일본이 제대로 사죄를 하지 않았기 때문에 과거사에 대한 일본의 인식에 불만이 있다. 하지만 공산주의에 대항할 필요로 인해 한국과 일본은 서로 눈을 감고 손을 잡았다. 3기는 한국의 민주화 이후 시기다. 일본으로서는 한국이 손을 잡을 수 있는 상대가 됐다. 동시에 일본의 역사 인식도 점점 개선돼 1990년대 들어 과거사에 대한 사죄를 담은 담화 발표가 이어졌다. 결정적이었던 것이 1995년 「무라야마 담화」였고, 1998년에 이를 바탕으로 김대중 대통령과 오부치 게이조 총리 간에 이루어진 한일 파트너십 공동선언이다.

하지만 양국관계가 우호와 협력으로 향하는 가운데 민주화된 한국에

---

46 若宮啓文, 2006, 32쪽.

서는 '위안부' 문제 등 군사정권하에서 억눌려왔던 과거사 문제와 관련한 불만들이 분출했다. 국교정상화 때 해결할 수 없어 사실상 뒤로 미루어두었던 독도(일본명: 다케시마) 문제도 다시 수면 위로 떠올랐다. 한편 일본에서는 사죄가 이어진 데 대한 반발이 발생했다. 사죄를 했는데도 문제가 지속되는 것에 대한 불만이 나타난 것이다. 여기에 더해 일본이 경제적으로 정체되는 가운데, 한국과 중국은 경제력과 군사력을 신장시켰으며, 북한의 미사일은 일본 본토를 통과해 태평양에 낙하했다. 이처럼 한편에서는 양국관계가 개선되면서 또 다른 한편에서는 갈등이 분출하고 있었던 것이다.

이와 같은 인식을 기반으로 와카미야는 한국과 일본이 우호관계를 유지하기 위해서는 조선인 강제 연행, 독도 문제 등 현안들을 패키지 처리하는 것이 필요하며, 일본에 의한 식민지 지배와 침략을 인정하고 반성과 사죄를 표명한「무라야마 담화」를 일본 정부가 계승하는 것이 필요하다고 주장했다.

와카미야가 일본의 한반도 식민지 지배에 대한 사과의 원형, 즉 '사죄의 결정판'으로 생각한 것은 1995년의「무라야마 담화」였다. 와카미야는 그 특징을 "일본이 '국책에 오류를 범하여 전쟁으로의 길을 걸은' 것, 그리고 '식민지 지배와 침략을 통해 많은 국가, 특히 아시아 국가의 국민들에 대해 큰 손해와 고통을 준' 것을 확실하게 인정하고, 이에 '통절한 반성의 의를 표하며, 마음으로부터 사과함을 표명'한 것이다."라고 지적했다.[47]

「무라야마 담화」가 발표되었을 당시, 한국에서는 역대 사과 중 가장

---

47 若宮啓文, 2006, 3쪽.

진전된 사과라는 긍정적 평가와 립서비스에 지나지 않는다는 부정적 평가가 동시에 있었다. 부정적 평가의 이유는 「무라야마 담화」가 한국이 주장하는 법적 책임을 인정하지 않고, 단지 도의적인 책임만을 인정하고 있었기 때문이다. 그러나 이후 일본의 내각, 특히 아베 내각의 과거사 합리화가 본격화됨에 따라 한국에서는 「무라야마 담화」에 대한 평가가 높아지기 시작했다. 이와 같은 맥락에서 볼 때, 와카미야가 주장하는 한반도 식민지 지배에 대한 일본의 사죄와 반성의 내용은 한국이 요구하는 한일병합의 무효를 전제로 하는 것이 아니라, 도의적인 선에 머물고 있다고 볼 수 있다.

와카미야가 한일 간의 우호 협력 강화에 구체적으로 기여한 것 중의 하나는 한일 월드컵 공동개최였다. 와카미야는 2002년 월드컵의 한일 공동개최가 결정되기 1년 전인 1995년 6월 21일, 『아사히 신문』 사설에서 월드컵의 한일 공동개최를 제안했다. 양국이 단독유치를 위해 경쟁하고 있던 중에, 그것도 한국보다 몇 년이나 앞서 유치 의사를 밝힌 일본에서 이런 사설을 쓴다는 것은 큰 용기가 필요했다. "지금 2002년 월드컵을 개최하기 위해 서로 다투고 있지만 차라리 공동개최를 목표로 하는 것이 좋다. 경기장은 일본과 한국의 도시에 분산시키고 결승전의 장소는 추첨이라도 하자. (중략) 장애야 많지만 실현만 된다면 획기적인 기념비가 될 것이다"라고 쓴 것이다.[48]

와카미야는 "사설은 회사의 입장을 밝히는 것이기 때문에 나 혼자서 썼다고 말할 수는 없다"고 하면서도, "당시 한쪽이 개최권을 따내면 양국관계는 더 어려워질 것이 틀림없었고, 21세기를 맞아 양국 우호를 위

---

[48] "ワールドカップ共催を提案する初の社説", 『朝日新聞』, 1995. 6. 22.

해서는 공동개최가 꼭 필요하다고 생각했다"고 회고했다. 그러나 그가 '한국통'이 아니었다면 이런 사설을 쓰겠다는 생각조차 못했을 것이다. 그는 1981년 9월부터 1년간 연세대 어학당에서 한국어 공부를 했고, 1993년부터는 한일포럼의 일본 측 위원으로 활동하고 있다. 그의 공동개최 제안은 일회성이 아니었다. 그는 다음 달 또다시 사설에서 "공동개최가 성사된다면 경기 중 일부를 평양에서 개최하는 것은 어떤가"라고 제안했다. 그리고 1995년의 '공동개최안' 사설이 발표된 약 3개월 후인 9월, 제주도에서 개최된 제3회 한일포럼에 참석한 양국의 지식인들인 마모토 다다시(山本正), 고와다(小和田), 오코노키(小此木)에 더해 한국 측의 구평회 한경련 회장, 조석래 효성그룹 회장, 신동원 전 주독대사 등이 지지를 표명했다.[49] 그리고 1996년 5월 31일, 월드컵의 한일 공동개최가 결정되었다.

공동개최가 결정된 다음 날 와카미야는 정치부장의 자격으로 이를 환영하는, 다음과 같은 논문을 썼다.

"공동개최가 결정된 다음 날의 해설" (1996. 6. 1)[50]
축구 팬뿐만이 아니라 모든 사람들이 깜짝 놀랐을 것이다. 2002년 월드컵이 한일 양국이 공동 개최하기로 결정되었기 때문이다. 양국의 격한 초청 경쟁에 흑백을 가린 경우의 심각한 후유증을 회피하기 위해, 애매하던 타협안이 드디어 실현된 것이다. 그러나 이를 '타협의 산물'로만 보는 것은 과소평가라 할 수 있다. 금세기를 덮어온 양국의 길고

49　權五定·若宮啓文, 2004, 『韓國と日本國』, 朝日新聞社, 142~153쪽.
50　"共催が決定した翌日の解説", 『朝日新聞』, 1996. 6. 1.

복잡한 역사를 고려하면, 21세기의 입구에서 실현된 월드컵 공동개최는 헤아릴 수 없을 만큼 큰 정치·사회적 의미를 가지는 것이기 때문이다.

상호불신이 강한 가운데 월드컵 공동개최가 새로운 대립을 발생시키지 않을까라고 걱정하는 사람도 사실 적지는 않다. 개·폐회식의 장소를 결정하는 것을 비롯해, 공동개최를 구체적으로 논하자면 이해가 대립하는 난제가 명백히 존재하기 때문이다.

그러나 민주주의의 원칙을 비롯해 다수의 가치관을 공유하는 데 이른 양국 국민에게 있어 그것들은 결코 어려운 문제가 아닐 것이다. 과거의 청산과는 달리 미래지향적인 공동사업일수록 난제를 하나하나 극복하는 것에 각별한 의미가 있다.

한일 양국의 신뢰가 깊어지는 것은 동아시아의 평화와 안전으로 연결되는 것이지만, 한편 북한은 더욱 뒤처지게 된다. 월드컵이 개최되기까지 6년, 한반도가 유동적으로 변화되는 가운데 정치가 가장 중요시해야 하는 것은 오히려 그쪽일 수도 있다.

월드컵 공동개최 등으로 전후 최고의 우호관계를 유지하던 한일이 다시 대립하기 시작한 계기는 2005년 2월 22일, 일본 시마네(島根)현의 「다케시마의 날 조례」 제정이었다. 한국 정부는 조례를 철폐하도록 요구했으나, 시네마현은 이에 응하지 않았다. 시마네현과 자매관계에 있던 경상북도 지사는 '관계 파기'를 통보했다.

과거 한일 월드컵 공동개최론을 제언하는 등 한일 우호관계에 앞장서 온 『아사히신문』은 양국관계의 악화를 막고자 했다. 당시의 논설위원이자 서울지국장을 5년 역임한 고스게 코이치(小菅康一)가 중심이 되어

「한국인 여러분에게」(3월 17일)라는 사설을 발표했다. 구체적인 내용은 다음과 같았다.[51]

> 시마네현이 독도를 편입한 1905년은 한일보호조약으로 일본이 한국을 병합하려 박차를 가하던 시기이기 때문에, 한국인이 이 문제를 식민지 지배의 역사에 겹쳐보는 마음을 이해하지 못하는 것은 아니다. 그러나 (중략) 일본이 독도 영유권을 주장하는 이유는 더욱 거슬러 올라간 역사에 대한 해석 차이에서 기인한다. (중략) 여러분의(한국) 정부는 반세기 이전부터 섬에 경비대를 주둔시켜 실효적으로 지배하고 있다. 일본 측에서 이는 기껍지 않은 일이나, 양국의 관계를 생각해 이를 참아왔다. '다케시마의 날' 조례가 생겼다고 해서 자위대를 파견해 그 섬을 되찾아오려는 것이 아니다. (중략) 문제는 어업이다. 한일 양국은 6년 전 잠정수역을 설치하고 공동으로 이를 관리하는 묘안을 냈다. 그러나 일본 어민이 한국 어선에 압도되어 마음대로 조업하지 못하고 있는 상황이다. 이번 조례에는 그런 배경이 있다. (중략) 미래에는 영토분쟁을 초월해 독도가 우호의 상징이 되는 날이 오지 말라는 법도 없다. 독도 문제를 한일 양국이 서로를 생각하는 소재로 삼고자 한다.

이 사설은 한국의 여러 일간지에서도 소개되었다. 이를 계기로 『아사히신문』과 연계하고 있는 『동아일보』로부터의 제안이 있어, 양 일간지의 논설위원이 쌍방의 입장과 실정을 써서 상호 독자에게 전달한다는 기획

---

51 "韓國の皆さんへ", 『朝日新聞』, 2005. 3. 17.

하에 3월 24일에 발간된 양 일간지에 동시에 독도 관련 논설이 게재되었다.

『동아일보』는 1905년에 일본 정부가 독도를 자국령이라 고시한 사실 자체가 한국 병합의 시작이라는 인식으로부터, 한국은 독도가 "일제에 의한 침략의 상처이며, 가슴 아픈 망국으로의 시발점이자 수난의 역사의 상징이다"라고 썼다. 『아사히신문』의 고스게 논설위원은 이번 '다케시마의 날' 조례에는 식민지 지배의 역사를 정당화할 의도가 전혀 없음을 역설했다. 감정의 골은 메워지지 않았다. 그러나 한국과 일본의 유력 신문이 상호의 입장을 피력한 것은 상호 간의 인식차를 파악하는 데에는 도움이 되었다.

결국, 노무현 대통령은 청와대의 홈페이지에 게재된 「국민에게 드리는 편지」를 통해 "침략과 지배의 역사를 정당화하고 재차 패권주의를 관철하려는 의도를 두고 볼 수는 없다"고 일본 정부를 격렬히 비판했다. 노무현 대통령의 분노에는 독도 문제 이전에 야스쿠니신사 문제에 대한 고이즈미 총리의 '약속 위반'이 작용하고 있었다.

고이즈미 총리는 2001년에 야스쿠니신사를 참배한 이후 10월에 서울을 방문해 김대중 대통령에게 "국립 추모시설 구상을 검토하겠다"고 약속하며 이해를 얻었다는 것이다. 이 구상에 대해 후쿠다 관방장관하에 발족한 간담회는 제언까지 제출했으나, 이후 보류되었다. 이에 따라 김대중 대통령을 이은 노무현 대통령은 일본이 "약속을 어겼다"고 생각한 것이다. 그리고 「다케시마의 날 조례」 조례가 "일본 정부의 방조 하에 행해지고 있"기 때문에 '외교전쟁'이라고 발언했다.

독도를 둘러싸고 한일관계가 악화하는 가운데 와카미야는 독도를 '우정의 섬'으로 만들자는 논설을 게재했다. 구체적인 내용은 다음과 같다.

"'다케시마와 독도-이를 '우정의 섬'으로'라는 망상"「풍고계」(2005. 3. 27.)[52]

시마네현이 '다케시마의 날' 조례를 제정하자, 한국에서는 이에 대한 반발로 반일감정이 거세졌으며, 노무현 대통령은 '외교전쟁'이라는 단어까지 꺼내들었다. 이는 과거 일본의 교과서에 대한 반일운동과 유사한 점이 많다.

한국이 독도라 부르는 이 섬에 대해 강한 집착을 가지고 있음은 이미 알고 있었다. 메이지 정부가 한일병합 직전에 시마네현으로 편입한 독도는 한국의 입장에서 식민지 지배를 향한 첫걸음이며, 역으로 전후에 한국이 강행한 독도 점거는 식민지 해방의 상징이 된다. 일본이 자국 영토라 주장하는 섬에 '한국령'이라 새기고 40명의 경비대원이 주둔하는 모습을 보면 식민지 지배에 대한 보복감을 느끼는 것처럼 보인다. 일본이 독립운동을 철저히 탄압한 것과 같이 그들 또한 '다케시마 탈환'에 대해 과민하게 반응하는 것처럼 보인다.

한국에게도 냉정한 판단을 요구하고 싶으나, 일본에서는 지금도 식민지 시대에 대한 반성이 결여된 논의가 횡행함에 따라 한국을 더욱 자극해 '다케시마 조례'에 대한 오해까지도 초래한다는 불행한 구도가 발생한다. 더욱 넓게 보자면 일본은 주변국과 마찰만을 불러일으키고 있다. 중일관계에서는 야스쿠니, 센카쿠, 배타적 경제수역의 문제가, 러시아와는 북방 영토 문제가 전혀 진전되지 않고 있다. 따라서 차라리 한일관계를 굳건히 하자고 제언하고 싶다.

간단히 말해, 독도를 한일이 공동으로 관리하거나, 아예 한국에 양보

---

52 若宮啓文, 2007, 90~93쪽.

하는 대신 독도를 '우정의 섬'이라 지칭하고 주변 어업권을 일본에게도 보장함과 동시에 여타 영토 문제에서 일본을 전면적으로 지지, FTA 교섭까지도 한번에 마무리지어 한일 연계에 박차를 가한다는 구상이다. 섬을 포기하자는 주장에 대해 '국적'이라는 비판을 받겠지만, 전쟁을 할 수는 없고 하더라도 섬을 되찾을 가능성은 없다. 원래 어업 이외에 가치가 없는 섬이기에, 원주민이 반환을 원하는 북방 영토나 전략적 가치가 높은 센카쿠 열도와는 의미가 다르다. 곧 '병합 100주년'이 다가온다. 여기서 넓은 도량을 보여 손해와 이득을 동시에 얻으면 좋겠으나, 그게 불가능한 국가이기 때문에 망상인 것을 안다.

독도를 한일이 공동으로 관리하거나, 아예 한국에 양보하는 대신 독도를 '우정의 섬'이라 지칭하고 주변 어업권을 일본에게도 보장함과 동시에 여타 영토 문제에서 일본을 전면적으로 지지, FTA 교섭까지도 한번에 마무리지어 한일 연계에 박차를 가하자는 구상이었다. 와카미야는 북한 문제를 보유한 가운데 자유나 민주주의라는 공통된 가치관을 가진 한일 양국이 독도를 둘러싸고 다투는 것이 양국의 국익에는 물론 아시아의 평화 유지에 결코 도움이 되지 않는다고 판단하고 있었기 때문이다.

와카미야의 '우정의 섬' 제안을 찬성하는 목소리도 있었다. 그러나 일본의 우파세력은 와카미야를 '반일', '국적'이라고까지 비난했다. 그리고 한국에서도 와카미야의 제안은 크게 지지를 받지 못했다. 노무현 대통령은 2006년 4월, 「특별담화」를 통해 일본 정부를 정면으로 비판했으며 "독도는 역사의 청산과 완전한 주권을 상징"하고 "일본이 잘못된 역사를 미화하고 이를 근거로 권리를 주장하는 한 한일 간의 우호관계는 성립되지 않을 것이다"라고 발언했다.

한일관계가 점점 악화하는 가운데, 와카미야를 선두로 하는 『아사히신문』은 「원칙 일변도의 위험성」(4월 26일)이라는 사설을 통해 "분노를 높이는 가운데 수습이 되지 않을 정도가 된 것 같다", "조금 기다려주었으면 한다. 영토 문제를 정면에 놓으면, 한일관계는 이러지도 저러지도 못하게 된다"고 노무현 대통령을 질책했다.[53] 식민지 지배에 대한 반성을 기본으로 하고 야스쿠니신사 참배에도 강력히 반대해온 『아사히신문』인 만큼, 이 사설은 한국에서도 크게 화제가 되었다. 이렇듯 와카미야의 독도에 대한 인식과 노무현 대통령을 선두로 하는 한국 국민들의 인식 사이에는 온도차가 있었던 것이다.

3. 북한에 대한 기본 자세와 정책

북한에 대한 『아사히신문』의 기본 자세는 일본이 북한에 대해 식민지 청산을 하지 않았기 때문에 식민지 청산을 행해야 한다는 것이었다. 그리고 북한이 독재국가로서 핵과 미사일 개발을 통해 일본과 국제사회를 위협하고 있기 때문에, 북한의 체제를 민주적이고 개방적인 사회로 변화시키는 것이 필요하다는 것이었다. 이와 같은 입장은 와카미야의 입장과도 동일했으며, 와카미야는 「북한과의 국교 교섭, 체제전환을 바라기 때문에 더욱」이라는 사설(2002. 12. 8)에서 다음과 같이 밝히기도 했다.

> 북한은 위험한 국가다. 한국전쟁은 아직 종결되지 않았으며, 일본도 식민지 지배를 청산하지 않았다. 미국, 일본, 한국 등의 위협으로부터

53　若宮啓文, 2008, 150~151쪽.

대비하겠다는 것이 북한의 명분이다. 그러나 그렇다고 해서 비정상적인 국가 운영을 정당화할 수는 없다.

북한의 체제를 변화시켜 민주적인 사회, 개방적인 경제, 인권을 심는 것이 북한 국민의 이익이며, 일본을 포함한 동아시아의 이익이다. 의문의 여지는 없다. 문제는 그를 위한 방법이다. 군사적 폭발의 위험을 억제하는 가운데 미래의 체제 전환을 위해 '당근과 채찍'으로 개혁과 개방을 지속적으로 촉진시키는 것이다. 위험한 국가의 위험성을 억제하는 가운데 위험하지 않은 국가로의 변화를 최대한 가속시키는 것이다. 어려운 상황의 북한이 서서히 국내를 개혁하고 대외적으로 개방하려 시도한 징조가 있었다. 그를 촉진시키는 것이다. 경제원조가 연관된 국교 교섭을 위해서도 이용해야 한다. 이에 더해 북한에 핵개발을 포기하도록 요구하는 수단으로도 삼아야 한다.

고이즈미 총리는 중국과 러시아에게 북한에 대한 외교적 압력을 더욱 강화하도록 적극적으로 제안해야 한다. 북한과 국교를 수립한 영국 등 유럽 각국이나 캐나다에도 협력을 요청해야 한다.

납치에 대한 일본 국민의 분노는 북한으로서는 예상 밖이었을 것이다. 일본 정부의 예상 범위 또한 벗어난 일이다. 여론이 외교를 움직인다는 것이 반드시 나쁘다고는 할 수 없다. 그러나 감정적인 여론에 휩쓸려 냉철한 국제 감각을 잃는다면 외교는 실패한다. 역사가 반복해서 그것을 증명하고 있다.

이와 같은 『아사히신문』의 주장을 지지하는 층도 있었다. 그러나 "『아사히신문』은 납치 문제에 냉철했다", 심지어는 "『아사히신문』은 과거에 북한을 지상 낙원이라 찬미했다"는 비판이 지속적으로 전개되었다. 그리고 이러한 비판에 앞장선 것이 다름 아닌 보수정치가 아베 신조였다.

북한의 핵 문제가 심각성을 더해가고 있었던 2003년 2월, '아사히신문 아시아네트워크' 등이 주최하는 한중일 심포지엄이 「급변하는 한반도 정세–북한의 동향을 중심으로」라는 주제로 개최되었다. 와카미야는 일본 측의 기조 보고로 북한 핵 문제의 원인과 해결 방법을 다음과 같이 제안했다.

> 북한의 핵개발에 우리는 어떻게 대응해야 하는가. 여러 가지 선택지가 존재한다. (중략) '경제 봉쇄 등의 제재 조치로 대응한다'는 길이 떠오르나, 이것만에 의존할 경우 오히려 핵 개발을 가속화시킬 위험이 있기 때문에 동시에 '북한과의 교섭에 임한다'는 방안을 취할 필요가 있다.(중략) (북한이) 핵 보유보다 핵을 단념함을 통해 얻을 수 있는 것이 크다는 것을 잘 이해시켜야 한다. 이를 위해서는 북한에게 있어서의 '수확'도 필요하다. 북한의 최대 요구는 미국과 불가침조약을 체결하여 '체제의 보장'을 얻는 것이다. 북한이 핵개발의 '동결'이 아니라 '포기'를 단행하는 한편 주한미군의 주둔을 인정한다면 미국 측에게도 교섭의 여지가 있다. 여기에는 에너지나 식량 지원 등도 관계될 것이며, 일본을 포함한 국제사회가 협력할 수 있다. (중략) 그리고 핵 문제를 해결하기 위해 일본은 '국교 정상화 카드'를 사용할 필요가 있다. (중략) 아시아의 평화와 안정, 그리고 진정한 국익을 위해서는 각국이 대국적으로 판단할 필요가 있으며, 정치 지도자에게는 큰 결단이 요구된다. 한편 북한이 핵무기를 포기하지 않는다면 단호히 국교정상화도 경제 협력도 하지 않고 핵의 위협에 굴하지 않겠다는 강한 각오를 표명할 필요가 있다.

그러나 북한 핵 문제는 와카미야가 『아사히신문』과 국제 심포지엄을 통해서 제기한 방향과는 다르게 진전되어갔다. 북한도 미국도 '일절 양보하지 않겠다'는 강경한 입장을 고수하는 가운데, 북한이 핵과 미사일 능력을 지속적으로 강화시킴에 따라 한반도와 아시아의 안보 환경은 긴장되어갔다.

V. 맺음말

1979년 한국을 처음으로 방문한 때부터 2016년 사망할 때까지 와카미야는 한일 우호 협력을 위해 일본의 진보 일간지인 『아사히신문』의 현역 기자로서 또 퇴임 후에는 한일의 교육자로서 활동했다. 그는 일본 정부의 과거사에 대한 태도가 '망언'과 '사죄' 사이를 진자처럼 이동했고, 그에 따라 아시아 국가들과의 관계도 화해와 대립이 반복되어왔다고 분석했다. 따라서 일본의 아시아 침략에 대한 반성과 보수우경화를 반대하는 것을 통해 일본과 아시아와의 공생을, 또 한반도 식민지 지배에 대한 사죄와 주요 현안의 관리를 제안하는 것을 통해 한일 간 역사 화해와 우호 증진을 위한 여론을 선도했다. 1990년대 일본 내각들의 과거사 반성을 높이 평가하면서, 2000년대 들어와 고이즈미 총리와 아베 총리가 추진하는 보수우경화를 선두에 서서 견제하고자 했다. 일본의 우경화가 일본의 민주주의는 물론 한일관계를 악화시키는 것을 막기 위해서였다. 또 한일 우호를 촉진하기 위해 한일월드컵 공동개최를 제안해 성사시키기도 했다.

그러나 와카미야의 입장이 모두 한국과 같았던 것은 아니다. 와카미야 자신은 이것을 "하나의 렌즈로 사물을 보는 게 아니라 여러 각도에서 보는 습관" 즉 복안이라고 평가했다. 먼저, 와카미야가 일본의 한반도 식민지 지배에 대한 사죄의 원형, 즉 '사죄의 결정판'으로 1995년의 「무라야마 담화」를 중시한 것은, 그가 대부분의 한국인들의 인식과는 달리, 일본의 한반도 식민지가 원천적으로 무효라고는 생각하지 않았다는 것을 의미한다. 와카미야는 도덕적 차원에서 일본의 사과가 부족하다고 판단하고, 반성과 사과를 일본 정부에게 지속적으로 요구한 것이었다. 또 "다케시마와 독도-'이를 '우정의 섬'으로'라는 망상"이라는 제안에서 알 수 있듯이, 와카미야는 독도를 일본의 고유영토로 생각하고 있었다. 이것도 한국인의 인식과 상이하다. 그럼에도 불구하고 독도를 둘러싼 한일의 대립을 저지하기 위해 한국의 점유 현실을 인정하고, 한국도 일정 정도의 양보를 하는 형태로 관리하는 것이 필요하다는 것이었다. 이상과 같은 입장으로 인해 와카미야는 일본의 우익으로부터는 물론 때로는 한국으로부터도 비판을 받았다.

와카미야가 주요 멤버로 활약했던 한일포럼은 2016년 6월 20일 와카미야 요시부미 전 『아사히신문』 주필의 추모회를 주최했다. 그리고 와카미야에게 2002년 한일월드컵대회 공동 개최에 커다란 역할을 통해 한일 우호 증진에 기여한것에 감사의 뜻을 전했다. 아울러 고인은 단순한 친한 인사가 아닌, 때에 따라 한국에 대한 쓴소리도 마다 않는 '우정에 찬 지한(知韓) 인사'였음을 강조했다. 또 와카미야의 『아사히신문』과 늘 대립해왔던 보수 성향의 신문 『산케이신문』의 구로타 카즈히로(黒田勝弘)는 "일본의 반성과 자기 비판을 전제로 한중일 3개국의 우호협력이라는 이상을 추구한 사람"이라고 와카미야를 평했다.[54] 그리고 와카미야의 『아사히신문』 후배이자 동료인 하코다 데츠야(箱田 哲也) 논설위원은 다음과 같이 그를 평가한다.[55]

> 와카미야 씨는 일본에서도 한국에서도 유명했으나, 많은 오해를 사기도 했다. 그 이유 중 하나는, 한일 양국이 영유권을 주장하고 있는 독도(원문: 다케시마)를 둘러싸고 11년 전에 기술한 칼럼 때문일 것이다. "아예 한국에 양보해버리면 어떤가라고 몽상한다"라는 문장이 큰 문제가 되었다. 그 진의는 당연히 단순한 양도론이 아니다. 한일 양국이 비생산적인 대립을 영원히 지속해 정말로 소중한 것을 잃어도 되는가라는 문제제기였으나, 그 생각은 충분히 전달되지 못했다.
>
> 고인의 입버릇은 "부드러운 머리에 날을 세우자"였다. 이상을 제창하는 가운데 현실 속에서 접점을 모색하려 했다. 그렇기 때문에 한일 양국의 경직화된 한 방향으로의 주장이나 협애한 국수주의를 꺼려 했다. 양국 모두에서 치절히 싸우고 있있다.
>
> 수년 전, 한국에서 개최된 국제회의에서 한국인 사회자가 "오늘은 독도가 한국 영토라는 전제로 진행하고자 한다"고 발언하니 "지금 발언을 철회하지 않으면 나는 즉각 일본으로 돌아가겠다"고 분노하며, "독선적인 행동의 미래에 화해란 없다"라고 일갈한 바 있다.

간단히 말해, 와카미야는 인류 보편성인 평화, 우호, 협력에 입각해 일

---

[54] "理想に生きた'良心的日本人'…元朝日・若宮啓文氏を悼む", 『産経新聞』, 2016. 4. 30. https://www.sankei.com/column/news/160430/clm1604300009-n1.html.
[55] 『朝日新聞』, 2016. 5. 13.

본 정부에 대해서는 역사 반성을 요구하고, 한국에 대해서는 다양성의 인정을 제시하는 등 한일 간 역사 화해와 우호 협력을 위해 펜을 무기로 "처절하게 싸운 언론인"이었던 것이다.

참고문헌

국내 논저

박유하, 2015, 『제국의 위안부』, 뿌리와 이파리.

오코노기마사오·하영선 엮음, 2011, 『한일 신시대를 위한 제언』, 한울.

_____, 2012, 『한일 신시대와 동아시아 국제정치』, 한울.

와카미야 요시부미, 2013. 7, 「일본 '우경화'의 실체와 한일관계」, 『(월간) 憲政』(통권 373호).

_____, 2013. 9, 「韓·日관계의 새로운 地平 : 일본의 과거사 반성 계속 유효한 중일 미래 논의가 필요하다」, 『(月刊) 뉴미디어』 제27권 제9호(통권 321호).

우치다 다쓰루 엮음, 2016, 김경원 옮김 『반지성주의를 말하다』, 이마.

「日 언론계의 수퍼스타 스카우트 제의 뿌리치고 한국행 택한 이유 : 와카미야 요시부미 아사히신문 전 주필」, 『주간조선』(통권 2269호), 2013. 08. 12.

장제국·와카미야 요시부미·심규선, 2013년 가을, 「한일관계의 복원과 갈등해소를 위한 지식인의 역할 〈대담〉」, 『地域社會』(통권 제69호).

제럴드 커티스·와카미야 요시부미·박철희 저, 유지아 역, 2013, 『아베의 일본은 어디로 향하고 있는가: 커티스 교수와의 대담』, 제이앤씨.

한상일, 2002, 『일본 지식인과 한국– 한국관의 원형과 변형』, 도서출판 오름.

국외 논저

權五琦·若宮啓文, 2004, 『韓國と日本國』, 朝日新聞社.

中野晃一, 2015, 『右傾化する日本政治』(岩波新書 1553), 岩波書店.

中北浩爾, 2014, 『自民党政治の変容』(NHKBOOKS 1217), NHK出版.

朝日新聞記者有志, 2015, 『朝日新聞: 日本型組織の崩壊』(文春新書 1015), 文藝春秋.

若宮啓文, 1988, 『ルポ 現代の被差別部落』(朝日文庫), 朝日新聞社.

_____, 1994, 『忘れられない國會論戰 再軍備から公害問題まで』(中公新書), 中央公論社.

_____, 1995, 『戰後保守のアジア観』(朝日選書), 朝日新聞社.

_____, 2006, 『和解とナショナリズム 新版·戰後保守のアジア観』(朝日選書), 朝日新聞社.

＿＿＿＿＿, 2007, 『右手に君が代 左手に憲法-漂流する日本政治』, 朝日新聞社.
＿＿＿＿＿, 2008, 『闘う社説 朝日新聞論説委員室2000日の記録』, 講談社.
＿＿＿＿＿, 2013, 『新聞記者:現代史を記録する』(ちくまプリマ-親書 202), 筑摩書房.
＿＿＿＿＿, 2014, 『戦後70年 保守のアジア観』, 朝日新聞出版.
＿＿＿＿＿, 2015, 『日韓の未来をつくる 韓國知識人との対話I』, 慶応義塾大學出版會.
渡辺恒雄·若宮啓文, 2006, 『「靖國」と小泉首相: 渡辺恒雄·読売新聞主筆vs.若宮啓文·朝日新聞論説主幹』, 朝日新聞社.
池田信夫, 2018, 『戦後リベラルの終焉 なぜ左翼は社會を変えられなかったのか』(PHP新書), PHP SHINSHO.
角岡伸彦, 2005, 『はじめての部落問題』(文春新書 478), 文藝春秋.
古田博司, 2005, 『東アジア「反日」トライアングル』(文春新書 467), 文藝春秋.

찾아보기

ㄱ

가네코 후미코 190, 191
가마쿠라보육원 234, 236, 239, 240, 242, 251, 253, 255, 256, 260, 262, 272, 275, 276
경성금주회 244
경성사회사업연구회 249
고이즈미 담화 404
고이즈미 준이치로 376, 383, 386
고치카이(宏池會) 375
관동대지진 190, 191, 193, 216
광릉수목원 94, 100
교육노동운동 282, 283, 291, 293, 294, 297~300, 306
국제적십자위원회(ICRC) 330, 336, 339
그로미코 340
근우회 157, 160, 162
급진적 민주주의자 220
김무근 349
김성진 81, 113, 117
김영배 327
김재용 294, 296, 311
김주봉 339, 345

김희로 사건 307, 308, 310

ㄴ

나혜석 157, 159, 175, 176, 177~180
나홋트카 4인 사건 343
니시나이부치(西內淵)탄광 323

ㄷ

다겐스 뉘헤테르 361
다나카 가쿠에이 340, 342
다나카 답변서 343, 344, 360
다부치 테츠야 341
다카기 겐이치 346, 351
단카이세대 373
대역사건 190, 191
대정민주주의 198, 205, 206, 208, 220
도만상 327
도이 다카코 347
도쿄 재판 390
독도 409, 413~417, 421, 422

ㅁ

망각의 해협 361

모국방문 316, 319, 356, 363
모리오 216, 217
모치즈키 카즈 265
무라야마 담화 371, 382, 383, 400, 401, 404, 407~410, 421
묵자 197, 213
문화훈장 228, 254
미하라 레이 346, 348, 349, 352
민예 79, 80, 82, 86, 102, 106, 111, 112, 119, 120, 122~124

ㅂ

박노학 명부 318, 320, 330~332, 361, 362
박열 189~193
박정희 345
박창규 320, 322, 332~334
반제국주의 282, 283, 287~289, 291, 292, 298, 299, 301, 303~306, 308, 309, 310, 311
백자추초문각호(白磁秋草文角壺) 84
법정에서 사회로 200, 208, 215
보조금 338, 347
부인들의 모임 348, 349, 350, 353
브레즈네프 340
브이코프 326

ㅅ

사다케 오토지로 234, 272~274
사할린귀환동포회 348

사할린재판 348, 350~355, 363
산케이신문 377, 388~390, 421
서울 YMCA 232, 254, 256
소다 가이치 228~231, 241, 257, 259, 272, 274~276
수다 콘타로 252, 274
쉰들러 219
시라카바 84, 85, 105
시영전차 파업 사건 199
신도 토요오 288
신흥교육 296, 298, 307
쌀소동 187, 188, 206~208

ㅇ

아라이 사와코 359
아리가 마사아키 351
아베 담화 403, 404
아베 신조 368, 376, 419
아베 신타로 347
아사카와 노리다카·다쿠미 형제 자료관 81
아사카와 노리타카·다쿠미 형제 현창회 87, 117
아사카와 다쿠미 78, 82, 94, 112, 114~116
아사히신문 368, 370, 372~376, 379, 380, 384, 386, 389, 390, 393, 394, 396, 401, 403, 412~414, 417~422
아카하타 190

야나기 무네요시 78, 80, 102, 118, 120
야나기하라 기치베 134, 145
야마나시(山梨)현 다카네쵸(高根町) 81
야마나시(山梨)현 호쿠토(北杜)시 100, 116
야스쿠니신사 371, 376, 383~390, 392, 396, 400, 402, 414
양화진 외국인 선교사 묘역 228, 253
에다 사츠키 347
역사수정주의 403
영락보린원 278
영주귀국 316, 317, 319, 332, 346, 355, 356, 358, 360, 362, 363
오누마 야스아키 316, 346
오도마리 323
오오이시 스스무 186
오히라 마사요시 362
와카미야 요시부미 368
요미우리신문 376, 389, 390
요시노 사쿠조 200, 205, 207
우에노 타키 228, 233
우케다 신키치 341
윤치호 238, 269, 270
응모 323, 324, 325
의원간담회 345~347, 359, 360
의혈단 193
이가라시 고조 347

이두훈 333, 354
이문택 326
이상재 232, 233, 238, 268, 269, 270, 276
이승만 238, 253, 269~271
이애내 135, 157, 171~173, 175, 179, 180
이회성 354
이희팔 320, 325~328, 336, 358
일본 공산당 203
일소공동선언 327
일시 모국방문 320, 346, 347, 355, 358~361, 363, 364

ㅈ

자기혁명의 고백 196, 200~202, 204, 214, 215
자위대 377, 382, 390~394, 413
잣나무 노천매장법 99, 100
재일민단 338, 339
재일조선인 299
전후책임 모임 354
조선건국헌법초안사고 193
조선공산당 193, 194
조선도자명고 79, 81, 106, 108~111
조선민족미술관 86, 103, 104, 109
조선의 소반 79, 81, 89, 103, 106, 107, 111
조선인 여자유학생 135, 136, 145, 148, 149, 157, 160~165, 167,

171, 175, 180
조선철도국 폐주동맹 245
좌우명 220
죠코 마치코 289
죠코 요네타로　282~284, 287, 289~291, 293, 294, 304, 308, 309
죠코 요네타로 연구회 289
중소이산가족회　333, 334, 348, 354, 363
징용 323, 325

ㅊ
충북회 326
치안유지법　290, 297~299, 301, 311

ㅋ
코르사코프 323, 326~328
쿠사가와 쇼조 341, 356
쿠사카베 미사오 361

ㅌ
테이 300, 311

ㅍ
평화헌법 371, 395, 397
피차별 부락 374, 378, 380

ㅎ
하라 붐베에 347
하리모토 마사치카 287
한경직 228, 253, 255, 260, 262
한영상 333, 334
한일연대론　282, 283, 289~291, 304~312
해방동맹 380
헌법 9조 377, 396
현원징용 323, 324, 325
형평사 193
호리에 가즈코　327~350, 358, 359, 363
호시시마 니로 339
화태귀환억류한국인회 318, 330
화태억류교포귀환촉진회　333~335, 363
화태인조석유주식회사 323
황인갑 344
후세 간지 216, 217
후세 다츠지 186, 187, 196, 219
후쿠다 다케오 340

2·8 독립선언 187, 188, 219
105인 사건 238, 271
1965년 한일회담 230
F씨 216, 219

동북아역사재단 연구총서 125

한일 화해를 위해 애쓴 일본인들

초판 1쇄 인쇄	2020년 12월 20일
초판 1쇄 발행	2020년 12월 30일

엮은이	최운도
펴낸이	이영호
펴낸곳	동북아역사재단

등 록	제312-2004-050호(2004년 10월 18일)
주 소	서울시 서대문구 통일로 81 NH농협생명빌딩
전 화	02-2012-6065
팩 스	02-2012-6189
홈페이지	www.nahf.or.kr
제작·인쇄	(주)동국문화

ISBN   978-89-6187-609-4   93910

- 이 책은 저작권법으로 보호를 받는 저작물이므로 어떤 형태나 어떤 방법으로도 무단전제와 무단복제를 금합니다.
- 책값은 뒤표지에 있습니다. 잘못된 책은 바꾸어 드립니다.